Ein neuer Name, ein fremdes Gesicht

26 neue Erzählungen aus Lateinamerika

Gesammelt
und ins Deutsche übertragen
von José Antonio Friedl Zapata

Luchterhand

CIP-Kurztitelaufnahme der Deutschen Bibliothek
Ein neuer Name, ein fremdes Gesicht : 26 neue
Erzählungen aus Lateinamerika / ges. u. ins Dt.
übertr. von José Antonio Friedl Zapata. –
Darmstadt ; Neuwied : Luchterhand, 1987.
ISBN 3-472-86622-5
NE: Zapata, José Friedl [Hrsg.]
Zapata, José Antonio Friedl

Lektorat: Klaus Binder
Umschlaggestaltung: Michael Lenz,
unter Verwendung eines Ölgemäldes
von Ezequiel Padilla-Ayestas
Herstellung: Petra Görg

Satz und Druck: Druck- und Verlags-Gesellschaft mbH, Darmstadt
ISBN 3-472-86622-5

Inhalt

Neue Erzählungen aus Lateinamerika

für Martín Antonio und
Tobías José

»Die Schwierigkeit, Lateinamerikaner zu sein, besteht darin, daß wir für jene Damen nur ein Teil der Dekoration sind. Sie kommen, sie sehen und fotografieren uns und gehen dann wieder fort. Sie kehren in die Zivilisation zurück, nehmen Händel und Bach mit. Wem aber soll ich die Verse Baudelaires vortragen? Von ihrer Warte aus gesehen sind wir mythologische, exotische, herrliche, glückliche Wesen. In Wirklichkeit aber fühlen wir uns hier fehl am Platz, leben am Rand der uns umgebenden Welt.«
Diese Worte aus einem Roman des Peruaners Jorge Guillermo Llosa spiegeln das Unwohlsein wider, das viele Lateinamerikaner jahrzehnte-, jahrhundertelang empfanden. Sie lebten uneins mit sich und ihrer Umwelt, entbehrten der Harmonie zwischen ihrer eigenen Existenz und der der anderen, wußten nicht, wo die Wurzeln ihres Seins lagen, ob in der alten Welt, der Heimat ihrer Vorfahren, oder in der neuen, die durch Zwietracht und Diskordanz, durch Gegensätze und Widersprüche gekennzeichnet war. Für die Literatur bedeutete dies, daß die Autoren in ihrer Unsicherheit die Augen lieber auf Europa oder auch Nordamerika richteten als auf ihre eigene Umgebung; daß sie mehr oder weniger sklavisch Strömungen und Modeerscheinungen aus Paris, London, Madrid oder New York nachahmten und sich damit in ein kulturelles Abseits stellten; daß sie nicht selten in einem luftleeren Raum lebten und sich mit weithergeholten Themen in ihren Werken auseinandersetzten, die sie für ein nichtexistierendes Publikum schrieben.
Erst in den fünfziger, vor allem aber in den sechziger Jahren sollte sich dies grundsätzlich ändern. Es kam zu einer Loslösung von der alten Welt, zu einer zweiten, diesmal aber geistigen Unabhängigkeitsbewegung auf dem amerikani-

schen Subkontinent. Gedichte, Romane und Erzählungen erschienen, in denen so gar nichts mehr von der einstigen Europa- und Nordamerikahörigkeit zu spüren war; Gedichte, Romane und Erzählungen, deren Originalität und Eigenständigkeit nicht nur die lateinamerikanischen Landsleute in Erstaunen versetzte, sondern auch die einst so übereifrig kopierten Vorbilder.
Ausgelöst wurde dieser literarische Loslösungsprozeß nicht durch ein kulturelles, sondern durch ein politisches Ereignis. Es war die Kubanische Revolution, die ein ganz neues soziopolitisches und wirtschaftliches Koordinatensystem für den amerikanischen Subkontinent festlegte und zugleich einen einzigartigen Prozeß der Selbstbesinnung und der Bewußtseinswerdung einleitete. Seit dem Jahre 1959 ist in Lateinamerika alles anders. Fast jeder Autor wurde nun, ob er es wollte oder nicht, aus seinem Elfenbeinturm herausgerissen (manche hatten ihn schon lange vorher verlassen, doch zumeist von der Öffentlichkeit völlig unbemerkt) und mußte Stellung beziehen. Es kam zu einer bewußten Abgrenzung gegenüber Europa und Nordamerika, zu einer Betonung der Eigenständigkeit, zu einer Emanzipation ohnegleichen.
Gleichzeitig erschienen die großen bahnbrechenden Romane, wie Julio Cortázars »Rayuela«, Lezama Limas »Paradiso«, Gabriel García Márquez' »Hundert Jahre Einsamkeit«. Und noch etwas zuvor schier Unvorstellbares geschah: Lateinamerikanische Autoren wurden plötzlich zum Geheimtip in Europa; sie eroberten sich den europäischen Büchermarkt, vor allem in Frankreich und Italien; es kam zu dem sogenannten »boom« der lateinamerikanischen Literatur, von dem hier noch an anderer Stelle die Rede sein soll.
Das, was diese Entwicklung ausgelöst hatte, die Kubanische Revolution und das von nahezu allen Intellektuellen einhellig gefeierte kubanische Modell, sollte allerdings schon bald zu einer tiefen Spaltung unter den Schriftstellern Lateinamerikas führen, als nämlich im Jahre 1971 Fidel Castro den kubanischen Dichter Herberto Padilla wegen der »antirevo-

lutionären Haltung« in seinem Werk »Außerhalb des Spiels« verhaften ließ und dieser seine Freilassung mit einer beschämenden Selbstkritik erkaufen mußte, die wie eine lächerliche Farce wirkte. Dieser »Sündenfall« der Kubanischen Revolution hat eine bis heute andauernde Kontroverse ausgelöst; er hat tiefe Gräben zwischen den Autoren des lateinamerikanischen Kontinents aufgerissen. In Zeitungen und Zeitschriften, im Rundfunk und im Fernsehen, auf Kongressen und auf Tagungen, überall prallen die Lager der enttäuschten »Nichtmehr-Kuba-Freunde« und der »Immer-noch-Kuba-Treuen« aufeinander. Zu dem einen gehören Persönlichkeiten wie der Peruaner Mario Vargas Llosa, der Mexikaner Octavio Paz, der Chilene Jorge Edwards; zu dem anderen Autoren wie Gabriel García Márquez, Mario Benedetti, Eduardo Galeano. Der neue Weg der Literatur und damit auch der Erzählkunst aber war eingeschlagen: weg von der einstigen unterwürfigen Imitation fremder Vorbilder, von einer außerhalb des lateinamerikanischen Kontinents stehenden Literatur; hin zu Eigenständigkeit, Originalität und Selbstbewußtsein.

Diese Entwicklung wurde, zumindest in weiten Teilen Lateinamerikas, noch durch ein anderes Phänomen begünstigt: durch die Abgrenzung zu dem großen Nachbarn im Norden, zu den USA, die zwar schon seit jeher die Gemüter der lateinamerikanischen Intellektuellen bewegte, in den letzten knapp drei Jahrzehnten aber, bedingt durch die Kubanische Revolution, besondere Akzente erhalten hat. Dabei beruft man sich auch heute noch gerne auf die großen Vorbilder des eigenen Kontinents, auf José Martí beispielsweise, der seine Heimat Kuba vom spanischen Joch befreien wollte, um sie unter anderen als Bollwerk gegen den Nachbarn im Norden zu errichten, oder auf den Uruguayer José Enrique Rodó, der wenige Jahre nach Martís Tod 1895 in einem berühmten Essay die beiden Welten einander gegenüberstellte: hier Ariel, die Verkörperung des Idealismus, sprich Lateinamerika; dort Caliban, Sinnbild des Materialismus, sprich Nordamerika.

Enrique Rodó, vor allem aber José Martí sind auch heute noch kulturpolitische Instanzen, obwohl der Konflikt inzwischen ganz andere, gewaltigere Ausmaße angenommen hat. Man braucht nur an die riesige Zahl der »Latinos« zu denken (vor allem Mexikaner, Kubaner, Puerto-Ricaner, Mittelamerikaner), die ihre Heimat aus politischen oder wirtschaftlichen Gründen verlassen haben und heute in den Vereinigten Staaten leben. 18 Millionen sind es bereits, und wenn die amerikanische Regierung die längst nicht immer erwünschte Einwanderungswelle nicht zu bremsen vermag, werden es im Jahr 2000 zwischen 30 und 35 Millionen sein. Es gibt Gegenden, vor allem in Texas, in Kalifornien, in Neu-Mexiko und Florida, in denen über 80% der Bevölkerung nur Spanisch sprechen, in denen es Bürgermeister, sogar Gouverneure lateinamerikanischer Herkunft gibt, in denen das Leben auf den Straßen, in den Schulen, in den Geschäften von den »Latinos« bestimmt wird. Nordamerika, das ist ein Begriff, mit dem der Lateinamerikaner positive wie auch negative Vorstellungen verbindet; Nordamerika: Das ist Wohlstand, Sicherheit, politische Stabilität, das ist aber auch wirtschaftliche Abhängigkeit, protestantischer Puritanismus, Arroganz und Überheblichkeit.

All das spiegelt sich in den hier gesammelten Erzählungen wider. Thematisch, wenn zum Beispiel vom Leben der Puerto-Ricaner in New York die Rede ist (*Die Nacht, in der wir wieder zu Menschen wurden*), von der Ausbeutung durch die United Fruit Company (*Pichardos Sohn*); von dem einfältigen Touristen und ehemaligen rücksichtslosen Vietnamkämpfer (*Fiesta Brava*) oder dem verhaßten »Gringo« (*Ich hatte keinen Grund, sagen sie*). All das findet auch sprachlich seinen Widerhall, dort nämlich, wo der Übergriff des Englischen auf das Spanische deutlich wird, wo die Beeinflussung der vorwiegend mittelamerikanischen Kultur durch die angelsächsische unübersehbar ist.

Die Übermacht des Nachbarn im Norden und die Haß-Liebe zu ihm haben, ähnlich wie die Kubanische Revolution, bei den Schriftstellern zu einem gestärkten Selbstwertgefühl geführt und die Entwicklung hin zu einer eigenständigen Literatur gefördert. Das blieb auch in den USA nicht unbemerkt. Heute steht dort die lateinamerikanische Literatur hoch im Kurs, und viele lateinamerikanische Autoren lehren an nordamerikanischen Universitäten.

Doch welches sind nun die Besonderheiten und Merkmale der lateinamerikanischen Erzählkunst heute? Sicher keine leicht zu beantwortende Frage, denn schon der Begriff »lateinamerikanische« Erzählkunst ist irreführend und treffend zugleich. Irreführend, weil sich hinter dem Wort »lateinamerikanisch« über zwanzig Länder verbergen, von denen jedes völlig verschieden ist von den anderen; eine Vielfalt, die nicht auf einen Nenner gebracht werden kann. Denn was hat das vorwiegend weiße Uruguay, das von den einstigen europäischen Einwanderern geprägt wird, zum Beispiel mit Mexiko gemeinsam, wo 90% der Bevölkerung Mestizen sind, oder gar mit Peru und Bolivien, wo die meisten Einwohner reinrassige Indios sind? Was teilen so hochindustrialisierte Länder wie Argentinien, Mexiko, Brasilien mit den verschlafenen Agrarländern Paraguay und Honduras? Wo ist die Einheit, wenn man an die afrikanische Überlieferung in Nordbrasilien und in der Karibik denkt oder an die indianische Tradition in den Andenländern, dann wieder an die europäische Kultur am Rio de la Plata? Dennoch, zutreffend ist der Begriff »lateinamerikanische Erzählkunst«, weil alle Länder des amerikanischen Subkontinents durch eine gemeinsame geschichtliche Entwicklung miteinander verbunden sind, die von der Conquista durch die spanischen und portugiesischen Eroberer über die Unabhängigkeitsbewegung bis hin in die jüngste, recht unruhige Gegenwart reicht. Zutreffend auch, weil überall, mit Ausnahme von Brasilien, Spanisch offizielle Landessprache ist; weil der Katholizismus, wenn auch stark von verschiedenen autochthonen Einflüssen geprägt, dem protestantischen Norden gegenüber als Bindeglied wirkt und weil die heutige politische Entwicklung durch das Los der gemeinsamen Unterentwicklung so etwas wie ein Gefühl der Solidarität im Keim hat entstehen lassen. Daran ist zu denken, wenn im folgenden von den gemeinsamen Merkmalen der »lateinamerikanischen Erzählungen« die Rede sein soll.

Zuerst sei auf die Bedeutung der *Erzählung* für die lateinamerikanische Literatur hingewiesen. Ähnlich wie beim nordamerikanischen Nachbarn erfreut sich diese literarische Kurzform großer Beliebtheit bei Autoren wie beim Publikum. Kaum ein Schriftsteller, der sich nicht in dieser Gattung versucht hätte, und viele haben sich ganz dem »cuento« verschrieben. Die Gründe für diese Popularität sind vielfältig und nicht immer genau auszumachen. Wichtig ist gewiß der Umstand, daß die Erzählung mit ihrer Konzentrierung auf das Wesentliche, mit ihrer Begrenzung auf eine kleine Zahl von Charakteren und einer meist gradlinigen Handlung, mit ihrem Verzicht auf komplizierte Rückblenden, ihrem begrenzten Umfang und dem zumeist überraschenden Schluß der Mentalität der Menschen und den Gegebenheiten des Kontinents entgegenkommt. Schließlich darf man nicht vergessen, daß in einigen Ländern, wie Peru oder Bolivien, die Analphabetenquote noch immer bei über 50% liegt, daß auch anderswo nur eine kleine elitäre Schicht in der Lage ist, lange, komplizierte und in ihrer Technik bis ins kleinste ausgeklügelte Romane zu lesen (die es auch gibt), und daß eine Erzählung ein viel größeres Publikum erreichen kann, hält man sich die geringe Kaufkraft der Leute vor Augen. Hinzu kommt wohl die bei einigen Autoren noch immer vorhandene Meinung, eine Erzählung sei die Vorstufe zu dem großen Roman, den fast jeder einmal schreiben möchte.

Doch nun zu der Erzählung selbst: Welche Einflüsse, welche äußeren Gegebenheiten haben sie gepägt? Zunächst einmal gewiß der widersprüchliche Charakter des amerikanischen Subkontinents. Lateinamerika ist ein Kontinent der Kontraste, und der Schriftsteller steht ständig in dem Spannungsfeld dieser Gegensätze. Da finden sich mittelalterliche Strukturen neben Gesellschaftsformen der Gegenwart; jahrhundertealte Techniken und Überlieferungen neben Errungenschaften des Computerzeitalters; feudalistisches Gedankengut neben emanzipatorischen Ideen: und das alles nur wenige Auto- oder Flugstunden voneinander entfernt, zuweilen sogar unmittelbar nebeneinander. Eine ständige Herausforderung für den Schriftsteller. In jeder Minute muß er sein ganzes Ich einsetzen, muß er darauf gefaßt sein, abgestoßen oder aufgesogen zu werden. Kein bequemes Eintauchen in ein harmonisches, kulturelles Ganzes, das ihn auffängt, sondern ein ständiges Abwägen, Messen, Vergleichen und Werten. Man bedenke nur, daß es noch viele Gegenden in Lateinamerika gibt, in denen nicht einmal Spanisch gesprochen wird, sondern die Sprache der indianischen Urbevölkerung, wie Guaraní in Paraguay, Aymará und Quechua in Peru oder Nahuátl in Mexiko. Man bedenke auch, daß heute noch das Leben vielerorts von magischen Riten und Kulten bestimmt wird, wie im Nordosten Brasiliens und in der Karibik, und daß es gleich daneben hypermoderne Großstädte gibt, die in nichts – auch nicht, was Verkehrschaos und Verschmutzung anbetrifft – nordamerikanischen und europäischen Metropolen nachstehen.

Ein weiteres Kennzeichen der lateinamerikanischen Literatur der Erzählkunst im besonderen ist, daß Erzählungen, von wenigen Ausnahmen abgesehen, in den großen Städten des Kontinents geschrieben werden. Nicht zufällig entstand gerade in Buenos Aires, wo bereits 1925 über ein Viertel aller Argentinier lebten, die erste eigenständige Literatur Lateinamerikas. Und auch heute gehen die entscheidenden Impulse von Großstädten wie Mexico-City und Buenos Aires aus; das augenfälligste demographische Merkmal des 20. Jahrhunderts in Lateinamerika ist nun einmal die Menschenballung in den neuen Metropolen. Die Landflucht ist vor allem dort, wo der Gegensatz zwischen Stadt und Provinz besonders groß ist, nicht mehr zu bremsen. Mexico-City ist dafür ein besonders typisches Beispiel. 1968, im Jahr der Olympiade, zählte diese

Stadt knapp 5 Millionen Einwohner; heute sind es über 20 Millionen, und jeden Tag werden es ca. 1500 mehr. Diese Verstädterung aber bedeutet, daß die für einen Schriftsteller unerläßliche Infrastruktur nur in den großen Agglomerationen vorhanden ist. Ein Autor, der weit weg von der »Zivilisation« irgendwo auf dem Land lebt, ist für seine Leser gestorben. Nur wenige, sehr bekannte Autoren können sich diesen Luxus leisten. Dieses Gebundensein an die großen Städte wirkt sich aber auch auf die Themen der Erzählungen aus: Die Städte sind das Milieu, in dem der Autor zu Hause ist.

Hinzuweisen ist auch auf die besondere gesellschaftliche Rolle der Schriftsteller. Die Autoren, die nur selten von der Schriftstellerei leben und häufig an den Universitäten der einzelnen Länder tätig sind oder dem diplomatischen Dienst angehören, sind nicht nur literarische Instanzen: Sie sind auch so etwas wie das moralische Bewußtsein des Kontinents. Ihre Meinung auch und vor allem zu gesellschaftspolitischen Fragen ist für viele so etwas wie eine Richtschnur, denn dem Schriftsteller bescheinigt man ein Höchstmaß an Aufrichtigkeit, Unbestechlichkeit und Objektivität; Werte, die in der Tagespolitik der meisten lateinamerikanischen Länder nicht zählen und oft in ihr Gegenteil verkehrt wurden.

Der Peruaner Maria Vargas Llosa schreibt in einem vor kurzem erschienen Artikel: »In Lateinamerika ist ein Schriftsteller nicht nur ein Schriftsteller. Er ist auch jemand, von dem man einen aktiven Beitrag zu der Lösung der Probleme erwartet, denn diese Probleme sind gewaltig, und wir, die Schriftsteller, verfügen über die Mittel, unseren Worten Gehör zu verschaffen. Es wäre viel einfacher für uns, wenn die einzige Aufgabe eines lateinamerikanischen Schriftstellers darin bestünde, mit seinen Büchern die Leser zu unterhalten und zu begeistern. Aber wir wissen, daß dem nicht so ist, daß man von uns erwartet, daß wir fortwährend Stellung nehmen zu dem, was geschieht, daß wir den anderen helfen, Position zu beziehen.«

Diese Verpflichtung, die der lateinamerikanische Autor oft wider Willen übernimmt, erklärt, warum auch heute noch die soziale Anklage das Werk vieler Schriftsteller bestimmt, freilich nicht mehr so schablonenhaft wie zum Teil noch vor zwanzig, dreißig Jahren. Viele auch der hier vorliegenden Erzählungen haben einen politischen Stoff zum Thema, doch die Aussage ist nicht mehr von klaren Schwarz-Weiß-Kontrasten bestimmt. Dem wirkt auch die zunehmende literarische Experimentierfreudigkeit der Autoren entgegen die, ohne in Manierismen zu erstarren, neue Wege erschließt, und der es gelingt, eine gewisse Distanz zu dem Erzählten zu schaffen und der Gefahr des Pamphlethaften zu entgehen.

Abschließend noch einige Worte zu den Autoren der hier vorliegenden Erzählungssammlung. Es versteht sich von selbst, daß eine solche Anthologie nie den Anspruch auf Vollständigkeit und Objektivität erheben kann. Es handelt sich vielmehr um eine ganz persönliche, jedoch keineswegs willkürliche Auswahl, die von mir nach ganz bestimmten Kriterien getroffen wurde.
Alle vorliegenden Erzählungen sind nach 1959 geschrieben worden, nach jenem historischen Datum also, von dem eingangs die Rede war, und zwar von Autoren, die auch heute noch schriftstellerisch tätig sind (mit Ausnahme von Antonio di Benedetto, der Ende 1986 verstorben ist) und die das literarische Schaffen ihrer Heimat nachhaltig beeinflussen.
Außerdem war es mein erklärtes Ziel, Autoren aus allen zwanzig lateinamerikanischen Ländern zu Wort kommen zu lassen. (Auf die Einbeziehung der englisch- und französischsprachigen Länder der Karibik habe ich bewußt verzichtet, da dies den Rahmen einer solchen Anthologie gesprengt hätte.) Dies bedeutet aber, daß ich auf den einen oder anderen Autor vor allem aus Chile, Uruguay, Argentinien und Mexiko verzichten mußte, um auch Autoren aus kleineren, oft im Abseits liegenden Ländern aufnehmen zu können.

Bereits am Anfang dieser Einführung habe ich auf den sogenannten »boom« der lateinamerikanischen Literatur in den sechziger Jahren hingewiesen, durch den einige wenige große Schriftsteller ganz plötzlich und ganz unverhofft aus ihrem Schattendasein herausgerissen und einer breiten Öffentlichkeit auch außerhalb Lateinamerikas zugänglich gemacht wurden. Der Nobelpreisträger Gabriel García Márquez gehört dazu und sein politischer Widersacher, der Peruaner Mario Vargas Llosa; der vor kurzem verstorbene Argentinier Julio Cortázar und der in den USA lebende Mexikaner Carlos Fuentes; und gewiß auch der Paraguayer Augusto Roa Bastos und, mit einiger Verspätung, der Uruguayer Carlos Onetti. Das Positive dieses »boom« war, daß man zum erstenmal außerhalb Lateinamerikas auf eine Literatur aufmerksam gemacht wurde, die der europäischen und nordamerikanischen durchaus das Wasser reichen konnte, sie nicht selten sogar übertraf. Selbst als in den siebziger Jahren dieser »boom« genauso schnell wieder in sich zusammenfiel, wie er aufgespült wurde, waren diese Namen nicht mehr aus dem literarischen Leben wegzudenken. Auch in Deutschland, wo man mit der Verbreitung lateinamerikanischer Autoren immer etwas zurückhaltender war und zumeist erst die Ergebnisse in anderen Ländern, vor allem in Frankreich, abwartete, sind die Werke der genannten Autoren inzwischen fast vollständig übersetzt. Darum konnte ich in meiner Auswahl auf Texte dieser Autoren verzichten.
Ein anderer Grund scheint mir wichtiger; er bezieht sich auf die Kehrseite des »boom«, der nicht nur positive, sondern auch negative Auswirkungen hatte. Vielen wichtigen in Lateinamerika weithin bekannten Autoren gelang es nicht, sich in Europa gegen diese kleine Handvoll Namen durchzusetzen. Und daran hat sich bis heute kaum etwas geändert. Daß es zu dieser Entwicklung kam, liegt sicher daran, daß der »boom« lateinamerikanischer Literatur nicht von Lateinamerika, sondern von Europa und Amerika ausging: Es interessierten vor allem jene Autoren, die als »typisch« für ihren

Kontinent galten, die von Bananenrepubliken, Exotik, Chaos, Diktaturen berichteten, kurzum von all den Klischees und Vorurteilen, die man in Europa mit Lateinamerika verbindet. Mit der vorliegenden Auswahl habe ich mir die gewiß nicht unbescheidene Aufgabe gestellt, einen Überblick über die heutige Erzählkunst auf dem amerikanischen Subkontinent zu geben, und zwar nicht aus vorgeprägter europäischer Sicht, sondern aus dem Blickwinkel Lateinamerikas. All die Autoren sollten zu Wort kommen, die bis jetzt mehr oder weniger unbeachtet geblieben sind. (Wobei die Grenze natürlich nicht immer ganz klar zu ziehen ist, und Autoren wie Benedetti, Bioy Casares oder Donoso ungleich bekannter sind als der Kolumbianer Gardeazábal oder der Puerto-Ricaner González beispielsweise.)
Ein Vorhaben wie diese Sammlung ließ sich nicht vom Schreibtisch aus verwirklichen, sondern wurde erst nach ausgedehnten Reisen durch Mittel- und Südamerika, zum Teil auch durch Europa möglich; Reisen, auf denen ich mit den meisten der hier vertretenen Autoren persönlich gesprochen und zusammen mit ihnen eine Erzählung ausgewählt habe. Mein Gespräch mit Antonio di Benedetto in einem Café in Buenos Aires wenige Wochen vor seinem Tod; die Begegnung mit Juan José Arreola und Emilio Pacheco in der Zwanzigmillionenmetropole Mexico-City; mit Eduardo Bähr in dem abgelegenen Tegucigalpa; mit Jaramillo Levi in dem tropisch schwülen Panama-City; mit Mario Benedetti in Montevideo oder Rubén Bareiro Saguier in der rue Maurice Ripoche in Paris: Erst diese Gespräche machten diesen Band möglich. Mein besonderer Dank gilt darum den Autoren, die bereitwillig und geduldig viel Zeit geopfert haben und ohne deren Unterstützung dieses Projekt nie zustande gekommen wäre.

José Antonio Friedl Zapata
Mexico-City und Heidelberg, 1987

Uslar Pietri
Ein neuer Name, ein fremdes Gesicht

Erst zum Schluß entschied er sich für den Schnurrbart. Er betrachtete sich im Spiegel, und es gab gar keinen Zweifel, daß etwas fehlte. Es war ein kleiner, kurzer, schwarzer, dünner Schnurrbart, den er vor längerer Zeit gekauft hatte. Vielleicht zum Karneval. Nur mit einiger Mühe konnte er ihn ankleben. Der Bart saß direkt unter der Nase, und der durchdringende Geruch des Klebstoffes raubte ihm den Atem, machte ihn sogar ein wenig schwindlig.
Als er den Scheitel verändert, die Augenbrauen gezupft und einen leichten Schatten unter die Augen geschminkt hatte, blickte ihm ein Fremder aus dem Spiegel entgegen. Jedenfalls war es nicht sein Gesicht, nicht sein Alltagsgesicht mit dem ungepflegten Bart, dem wirren Haarschopf und den viel zu weit aufgerissenen Augen. Glattrasiert war das Gesicht und markant der angeklebte Schnurrbart. Sogar die Nase wirkte weniger groß, und die Stirn sah schmaler aus unter dem sorgfältig gekämmten Haar. Als letztes setzte er sich die dunkle Brille auf. Da blickte ihm ein Fremder aus dem Spiegel entgegen, ein Unbekannter, ein ungebetener Gast, der ihm unheimlich war. Er sah aus wie . . . Ja, wie sah er aus? Wem sah er ähnlich? Wie ein älterer Mann sah er aus, in dessen Gesicht sich eine gewisse Härte und Autorität widerspiegelten. Er war nicht mehr der Gerónimo, den alle kannten, der durch die Buchhandlungen streifte und die Cafés abklapperte, wo er sich mit Marta und Chelo und all den palavernden Künstlern traf.
Jetzt erinnerte er eher an einen jener Männer, die er so verabscheuenswürdig fand. Mit Widerwillen, ja, mit Haß hatte er sie betrachtet, wie sie in ihren großen Wagen durch die langsamen Straßen der Stadt fuhren und dabei zerstreut mit irgendeinem Begleiter redeten, die Zigarette im Mund und einen blitzenden Diamanten am Finger.

Es war nicht seine Absicht gewesen, sich in einen solchen Menschen zu verwandeln. Das war ganz von allein passiert. Schritt für Schritt, so als hätte sich dieses fremde Gesicht ganz allmählich unter seinem eigenen gebildet. Als hätte er die Haut abgestreift wie eine Eidechse, und als sei dabei dieses unerwartete, so markante und fremde Gesicht zum Vorschein gekommen.

Er zog den dunklen Anzug an, den er für diesen Tag bereitgelegt hatte, ein weißes Hemd, eine auffällige Krawatte, und setzte sogar einen Hut auf. All das hatte er heimlich zusammengetragen, Stück für Stück, damit es die Freunde nicht sahen. Niemand sollte wissen oder auch nur ahnen, daß er ein anderer sein würde, und sei es nur für diesen einen Tag.

Das Leben erschien ihm eintönig, ja fast erstickend. Jeden Tag dasselbe, jeden Tag dieselben Gespräche, dieselben Plätze, dieselben Gesichter. Alles wußte, kannte man. Da konnte der verrückte Rodríguez in der Clique erscheinen und über die tollkühnsten Abenteuer sprechen, und alle wußten, daß er log, daß er nichts von alledem getan hatte und auch nie tun würde. Und mit den Mädchen war es genauso. Ein Thema, das man bis in die kleinsten Einzelheiten durchgekaut hatte. Jeder wußte, mit wem der andere schlafen konnte und mit wem nicht. Der Rest war bloßer Schein, der niemanden mehr trog. Weder der falsche Liebhaber, noch der falsche Intrigant, noch der falsche Künstler vermochten irgend jemanden zu täuschen. Alles nahm seinen Anfang und sein Ende an dem Tisch im Café, vor einem Glas Bier, dessen Schaum langsam blaß wurde und in sich zusammensank.

Trotzdem wurde manches zuweilen Wirklichkeit. Aber es war, als würden sich jene, die etwas in die Tat umsetzen wollten, von der Clique zurückziehen. Sie kamen einfach nicht mehr. Man fragte nach ihnen, wußte aber nicht, wo sie waren. Irgendwer hatte sie vor längerer Zeit einmal gesehen. Einer schrieb an einem Buch, ein anderer hatte geheiratet, oder sein Name war eines Tages in der Zeitung zu lesen, weil er bei einem Anschlag der Stadtguerilla mitgemacht hatte. »Er hatte es satt, Unsinn zu reden«, sagte jemand.

Damals faßte Gerónimo den Entschluß, sich von der Clique zu lösen. Das war nicht leicht. Schließlich war man in die Gewohnheiten verstrickt, verwoben in Trägheit und Nichtstun, ins endlose Warten und sinnlose Reden.

Er wollte mit einem zeitlich begrenzten Versuch anfangen. Er wollte nicht nur aufhören, an den unvermeidbaren Treffen der Clique teilzunehmen, während deren sich die Stunden, die Themen und das Verhängnis zu einer schweren, klebrigen und einschläfernden Stimmung verbanden, er wollte es riskieren, ein anderer zu sein. Er wollte von vorne, von Null anfangen. Er wollte eines Tages auf die Straße, auf eine andere Straße zu anderen Leuten gehen und ein anderer sein.

Er wußte nicht, wer er sein würde. Er hatte seine neue vorübergehende Identität nicht weiter festgelegt. Es war nur der Wunsch, seine Herkunft und sein Wesen zu ändern. Keine Verkleidung also, sondern ein neues Leben.

Solange er Gerónimo war, konnte er kein anderer sein. Alle, die ihn als Gerónimo kannten, würden ihn daran hindern, alle, die so genau wußten oder zu wissen glaubten, was er sein konnte und was nicht, wozu er imstande war und wozu nicht. Niemand sollte ihn in die Reihe zurückstoßen, aus der er ausbrechen wollte. Deshalb mußte er aufhören, Gerónimo zu sein, mußte sich in jemanden verwandeln, den keiner mit seiner Vergangenheit und dem Wesen, das er vor den anderen zur Schau gestellt hatte, in Verbindung bringen konnte.

So kam es, daß sein Plan nach und nach immer festere Formen annahm; wahllos begann er, die Utensilien für seine Verwandlung zusammenzutragen. Er brauchte einen neuen Anzug, ein verändertes Gesicht und natürlich auch einen neuen Namen, bevor er sich mit seiner Ausdrucksweise, seinen Gesprächsthemen und seinen Lebensdaten in einen neuen Menschen verwandelte.

Sein verändertes Äußeres war das Ergebnis des Zufalls. Es hing ab von den Kleidungsstücken, die er beschaffen konnte, und von den nicht weniger zufälligen Veränderungen, die er auf seinem Gesicht vorzunehmen vermochte. Mehrere Male probte er den einen oder anderen Effekt, bis er sich an jenem Tag entschloß, auf die Straße zu gehen.

Zwischen seiner neuen Erscheinung und seinem Wesen lag eine riesige Kluft. Er wandte die Augen vom Spiegel ab, richtete sich auf, nahm den auffälligen Hut und schloß die Tür mit einem heftigen Ruck, als wollte er seine ganze Vergangenheit hinter sich einsperren, und dann stand er auf der Straße; zuerst war sein Gang unsicher und schleppend wie sonst auch, doch sehr schnell begann er, aufrecht und mit laut klopfenden Absätzen zu gehen, den Kopf erhoben, die Augen mit einer gewissen arroganten, fast unverschämten Sicherheit geradeaus gerichtet.

Ein Unbekannter schaute ihn an und machte eine Bewegung, als wollte er ihn ansprechen, doch er gab ihm keine Gelegenheit dazu und ging weiter. Für jenen Mann zumindest war er ein anderer gewesen. Der hatte ihm einen leicht zögernden oder erstaunten Blick zugeworfen. Bestimmt verwechselte er ihn mit jemandem. Aber mit wem?

Er hatte jetzt die Stelle erreicht, wo sich das Straßencafé befand, in dem sich seine Freunde trafen. Dort saßen sie, genau wie immer um denselben kleinen Tisch herum, vor sich die leeren Biergläser. Einer von ihnen hatte sich gähnend weit im Stuhl zurückgelehnt und ließ seinen Blick gleichgültig über die Passanten gleiten.

Sicherheitshalber benutzte er den gegenüberliegenden Bürgersteig und ging, verstohlen hinüberschauend, weiter. Es wäre ein leichtes für ihn gewesen, das Gesprächsthema zu erraten, mit dem sie sich auseinandersetzten. Einige von ihnen schauten zerstreut auf die Straße. Wahrscheinlich hatten sie ihn gesehen und waren ihm ein Stück mit den Augen gefolgt; ihm, dem Fußgänger, der nichts mit Gerónimo zu tun hatte, der durch riesige Entfernungen von ihnen

getrennt war und den sie verachteten; ihm, dem steifen Mann mit der schwarzen Brille und dem dünnen Schnurrbart. Wer es wohl war?
Er war versucht, sich dem Café zu nähern und an ihnen vorbeizugehen. Aber er wagte es nicht. Das war zu riskant. Die Schale seines neuen Äußeren war noch nicht undurchdringlich genug, um ihn zu schützen. Noch war sie nur ein Schein.
Wenn er von jemandem angesprochen und gefragt worden wäre, wer er sei, er hätte nicht antworten können. Auf jeden Fall hätte er voller Unsicherheit gezögert und nach einem geeigneten Namen gesucht. Einige hatte er sich schon ausgedacht. Aber sie erschienen ihm unbedeutend und sogar lächerlich. Er könnte zum Beispiel sagen: Rafael Barba, Kaufmann. Aber wieso ging ein Kaufmann zu dieser Tageszeit auf der Straße spazieren?
Er lief also weiter. Zurück blieben das Straßencafé und die Clique der Freunde und das endlose Gespräch, das sich immer um ein und dasselbe Thema drehte, ganz gleich, welches der Ausgangspunkt war. Was hier fehlt, ist eine gewisse Kühnheit: Irgend jemand ließ irgendwann diese Bemerkung fallen, und schon löste er das träge sich dahinschleppende Gespräch aus: Nein, nicht das fehle. Und so kam ein Thema nach dem anderen zur Sprache und rief stets ein und dieselbe Entgegnung hervor.
Aber nun begegnete er einem Passanten, der ihn sehr genau ansah. Der Passant blieb sogar stehen, bevor er an ihm vorbeiging. Er beschleunigte seine Schritte, um einem Gespräch zu entgehen. Der Mann sah ihn mit verängstigten, mit anklagenden Augen an. Der Mann wollte etwas sagen, schien sich eines anderen zu besinnen, als er merkte, daß ihm Gerónimo keine Beachtung schenkte, und ging schließlich weiter.
Es war ein sehr bedeutsamer Blick gewesen. Der Blick eines Mannes, der bestimmt wußte, welche Person Gerónimo darstellte. Sicher kannte er Namen und Stellung des Mannes,

der durch einen geheimnisvollen Zufall Gerónimos Verkleidung entsprungen war. In dem kurzen Augenblick der Begegnung, in dem er ihn ansehen konnte, schien es ihm, als spiegle sich Überraschung, ja, Angst in seinem Blick wider. Es war nicht der erfreute, vertrauensvolle Ausdruck eines Menschen, der einen Freund trifft, sondern eher der, den eine unangenehme Begegnung auslöste.

Nach dieser bedeutsamen Begegnung begann Gerónimo über die neue Identität nachzudenken. Eine Person mußte es sein, die andere Menschen mieden oder verabscheuten. Ein Mann, der Angst und Widerwillen einflößte. Ein Wesen, das man fürchtete, das zumindest einige fürchteten und mit Abscheu betrachteten. Es war nicht seine Absicht gewesen, in diese Haut zu schlüpfen, aber nun war es einmal passiert.

Schnell, fast gegen seinen Willen änderte er seine Haltung. Er wirkte selbstsicherer, richtete den Kopf noch weiter auf und begann, die unbekannten Passanten mit einem kalten, herausfordernden Blick zu mustern.

Die Menschen gingen in den Geschäften ein und aus, sie blieben an den Ecken stehen: Frauen mit Kindern, junge Mädchen mit offenen Haaren und abgetragenen blauen Hosen, Leute, die es eilig hatten, Taschen und Pakete unter dem Arm, und andere, die wie verblödet vor den Schaufenstern standen.

Er begann, die Blicke, die man ihm zuwarf, zu studieren. Viele betrachteten ihn mit neugieriger Hartnäckigkeit. Bestimmt stellte er eine bekannte Persönlichkeit dar. Einige machten eine Handbewegung, um ihn zu grüßen, ein mißtrauischer, fast abwehrender Gruß ohne jede Herzlichkeit.

Er hätte bei einem von ihnen stehenbleiben können und versuchen, durch geschickte Fragen Namen und Identität des Mannes herauszufinden, mit dem man ihn verwechselte.

Ein dicker, grauhaariger Mann, der in seine Zeitung vertieft langsam über das Pflaster lief, blickte von seiner Lektüre auf und sah ihn an, ein nichtssagendes, schlecht rasiertes Gesicht. Der Mann lächelte, als er ihn bemerkte, und während er

ihm mit der Hand zuwinkte, sagte er ganz deutlich: »Guten Tag, Herr Inspektor.«
Er antwortete nur mit einer leichten Kopfbewegung. Er wußte, was dieser Name bedeutete: Gerónimo kannte die Inspektoren. Voll Angst sah er ihnen von weitem nach. Er senkte seine Stimme, wenn er mit seinen Freunden über sie sprach. Es waren Männer, vor denen sich alle fürchteten. Es waren jene, die verhafteten, verhörten, folterten. Den dünnen Silva hatten sie zu Tode gequält. Er wurde immer hagerer, immer stiller. Wirst du endlich reden? Silva redete nicht.
Andere waren weniger stark und redeten. Danach begannen die Hausdurchsuchungen, die Verfolgung, das Versteckspielen. Es brauchte nur jemand irgendwo eine Bombe zu legen, schon setzten die Fahndungen und Verhaftungen ein. Die Clique lief auseinander. Alle wurden verdächtigt, Guerilleros zu sein, zumindest Beziehungen zur Guerilla zu unterhalten.
Und alle diese Männer sahen fast gleich aus. Dieselbe dunkle Hautfarbe, dieselbe Art zu reden, dieselbe arrogante Angewohnheit, nicht zu grüßen, dieselbe schwarze Brille. Man wußte nicht einmal, ob der Name, den man ihnen gegeben hatte, der ihrige war. Die halten mich für einen Inspektor, dachte Gerónimo. Nicht gerade das, was er sich vorgestellt hatte.
Und dann tauchten plötzlich die beiden Frauen auf und fielen über ihn her. Sie waren in Schwarz gekleidet, ungekämmt und redeten wild gestikulierend.
»Herr Inspektor!«
Sie standen vor ihm, packten ihn am Revers, ihre Gesichter unmittelbar vor dem seinigen. Sie sprachen gleichzeitig, ihre Stimmen und Worte vermischten sich miteinander. Die eine, es war die Jüngere von beiden, redete von ihrem Mann, die andere von ihrem Bruder.
»Mein Mann . . . Mein Bruder . . .«
Alles stürzte über ihn herein.

»Wo ist er? Was hat man mit ihm gemacht? Umgebracht hat man ihn, ja, umgebracht! Er verschwand vor zwei Wochen. Um Mitternacht haben sie ihn abgeholt. Es waren fünf bewaffnete Männer. Von der Sicherheitspolizei. Sie haben ihn geschlagen und getreten. Wir haben überall nachgefragt. Doch nirgendwo weiß man etwas über ihn. Zigmal sind wir in Ihr Büro gegangen. Aber man hat uns nicht vorgelassen. Endlich, endlich treffe ich Sie! Lebt er noch? Wo ist er?«
Er antwortete nicht. Immer mehr Leute blieben stehen und stellten sich um sie herum auf; eine recht große Gruppe, er und die Stimmen der beiden Frauen bildeten den Mittelpunkt.
»Juan Pedro hat mit alldem nichts zu tun. Das versichere ich Ihnen.«
»Ich auch. Er hat sich schon seit langem von all diesen Unruhestiftern zurückgezogen. Sogar mit seinen alten Freunden war er zerstritten. Nein, er hat nichts damit zu tun.«
Noch mehr Leute kamen hinzu und begannen, den lauten Stimmen zuzuhören. Es war eine gefährliche Situation. Gerónimo mußte etwas sagen.
»Es geht ihm gut. Nur keine Aufregung. Nichts ist passiert. Kommen Sie morgen zu mir.«
»Wann?«
»Am Vormittag.«
»Wohin?«
»In mein Büro.«
»Bei der Staatssicherheitspolizei?«
»Ja.«
Es gelang ihm, sich aus der Menschentraube zu befreien. Er lief weiter, es blieb ihm nichts anderes übrig. Er befand sich in einer gefährlichen Lage. Er mußte versuchen, da wieder herauszukommen. Mittag war schon vorüber, und die Straßen leerten sich. Die Leute kehrten nach Hause zurück. Er würde warten, bis noch weniger Menschen auf der Straße waren, und dann schnell in sein Zimmer zurückkehren, um dieses andere, dies so gefürchtete Äußere abzulegen.

Er betrat die nur wenig besuchte Terrasse eines Cafés und nahm an einem Tisch Platz, um die Zeit verstreichen zu lassen. Auf dem Tisch hatte jemand eine Zeitung liegenlassen, und er begann, zerstreut in ihr zu blättern. Er konnte nicht lesen, sondern sah nur verstohlen nach allen Seiten.
Er würde nach Hause zurückkehren und diese Verkleidung ablegen. Hätte er sich doch nur in jemand anderes verwandelt! Niemals wäre ihm eingefallen, daß man ihn gerade mit einer so verhaßten, gefürchteten Person verwechseln würde. Nicht einmal ihren Namen kannte er.
Der Kellner, der auf ihn zukam, um die Bestellung entgegenzunehmen, betrachtete ihn respektvoll.
»Was darf ich Ihnen bringen, Herr Inspektor?«
Er bestellte irgend etwas. Er mußte so schnell wie möglich aus dieser Geschichte wieder herauskommen. So viele andere Gestalten hätte er annehmen können, ausgerechnet diese mußte es werden.
Erschreckt fuhr er zusammen, als er das Klirren des Geschirrs auf dem Tisch hörte. Das Café war jetzt fast leer. In einer Viertelstunde konnte er gehen. Verstohlen schielte er zu den aufgereihten Tischen hinüber, als säßen dort unsichtbare Gäste. Jetzt war er allein mit dieser ihm unbekannten Person, mit seiner eigenen Verkleidung, und das ängstigte ihn. Es wäre besser gewesen, er befände sich inmitten einer großen Menschenmenge. Er hätte sich in der Masse auflösen oder auslöschen können. Nun, von all diesen leeren Tischen umgeben, gab es kein Entrinnen mehr vor diesem Gesicht, vor diesem Anzug, diesem Wesen, das sich ihm aufgedrängt hatte und ihn zu erdrücken drohte.
Auch die Straße war jetzt leer. Noch einen Augenblick, und er konnte aufstehen und weggehen. Er würde ein Taxi nehmen, um schneller zu verschwinden, um sich, sobald er in seinem Zimmer war, all das herunterzureißen.
»Inspektor García!«
Die Worte waren an ihn gerichtet, sie ertönten in seinem Rücken. Eine harte, trockene Stimme. Er drehte den Kopf.

Er sah die Pistole, die auf ihn gerichtet war. Schwarz und ganz nah. Er hatte keine Zeit, die Gestalt genau wahrzunehmen, die vor ihm stand. Ein zerzauster Haarschopf, ein haßerfülltes Gesicht.
Bestimmt hörte er den ersten Schuß. Unbeholfen hob er die Hand an das Gesicht. Er trat auf die Brille, die heruntergefallen war. Der falsche Schnurrbart blieb zwischen seinen Fingern kleben. Er schaute ihn an und fiel zu Boden.

Adolfo Bioy Casares
Flucht nach Carmelo

Den Professor störten Leute, die spät aufstanden, aber er wollte Valeria nicht wecken, denn sie schlief gerne lang. Sie ist sehr fleißig, dachte er, als er das zarte Profil und den rötlichen Schimmer im Haar des Mädchens auf dem weißen Kopfkissen betrachtete.
Der Professor hieß Felix Hernández. Er sah jung aus, genau wie so viele andere Menschen seines Alters in dieser Zeit. (Zwanzig Jahre zuvor hätte man ihnen angesehen, wie alt sie waren.) Er war eine bekannte Persönlichkeit, auch außerhalb der Universität, und bei seinen Studenten war er sehr beliebt. Er betrachtete sich selbst als einen Glückspilz, weil er mit Valeria, einer Studentin, zusammenlebte.
Er betrat die Küche, um das Frühstück vorzubereiten. Seine Aufmerksamkeit galt dem Toastbrot, es sollte, ohne zu verbrennen, goldbraun werden, als ihm plötzlich einfiel: Heute morgen muß Valeria ihr Rigorosum ablegen. Sie darf auf keinen Fall die drei Epochen der Geschichte vergessen. Nach einer Pause fügte er hinzu: In letzter Zeit kommt es immer häufiger vor, daß ich mit mir selbst rede.
Als er das Tablett in das Schlafzimmer trug, kam das Mädchen, den noch feuchten Körper in ein Handtuch gehüllt, gerade aus der Dusche. Er schob ihm eine Tasse zu und sah dabei im Spiegel sein eigenes Gesicht mit den weißen und schwarzen Stoppeln, die wie ein drei Tage alter Bart aussahen, obwohl er sich gerade erst rasiert hatte. Er schaute auf das Mädchen, blickte dann wieder in den Spiegel und dachte bei sich: Was für ein ungleiches Paar. Ich bin doch wirklich ein Glückskind.
»Wenn ich verschlafen hätte, hätte ich mich umgebracht.«
»Nur weil du deine Prüfung nicht hättest ablegen können? Da würdest du nicht viel verpassen. Niemand weiß mehr, daß man auch allein studieren kann. Jeder, der in einer Aula sitzt,

in der es einen Professor gibt, glaubt zu studieren. Die Universitäten, die einst Stätten des Wissens waren, haben sich in Amtsstuben verwandelt, in denen Diplome ausgestellt werden. Nichts ist weniger wert als ein Universitätstitel.«

Wie zu sich selbst sagte das Mädchen: »Das ist mir egal. Ich möchte den Titel haben.«

»Dann ist es vielleicht angebracht, daß du die drei Epochen der Geschichte erwähnst. Als der Mensch glaubte, daß das Glück von Gott abhing, tötete er aus religiösen Erwägungen. Als er glaubte, daß das Glück von der Regierungsform abhing, tötete er aus politischen Erwägungen.«

»Ich habe einmal ein Gedicht gelesen . . . Jeder tötet, was er liebt.«

Er sah sie an, lächelte und schüttelte den Kopf.

»Wenn man zu lange schläft, hat man wirklich Alpträume«, sagte Hernández. »Und damit kommen wir zur Gegenwart. Der Mensch wacht auf, entdeckt das, was er schon immer wußte, nämlich, daß das Glück von der Gesundheit abhängt, und er beginnt, aus therapeutischen Erwägungen zu töten.«

»Damit werde ich bestimmt eine Diskussion mit dem ganzen Gremium hervorrufen.«

»Warum denn das? Zweifelt etwa jemand daran, daß er in einem gewissen Alter den Besuch des Arztes erhält? Ist das nicht eine Art zu töten? Aus therapeutischen Überlegungen natürlich, das versteht sich von selbst. Aber eine Art, die ganze Bevölkerung zu töten.«

»Die ganze nicht. Es gibt solche, die nach drüben fliehen.«

»Und das ruft die Gefahr weiterer Toter hervor. Auch diesmal aus therapeutischen Gründen.«

»Aber nur, wenn wir ihnen den Krieg erklären«, sagte das Mädchen offensichtlich geistesabwesend. Valeria begann sich anzuziehen.

»Das wird noch eine Weile dauern. Unter den altersschwachen Greisen in Uruguay gibt es sehr gewiefte Leute, die es immer wieder verstehen, bei den Verhandlungen auf etwas völlig Belangloses zu verzichten.«

»Sie widern mich an«, sagte Valeria, die fertig zum Ausgehen war. »Aber ich finde es gut, daß sie den Krieg hinauszögern.«
»Früher oder später wird man sich entscheiden müssen. Es kann nicht so bleiben, daß es drüben am anderen Ufer einen Infektionsherd gibt, eine Brutstätte all jener Epidemien, die wir hier ausgerottet haben. Es sei denn, jemand entdeckte ein Mittel, um das Altern aufzuhalten. Aber was wirst du antworten, wenn sie dich fragen, wie die dritte Epoche begann?«
»Als niemand mehr an die Politiker glaubte, begeisterte die Medizin die Menschen mit ihren großen Entdeckungen. Sie ist die Religion und die Politik unseres Zeitalters. Eines Tages gelang es den argentinischen Ärzten aus dem berühmten Team des Calostro, das Problem der Antikörper endgültig und auf Dauer in den Griff zu bekommen. Das bedeutete die Ausrottung aller Infektionen und bald auch die aller anderen Krankheiten und führte zu einer unglaublichen Verlängerung der Jugend. Wir glaubten, daß damit der letzte Schritt getan sei. Aber kurz darauf entdeckten die Uruguayer ein Mittel, um den Tod abzuschaffen.«
»Was für unseren Patriotismus so etwas wie eine Ohrfeige war.«
»Aber auch die Uruguayer schafften es nicht, das Altern aufzuhalten.«
»Zum Glück.«
»Ich verliere den Faden, wenn du mich ständig unterbrichst«, sagte Valeria und verfiel dann wieder in einen leiernden Ton. »Um diese beiden Länder am Rio de la Plata bildeten sich zwei offensichtlich miteinander unvereinbare Blöcke, die heute die Welt unter sich aufteilen. Unsere Feinde nennen uns junge Faschisten, und sie sind für uns wandelnde Leichname, die nie endgültig sterben. Der Prozentsatz der alten Leute in Uruguay nimmt ständig zu.« Ohne eine Pause zu machen, fügte sie hinzu: »Es ist schon fast zehn. Ich muß gehen.«

Er begleitete sie bis vor die Tür, küßte sie und bat sie, nicht zu spät nach Hause zu kommen. Erst als er sie nicht mehr sehen konnte, ging er wieder hinein.

Wenig später, als er gerade weggehen wollte, hörte er die Klingel. Er hob ein Heft mit Notizen auf, das Valeria wahrscheinlich vergessen hatte. Du vergißt wirklich alles, kleiner Wildfang, murmelte er, öffnete die Tür und stand seinen beiden Schülern Gerardi und Lohner gegenüber.

»Wir müssen Sie sprechen, Herr Professor«, erklärte Lohner.

»Ich hab' nicht viel Zeit. Um elf muß ich in der Fakultät sein.«

»Das wissen wir«, sagte Gerardi.

»Aber wir müssen unbedingt mit Ihnen reden«, sagte Lohner.

Sie wirkten nervös. Er führte sie in sein Arbeitszimmer.

»Lohner wird Ihnen alles erklären.« Gerardi zeigte auf seinen Gefährten.

In das Schweigen hinein sagte Hernández: »Ich warte auf die Erklärung.«

»Ich weiß nicht, wie ich anfangen soll. Ein Freund aus dem Gesundheitsministerium hat uns gestern davon unterrichtet, daß er zu Ihnen kommt.«

Hernández öffnete leicht den Mund, wahrscheinlich, um etwas zu antworten, aber er sagte nichts. Schließlich fügte Gerardi erklärend hinzu: »Der Arzt, er kommt zu Ihnen.«

Wieder schwiegen sie, nur länger noch.

»Wann?« fragte Hernández.

»Heute«, antwortete Lohner.

»Wir haben alles zwischen gestern abend und heute morgen geregelt.«

»Was habt ihr geregelt?«

»Die Überfahrt nach Carmelo.«

»Nach Carmelo in Uruguay?« fragte Hernández, um Zeit zu gewinnen. »Ja, natürlich«, erwiderte Lohner.

Gerardi berichtete: »Unser Freund im Gesundheitsministerium hat uns mit einem Herrn namens Contacto in Verbindung gesetzt, der für die Motorboote zuständig ist. Er hat sich gestern abend mit uns um zehn im Café Del Molino getroffen, an dem Tisch, der an der zweiten Säule links steht, wenn man von der calle Callao hereinkommt. Wir tranken einen Cappuccino, und als ich ihm sagen wollte, wer Sie seien, unterbrach er mich sofort. Wenn ich ein Boot beschaffen kann, darf ich nicht wissen, für wen, sagte er und bat uns, einen kurzen Augenblick zu warten, da er in Tigre anrufen müsse. Er blieb länger als einen kurzen Augenblick. Man wollte das Café schon schließen, aber Herr Contacto bekam keine Verbindung. In unserem Land sind nun einmal die einfachsten Dinge wahnsinnig kompliziert. Endlich kam er zurück und nannte uns einen Namen, eine Uhrzeit, einen Ort: Moureira, acht Uhr morgens, in dem Laden Ecke Liniers und Pirovano, gegenüber der kleinen Brücke, die über den Reconquista-Fluß führt.«

»Im Flußdelta El Tigre?« fragte Hernández.

»Ja, in El Tigre.«

»Und ihr habt ihn heute morgen getroffen?«

»Ja, er war auf die Minute pünktlich. Ich habe den Eindruck, daß man ihm vertrauen kann.«

»Vor allem, wenn wir ihm nicht viel Zeit lassen«, bemerkte Lohner.

»Warum?« fragte Hernández.

»Ich glaube nicht, daß er etwas davon hätte«, sagte Gerardi. »Seine Aufgabe ist es, Leute an das andere Ufer zu bringen. Wovon soll er leben, wenn er einmal jemanden verrät und alles herauskommt?«

»Diese Leute leben seit einer Ewigkeit im Delta. Als es noch den Zoll gab, waren sein Großvater und sein Vater Schmuggler. Moureira versicherte uns, daß er selbst so etwas wie eine Einrichtung sei.«

»Wann muß ich aufbrechen?«

»Sie kommen mit uns. Jetzt gleich.«

»Jetzt gleich kann ich nicht.«

»Moureira wartet auf uns«, sagte Gerardi.

»Wir haben keine Zeit zu verlieren«, sagte Lohner.
»Ich muß noch eine Freundin holen«, antwortete Hernández.
Sie schwiegen. Dann fragte Gerardi:
»Ist es die, die wir kennen, Herr Professor?«
Hernández lächelte zum erstenmal.
»Ja, die, die wir kennen.«
»Aber bleiben Sie nicht zu lange weg. Wir gehen schon vor. Wir müssen Moureira aufhalten«, sagte Lohner. Und Gerardi wiederholte noch einmal: »Bleiben Sie nicht zu lange weg. Sie finden uns in dem Laden Ecke Liniers und Pirovano, gegenüber der kleinen Brücke. Der Brücke, die seit undenkbaren Zeiten immer mehr verfällt.«
Ungeduldig sagte Lohner: »Es wird nicht leicht sein, jemanden wie Moureira aufzuhalten.«
Als Hernández allein war, fragte er sich, ob er Angst hatte. Er wußte, daß ihm nicht viel Zeit blieb, um an das andere Ufer überzusetzen, aber er würde Valeria nicht zurücklassen. Nach dem Gespräch mit seinen Schülern hatte er das Gefühl, fast gegen seinen Willen auf einem gefährlichen Weg zu gehen, von dem aus ihn sogar die vertrautesten Dinge wie gleichgültige Zeugen anschauten. Ohne Zeit zu verlieren, ging er in die Fakultät. Als er an den Treppenabsatz im ersten Stock kam, traf er sie.
»Du hast daran gedacht, mir meine Notizen zu bringen«, rief Valeria. In Wirklichkeit hatte er sich nicht einmal an ihre Prüfung erinnert. Er trug die Notizen nur unter dem Arm, weil er so verwirrt war und nicht genau wußte, was er eigentlich tat. Er fragte: »Komme ich rechtzeitig?«
»Ja, zum Glück. Ich fühle mich erst sicher, wenn ich noch ein paar Namen und Daten nachgeschaut habe.«
»Ich dachte, daß nur alte Leute Namen vergessen.«
»Niemand hält dich für alt.«
»Da irrst du dich. Zwei Studenten kamen zu mir nach Hause.«
»Weshalb?«

»Um mir zu sagen, daß mich heute nachmittag der Arzt aufsuchen wird. Ein Freund, der im Gesundheitsministerium arbeitet, hat ihnen den Hinweis gegeben.«
»Das kann ich nicht glauben. Auf jeden Fall wird der Arzt zugeben müssen, daß es dir gutgeht.«
»So etwas ist noch nie vorgekommen.«
»Das ist doch egal. Ich weiß doch genau, wie es dir geht. Ich werde mit ihm sprechen. Sein Besuch ist verfrüht. Er wird es einsehen müssen.«
»Das wird er nicht tun.«
»Was hast du vor?«
»Ein Boot wartet auf uns im Flußdelta, um uns ans andere Ufer zu bringen.« Der Professor schaute Valeria ins Gesicht. Er fragte: »Was ist los? Willst du etwa nicht mitkommen?«
»Doch. Wieso? Im ersten Augenblick entsetzt mich nur ein wenig der Gedanke, unter lauter Greisen leben zu müssen, die nie sterben werden. Aber mach dir keine Sorgen. Ich werde mich schon zusammennehmen. Das sind nur Vorurteile, die man mir als kleinem Mädchen eingeimpft hat.«
»Gehen wir nun oder bleiben wir?«
»Bleiben? Damit dich der Arzt besucht? Ich bin doch nicht verrückt! Einer von denen, die dir die Nachricht überbracht haben, war Lohner?«
»Ja, und der andere Gerardi.«
»Ein Hitzkopf. Dem kannst du alles Mögliche erzählen.«
»Aber Lohner nicht.«
»So viele Gerüchte gehen um. Warum hältst du nicht deine Vorlesung wie immer? Sobald ich hier mit meiner Prüfung fertig bin, versuche ich, etwas herauszufinden.«
Die Worte ›Vorlesung halten wie immer‹ überzeugten ihn beinahe, denn sie erinnerten ihn an den Ausspruch: ›Wie wir gestern sagten‹, den ein anderer Professor immer benutzte. Er überlegte kurz, sagte dann: »Ich glaube nicht, daß ich dazu noch Zeit habe.«
»Ja, sehr wahrscheinlich wäre das sehr unvorsichtig. Ich finde, es ist besser, wenn man dich hier nicht sieht.«

»Was soll ich also tun?«
Zuweilen ist der Mann wie ein kleines Kind, wenn er mit einer Frau zusammen ist.
»Geh sofort nach Hause. Wenn ich innerhalb einer Stunde nicht nachkomme oder dich anrufe, gehst du zum Tigre. Wo warten sie auf uns?«
»An der Ecke Liniers und Pirovano. Unter einer sehr alten Brücke, die über den Reconquista-Fluß führt.«
Valeria wiederholte:
»Ecke Liniers und Pirovano.« Dann fügte sie plötzlich hinzu: »Wenn ich nicht nach Hause gehe, komme ich direkt dorthin.«
Er gab sich mit dieser Antwort zufrieden, obwohl sie ihn nicht völlig überzeugte. Auf halbem Weg erkannte er den Fehler, den er begehen würde. Wenn sie nicht selbst die Gefahr erkennen wollte, mußte er ihr doch die Augen öffnen! Sein Haus war eine Falle, in der er eine lange Stunde der Angst verbringen würde. Und danach war es für eine Flucht vielleicht zu spät. Als er die Tür öffnete, kam ein Mann vom gegenüberliegenden Bürgersteig auf ihn zu und sagte: »Ich habe Sie erwartet.«
Gemeinsam gingen sie ins Haus, und als sie in dem Arbeitszimmer waren, fragte Hernández:
»Sie sind der Arzt?«
Traurig nickte der Mann mit dem Kopf.
»Obwohl ich eigentlich schweigen müßte, möchte ich Ihnen doch sagen, daß ich mich falsch ausgedrückt habe. Ich habe Sie nicht erwartet. Oder besser gesagt, ich habe gehofft, daß Sie nicht kämen, daß Sie sich als schlauer erweisen und denen da ein Schnippchen schlagen würden. War es denn so schwierig für Sie, sich in Sicherheit zu bringen? Sind Sie etwa so allein, daß Sie niemand haben, der Sie warnt und Ihnen einen Tip gibt? Oder haben Sie auch nur einen Augenblick lang gedacht, daß ich, wenn ich Sie untersucht habe, meine Unterschrift unter ein Gesundheitszeugnis setze, damit man Sie am Leben läßt?«

»Das wäre nur gerecht.«
»Sie sind doch alle gleich. Alle finden es gerecht, daß wir uns exponieren, nur damit ein zweiter Arzt Sie untersucht, der zu einem anderen Ergebnis kommt und zu verstehen gibt, daß unsereins bestochen worden sei. Sie glauben es vielleicht nicht, aber viele begehren diesen Posten.«
»Es gibt also kein Entrinnen?«
»Das überlasse ich Ihrer Entscheidung. Ich muß noch einen anderen Patienten aufsuchen. Wenn ich im Gesundheitsministerium ankomme, leite ich den Bericht weiter.«
Der Arzt betrachtete seine Visite für beendet. Hernández begleitete ihn an die Tür.
»Trotzdem, vielen Dank.«
»Sagen Sie mir nur eins. Gibt es etwas oder jemand, der Sie hier in Buenos Aires zurückhält? Ich möchte mir nur erlauben, Sie daran zu erinnern, daß Sie auch dann nicht bei der Person, die Sie so sehr interessiert, bleiben können, wenn Sie nicht fliehen. Man wird Sie festnehmen, hören Sie, und hinrichten.«
»Da haben Sie recht. Nur die Toten bleiben hier.«
Hernández schloß die Tür. Einen Augenblick lang blieb er bewegungslos stehen, aber dann begann er, schnell und überlegt zu handeln. In weniger als einer halben Stunde hatte er den Koffer gepackt und verließ das Haus. Obwohl alles glatt lief, schien ihm die Fahrt zum Tigre eine Ewigkeit zu dauern. Endlich traf er seine Schüler am vereinbarten Ort. In ihrer Begleitung befand sich ein kräftiger Mann in einer dunklen Jacke und mit einer Pfeife im Mund, der als erfahrener Seemann verkleidet zu sein schien.
»Wir dachten schon, Sie kämen nicht mehr«, sagte Gerardi.
»Herr Moureira wollte schon gehen.«
»Verlieren Sie keine Zeit mehr«, sagte Lohner.
»Steigen Sie in das Boot«, befahl Moureira.
»Einen Augenblick«, antwortete der Professor. »Ich warte noch auf eine Freundin.«

»Die Frauen kommen immer zu spät«, sagte Moureira geringschätzig. Sie diskutierten miteinander, bis sie eine Sirene hörten.
»Zum Glück haben die von der Polizei noch nicht entdeckt, daß die Sirene den Flüchtigen warnt«, bemerkte Lohner, als er dem Professor ins Boot half.
Gerardi fragte ihn: »Irgendeine Nachricht?«
»Sagen Sie ihr, daß sie für mich das Schönste im Leben war.«
»Daß das Leben sie mit einschließt und daß das Ganze mehr ist als das Teil?« fragte Lohner.
Wieder hörten sie die Sirene, jetzt schon ganz nah. Die beiden jungen Männer versteckten sich in dem Geschäft. Moureira sagte zu ihm: »Legen Sie sich flach auf den Boden des Bootes. Ich werde Sie mit dem Segeltuch zudecken.«
Hernández gehorchte und dachte mit einem melancholischen Lächeln: Lohners Schlußfolgerung stimmt, aber im Augenblick ist sie mir kein Trost.
Langsam und entschlossen steuerten sie dem Luján-Fluß und dem offenen Wasser entgegen.

Mario Benedetti
Beweisführung

Heute komme ich mit zwei Sünden zu Ihnen, padre. Wissen Sie, welche die erste ist? Daß ich seit zwei Jahren nicht mehr gebeichtet und auch nicht das heilige Abendmahl genommen habe. Die zweite ist heikler und nicht mit ein paar Worten zu erklären. Aber mit irgend jemandem mußte ich darüber reden. Ich muß einfach jemandem mein Herz ausschütten, padre. Mit meinen Freundinnen oder meinen Schwestern kann ich nicht darüber sprechen, denn es handelt sich um etwas Geheimes, etwas sehr Geheimes. Und erst recht nicht mit meinem Verlobten. Sie werden noch hören, warum. Deshalb sagte ich mir: Wer ist besser geeignet, als padre Morales? Erstens, weil Sie immer sehr freundlich zu mir waren, damals, in der anderen Pfarrei. Und dann natürlich auch, weil Sie verpflichtet sind, das Beichtgeheimnis zu wahren. Oder irre ich mich? Na, also. Und noch etwas: Mein Gewissen läßt mir keine Ruhe. Wie soll ich es Ihnen sagen, padre, ich glaube, ich habe eine Sünde begangen, und fürchte nun, daß es eine Todsünde ist. Haben Sie jetzt Zeit? Wenn nicht, komme ich ein andermal wieder. Was ich zu erzählen habe, läßt sich nicht in wenigen Worten sagen, verstehen Sie? Gut, dann fange ich ganz vorne an.
Sie wissen ja, daß ich seit fünf Jahren als Maniküre in dem Herrenfriseursalon Ever Ready arbeite. Die Kundschaft ist sehr gut, alles feine Leute, lauter echte Kavaliere. Das erkenne ich an den Händen. An der sanften Haut, verstehen Sie, padre? Außerdem erlaubt der patrón nicht, daß die Kunden unverschämt werden. Denn das ist das Gefährliche an meinem Beruf. Ich muß doch die Hände der Kunden berühren, und die bilden sich irgend etwas ein, sie machen sich Hoffnungen oder was weiß ich. Abgesehen davon habe ich selbst eine sehr sanfte Haut, und deshalb glauben sie, daß meine rein professionelle Berührung mehr als das sei, so etwas wie eine Liebkosung.

Aber der patrón ist sich seiner Verantwortung voll bewußt, und während er die Haare schneidet, hat er auf alles ein wachsames Auge. Er ist nicht wie der patrón in dem anderen Friseurladen, dem Salón Eusebio, der nichts gegen die Unverschämtheiten seiner Kunden hatte. Deshalb habe ich den Arbeitsplatz gewechselt. Man darf natürlich nicht vergessen, daß nicht nur Bankdirektoren, Filialleiter, Abgeordnete, höhere Beamte, hin und wieder sogar ein Minister in den Ever Ready kommen, sondern sogar Diplomaten. Die wollen immer, daß man ihnen die Hände macht. Ich weiß nicht, vielleicht haben sie mehr Zeit zur Verfügung. Oder mehr Geld. Und dann gibt es noch die anderen, die halben Diplomaten. Solche, die behaupten, sie seien keine, aber ich merke, daß sie welche sind. Mit einem von ihnen fing mein Problem an. Im Salón nennen sie ihn Mister Cooper; das klingt wie Kupa, aber wer weiß schon, wie er richtig heißt. Er ließ sich die Hände immer von mir machen, obwohl wir zu dritt sind. Ein sehr anständiger Mensch. Sein Spanisch ist einwandfrei, obwohl es natürlich immer mal wieder Wörter gibt, die er falsch ausspricht. Ab und zu redete er über das Wetter, über einen Film, über seine Heimat oder über Punta del Este. Im allgemeinen aber schwieg er und schaute mir bei der Arbeit zu. Mich macht das nicht nervös, denn nach so vielen Jahren in meinem Beruf bin ich schon daran gewöhnt. Eine Maniküre, padre, ist fast so etwas wie eine Schauspielerin. Nur besteht das Publikum aus einer einzigen Person, die allein mit den Augen applaudiert. Nun ja, eines Nachmittags sagte Mister Cooper zu mir: Señorita (er nannte mich nie Claudia, wie die übrige Kundschaft, sondern respektvoll Señorita), ich habe eine gut bezahlte Arbeit zu vergeben, für die zwei Dinge erforderlich sind. Schönheit und Diskretion. Ich weiß, daß Sie die erste Voraussetzung erfüllen, aber bei der zweiten bin ich mir nicht sicher. Im ersten Augenblick war ich überrascht, denn das war ein Kompliment und doch keines. So als würde er mir sagen: Sie sind hübsch, aber mich interessiert das nicht. Wichtig war für mich in diesem Moment

selbstverständlich nur die Möglichkeit, etwas dazuverdienen zu können. So eine Chance durfte ich mir nicht entgehen lassen. Immer vorausgesetzt natürlich, daß es sich um eine anständige und ehrliche Arbeit handelte. Sie sehen, padre, Ihre Ratschläge sind auf fruchtbaren Boden gefallen. Ich sagte ihm also, daß er den patrón nach meiner Diskretion fragen könne. Das habe ich schon getan, sagte er, aber ich möchte gerne wissen, was Sie selbst von sich halten. Wie umständlich. Es ging um einen sehr vertraulichen und geheimen Auftrag. Er stellte mir mehrere Fragen über Politik. Können Sie sich das vorstellen, padre? Fragen über Politik, ausgerechnet mir. Über Marxismus und Demokratie und Freiheit und dergleichen. Ich habe nie sehr viel davon verstanden. Trotzdem schien er zufrieden zu sein, er bestellte mich zu einem Gespräch in sein Büro. Reden Sie mit niemandem darüber, Señorita, sagte er noch. Und so konnte ich nicht einmal den patrón zu Rate ziehen.
Ich stellte mir vor, daß alles wie in einem Spionagefilm sein würde, genauso spannend. Aber es war ganz einfach, zumindest am Anfang. Ich mußte nur mit dem einen oder anderen Herrn, im allgemeinen waren es Ausländer, in einen Nachtklub gehen und dabei ein paar Informationen aus ihm herausholen. Nichts Wichtiges. Rein familiäre Dinge. Schon beim erstenmal brachte ich alles in Erfahrung, was Mister Cooper wissen wollte. Ein Kinderspiel. Und ich erhielt einen Haufen Geld dafür. Innerhalb von drei Monaten erledigte ich fünf oder sechs solcher kleiner Aufträge. Dabei mußte ich jedesmal mit dem Betreffenden essen oder tanzen gehen und gleichzeitig Informationen beschaffen. Für meinen Verlobten mußte ich mir eine Ausrede ausdenken, und so sagte ich ihm denn mit Genehmigung von Mister Cooper, daß ich bei einer Agentur zu arbeiten angefangen hätte, die ausländische Touristen betreue. Ich weiß nicht, wie Mister Cooper das machte, aber er organisierte meine Tätigkeit wirklich optimal. Mit dieser Gelegenheitsarbeit verdiente ich viel mehr als im Salon, aber ich gab meine Stelle als Maniküre nicht auf;

nicht nur der Sicherheit wegen, sondern auch, weil Mister Cooper meinte, es sei besser, wenn ich sie beibehielte. Alles lief hervorragend, bis die Geschichte mit dem Kubaner passierte. Von Anfang an merkte ich, daß es diesmal anders sein würde. Eines Nachmittags bestellte Mister Cooper mich in sein Büro und unterhielt sich zwei Stunden mit mir, bevor er mir ganz offen sagte, worum es ging. Als erstes erklärte er mir das mit dem Castrismus und der Gefahr, den dieser für die freie Welt darstelle, denn diese Leute sind ja Kommunisten, und zwar von der übelsten Sorte, und den Müttern entreißen sie ihre Söhne, um sie nach Rußland zu schicken, und alle, die keine Kommunisten sind, stellt man an die Wand. Ich fand das alles entsetzlich, und das sagte ich ihm auch. Plötzlich verstummte Mister Cooper. Er sah mich starr an und fragte: Entschuldigen Sie meine Aufdringlichkeit, Señorita, aber ich muß es wissen, bevor ich entscheide, ob ich Ihnen diesen Auftrag geben kann. Sind Sie noch Jungfrau? Was für eine Frage, padre, was für eine Frage! Ich sagte: Aber, Mister Cooper . . . Und dann erklärte er mir in seiner feinen Art und mit sehr viel Taktgefühl, daß ich ihm nicht zu antworten brauche, aber daß er mir den neuen Auftrag nur geben könne, wenn ich noch Jungfrau sei, einen Auftrag, der übrigens viel besser bezahlt werde als sonst. Ich hatte mich, um die Wahrheit zu sagen, an die neuen Einkünfte gewöhnt. Außerdem wissen Sie ja selbst, padre, daß alles viel teurer geworden ist und das Geld vorn und hinten nicht reicht. Ich bin keine Jungfrau mehr, und Sie, padre, wissen das besser als sonst jemand, denn Ihnen habe ich gebeichtet und alles erzählt. Aber das war nur mit meinem Verlobten. Ich weiß, padre, ich weiß, daß das meine Sünde nicht rechtfertigt. Aber Sie werden mir wohl nicht abstreiten wollen, daß das viel weniger schlimm ist, als wenn es jemand anders gewesen wäre. Ich sagte also Mister Cooper oder wie er auch hieß: Hören Sie, Señor, im Grunde brauche ich es Ihnen nicht zu sagen, aber ich bin noch Jungfrau. Was denn hatten Sie gedacht? Ich weiß, padre, das war eine Lüge, aber er ist kein

Priester wie Sie und deshalb auch nicht verpflichtet, ein Geheimnis zu wahren. Außerdem sieht man in Spionagefilmen doch immer wieder, daß kompromittierende Gespräche heimlich aufgenommen werden. Sie als Priester nehmen nichts auf. Zumindest glaube ich das. Nein, padre, ich habe ein gutes Gewisen. Das möchte ich nur gesagt haben. Als ich ihm versicherte, daß ich noch Jungfrau sei, war er wirklich zufrieden. Und erst dann kam er auf Einzelheiten der Angelegenheit zu sprechen, oder zumindest auf das, was ich für die eigentliche Angelegenheit hielt.

In der kubanischen Botschaft arbeite ein junger Mann, der sehr sympathisch sei und sich dort nicht wohl fühle. Aber da er so etwas wie ein Gefangener des Kommunismus sei, habe er nicht den Mut, alles aufzugeben. Aus Angst, man würde ihn töten. Der Ärmste. Danach erfuhr ich, er sei für die Geheimkodes zuständig. Mister Cooper sagte mir, daß sie (eigentlich weiß ich noch immer nicht, wen er meinte, wenn er von wir sprach) dem Mann helfen wollten zu fliehen. Und ich sollte ihnen dabei behilflich sein; ich sollte den jungen Mann verführen. Deshalb hielt Mister Cooper es für so wichtig, daß ich noch Jungfrau war, der andere sollte nicht mißtrauisch werden und mich für eine Professionelle halten. Jeder von uns hat etwas, das er der Demokratie und der christlichen Welt geben kann, sagte Mister Cooper, bei Ihnen ist es Ihre Schönheit. Sie ist Ihre beste Waffe und zugleich auch Ihr bestes Argument. Wieder hatte ich das Gefühl, daß ich das wie ein Kompliment auffassen konnte oder auch nicht. Trotzdem waren seine Worte sehr wichtig für mich. Padre, mit Ihnen kann ich ja offen reden. Ich weiß, daß ich nicht nur sehr hübsch bin, sondern, wie soll ich es Ihnen sagen, großes Talent für die Liebe habe. Nicht für die göttliche Liebe, wie Sie, nein, für die menschliche, die Sie fleischliche Liebe nennen. Und noch etwas werde ich Ihnen sagen. Manchmal bin ich geradezu besorgt, weil ich zuviel Talent habe. Eine der Möglichkeiten, dieser Sorge ein Ende zu machen, bestand darin, dem Ganzen einen moralischen Anstrich zu geben.

Mister Cooper wollte von mir, daß ich einen Auftrag erfüllte, der, nüchtern betrachtet, als sündhaft bezeichnet werden müßte. Er wollte, daß ich mich in den Dienst einer erhabenen und durch und durch moralischen Sache stellte. Fünf Minuten dachte ich nach, dann nahm ich an. Nein, padre, das ist nicht die zweite Sünde, von der ich am Anfang sprach. Für mich ist das keine Sünde, padre. Ich weiß nicht, wie Sie darüber denken, aber ich erinnere mich, daß Sie uns in der anderen Pfarrei immer sagten, wir müßten zu den größten Opfern bereit sein, wenn es darum ginge, die christliche Moral zu verteidigen und gegen den Kommunismus und, das weiß ich noch ganz genau, gegen andere Formen des Antichrists zu kämpfen. Dies ist mein Opfer. Es ist also keine Sünde, da bin ich mir völlig sicher.
Nein, padre, unterbrechen Sie mich nicht. Lassen Sie mich die ganze Geschichte erzählen. Einer der Pläne, die sie sich ausgedacht hatten, um dem jungen Mann zu helfen und ihn zu ermuntern, die castristische Botschaft zu verlassen und um Asyl zu bitten, bestand darin, alles daranzusetzen, daß er sich in mich verliebte. So sagte es Mister Cooper. Hinterher sah das Ganze allerdings anders aus. Und da war noch ein Punkt, in dem sich Mister Cooper nicht völlig korrekt verhielt. Er erzählte mir nicht, daß der junge Mann verheiratet war. Sie können sich denken, padre, daß das die Sache wesentlich verändert hätte. Doch auch dann wäre es meiner Meinung nach keine Sünde gewesen. Aber er hätte es mir sagen sollen, finden Sie nicht auch? Aber ich will mich jetzt kurz fassen. Der junge Kubaner verliebte sich tatsächlich in mich, bis über beide Ohren. Wenn wir in die Wohnung eines seiner uruguayischen Freunde gingen (ja, padre, wir gingen in eine Wohnung) und danach, nachdem wir miteinander geschlafen hatten (ja, padre, natürlich schliefen wir miteinander), noch etwas zusammensaßen, dann sagte er mir so schöne Sachen, er benutzte so herrliche Bilder. Er verglich mich mit Blumen und Pflanzen, deren Namen ich noch nie gehört hatte und an die ich mich jetzt auch nicht mehr

erinnern kann, um Ihnen zu sagen, welche es waren. Eduardo (er heißt nämlich Eduardo) war so damit beschäftigt, mir zu zeigen, wie sehr ich ihm gefiel, daß er nicht oft Gelegenheit hatte, mit mir über Politik zu reden. Aber eines Nachmittags tat er es doch. Stellen Sie sich meine Überraschung vor, padre, als ich merkte, daß er seine Arbeit gar nicht aufgeben wollte und daß er im Gegenteil mit dem Castrismus und den Erschießungen und alldem völlig einverstanden war. Er wollte nur seine Frau verlassen, nicht den Kommunismus. Am nächsten Tag ging ich zu Mister Cooper und sprach mit ihm darüber, und er versicherte mir, daß Eduardo nur so rede, weil er Angst habe, ich könne alles weitererzählen. Aber ich wußte genau, daß ich ihm keine Angst einflößte, überhaupt keine. Etwas anderes war es da schon mit der Begierde. Entschuldigen Sie, padre. Aber Angst, niemals. Mister Coopers Erklärung genügte mir nicht. Manchmal schwieg Eduardo zwar und schaute zur Decke, aber niemals war er so abwesend, daß er mich unterdessen nicht hätte streicheln können. Und wie gut er das machte. Mir gefiel dieser Auftrag, das muß ich zugeben. Aber ich begriff nicht so recht, was Mister Cooper eigentlich von mir wollte. Am Samstag war ich zuerst in der Wohnung (wir haben beide einen Schlüssel), aber Eduardo, der sonst immer pünktlich war, kam nicht. Schließlich tauchte er auf, zwei Stunden verspätet. Er war blaß und sehr erregt. Erst wollte er mir nicht sagen, was passiert war. Ich habe Probleme mit meiner Arbeit, sagte er. Dann schliefen wir miteinander. Aber er wirkte an diesem Tag irgendwie verzweifelt. Später erzählte er mir dann alles. Er ging allein über die Avenida Dieciocho de Julio, und plötzlich hörte er auf der Höhe der Straße Yaguarón, daß man ihn aus einem parkenden Auto rief. Er ging auf den Wagen zu, darin saßen zwei Männer. Einer fragte ihn ohne weitere Umschweife, ob er nicht mit ihnen zusammenarbeiten wollte. Er antwortete: Wer sind Sie denn überhaupt? Wir sind wir und das genügt, entgegnete ihm einer der beiden, und er zeigte ihm einen Haufen Geldscheine. Eduardo meinte, daß es mindestens fünftausend Dollar gewesen seien. Lauter Hunderter. Das hier ist nur die Hälfte dessen, was dir zusteht, wenn du mit uns zusammenarbeitest. Wie Eduardo mir sagte, beging er den Fehler zu fragen, was er denn dafür tun sollte. Die Codes, sagte der Mann. Eduardo antwortete, das würde er für kein Geld auf der Welt machen. Da zog der andere Mann, der bis dahin noch nichts gesagt hatte, ein Foto aus seiner Jackentasche. Ein Foto von Eduardo und mir, als wir gerade aus einem Haus kamen, nicht aus der Wohnung, sondern aus einem Stundenhotel (ja, padre, die ersten beiden Male sind wir in ein Stundenhotel gegangen). Wenn du dich stur stellst und uns nicht hilfst, schicken wir es deiner Frau. Also am besten überlegst du es dir noch einmal. Daraufhin stieg einer der Männer aus dem Auto aus, ging zur Ecke, wo eine Frau mit Bananen stand, kaufte drei und kehrte zum Wagen zurück. Er hielt Eduardo eine Banane hin, und er hat sie vor lauter Nervosität auch angenommen. Der Mann sagte dann: Auch diese freundliche Szene haben wir fotografiert. Warum das? fragte Eduardo. Um das Foto an deine Regierung zu schicken. Damit sie sehen können, wie gerne du eine Banane von Leuten wie uns annimmst. Sie ließen ihn aussteigen, steckten ihm die Dollarscheine in die Jackentasche und fuhren weg. Deshalb kam er zu spät zu mir. Gegen mich hatte er keinen Verdacht geschöpft. Der arme Kerl wußte nicht, daß ich an dieser Operation beteiligt war. Ich fragte ihn, was er tun wolle, und er sagte, daß er das Geld auf der Botschaft abliefern und alles erzählen würde. Und deine Frau? fragte ich ihn. Zum Teufel mit meiner Frau, antwortete er. Verzeihung, padre, genau das waren seine Worte. Sie taten mir gut, trotz allem. Danach ging ich. Ich nahm ein Taxi. Es war zwar Sonnabend, aber ich dachte mir, daß Mister Cooper trotzdem in seinem Büro sein könne, und ich fuhr dorthin. Er war da. Ich erzählte ihm, was Eduardo mir gesagt hatte, und ich hatte den Eindruck, Mister Cooper wußte das alles. Das ist nicht richtig, was Sie da tun, sagte ich. Sie können mich doch nicht zwingen, so etwas zu tun. Noch niemals habe ich mich so unwohl in meiner Haut gefühlt, glauben Sie mir. Daß er Kommunist ist – und ich habe immer mehr das Gefühl, daß er gar nichts dagegen hat –, ist eine Sache. Aber deshalb können Sie mir doch nicht das Leben unmöglich machen mit solchen Erpressungen! Mister Cooper lächelte. Aber als das Wort Erpressung fiel, änderte sich sein Gesichtsausdruck. Er, der immer so höflich gewesen war, murmelte irgend etwas auf englisch und sagte dann wütend: Schluß mit all diesem Blödsinn! Ich riß die Augen ganz weit auf, so eine Antwort hatte ich nicht erwartet. Aber es ging weiter in diesem Ton. Sie können beruhigt sein, für mich werden Sie nie mehr arbeiten. Und wissen Sie auch warum? Weil Sie zu dumm sind. Trotzdem vertraue ich darauf, daß Ihr Verstand ausreicht, um Ihnen klarzumachen, daß Sie mit niemandem über diese Angelegenheit reden können. Mit niemandem, ist das klar? Sollten Sie es doch tun, wir finden das heraus, und für die Folgen wären Sie selbst verantwortlich. Ich brach in lautes Weinen aus, ich konnte einfach nicht anders. Aber dieser Mann ist gefühllos, wirklich gefühllos. Glauben Sie, padre, er hätte Mitleid mit mir gehabt? Keineswegs. Noch zorniger fügte er hinzu: Und versuchen Sie ja nicht, mit dem anderen Dummkopf in Verbindung zu treten. Das ist ein Verbot, haben Sie mich verstanden? Hier ist das Geld. Ich sah den mir bekannten Umschlag. Er schien etwas dicker als sonst zu sein. Aber ich konnte ihn nicht annehmen. Ich konnte einfach nicht. Ich ließ ihn auf dem Tisch liegen und ging hinaus. All das geschah am vergangenen Sonnabend, padre. Sehen Sie, wie ich immer noch weine, wenn ich daran denke? So eine Demütigung. Außerdem mag ich Eduardo so gern. Niemals werde ich ihn wiedersehen. Und das kann ich einfach nicht ertragen. Und nun komme ich zu meiner zweiten Sünde, obwohl ich nicht weiß, ob es eine ist. Geben Sie mir eine ehrliche Antwort, padre Morales. Glauben Sie, es ist eine Todsünde, wenn man sich in einen verheirateten Kommunisten verliebt?

Pedro Jorge Vera
Der Applaus

Es war eine Hauptstadt, die von allen etwas hatte. Sie war so feierlich wie London zur Zeit des Empire; so stolz wie Mexiko, das es nicht noch einmal gibt; so kreolisch wie Buenos Aires, die Königin des Rio de la Plata; so voller Glocken wie Quito, der Vorhof des Himmels; so zwanglos wie das Quartier Latin. Ich sah sie, und sie eroberte mich im Fluge mit ihren Toren, die in die vier Himmelsrichtungen wiesen, mit dem sauberen Wind, den trotzigen Schornsteinen, dem wilden Fluß und den lieblichen Bergen in der Nähe.
Ich durchforschte ihre Straßen, träumte von ihren Gebäuden, liebkoste ihre dünne kecke Luft; alles gefiel mir, und während ich in die belebten Viertel in ihrem Herzen eindrang, dachte ich, daß dies meine Stadt wäre, die »Stadt wie ich«, die schon Malaparte suchte: meine Lebensgeschichte und mein Bildnis.
Ich kannte niemanden in dieser Stadt und wollte bis zum nächsten Morgen warten, bevor ich den Kaufleuten am Platz meine Stoffe anbot, die Uhr zeigte schon acht Uhr abends an. Doch ich bin sehr gesprächig und mitteilsam, und so versuchte ich sofort, als ich im Hotel ankam, mich mit dem Gepäckträger, dem Portier, dem Kellner zu unterhalten. Alle antworteten mir sehr höflich, aber zurückhaltend und kühl. Sie zeigten keine Spur jener Freundlichkeit, die ich gerade in dieser Stadt erwartet hatte. Ich wußte nicht warum, aber die Leute paßten nicht hierher.
»Was für eine schöne Gegend«, sagte ich zum Kellner. Ich wollte ihn in ein Gespräch verwickeln. Er schaute mich ausdruckslos an.
»Ja, mir gefällt diese Stadt«, bohrte ich weiter »hier könnte ich durchaus leben.«
Sein nichtssagender Blick veränderte sich nicht. Aber es gelang mir, ihm ein paar Worte zu entlocken.

»Wenn Sie hier richtig lebten, würden Sie an ihr zugrunde gehen«, sagte er und verließ hastig das Zimmer.
Überrascht zuckte ich die Achseln und trat auf den Balkon hinaus, wo der Anblick der erleuchteten Straße mich erneut begeisterte. Lebendig schlagende Stadt, in dir zu sterben, muß eine Wiedergeburt sein, und wenn die Männer und Frauen, die dich ihr eigen nennen, deinen Glanz nicht erkennen, werde ich, der ich dein Geheimnis unbedingt entdecken muß, ihnen die Augen öffnen.
Ich nahm ein Bad und zog mich um, um dem Zauber, der über dieser Stadt meiner Wahl lag, entgegenzueilen. Ich verließ das Hotel, ohne ein Quentchen menschlicher Wärme bei seinen Angestellten verspürt zu haben. Ich sagte mir, daß wohl der internationale Tourismus sie zu solch eingebildeten Schwachköpfen gemacht haben müßte. Ich durchquerte einige Häuserblocks, genoß die laue Luft und beobachtete die Leute, die an mir vorübereilten. Mit jedem, der mir herzlicher als die steifen und reservierten Angestellten des Hotels begegnet wäre, hätte ich ins Gespräch kommen wollen. Aber es kam nicht dazu. Ich kaufte mir eine Schachtel Zigaretten, obwohl ich nicht rauche, und ich kaufte mir eine Zeitung, die ich nicht vorhatte zu lesen, nur um der Verkäuferin ein paar Worte zu entlocken. Aber ihre Antworten waren so knapp, daß ich mein Vorhaben aufgab. Am nächsten Tag, dachte ich, würden mir meine Geschäftsverhandlungen helfen, die Mauer zu durchbrechen.
Vor dem Plakat eines Kinos blieb ich stehen: Ava Gardner. Der Titel des Films interessierte mich nicht. Mir genügte der Name dieser Schauspielerin. Zwei Stunden lang ihre markante, leidenschaftliche Silhouette beobachten zu können. Während meiner Jugend, sie lag noch nicht weit zurück, hatte mich das Bild dieser Frau begleitet. Nur ihre entrückte Schönheit konnte mich in meiner Einsamkeit trösten.
Der Saal, den ich betrat, war schon fast voll. Mit einiger Mühe schaffte ich es, mich zwischen eine ausgemergelte, männlich wirkende Frau und einen jungen Mann zu setzen, der nach

Kleidung und Haartracht ein Hippie sein mußte und der sich angeregt mit seiner Nachbarin unterhielt. Sie war gekleidet und gekämmt wie er. Eingezwängt zwischen diesen Menschen, die mich keines Blickes würdigten, fühlte ich mich einsam wie zuvor. Aber bald würde Ava die Wunderbare, Ava die Göttliche, würde Ava die Feindin der Einsamkeit erscheinen.

Endlich verstummte die Musik, und während auf der Leinwand Werbefilme einander ablösten, glitten wir sanft in den Halbschatten. *Lark für Raucher jeden Geschlechts. Fliegen Sie mit Iberia und Sie werden keine Angst mehr haben. Kaufen Sie Kaugummi und vergessen Sie Ihren Hunger.*

Jetzt aber war Ava an der Reihe. Ich rutschte auf meinem Sitz hin und her, um den besten Blickwinkel für ihren Auftritt zu finden. Und ich bedauerte, daß meine Nachbarin das genaue Gegenteil der sehnlich erwarteten Königin war.

Doch auf der Leinwand blickte uns eine Familie entgegen: das Staatsoberhaupt, ein unscheinbarer, hagerer alter Mann, mit seiner hochverehrten Frau Gemahlin und seiner stolzen Nachkommenschaft. Sobald er auftauchte, störten fünf oder sechs Pfiffe das Zeremoniell, sie verstummten wieder, als die Frau und die Kinder zu sehen waren. Dann steigerten sich die Pfiffe zu ohrenbetäubendem Lärm: gezeigt wurde der Benemérito in seinem Büro, an einem Schreibtisch sitzend, Berge von Papieren unterzeichnend. Hin und wieder schaute er herzlich auf uns hinunter. Die Hippies an meiner Seite veranstalteten den größten Lärm, und ich hörte die Frau zu meiner Linken entsetzlich gutturale Laute ausstoßen. Sie konnte nicht pfeifen.

Plötzlich gingen die Lichter an, der Lärm verstummte wie von Zauberhand dirigiert. Es war unmöglich herauszufinden, wer den Lärm verursacht hatte. Da ertönte über Lautsprecher eine unverhohlene Drohung: *Angesichts dieses unverschämten, undemokratischen Zwischenfalls, der sich hier gerade abgespielt hat, sehen wir uns genötigt, darauf hinzuweisen, daß die Verantwortlichen – die bereits identifiziert wurden – schwer*

bestraft werden, falls sich eine solche Respektlosigkeit gegenüber Seiner Exzellenz, dem Benemérito, wiederholen sollte.
Schweigen, allmähliche Dunkelheit, die Gestalt des Benemérito auf der Leinwand. Wieder setzte das Pfeifkonzert ein, lauter noch, vielleicht sogar einstimmig, auch ich schwieg diesmal nicht, begleitet von zornigen Schreien: Nieder mit dem Diktator! Tod dem Verrückten! Hau ab, du Mistkerl!
Die Lichter gingen an, Stille, die Ansage über die Lautsprecher: *Da einige wenige Zuschauer zum zweitenmal ein so untragbar unsoziales Verhalten an den Tag legen, wird jetzt der Dokumentarfilm über das öffentliche und private Leben Seiner Exzellenz, des Benemérito, mit eingeschalteten Lichtern vorgeführt, um die halsstarrigen Störenfriede, die wir wie Vaterlandsverräter bestrafen werden, auf frischer Tat zu ertappen.*
Es war still, der Vorhang ging auf, und wieder war der Benemérito mit seiner achtbaren Familie zu sehen (obwohl doch Ava dieser Platz gebührte). Kein Pfiff war zu hören, bis das Staatsoberhaupt uns von seinem Schreibtisch aus zulächelte und ein durchdringender Schrei die Stimme des Sprechers übertönte: »Nieder mit dem Tyrannen!«
Die Vorführung wurde abgebrochen, und einige Minuten lang war nur das Geflüster der Zuschauer zu hören, auch meine beiden Hippies, die ihre Freude nicht verbergen konnten, tuschelten miteinander. Einige Leute standen auf. Sie wollten das Kino offensichtlich verlassen, doch kaum waren sie am Eingang, da wurden sie zurückgestoßen von ein paar korpulenten Polizisten, die drohend ihre Stöcke schwangen und alle, die weggehen wollten, zur Umkehr zwangen. Noch waren sie mit ihrer Arbeit nicht fertig, als die Lautsprecher wieder eingeschaltet wurden.
Die Sicherheitspolizei gibt hiermit bekannt, daß die wiederholte Beleidigung Seiner Exzellenz, des Benemérito, und seiner angesehenen Familie mit dem obligatorischen Beifall des gesamten Publikums bestraft wird. Der Dokumentarfilm wird noch einmal vorgeführt und alle Anwesenden müssen immer dann, wenn die Polizeipfeife ertönt, klatschen. Dieses Klat-

schen wird erst dann wieder eingestellt, wenn das Signal ein zweites Mal zu hören ist. Wer dieser Aufforderung nicht Folge leistet, wird sofort festgenommen.
Ich klatschte, noch bevor die Pfeife ertönte. So schnell wie möglich sollte Ava auf der Leinwand erscheinen. Aber ich hielt sofort inne, als mich eine Stimme anfuhr: »Wollen Sie Sabotage betreiben? Erst klatschen, wenn es befohlen wird!« Ich blieb also ruhig sitzen, bis ich die Pfeife hörte, klatschte zusammen mit den anderen Zuschauern eifrig, ausdauernd, wütend. Alles nur wegen Ava. Es gab einige, die dem Befehl nicht nachkamen, die Polizisten stießen Leute vor die Tür. Und die alte Schachtel neben mir wurde, wie ein kleines Kind, davongetragen, weil sie den Applaus verweigerte.
Dieser Vorfall führte dazu, daß die Vorstellung erneut unterbrochen und der Film noch einmal von Anfang an vorgeführt wurde. (Ava rückte in immer weitere Ferne!) Wieder klatschten wir. Applaus, sobald die Familie des Regierungschefs von der Leinwand verschwand. Diesmal machten alle mit, denn die Polizisten achteten genau auf Hände, Gesicht und Rücken der Leute. Applaus, als uns der Benemérito herzlich von seinem Schreibtisch zulächelte. Applaus für den großen Mann, der eine Brücke über einen drei Meter breiten Fluß einweihte. Applaus, als man ihn beim Spielen mit seinen Enkelkindern zeigte. Wieder Applaus, weil der Vater des Vaterlandes aufs neue seine Liebe zur Jugend bekundete, indem er einen kleinen Bauernjungen hochhob, hin- und herwiegte. Applaus, der illustre Politiker fuhr während einer Feier irgendwo in der Provinz im offenen Wagen durch die Straßen. Applaus für seinen Namenstag, an dem seine Minister und andere Höflinge Sekt mit ihm tranken. Applaus, als er an einem Nationalfeiertag einem Tedeum beiwohnte. Als er das Beglaubigungsschreiben eines Botschafters vom anderen Ende der Welt entgegennahm. Als er – wieder im Kreise seiner Familie – im Fernsehen die Landung auf dem Mond verfolgte. Applaus, als er überschwenglich dem Chef der Guardia Nacional für den Mut dankte, mit dem dieser die

Revolte von vierzig unbewaffneten Studenten niedergeschlagen hatte. Und Applaus, als er die Töchter der Jungfrau María empfing.
Ich kann mich nicht mehr an das Pfeifen und auch nicht mehr an den Applaus erinnern. Mehr als zwanzigmal hatten wir Beifall geklatscht, jedes Mal, wenn die Pfeife den Befehl dazu gab. Und noch einmal, als das Wort ENDE auf der Leinwand erschien; die meisten, weil sie so sehr daran gewöhnt waren; ich, weil ich hoffte, jetzt endlich Ava wiedersehen zu können.
Aber wieder ertönten die Lautsprecher.
Die Sicherheitspolizei hat befunden, daß die Beleidigung, die Seiner Exzellenz, dem Benemérito zugefügt wurde, eine wirklich angemessene Bestrafung verlangt. Deshalb wird der Dokumentarfilm über das öffentliche und private Leben des Benemérito wiederholt, wobei das Publikum auch diesmal verpflichtet ist, auf Befehl der Pfeife Beifall zu spenden.
Anstelle der göttlichen Ava der altersschwache Regierungschef. Anstelle der wunderbaren, herrlichen Schauspielerin der routinierte, unheilbringende Politiker. Traum und Alptraum, Liebe und Haß, Wolken und Schlamm, la belle et la bête.
Vier, fünf nicht enden wollende Stunden lang ging es so. Die entsetzliche Pfeife klang wie ein unabwendbarer Fluch, und die Hände folgten ihrem Gebot. Sie klatschten und klatschten. Es war gefährlich, nicht zu klatschen. Die Haut meiner Handflächen begann zu brennen, bald schmerzten die Finger, die Handwurzelknochen, die Mittelhandknochen, der ganze Unterarm, sogar die Schulter und die Brust. Endlich ertönten wieder die Lautsprecher:
Die Sicherheitspolizei ist so großzügig, das enorme Vergehen, das heute abend begangen wurde, zu verzeihen, und wird Ihnen nun einen außergewöhnlichen Film mit dem großen Star Ava Gardner zeigen.
Der Zauber des geliebten Namens vermochte mich auch jetzt noch, da meine Arme schlaff herunterhingen, meine Augen

brannten, mein Mund ausgetrocknet war, zu neuem Leben zu erwecken. Alles war unwichtig, wenn nur, strahlend wie eine moderne Göttin, sie vor mir erschien. Und tatsächlich, nach einer langen Pause in der Dunkelheit, leuchtete ihr unsterblicher Name auf der Leinwand. Wie von selbst hoben sich meine Arme, um ihrem Auftritt Beifall zu spenden. Aber als durch das Negligé ihre himmlischen Formen schimmerten, da lähmten Schmerz und Müdigkeit meinen Tatendrang, und meine Arme fielen wie trockene Äste zu meinen Seiten nieder. Ich konnte doch nicht einfach stumm dasitzen, empfindungslos wie ein Blinder, gleichgültig wie ein Dummkopf, während Ava, meine Göttin, die Angebetete meines Herzens vor mir erschien! Ich richtete mich auf und schrie voll Leidenschaft: »Ava, meine Geliebte!« Meine fanatische Huldigung klang wie ein dumpfes Röcheln. So begann ich zuerst leise, dann schrill zu pfeifen, wie ich es früher in der Schule getan hatte. Ich grölte aus voller Kehle, ich heulte, brüllte, kreischte. Ich schrie ununterbrochen, ohne Sinn. Ich schrie auch noch, als mich die beiden Polizisten hinaustrugen. Sie brachten mich in das Gefängnis dieser Stadt, die so schön, so fremd, so abweisend und hochmütig war wie Ava, die Göttliche.

Jesús Díaz
Der Lahme

Jeder Mensch gleicht seinem Schmerz.
A. Malraux

Gleich wird er dasein. Auf jeden Fall muß er hier vorbeikommen, um sein Auto abzuholen. Nur noch zwei stehen auf meiner Liste, der Lehrer und ein anderer Kerl. Danach bin nur ich noch übrig, und ich weiß genau, was ich mit mir machen werde, jetzt, da ich nicht einmal mehr ein richtiger Mann bin. Aber vorher muß ich das hier erledigen, und zwar schnell. Sonst kommen mir die Leute mit ihren Paragraphen und Gesetzen noch zuvor. Vielleicht erinnert er sich gar nicht mehr, er kam glimpflich davon, viel zu glimpflich. Oder er erinnert sich genau und glaubt, daß ich ihm verzeihen werde, weil ich ihn vor dem Komitee nicht verpfiffen habe. Aber paß auf, Salas, du armseliges Lehrerlein, du verdammter Schwuler! Ich erwische dich doch noch. Vor dem Komitee habe ich nur nicht ausgepackt, weil das Zeitverlust gewesen wäre. Da hätte ich das nicht erreicht, was ich will. Aber ich vergesse nicht. Ich vergesse nicht, denn mir hat man die Rippen und den Kopf eingetreten; deinetwegen habe ich die Lunge verloren; und mit einer Frau kann ich auch nicht mehr zusammensein. Daran hast du allerdings keine Schuld. Die Schuld hat die Bombe, die mich erwischte, und die Schuld habe ich. Nicht einmal Rolo oder Boby sind dafür verantwortlich. Das mit dir passierte vor der Geschichte mit der Bombe, damals bei dem Streik. Boby und Rolo wollten mich davon abhalten.
Warum schlägst du nicht irgendeinem Kerl den Schädel ein, anstatt bei diesem Streik mitzumachen?
Wenn es etwas gibt, was ich genau weiß, dann dies: daß ich dabeisein werde.
Und ich war dabei. Wir brachten einen phantastischen Streik zuwege, obwohl Rolo gleich festgenommen wurde, am

Abend nämlich, als wir uns trafen. Boby erwischten sie am Nachmittag. Und mich am Morgen.
Roberto, du übernimmst den Hof für Leibeserziehung.
Catalina, du den großen Hof.
Und Nelson die Treppe ab dem zweiten Stockwerk.
In der Zehnuhrpause.
Mit diesen Worten gab ich ihnen die Flugblätter. Um zehn Uhr ging die Hölle los. Die Schule war mit Papier übersät. Die Pedelle rannten durch die Gänge und versuchten vergeblich, die Blätter einzusammeln.
Roberto, gib ihn mir!
Was denn? schrie er mir zu.
Batistas Kopf.
Das war das verabredete Zeichen.
Ba-ti-stas Kopf, Ba-ti-stas Kopf. Zuerst langsam, ich allein, dann im Chor mit zwanzig, fünfzig, hundert, zweihundert Schülern. Ba-ti-stas Kopf, Ba-ti-stas Kopf. Auf den Gängen dann etwas schneller. Ba-ti-stas Kopf. Laut klopften die Absätze und die Lineale. Ta-ta-ta-taa, ta-ta-ta-taa. Und schließlich wie wahnsinnig auf der Treppe, auf beiden Treppen. Batistaskopf Batistaskopf. Und Prieto, der Direktor: Was soll denn das, Kinder? Was soll denn das? Seine Glatze schwitzte. Er lockerte seine Krawatte. Seid ihr total übergeschnappt? Wo sind die Pedelle? Die Lehrer? Die Pedelle? Die Jiménez von der Chemie schrie: Ich werde ohnmächtig, ich werde ohnmächtig. Und wir: Batistas Kopf Batistas Kopf. Und wieder langsamer: Ba-ti-stas Kopf, Ba-ti-stas Kopf. Prieto schrie nach der Polizei, und Parada, die Staatsbürgerkunde gab, sagte ganz leise, aber unüberhörbar: Ba-ti-stas Kopf. Die Mädchen flennten in den Klassenzimmern, und Catalina feuerte sie an, damit sie Batistas Kopf forderten. Ein tolles Mädchen, diese Catalina. Roberto hüpfte wie ein Affe herum. Und dann wieder Prietos Stimme: Dafür werdet ihr bezahlen! Dafür werdet ihr bezahlen! Lineale, Absätze, Hände, Münder: Ba-ti-stas Kopf, schnell: Ba-ti-stas Kopf, noch schneller: Batistaskopf, rasend: BatistaskopfBatistas-

kopfBatistaskopf. Die Jiménez fällt auf dem Hof hin, und Nelson ruft Steckihrdenfingerindenarschdamitdusiehstwiesiehochkommt. Was sagen Sie da? fragt die Suárez und Nelson: Batistas Kopf. Ich sehe, daß sich Prieto verdrückt, und sage: Die Polizei! Die holen die Polizei! Dann schreie ich: Alle auf die Straße, die Straße, die Straße! Und dann fallen mir die Mädchen ein, und ich sage: Die erwischen die da oben, renne hoch, um sie runterzuholen.
In dem Augenblick hörte ich die Schüsse. Die Mädchen starben vor Angst. Haut ab, bevor sie euch schnappen, rief ich ihnen zu.
Als Magaly zur Tür hinauslief, packte ich sie. Ihre Schenkel waren gespannt, aber es war nicht der richtige Zeitpunkt dafür. Außerdem hatte Magaly schon immer eine Stinkwut auf mich.
Revolutionär! Unter Tränen schrie sie mich an, um mich zu beleidigen. Schnell überprüfte ich einige Klassenzimmer. Niemand war mehr drin. Als ich die Treppe hinunterlief, erschien mir die plötzliche Stille als böses Omen. Von dem Treppenabsatz im ersten Stock schaute ich in die Tiefe.
Es ist wirklich niemand mehr drin, sagte Ramón, der Hausmeister, zu den drei Polypen, die am Eingang standen. Auf der Straße waren nur drei Streifenwagen zu sehen.
Niemand, wiederholte er, als er sah, daß der Sergeant ihm nicht glaubte.
Am besten sehen wir vorsichtshalber oben noch mal nach, Chef, sagte einer der Polizisten.
Jetzt war ich geliefert. Laut stampfend kamen sie in den Hof. Wo sollte ich mich verstecken? In einem Klassenzimmer? Da kriegen sie mich. In einem Fachraum? Da kriegen sie mich auch. In dem Chemiesaal? Da erst recht. Ich saß in der Falle. Doch plötzlich funkte es bei mir. Das Haus von Armando, dem Pedell, der auf dem Schulgelände wohnte. Ich laufe in den dritten Stock hoch, stürze die Hintertreppe runter, bin bei seinem Haus. Ich verstecke mich, bringe mich in Sicherheit! Ich hab' es geschafft! Zwei, drei, vier Stufen auf einmal

nehmend stürze ich hinaus. Wenn ich falle, ist alles aus. Drei, zwei Stufen auf einmal. Ich höre, wie ihre Absätze auf der Marmortreppe widerhallen. Armandos Haus. Jetzt stehe ich vor der Tür. Ich versuche, sie zu öffnen. Vergebens. Ein erneuter Versuch. Nichts. Noch einmal. Ist sie von innen abgeschlossen? Wieder probiere ich es. Die Tür ist zu. Jetzt erwischen sie mich, jetzt erwischen sie mich bestimmt. Was soll ich tun? Was soll ich bloß tun? Ich laufe nach links, ich laufe nach rechts. Wenn ich nur einen Einfall, einen einzigen Einfall hätte. Natürlich, das Mädchenklo! Da schauen sie vielleicht nicht nach. Ich reiße die Tür auf. Wie oft hab' ich den Dummen gespielt und mich hierher verirrt! Aber das war etwas ganz anderes. Schon bin ich drin, schließe mich in eine Toilette ein. Hier hat bestimmt Magaly gepinkelt. Ich drehe durch, wenn ich daran denke, daß sie hier nackt gesessen hat. Nackt. Magaly. Aber vielleicht auch nicht. Es ist einfach toll, so von einer Frau zu träumen. Nein, von ihr nicht, obwohl . . . Ich berühre den Klodeckel, Magalys Oberschenkel.
Auf der Tür steht: Mein Freund hat einen wahnsinnig großen. Ich dachte immer, daß Mädchen so etwas nicht täten. Schritte, ganz leise. Sie kommen. Sie machen keinen Lärm. Da. Jetzt sind sie drinnen. Schritte. Sie haben mich, sie haben mich, sie haben mich. Sie bewegen die Tür zum Klo. Bestimmt haben sie meine Füße gesehen. Jetzt öffnen sie die Tür.
Was willst du, verdammter Polyp! Laut schreie ich, auf dem Klodeckel sitzend. Wahrscheinlich aus Nervosität.
Diesmal ist es die Parada, die schreit.
Was machen Sie hier, Sie Schwein?
Nein, Frau Doktor, ich bin kein Schwein. Die Bullen, sie verfolgen mich. Sie wollen mich umbringen, die werden mich fertigmachen.
Schnell, komm mit! sagt sie zu mir.
Ich lasse mich von ihr führen. Wohin? »Staatsbürgerkunde und Psychologie« kann ich vor lauter Aufregung gerade noch lesen.

Setz dich hin! Und sag kein Wort! Du hilfst mir, einige Unterlagen auszufüllen. Nimm die Papiere hier! Und halt den Mund!
Ich verschmiere die Akten mit Schweiß. Ich höre, wie sie im Stockwerk unter uns Klassenzimmer, Toiletten, Fachräume überprüfen. Hoffentlich kommen sie nicht! Hoffentlich kommen sie nicht! Ich sage es laut.
Ja, hoffentlich, sagt die Parada.
Ich höre, wie sie die Treppe hochlaufen, immer näher kommen.
Ich senke den Kopf.
Wer ist das? fragt der Sergeant.
Wenn man ein Zimmer betritt, grüßt man zuerst, sagt die Parada und erhebt sich.
Jetzt ist es aus mit uns. Diese Frau ist verrückt. Aber nein.
Gu-ten Tag.
Und man nimmt die Mütze ab.
Sie stellt selbst Napoleon in den Schatten. Der Sergeant nimmt leicht verärgert die Mütze vom Kopf.
Also, wer ist das?
Setzen Sie sich, Sergeant.
Ich habe es eilig. Wer ist das?
Jetzt hat er Oberwasser und wird mich einbuchten.
Das hier ist mein bester Schüler. Er hilft mir, einige Unterlagen auszufüllen.
Unterlagen? Der Sergeant kratzt sich den Nacken.
Ist er nicht vielleicht ein Revolutionär? Einer von diesen Fidelisten?
Ich bewege meine Beine unter dem Tisch, immer schneller bewege ich sie.
Der da? Sie zeigt auf mich. Der kann ja nicht einmal einer Fliege etwas zuleide tun.
Sind Sie bereit, eine Erklärung zu unterschreiben, daß das, was Sie sagen, der Wahrheit entspricht?
Sie sieht mich an.
Ja, natürlich, sagt sie.

Sind Sie bereit, diese Erklärung auf dem dritten Polizeirevier abzugeben?
Muß das sein?
Unbedingt.
Er verlangt zu viel von ihr. Jetzt läßt mich die Alte im Stich.
Nun gut, einverstanden, sagt die Parada, wieder völlig selbstsicher. Ich atme tief durch.
In diesem Fall können wir wohl darauf verzichten, meint der Sergeant. Hier ist offensichtlich alles in Ordnung. Ich mußte nur auf Nummer Sicher gehen. Das verstehen Sie doch, nicht wahr?
Selbstverständlich. Diese Fidelisten lassen jene, die wie er sind, ja nicht einmal in Ruhe lernen.
Wenn alle Lehrer wie Sie wären, Frau Doktor, dann herrschte hier ein anderer Ton. Und du, sagt er zu mir, mach nur weiter so. Kümmere dich nicht um Politik, und hilf der Frau Doktor auch in Zukunft.
Er setzt die Mütze auf, will weggehen, als Schritte auf dem Gang zu hören sind. Dieselben Schritte, die gleich auch hier widerhallen werden, auf dem Parkplatz, auf dem mich die Bombe impotent gemacht hat.
Die Polizisten verstecken sich hinter der Tür.
Laß ihn erst hereinkommen, sagt der Sergeant. Vielleicht ist es ein Revolutionär.
Es ist Salas, der Schwule. Jetzt bin ich dran. Wenn er es nicht vergessen hat, bin ich dran. Ich versuche, mir einzureden, daß er sich bestimmt nicht mehr daran erinnert, mache mir Mut. Vielleicht versucht er in diesem Augenblick dasselbe. Ich täusche mich, so wie er sich jetzt täuschen wird. Von der ersten Klasse im Gymnasium an hieß es: Das ist ein Schwuler, dem gefallen die Jungs. Aber damals war das etwas, das mich nicht berührte, ein Witz, ein Gerücht. Man nannte ihn Lulú. In der dritten Klasse änderte sich das, als wir ihn in Psychologie bekamen.
Der hat es auf dich abgesehen, sagten die anderen zu mir.

Ich kümmerte mich nicht viel darum. Was, hundert Punkte hast du gekriegt? So was! Paß nur auf, der will was von dir. Ich wußte, daß da was dran war, und am meisten ärgerte es mich, daß die anderen anfingen, über mich zu reden. Der Chinese geht mit Salas, sagten sie. Das brachte mich auf die Palme. Das Geschwätz meiner Mitschüler, und wie er mich anschaute, im Unterricht und auch auf dem Schülerklo, wo er immer hinging.
Das ist eine Lüge, sagte ich. Beweis es, und zwar in aller Öffentlichkeit!
Meine Freunde hatten die Idee. Ich wollte es nicht tun, aber sie sagten, daß ich ein für allemal klarmachen müßte, daß ich ein wirklicher Mann sei; jemand, der als Schwuler gelte, könne nicht weiter zur Clique gehören. Meine Freunde hatten die Idee, und die anderen aus der Klasse, sogar die Mädchen, sagten dasselbe, ich hatte keine Wahl. Wenn du es nicht tust, dann stimmt es.
Ich tat es. In der nächsten Stunde tat ich es. Sie warteten darauf, und ärgerten Salas deshalb nicht wie sonst. Ich glaube, daß ich an jenem Morgen etwas trank. Ich habe bestimmt etwas getrunken, um mir Mut zu machen. Im Unterricht fühlte ich mich ganz stark.
Guten Morgen. Salas grüßte uns wie immer mit seiner Fistelstimme und einer kreisenden Handbewegung. Ich stand auf. Irgend jemand, ich glaube, es war Rolo, ahmte einen Trompetenstoß nach.
Mitten in die Klasse hinein verkündete ich: Hiermit erkläre ich allen, die es angehen mag, daß der betroffene, angeblich homosexuelle Lehrer (der Schwule, schrie jemand) Salas nichts mit Carlos Fuentes Chang, dem Chinesen, also nichts mit mir zu tun hat. Wieder ließ Rolo seine Trompete ertönen. Daraufhin verließ über die Hälfte von uns unter Rolos Trompetengeblase das Klassenzimmer. Unverschämte Kerle, sagte ein Mädchen. Boby drehte sich um und zeigte ihr den Hintern. Danach steckten sie uns in eine andere Klasse und schlossen uns eine Woche lang vom Unterricht aus. Das war alles. Und nun kommt er den Gang entlang.

Gehen Sie schon, Sergeant?
Ja, wir haben nach Fidelisten gesucht, aber hier gibt es offensichtlich keine.
Jetzt wird er den Mund aufmachen, ich weiß es; ich kann es an seinem Lächeln ablesen.
Und der hier, Sergeant? Das ist einer der Köpfe der Revolutionäre an dieser Schule.
Danach zwei Monate Gefängnis, ein eingeschlagener Kopf, drei kaputte Rippen und eine Lunge weniger, und das alles wegen dem Schwulen, der jetzt näherkommt, der gleich hier sein wird.
Drei Jahre habe ich gewartet. Ich laß ihn ganz nahe herankommen, damit er mich genau sieht, damit er weiß, warum.
Fuentes Chang, sagt er. Danke!
Vertrauensselig nähert er sich. Er bedankt sich bestimmt wegen der Geschichte mit dem Komitee, weil ich ihn nicht verpfiffen habe, weil er nichts von alldem weiß.
Danke! wiederholt er. Er sieht nicht meine Krücke in der Luft, er sieht nicht mein Messer.

Gustavo Alvarez Gardeazábal
Auch den Brüdern gaben sie kein Wasser

Jetzt erinnere ich mich ganz genau an jenen Tag, an dem du die Tauben getötet hast. Pascasio hatte sie dir geschenkt. Ich fand sie unter dem Zitronenbaum. Du hast die Taube getötet und das Junge. Den gurrenden Täuberich hast du seiner Einsamkeit überlassen. Du mußt ihn übersehen oder dich vor ihm gefürchtet haben wegen seiner leuchtenden Farben. Nie konnte ich das herausfinden. Du hast dich geweigert, darüber zu sprechen. Dein Schweigen war ein Eingeständnis deiner Schuld. Seitdem du bei uns wohntest, benahmst du dich so. Empera erzählte mir, du seist eine Waise. Wir sollten uns deiner annehmen, damit du nicht zu fremden Leuten dort in Monteloro gehen müßtest. Germán hatte nichts dagegen. Seit Fabiola geheiratet hatte, waren wir sehr allein. Eigentlich waren wir schon zu alt, um Kinder großzuziehen. Aber wir haben dein schmerzerfülltes, mit Rotz verklebtes Gesicht gesehen, und wir haben Empera zugesagt. Du kamst zu uns, ganz anders als Fabiola. Als sie geboren wurde, lebten wir noch in Leticia und schliefen in Hängematten. Danach zogen wir in dieses Dorf hier, in dem es damals noch keinen Strom gab. Wir konnten dich nur mit den Erzählungen, die Germán schrieb, unterhalten. Für dich war alles neu. Wir brachten dich zum Arzt, um dich vor Rachitis zu schützen. Wir kauften für dich Stoffe im Principe und nicht die peruanische Wolle, die uns die Schmuggler brachten. Es verging kein Sonntag, (du besuchtest doña Genovevas Schule), an dem wir dich nicht mit an den Cascajero nahmen, damit du zusehen konntest, wie wir Moos und Farn für die Orchideen sammelten, die wir unter denselben Baum gepflanzt hatten, unter dem du die Tauben mit einem Stein erschlagen hast. Wir behandelten dich wie eine Tochter. Sogar mein dickköpfiger Schwager, Doktor Julián, erkannte dich als solche an. Als wir Weihnachten in der Kiste mit den Paketen eines für dich sahen, wußten wir, daß du nicht mehr nur zu uns gehörtest, daß dich diese strenge Familie, die nur halbwegs von der Einsilbigkeit der Frau des Doktors geschützt wurde, aufgenommen hatte.

Nur Pascasio konnte dich nicht leiden. Seitdem er an jenem Nachmittag, vierzehn Tage nach dem Blutbad der Tauben, zu uns gekommen war und gefragt hatte, ob die Taube die drei Eier schon ausgebrütet hätte, und ich ihm mit zu Boden gerichteten Augen sagen mußte, du hättest sie alle erschlagen, seitdem wußte ich, daß jeder Versöhnungsversuch sinnlos war. Er hätte dich nie als Familienmitglied anerkannt. Und dabei blieb es. Als ich dich in die Kirche schickte, um die Erstkommunion vorzubereiten, fand er einen Weg, Germán vierzehn Tage lang in sein Haus in Popayán zu entführen. Bei ihrer Rückkehr hattest du schon, in deinem Tüllkleidchen, einem Geschenk von Doktor Julián, vor dem Pater Ocampo die Zunge herausgestreckt. Das sagtest du mir immer wieder, wenn ich dich bat, doch noch das heilige Abendmahl zu nehmen. Nie mehr strecktest du vor irgend jemandem die Zunge heraus. Aber du sagtest auch nicht, warum du dich geweigert hast. Ich weiß es bis heute nicht. Pascasio kannte den Grund von Anfang an. Noch immer hallt das Gelächter in meinen Ohren wider, das er, in diesem Sessel hier sitzend, ausstieß. Ich hatte ihm von deiner Kommunion erzählt. Damals begriff ich es nicht und brauchte es auch gar nicht zu begreifen. Immer habe ich, was ich tat, auch gewollt. Mit dir sollte das keine Ausnahme sein. Danach hast du dich geweigert, weiter in die Schule zu gehen. Die Lehrerin hatte dich bestraft. Du hattest don Lucio Sandavals Tochter mit einer Nähnadel in den Arm gestochen. Nichts auf der Welt vermochte dich umzustimmen. Darum beauftragte Germán Fräulein Dora Martínez, dich im Nähen und Stricken zu unterweisen. Sogar eine Nähmaschine kauften wir. Damit konnte man säumen, Knopflöcher machen und Zickzack nähen, und du lerntest, mit der Maschine umzugehen. Aber du machtest nur Kleider für die Stoffpuppe, die du an einem

Bein deines Bettes festgebunden hattest. Als du dessen müde wurdest, begannst du Kleider für die Heiligen von La Valvanera zu schneidern, doch im darauffolgenden Jahr nahmst du, unmittelbar nachdem der Pfarrer vor der Prozession deinen Namen von der Kanzel aus genannt hatte und alle Frauen der Gemeinde auf uns zugekommen waren, um uns für die schönen Kleider zu danken, die Öllampe, mit der du die Jungfrau Maria begleiten wolltest, und stecktest die übrigen Kleider, die du verwahrt hieltest, in Brand. Nie mehr hast du etwas genäht. Wenn ich dir nicht abgeguckt hätte, mit der Maschine umzugehen, wäre sie schon längst verrostet und könnte nicht stummer Zeuge dieses Augenblicks sein.
Wieder nahm Germán die Sache in die Hand. Er beschaffte eine Strickmaschine, Marke Faisán, und holte noch einmal Fräulein Martínez ins Haus, damit sie dir Unterricht erteilte. Allzu gut lerntest du nicht, damit umzugehen. Nach zwanzig Tagen hattest du bereits viermal die Hand von Fräulein Martínez' kleiner Tochter eingeklemmt. Du mußt sie gehaßt haben. Wie eine fette Ente, so sagtest du, watschele sie herum. Du stricktest einige Jäckchen. Nur ich durfte sie sehen. Vielleicht habe ich dir das bedeutet, was du ein Leben lang gesucht hast. Das wiederholst du jetzt ständig, während ich ergeben auf den letzten Schmerz warte. Fünf Dutzend Jäckchen. Und als Weihnachten kam, fuhrst du damit in einer Mietkutsche ins Waisenhaus Gota de Leche zu Mutter Bernarda. Du warst sehr zufrieden, denn sie dankte dir nicht und fragte auch nicht, wer sie gestrickt hätte. Aber als am Sonntag nach Neujahr in »La Esfera« stand, du, Templanza Lasprilla, hättest eine wertvolle Kleiderspende für die Heimkinder gemacht, schautest du voll spöttischer Ironie auf die Strickmaschine. Du ließest sie rückwärts laufen, um den Mechanismus zu zerstören. Erst als sie verbrannt zu riechen begann, stelltest du sie ab. Von da an hast du dich in den Korbsessel geflüchtet; dort hast du all die Bilder gemalt, die heute die Wände schmücken. Ich muß an Germán denken, der allwöchentlich nach Popayán fuhr, um dir Farben, immer mehr

Farben für deine Malerei zu besorgen. Die Bilder hängtest du nur auf und hörtest dir an, was die Besucher, die während Germáns Krankheit ins Haus kamen, darüber sagten. Nur einmal verpacktest du sorgfältig ein größeres Gemälde und schicktest es mit einer Geschenkkarte an Pascasio. Er war gerade aus Europa zurückgekehrt und hatte uns den kleinen Brutapparat mitgebracht, mit dem ich unseren Lebensunterhalt bestreiten konnte. Dich ließ er völlig links liegen. Am nächsten Tag sah ich ihn wütend ins Haus stürzen. Er stellte sich vor deinen Sessel und überreichte dir drei Taubeneier. Ich verstand ihn erst, als er sich ein wenig beruhigt hatte. Ohne deinem Blick auszuweichen, sagte er lakonisch: Die Tauben auf dem Bild haben schon drei Eier gelegt. Aber am besten kümmern Sie sich darum, denn die Taubenmutter hat Angst, daß man sie umbringt, wenn sie sich zum Brüten niederläßt.

Du schautest ihn mit derselben halb traurigen, halb spöttischen Miene an, die du am Tag deiner Ankunft aufsetztest und die ich auch an jenem Nachmittag auf deinem Gesicht sah, als ich dich allein lassen mußte und du aus Wut die Tauben tötetest. Aber du reagiertest nicht, maltest weiter an dem Clown, den du an jenem Morgen zu malen begonnen hattest. Nie mehr hast du Pascasio eines einzigen Blickes gewürdigt, wenn er uns besuchen kam. Nicht einmal an jenem Abend, als ich ihm deinen hartnäckigen Verehrer, don Fabio Restrepos Sohn vorstellte. Du gingst in die Küche und ließest die beiden allein. Als du zurückkamst und keinen der beiden mehr vorfandst, schautest du mich schweigend, mit hervorquellenden Augen an, während ich versuchte, dir eine Erklärung zu geben. In jenem Augenblick hörte ich dich zum erstenmal über deine Brüder klagen. Ich wußte gar nicht, daß du welche gehabt hattest, niemals hast du sie erwähnt, und auch Empera hatte nicht darüber gesprochen. Daß du allein gewesen seist, erklärten wir auch dem Notar am Tag deiner offiziellen Adoption. Ich begann, mir Sorgen zu machen, und erzählte alles Doktor Julián; doch er lächelte nur. Pure

Eifersucht, mehr sagte er nicht. Don Fabios Sohn empfingst du nie mehr. Und Pascasio betrat das Haus schon längst nicht mehr durch die Eingangshalle. Von Germáns Arbeitszimmer aus ging er direkt in den Nebenraum, wo ich mich mit ihm traf.

Du wurdest menschenscheu. Germán, der dich so gern hatte, erhielt nur einsilbige Antworten von dir, und mich behandeltest du sehr schlecht. Aber da wir so sehr mit den Krankheiten beschäftigt waren, die ihn schließlich besiegten, und denen auch ich hätte zum Opfer fallen können, schenkten wir dir nicht allzuviel Beachtung. Mit Germán begannst du wieder zu sprechen, mich aber hast du nie mehr Mutter genannt. Nur damals, vor nun schon drei Monaten, als Doktor Julián aus dem Zimmer kam und mir weinend sagte, daß Germán im Schlaf gestorben sei, bist du an meine Seite getreten und hast meine Hand genommen. Da zum ersten Mal, so glaube ich, hast du anerkannt, was wir für dich getan hatten. Aber dieses Gefühl der Zärtlichkeit hielt nur am Tag der Beerdigung an. Als sich Pascasio am nächsten Tag verabschiedete, um nach Europa zurückzukehren – vielleicht hatte ihn nur Germáns Krankheit zurückgehalten –, und er mir mehr als einmal in deiner Anwesenheit sagte, daß ich mich vor dir in acht nehmen müsse, ich dürfe die Gefahr, die von dir ausginge, nicht auf die leichte Schulter nehmen, da schautest du ihn nur an, während deine Hände die Palette umklammerten, mit der du ein Porträt von Germán maltest. Du erschienst mir würdevoll und zornig, aber auch stolz zu sein darüber, meine Tochter zu sein.

Heute, als du dieselbe Haltung einnahmst, aber keine Palette, sondern den Stein in Händen hieltst, mit dem ich die hintere Hoftür wegen des Windes versperrt hatte, ohne daran zu denken, daß du draußen warst und dich um die Orchideen kümmertest, und als du wissen wolltest, warum ich dich allein gelassen hatte, genau wie an jenem Tag mit den Tauben, da erinnerte ich mich genau. Aber ich dachte an all das, was wir für dich getan hatten, und an die Liebe, die ich stets für dich empfunden habe. Doch deine Gedanken gehen ganz andere Wege, und du hast nie vergessen, wie du die Tauben tötetest. Als ich sie fand, lagen sie unter dem Zitronenbaum. An den Steinen hattest du ihre Köpfchen aufgeschlagen. Wahrscheinlich hattest du sie überrascht, denn ihre Flügel waren nicht einmal angehoben. Auch ich kann mich nicht mehr von diesem Stuhl erheben, und schon rinnt mir das Blut aus den Augen, während ich auf den zweiten Schlag warte, mit dem du meinen ergrauten Kopf, der des Nachdenkens über dich müde ist, genauso zertrümmern wirst wie den der Tauben. In dieser Sekunde, da ich an die Tauben denke, bleibt mir nur die Hoffnung, daß du mit mir dasselbe machst wie mit ihnen, damals, als ich zu Germán lief, um ihm von deiner Grausamkeit zu erzählen. Daß du mich schnell am Ufer des Ententeiches begräbst, wo mir gewiß kein Wasser fehlen wird, um das ich dich jetzt, da mich die Kräfte verlassen, anflehe und das du mir nicht geben willst. Auch deinen Brüdern, sagst du, gaben sie kein Wasser an jenem Abend, da sie in euer Haus in Monteloro eindrangen und nach den Eltern die Brüder vor deinen Augen niedermetzelten.

Eduardo Bähr
Pichardos Sohn

Was, glauben Sie, ist in dieser Kiste?
Mein größtes Unglück, aber auch meine größte, immerwährende Hoffnung. Ob sie mich damit fertigmachen können? Nein, señor . . . Nein. Denn ich kenne Pichardo sehr gut. Ich kenne ihn, so wie er mit seinen über sechzig Jahren, seinem alten Pferdegesicht, den Augen eines schweren, kräftigen Gauls und dem schon ergrauten roten Haar hier vor mir steht. Ich kenne Pichardo sehr gut, ehrlich und geduldig ist er wie kein anderer; man wird mir nicht erzählen können, daß er irgend jemandem etwas Böses, etwas wirklich Böses zugefügt hat. Im Gegenteil, er ist ein hilfsbereiter Kerl, immer zur Stelle, wenn man ihn braucht, wie der Hammer und der Leisten, wie der Geruch nach gegerbtem Leder, verstehen Sie?
Glauben Sie etwa, ich denke, daß man mir einen üblen Streich gespielt hat? Nein. Das Denken habe ich mir abgewöhnt. Das ist alles. Ich weiß nur, daß jener, der für all das hier die Verantwortung trägt, nicht ganz richtig im Kopf ist. Wer das ist? Was weiß ich! . . . Nicht ganz richtig im Kopf! Verrottet. Aber er hat mir eine Freude gemacht, die Sie sich gar nicht vorstellen können. Die Freude, daß ich nun hier eine Erinnerung an meinen Sohn habe, hier in dieser Kalkwand, in diesem Kalkberg, in den wir ein Loch hauen werden für die Kiste dieses verrotteten Hirns, die letzte Tat, mit der dies verrottete Hirn mich zu vernichten sucht. Die Kiste eines mir Unbekannten, wie ein Geschenk für mein Alter ist sie. Denken Sie doch, jetzt kann ich ihn besuchen, wann immer ich will. Wer wird mich daran hindern, einen ganzen Nachmittag lang vor einem Kalkloch zu knien? Niemand! . . . Nicht einmal das verrottete Hirn.
Ich weiß genau, was ich sage, mein Freund. Schließlich kenne ich Pichardo gut, und glauben Sie ja nicht, daß man ihn

fertiggemacht hat. Pichardo hat ein recht dickes Fell, wie man so schön sagt. Selbst mit seinen über sechzig Jahren weiß er nicht, warum man ihm das angetan hat; aber er ist dankbar, señor. Pichardo kann nicht mehr wie früher laufen, deshalb ist er dankbar, daß man die Kiste an einem nahen Ort begräbt, damit er des Nachmittags dort hingehen kann, ganz langsam, die alten Steine auf dem Weg betrachtend, jedes Zeichen auf dieser festgetretenen Straße wiedererkennend, mit zu Boden gerichteten Augen, so wie es ihm gefällt. Wenn man ihn früher reizte, war er schnell wie eine Giftschlange, und schnell war er auch, wenn man ihn in Ruhe ließ. Pichardo wollte niemanden stören. Aber da sehen Sie, wie die Leute sind. Während er sich überall um Frieden bemühte, hatten die nur eins im Sinn: Sie wollten ihn provozieren. Er ging nicht in die Kirche und war deshalb ein Antichrist. Und weil er sich den Gewerkschaften anschloß, nannte man ihn einen Kommunisten. Und da er sich nicht um die Partei kümmerte, hieß man ihn einen politischen Feind. Und noch vieles mehr, nur um Pichardo zu reizen, bis Pichardo floh, denn Flucht ist besser, als . . . Sie wissen schon. So kam es, daß Pichardo in seinem Leben wirklich alles kennenlernte, von dem Augenblick an, da er wie ein Tier mit der Axt im Sägewerk von Yoro arbeitete, bis zu jenem Tag, da seine Finger zu bluten begannen vom vielen Unkrautjäten auf den Baumwollfeldern in Usulután. Glauben Sie nicht auch, daß man mit ihm, so wie er vor Ihnen steht, über alles reden kann? Und das tun wir ja auch. Er kann Ihnen von der Ausbeutung der Arbeiter auf den Bananenplantagen erzählen, denn er verlor seine Gesundheit, als er die Stauden spritzte. Und das mit dem Arm passierte, als er von morgens bis abends auf dem Pier von Tela und Puerto Cortés Lasten trug, und mehr als einem Vorarbeiter schmiß er den ganzen Kram vor die Füße, obwohl er danach von einer Plantage zur anderen pilgern und sogar seinen Namen ändern mußte. Deshalb kann man sich mit ihm über die Ausbeutung der Landarbeiter unterhalten. Und über den Maisanbau kann man mit ihm sprechen, denn

Pichardo hat viele Felder bestellt. Sogar vom Kaffee versteht er etwas, war er doch einige Jahre in Ateos, und selbst über Waffen kann er mitreden, weil er während des Gemetzels von Hernández Martínez und damals, als die Liberalen gegen die Truppen von Carías kämpften, sehr schwere Zeiten durchmachte. Und in der schwarzen Küche kennt er sich aus, denn Pichardo lebte eine Zeitlang mit den Negern in ihren Hütten, lernte ihre Sprache und entführte nicht selten eine Negerin mit ölig glänzendem Haar.

Und was ist jetzt? Einen Sohn hat er verloren, und der andere ist tot. Tot, ohne Körper und ohne Leben, wenn ich mich so ausdrücken darf, denn so ist das: tot und ohne Körper.

Immer war da etwas, das in meiner Brust drückte. Es ist die Erkenntnis, daß man nicht weiß, wozu man nütze ist. Aber jetzt fühle ich diesen Druck, weil ich plötzlich merke, daß ich gelebt habe, damit andere leben. Ich weiß nicht, ob Sie mich verstehen, aber so ist es. Jetzt, da ich sehe, wie sie diese Kiste auf den Schultern zum Friedhof tragen, ist mir, als verlagerte sich dieser Druck auf meine hängende Schulter, auf die Schulter, in der ich seit über dreißig Jahren kein Gefühl mehr habe, und ich weiß nicht, in welchem Loch ich einst landen werde. Denn schauen Sie, was für ein Leben das ist: achtzehn Jahre bei der United Fruit Company und die anderen Jahre auf der Flucht.

Als ich nach Honduras kam, wußte ich nicht einmal, wie ich hieß. Ich wurde Schuster, das ist mein Beruf, obwohl ich über alles mit Ihnen reden kann genau wie die Gelehrten, die Professoren und all die anderen. Ich wuchs in Bordellen und Hütten auf, und meine Knochen haben die Kälte von Santa Tecla genauso ertragen wie die höllische Hitze an der Costa Norte. Sechs Tage war ich auf dem Meer, um zwei mickrige Sardinen zu fischen, die meine Kinder zum Essen brauchten. Für sie holte ich auch Würmer aus den Abwässerkanälen. Tausend Pesos setzte ich beim Würfelspiel ein, und in einer einzigen Kirmesnacht gewann ich viel und verlor dann alles, ohne dies jemals zu bereuen. Ich habe mit Machete und

Messer gegen jene gekämpft, die überall Streit suchen. Und Frauen hatte ich, Tausende. Bis ich in La Lima zur Ruhe kam, heiratete und mich voll der Plantagenarbeit widmete. Und stellen Sie sich vor, nach achtzehn Jahren mit Haus und Essen, mit Schwimmbad im Sula Club, mit Kino und einer Schule für die Kinder, mit Decken und Milch. Was blieb mir da? Nichts! Auf der Decke stand: U.F.Co. Auf dem Haus stand: U.F.Co. Auf dem Hemd stand: U.F.Co. Das heißt, ich machte bei dieser Geschichte mit dem Streik mit und hörte, wie uns Professor Valencia zurief: Meine Kameraden, während wir nichts anderes als gebratene Bananen aßen, morgens, mittags und abends, und als ich zusammen mit Tausenden von hungrigen Männern um eine kleine Verbesserung unserer Lage bat, da entschloß sich die Company, uns zu entlassen. Tausende von hungrigen Männern gaben den Hunger an ihre Frauen und ihre Kinder weiter, und auch ich hing in der Luft. Nach achtzehn Jahren, in denen ich meine Jugend im Morast und Schlamm gelassen hatte, mit Frau und Kindern. Nichts blieb. Nur die Kleidung, die wir auf dem Leib trugen, und meinen Namen, den ich nun kannte. Nur das. Und danach das kleine Stück Land in der elenden Gegend, die von der United Fruit nicht genutzt wurde, und, als wäre das noch nicht genug, die Fluten, die alles mit sich fortrissen. Tagelang saß ich auf dem Dach des Hauses, und ich sah verweste Menschen und Tiere in dem roten, verpesteten Wasser vorbeitreiben. Ich verlor Frau und Kinder. Das Mädchen wurde angeblich zur Hure, der Junge zum Alkoholiker. Nur den Kleinsten rettete ich, damit man mir danach mit dieser Geschichte kommen sollte, daß er an der Grenze vermißt werde, daß er wie ein Held gestorben oder in Gefangenschaft geraten sei, daß man ihn nach San Salvador gebracht habe, um ihn dort in einem Schaukasten auszustellen, oder daß er in den Bergen von Lempira verschwunden sei. Achtzehn verlorene Jahre, bevor ich dessen richtig gewahr wurde. Und ich wiederholte nur immer wieder, daß ich so und so hieße und daß das mein Name sei. Stellen Sie

sich vor, nichts außer Wasser und Luft, die niemandem gehörten, Wasser und Luft!
So kam es, daß ich abermals fliehen mußte. Pichardo floh, denn Flucht ist besser, als . . . Sie wissen schon. Danach lernte ich die Frau kennen, die mit gesenktem Kopf an meiner Seite läuft. Noch zwei Kinder. Schauen Sie die Frau an meiner Seite an, alt und verbraucht ist sie, den Kopf hält sie stets gesenkt. Nicht einmal hat man sie weinen hören. Sie begreift genausowenig wie ich, was hier vor sich geht. Warum bewegt sich diese Kiste dort vorn hin und her, wie bei einer Beerdigung? Die Frau versteht nicht, warum man ihr dieses Stück ihres eigenen Fleisches entriß, wozu es eigentlich nütze ist. Und ich kann nicht einmal mehr eine Machete vom Boden aufheben.
Aber glauben Sie nicht, daß man Pichardo mit dieser Geschichte vom Krieg fertiggemacht hätte. Sie tragen zwar die Schuld, daß er einen Sohn verlor, und den anderen übergaben sie ihm ohne Körper und ohne Leben, als hätten ihn die Geier gefressen. Aber Pichardos Lebenswillen haben sie nicht gebrochen. Pichardo weiß, was er tun muß. Warum sehen Sie mich jetzt, ohne eine Träne zu vergießen, hinter dieser Kiste herlaufen? Warum, was meinen Sie? Weil der Vater seine Kräfte aus den sterblichen Überresten seines Sohnes schöpft? Nein: Pichardos Lebenswillen haben sie noch nicht gebrochen. In dieser Kiste ist . . . Was in dieser Kiste nicht ist . . . Ich weiß nicht, ob Sie mich verstehen werden . . . Es ist etwas, das ich nicht richtig begreife. Ich habe das Gefühl, daß in dieser Kiste mein größtes Unheil liegt, und zugleich drückt wieder etwas in meiner Brust, aber ganz leicht, wie eine Freude, die mich allmählich ganz erfüllt. Das ist kein übler Streich mehr, verstehen Sie? Und ich glaube auch nicht mehr, daß es da jemanden gibt, der nicht ganz richtig im Kopf ist, verrottet. Das einzige, was mich beunruhigt, ist diese Ruhe. Wie eine Flamme leuchtet sie bei jedem Schlag meines Herzens auf, diese Ruhe, die sich in Wut und dann wieder in Ruhe verwandelt, in einem ständigen, mich quälenden Wech-

sel . . . Entschuldige mein Schweigen. Ich weine nicht. Ich möchte nur in diesem Augenblick mit dir allein sein. Entschuldige mein Schweigen.

Langsame Beerdigung, die im Grunde nicht deine Beerdigung ist, ein absurdes Gefolge hinter dieser Kiste, Sohn, der du nicht mein Sohn bist, kleiner Sohn, der du im Augenblick noch kleiner erscheinst mit den Knochen eines Fremden, den irgendwo ausgegrabenen Knochen ohne Heimat. Wo auch immer du sein magst, mein Sohn, schau auf dieses harte Schweigen, das deine belagerte Ruhestätte umgibt. Augenhöhlen, in die deine Augen nicht passen, ein offenes Lachen auf diesem Totenschädel, das deine Freude vermissen läßt, Spuren von Syphilis und Schlangenbissen auf alten, schwachen Gebeinen, unschuldigen Knochen, die mit Gewalt dem Boden entrissen wurden, und die doch nicht die deinigen sind und nun ohne Gottes Erlaubnis in einer fremden Kiste ruhen. Was ist also das Wahre, wenn der Sarg wegen all dem, was mit ihm geschieht, im Grunde dir gehört, und die Knochen, die an seine vier Wände stoßen, auch eine Beerdigung verlangen? Oder sollten die Knochen, die als Ersatz für deinen Körper dienen, aus der Luft oder dem Meer kommen? Hör nur, mein Sohn, die kleinen Schritte der Leute, die ehrfürchtig die Erde berühren, um Tränen zu säen und Steine aufzulesen, sehende Schritte, zu Boden gerichtete Blicke, schau ihnen direkt in die Augen, Blicke, die du nie gesehen hast, furchtsame Gesichter des Tages. Schau, wie die Straßenhunde den Kopf senken, sieh ihre Augen des Hungers, ihre wirklich traurigen Augen, Augen ohne Fragen an die dahinziehenden Leute, sie sehnen sich nach dem Schweigen und den Fußtritten, traurig dieser Nachmittag, der nicht dein ewiger Nachmittag ist.
Niemand spricht. Die Angst und die Achtung vor dem Tod fesseln die Zunge; eine eigenartige Weise, sich selbst zu demütigen, alles ist eigenartig an dieser Beerdigung, die keine ist, an diesem vielfältigen Gefolge im Namen christlicher Gerechtigkeit für die sinnlosen, vergessenen Toten, die

deinen Namen tragen. Ferner Sohn, der du deines Namens beraubt wurdest, sieh nur, die Fenster öffnen sich, und aus ihnen ergießt sich eine Flut schwarzen Dunstes und plötzlich traurig dreinblickender Gesichter. Sieh die verlogene unschuldige Traurigkeit, die deine Kiste, nie eine ewige Ruhestätte, betrachtet, und sieh mein mit Schatten beschmutztes Gesicht, ohne eine Spur von Tränen, es sucht nach niemandem, nur das Weinen sucht dich in der Ferne. Du siehst, wie deine Freunde, frühere Spielgefährten mit Drachen und mörderischen Schleudern, den Schritt verlangsamen, denn sie glauben, es sind ihre letzten Schritte, ihre erzwungenen, hinausgezögerten, langsamen Schritte an der Seite der schweren Kiste, diese Farce, weder Freundschaft noch Haß, wertlose Last für sie, Gläubige, die auf sich selbst vertrauen, auf ihre falsche Geste des Schmerzes, dumme Gesichter. Du lachst über deine Freunde, wenn du ihre Gedanken liest, nicht einer erinnert sich deiner Fehler, sie lecken die Lobreden, laufende Klagen, sie tragen wiederholte Knochen, die Knochen eines unmöglichen Wesens mit drei unvollständigen Händen, der Kinnlade eines Greises, einer Frau oder eines unbestimmbaren Raubtieres, ein achtfüßiger Wurm, ein grotesker Schatten. Gemeinsam lachen wir hinter der Maske meines leeren Gesichts, ohne eine Träne und ohne ein Geräusch. Wir stellen uns vor, wie viele Rippen dieses lächerliche Skelett wohl hat, diese hemmungslos tanzende Jahrmarktsattrappe, die ihre Wirbelknochen zu unserem Vergnügen klappern läßt. Wenn du das doch mit mir sehen könntest, wenn du doch bei mir wärest, abwesender Sohn: Knochen, zweiköpfiges Wesen, faseriges Greisenhaar, das noch auf der einen Seite der Stirn mit Fleisch verklebt ist, der andere Schädel ungestalt, der Schädel eines Kindes oder der eines Wolfes, eines ausgezehrten Kindes, eines abgemagerten Wolfes, ich kann mir dich nicht vorstellen, Geheimnis und Wirklichkeit, du bist und bist nicht. Ich lächle. Du kommst vielleicht einmal zu meiner wahren Beerdigung, zur Beerdigung meiner echten alten Knochen. Mit denselben zufälligen Gesichtern, mit

Freunden und Fremden, die zum erstenmal einen Blick des Mitleids proben. Derselbe Priester auf der Kiste, wie auf dem Rücken eines Pferdes, Gebete und Weihwasser versprühend, Geheimnisse, für die Toten ohne Kirche bestimmt, ein wenig Gerechtigkeit, die spät kommt, dazu der im Kirchenschiff schwebende Weihrauch, der Geruch nach dem schwarzen Schweiß der Leute und das erstickte echte Weinen, das Todesröcheln.

Das Weinen deiner Mutter, mein Weinen über ihr Weinen, das durch die Stille entschwindet, durch die grünen Flammen auf der schändlichen Kiste, der schändlichen Kiste, die durch die Glockentöne ersetzt wird, bis zum Rand gefüllt mit den Echos schamloser Stimmen und metallischen Geheuls, warmer Stimmen zwischen den gesegneten Knochen. Respektvolles Schweigen für dieses trügerische Kreuz, für jene, die dich zu überleben glauben und die das unbedachte Weinen mit ihrem Körper ersticken, und die dem Weinen deiner Mutter, diesem trockenen Weinen bereitwillig zu Hilfe kommen.

Schwarzer Umhang. Kraftlose Seide auf einem gequälten Haupt, jugendliche Blässe, rotes Weinen, schöne bleiche Hände, die die kalte Kiste berühren, düstere Liebkosungen der wartenden Verlobten, Liebkosungen, die für das Blut bestimmt waren und nun auf die Asche niederregnen. Haut, die du nie bekommen wirst, Haut ohne dich, verlorene Haut und zitternde Lippen, verlorene, nicht gegebene Küsse, der heiße Atem der auf immer entwichenen Küsse, deine Liebe, die keine ist, ich erinnere mich an dein verlorenes Gesicht, ein Abschiedsgruß mit Küssen, Gebete für niemanden, ihre Brust in einem letzten Aufwallen der Gefühle verbrennend, kurzes Schweigen voller Erinnerungen an dich, Schweigen, das sich ihrer bemächtigt. Trauriger Augenblick, lebendiger Sohn, gefangener Sohn, der du zwischen Schuhen und Kennmarken der öffentlichen Neugier ausgesetzt bist, Soldatenmumie mit dem eigenartigen Körper, der seltsamen Uniform, der fürchterlichen Waffe, auf der Brust dein Name und dein

Dienstgrad, deine Totennummer, Sohn, dessen fremder Atem die Scheibe beschlägt, das unzerbrechliche Glas deines Gefängnisses, toter Gefangener in der Zeit.
Zweimal falsche Traurigkeit. Die Sätze mit dem übelriechenden Atem und der auf immer betrogene Schmerz. Deine Freunde ächzen unter dem Sarg mit den Teilen zwanzig verschiedener Leichname. Deine Eskorte, Indios aus uraltem Geschlecht, mechanische Bewegungen in neuer Uniform, düsterer Anblick, festlicher Schweiß. Weißgrüner Berg. Echte Kreuze nahe dem Leib deiner falschen Überreste, nahe dem Leib seiner überzähligen Knochen. Bergkuppen in der Ferne. Verfaulte Kränze, verrostete Drahtreifen. Alte tote Freunde, neue Freunde in dieser Einsamkeit.
Salutschüsse. Schießpulver, das nicht zum Tode führt. Der ins Gegenteil verkehrte Abschiedsgruß. Spöttisches Geräusch. Sarg, der deine von alten, verwesten Leichenteilen eingepreßten Knochen anbellt. Schaufel Erde, schwitzende Arme aus echten lebendigen Knochen. Ich sehe die kraftvolle Bewegung, und mein Hut wiegt schwer in den Händen. Ich spüre einen heftigen Schmerz in der Schulter. Schau nur die Erde und den feuchten Kalk, das Nichts zum Nichts, Schlamm, ewige Gebeine zum fremden Kalk. Schweigen. Ein Schweigen, das mir das Blut gefrieren läßt wie das schrille Weinen der Frauen, der schreienden Verlobten und Schwester, der bellenden Hunde, wie der spöttisch pfeifende Wind, die anbrechende Kälte, deine Mutter mit tief über dieses Loch gebeugtem Kopf, die mit Zorn erfüllte, langsam versinkende Kiste, die auf der Haut zischenden Seile, Sohn, den ich an zwei Orten zugleich für immer verlor, und die Hoffnung, während die erste Schaufel Erde fällt und die Erde auf der schwarzen Kiste kläfft, geschenkte Erde, mit vergossenem Blut gedüngt.

Bald ist alles zu Ende. Sie führen sie fort, die tote Greisin mit dem verrenkten Hals, die jungfräuliche, immer noch hoffende Verlobte, die Schwester, die keine Liebe gekannt hat. Die

Freunde schleichen davon, um sich anderswo an deinen Spitznamen zu erinnern, die Wachen setzen ihre schwere metallene Last ab und schleifen sie über den Boden. Alle gehen, und von weitem bellen die Hunde die Wahrheit an.
Ich bleibe am Grab stehen. Ich weiß nicht, wie die Zeit vergeht. Ich sehe das Grab vor mir, möchte es bespucken, zertrampeln. Leise streift der Wind über die echten Kreuze. Die gelbe Sonne hält Wache bei ihren Überresten. Dein neues Kreuz weiht seine eigene Ruchlosigkeit ein, mein Gehirn steht in Flammen, mein krankes Herz schlägt hastig in meiner toten Schulter, in meinen geballten Fäusten, und die Wut in meiner Brust sucht einem ausgescharrten Leichnam gleich die Gräber der kranken Hirne, die mir dies angetan haben, um langsam die Gebeine ihrer Vorfahren auszugraben, bis sie endlich auf den schuldigen Körper stößt und diese Gebeine mit anderen Skeletten mischt, mit den Knochen eines verhungerten Geiers. Hier bin ich, naher, einsamer Sohn, ohne deine unstete Gesellschaft, ohne deine Gestalt, die sich immer mehr der Kälte nähert, allein und bei dir, ganz gleich, wo du auch sein magst, mit deiner immer schmerzhafteren Gewißheit, mit deinem Körper, den ich durch die Erde sehe, mit etwas Weißem und Blutigem, das zu dir gehört, mit deiner plötzlich nahen und dann fernen wechselnden Gestalt, die kommt und geht, die Pflaster auf meine Seele klebt. Allein, und du an diesen Nachmittag geklammert, in deinen Armen mein geschrumpfter Körper, auf meinem Haar dein kalter peitschender Atem. Und wieder ganz unvermutet dein Geruch, du lachst und sprichst, tauchst vor mir auf und redest mit mir, mein Sohn, dann verschwindest du, richtest dich der Länge nach auf, ohne deine fiebrig glänzenden Augen von mir abzuwenden. Du schwitzt, und deine Hände zittern. Große fiebrige Hände, die das Wasser aus meinen Augen wischen. Meine letzten Tränen, mein entblößtes Schluchzen, Zangen, die aus meinen Augen, aus meiner Brust schießen und mir die Kehle aufreißen. Wiedergefundener Sohn, kleiner dankbarer Soldat. Was kann ich jetzt, da du mich um

Verzeihung bittest, noch für dich tun, mein angebeteter Sohn, Schatten deines hier ruhenden Körpers? Was kann ich tun, außer diese Handvoll Erde aufnehmen, diese heilige Erde, die ich küsse und mit deinen Tränen benetze, diesen Kalk und diese saubere Erde? Was kann ich tun, außer diese Handvoll Erde aufnehmen und sie mit ganzer Kraft auf dein Grab werfen, auf dieses neue Grab, das von mir entdeckt wurde, deinem Entdecker von Anfang bis Ende und nun bis in alle Ewigkeit? Was kann ich tun, mein Sohn, wenn ich doch nur einen heilen Arm habe? Nimm also diese Erde an, die Erde meines Blutes, diese Handvoll meines Fleisches, die dir dein Vater mit all seiner Liebe, mit der größten Anstrengung seines Lebens gibt.

Jetzt weiß ich genau, wer Pichardo ist. Ich weiß, daß er schon nicht mehr mit der Machete umgehen kann. Ich weiß, daß die eine Hälfte seines Körpers bereits gestorben ist und er wegen der Geschichte vom Krieg nun ohne Kinder zurückbleibt. Aber ich weiß auch, daß man ihn nicht ganz fertiggemacht hat. Vielleicht sieht er, was zu tun ist. Wollen Sie wissen, was in dieser Kiste war, die man auf den Schultern zum Friedhof trug? Ich weiß es selbst nicht. Es ist auch nicht wichtig. Ein Geheimnis, vielleicht das Schweigen.

José Emilio Pacheco
Fiesta Brava

BELOHNUNG

Eine Belohnung erhält jener Taxifahrer oder jene Person, die über den Verbleib von ANDRÉS QUINTANA, siehe nebenstehendes Foto, Auskunft geben kann, der am Dienstag, dem 5., auf dem Weg von der Avenida Juárez zur Straße Tonalá in dem Stadtviertel Roma gegen 23.30 Uhr verschwand und dessen Verbleib bis zu diesem Augenblick unbekannt ist. Hinweise jeder Art werden unter folgenden Telefonnummern entgegengenommen: 511-92-03 und 533-12-50.

FIESTA BRAVA
eine Erzählung von Andrés Quintana

Die Erde scheint emporzusteigen, die Reisfelder schweben in der Luft, die von Blattläusen zerfressenen Bäume werden zunehmend größer, unter dem kreisenden Lärm der Propeller landet senkrecht der Hubschrauber, fünfzehn andere beziehen Position in der Nähe, und Sie springen mit der Maschinenpistole in der Hand heraus, drücken ab und befehlen, auf alles zu schießen, auf alles, was sich bewegt, und selbst auf das, was sich nicht bewegt, kein Bambushalm bleibt über dem anderen, es gibt keine Überlebenden, es gibt keine Zeugen dessen, was einst ein Dorf war,
Hand, Kugel, Messer, Bajonett, Flammenwerfer, Granate, Gewehrkolben – Instrumente des Todes, und als Sie zu den Hubschraubern zurückgehen, da verspüren Sie, *capitán* Keller, das befriedigende Gefühl, Ihre Pflicht getan zu haben,

zwischen den Trümmern verbrennen die Leichen der Greise, der Kinder und der vergewaltigten, gequälten Frauen, in dem Dorf gibt es keinen einzigen Guerillero mehr, alle Einwohner waren nach Ihren Worten Guerilleros, die verstümmelten, verbrannten, entstellten Körper sind dem Verwesungsprozeß ausgeliefert, während Sie, ohne einen einzigen Toten auf Ihrer Seite zu beklagen, zurückfliegen, erfüllt von einem Gefühl, das ganz und gar nichts mit dem Ekel der ersten Kämpfe zu tun hat,
wie weit liegt das alles zurück, *capitán* Keller, wenn Sie jetzt als Veteran und Pensionär im grünen Hemd, mit Rolleiflex und Meerschaumpfeife den Erklärungen der jungen Frau zuhören, die auf englisch erzählt, wie das Grabmal des Schriftentempels entdeckt wurde, Sie befinden sich im Maya-Saal des Anthropologischen Museums, Tausende von Kilometern von jenem Höllenfeuer entfernt, das Sie zu schüren halfen, damit es die ganze Welt vernichte,
Sie betrachten alles mit Staunen und naiver Bewunderung, so wie man es von jemandem erwartet, der auf einer Reise einen unvermeidbaren Abstecher ins Museum macht, aber im Grunde beeindruckt Sie nichts, die schönsten Stücke haben Sie schon als Reproduktionen gesehen, natürlich sind sie in Wirklichkeit ganz anders, doch die Überreste einer Welt, die durch ein Imperium, das so mächtig war wie das Ihre, *capitán* Keller, vernichtet wurde, rühren Sie nicht sonderlich,
Sie gehen hinaus, überqueren den Innenhof, der Wind weht einige Wassertropfen aus dem Springbrunnen herüber, Sie betreten den Meshica-Saal, hier, sagt die Reiseleiterin, hier befindet sich fast alles, was die Zerstörung von Mexiko-Tenochtitlan überlebt hat, ein kleiner Bruchteil dessen, was die aztekischen Künstler geschaffen haben, die starre Kraft dieser Skulptur weckt in Ihnen ein Gefühl, das Sie angesichts der Vollkommenheit und ornamentalen Fülle der Maya-Kunst nicht verspürt hatten,
ganz unverhofft erhebt sich vor Ihnen der schroffe Monolith, in den der namenlose Bildhauer, so als müßte er eine fixe Idee

in Stein meißeln, das heilige Bild der Göttin Coatlicue festgehalten hat, Sie sind wie gefesselt, gefesselt: es gibt kein anderes Wort, Sie streichen alle Führungen am Donnerstag, Freitag und Sonnabend und gehen jeden Morgen ins Museum, setzen sich vor diese Göttin eines drohenden Himmels und erkennen in ihr etwas, das Sie schon immer verspürt haben, *capitán*,

so viel Beharrlichkeit weckt das Mißtrauen der Wärter, um Ihre Anwesenheit zu rechtfertigen, um diese absonderliche Faszination zu verbergen, kaufen Sie einen Block und beginnen, Coatlicue bis in alle Einzelheiten zu zeichnen, ausgerechnet Sie, der Sie seit der High School keinen Zeichenstift mehr in die Hand genommen haben,

am Sonntag rührt sich so etwas wie Widerstand in Ihnen, anstatt ins Museum zu gehen, verbringen Sie den Morgen auf einigen Märkten und am Nachmittag schreiben Sie sich für die Exkursion »Fiesta Brava« ein, zusammen mit einigen Freunden, die Sie von anderen Ausflügen her kennen und die Sie fragen, warum Sie nicht mit ihnen in Xochimilco, Puebla, Teotihuacan waren, wo haben Sie bloß in all diesen Tagen gesteckt,

Sie antworten, ich zeichne die schönsten Stücke, und Ihre Bekannten, warum denn das, Sie können sich doch Bücher, Postkarten, Dias, kleine Reproduktionen kaufen, noch in der Stierkampfarena auf der *Plaza México* reden sie auf Sie ein, die Fanfare ertönt, in der Arena erscheinen die Matadore mit ihrem Gefolge, der erste Stier kommt heraus, sie schwingen die Capa, stechen ihn mit der Pike, setzen ihre Banderillas und töten ihn, da kommt der nächste, Sie sind entsetzt über dieses Schauspiel, blutrünstige Mexikaner, wie kann man nur ein Tier so quälen, was für ein Land, das erklärt alles, seine Rückständigkeit, seine Armut, seine Unterwürfigkeit, seine Feindseligkeit, Sie verlassen die *Fiesta brava*, kehren ins Museum zurück, betrachten wieder eingehend die Göttin und arbeiten weiter an Ihrer Zeichnung, solange der Saal noch geöffnet ist,

die Türen schließen sich hinter Ihnen, Sie überqueren die Straße und warten auf dem Bürgersteig unweit des Chapultepec-Sees auf ein Taxi, der Mann, der Eis verkauft, schiebt seinen kleinen Metallwagen vor sich her, er kommt auf Sie zu und sagt, Verzeihung, *señor*, Sie interessieren sich doch für die Azteken, nicht wahr, wollen Sie etwas sehen, was Sie nie vergessen werden, keine Angst, es kostet Sie keinen Centavo, Sie antworten in Ihrem gebrochenen Spanisch, was ist es, worum geht es denn,
das kann ich Ihnen jetzt nicht sagen, *señor*, aber ich bin sicher, daß es Sie interessieren wird, Sie brauchen nur am Dienstag abend auf der Metrostation Insurgentes in den letzten Zug ganz hinten einzusteigen, der Zug hält zwischen Isabel la Católica und Pino Suárez, steigen Sie aus und gehen Sie durch den Tunnel nach Osten, bis Sie ein grünes Licht sehen, dort warte ich auf Sie,
der Eisverkäufer hält ein Taxi an, er nennt dem Fahrer den Namen Ihres Hotels und stößt Sie fast in den Wagen hinein, während der Fahrt dachten Sie, daß es ein Scherz sei, ein blöder mexikanischer Witz, um sich über die Touristen lustig zu machen, doch dann ändern Sie Ihre Meinung, *capitán* Keller,
und am Dienstag abend warten Sie im grünen Hemd, mit Rolleiflex und Meerschaumpfeife in der Metrostation Insurgentes, daß die letzte Fahrt über die Lautsprecher angesagt wird, dann steigen Sie zusammen mit zwei oder drei Arbeitern, die in den Vorort Nezahualcóyotl zurückfahren, in den letzten Wagen ein, Sie sehen die Stationen vorbeigleiten, der Zug hält an, Sie steigen zum großen Erstaunen der Passagiere mitten im Tunnel aus, laufen auf das einzige Licht zu, das jetzt, da die Metro weitergefahren ist, noch brennt, auf das grüne Licht, das gespenstisch leuchtende, gelbe Hemd darunter, auf den Mann zu, der vor dem Museum Eis verkauft,
jetzt betreten Sie beide eine Galerie aus Stein, das Sickerwasser und der Geruch nach Schlamm hier in dem Bett des toten Sees, auf dem sich die Stadt erhebt, deuten darauf hin, daß sie

nach einer Seite hin offen ist, Sie stecken einen Blitzwürfel auf die Kamera, der Mann hält Sie zurück, nein, verschwenden Sie nicht so viele Fotos, gleich werden Sie viel zu knipsen haben,
der Gang wird von Fackeln aus aromatischem Holz erhellt, Sie wollen den Namen wissen, Okotefichte lautet die Antwort, dann fragen Sie, warum haben Sie mich eigentlich hierhergebracht, damit Sie den Bemalten Stein sehen, die größte aztekische Skulptur, sie ist ein Gedenken an die Siege Ahuizotls, als die Metro gebaut wurde, konnte man sie nicht finden, Sie sind der erste Weiße, der sie sieht, seitdem sie von den Spaniern im Schlamm vergraben wurde, damit sie die Besiegten nicht mehr an ihre ruhmreiche Vergangenheit erinnerte, so nahmen diese noch bereitwilliger das Brandeisen, die Peitsche, die Zwangsarbeit hin, sie verloren ihr Gedächtnis, den Stolz auf ihre Heimat, die Achtung vor sich selbst und wurden zu Zugtieren und Lastpferden,
obwohl Sie nur die Hälfte verstehen, erstaunt Sie die Sprache des Mannes, *capitán* Keller, die Augen Ihres Gesprächspartners scheinen im Halbdunkel zu glänzen, Sie haben sie schon früher einmal gesehen, aber wo, schräge Augen, die Form allerdings war anders, die Neue Welt ist auch asiatisch, aber Sie haben keine Angst, die Pistole steckt in Ihrer Tasche,
Sie erwarten, eine unterirdische Stadt zu sehen, die bis ins kleinste Detail wie das Tenochtitlan der Modelle im Museum aussieht, doch nichts dergleichen taucht vor Ihnen auf, nur hier und da einige Ruinen, Überreste von aztekischen Tempeln und Häusern, die vor vier Jahrhunderten der neuen spanischen Hauptstadt als Fundament dienten,
der Schlammgeruch wird stärker, Sie beginnen zu niesen, Sie haben sich in der feuchten Luft bereits erkältet, ich will hier weg, sagen Sie Ihrem Begleiter, warten Sie doch, gleich sind wir da, meint der beharrlich, und Sie, so als buchstabierten Sie jedes einzelne Wort, ich will jetzt sofort hier weg, Sie geben Befehle, ein Untergebener hat zu gehorchen, und der andere antwortet tatsächlich, sofort sind wir bei einem Ausgang,

er zeigt auf eine Tür etwa fünfzig oder sechzig Schritt entfernt, er öffnet sie, gehen Sie bitte durch, sagt er, und ohne nachzudenken, treten Sie ein, eine Sekunde später sind Sie eingeschlossen in einer Kammer aus Stein ohne Licht und ohne Lüftung, abgesehen von dem Hauch, der durch eine Öffnung dringt, deren Form nicht zu erkennen ist, das Zeichen des Windes, das Zeichen des Todes?

im Gegensatz zum Tunnel ist der Boden hier fest und eben, in einer Ecke befindet sich eine Matte, Sie legen sich hin, aber schlafen nicht, Sie holen die Pistole heraus, zielen auf die Tür, alles ist so unwirklich, bar jeder Logik, daß es Ihnen nicht gelingt, die Eindrücke zu ordnen,

aber die Müdigkeit, der Schlammgeruch, der Rhythmus ferner Gespräche in einer unbekannten Sprache, die Schritte in dem feuchten unterirdischen Gang schläfern Sie ein, als Sie schließlich die Augen ein wenig öffnen, begreifen Sie, was los ist, Sie hätten nicht dieses entsetzliche mexikanische Abendessen zu sich nehmen dürfen, Sie hatten einen furchtbaren Traum, der fast zu einem Alptraum geworden wäre, erstaunlich, wie sich das Unbewußte mit dem Wirklichen vermischt, die Metro, der Eisverkäufer, das Museum, wie es allem eine ganz besondere Ordnung oder Unordnung verleiht,

wie erholsam, endlich hier in Ihrem Zimmer im Holiday Inn aufzuwachen, ob Sie im Traum wohl geschrien haben, wenigstens war es nicht dieser andere, dieser entsetzliche Traum von den Vietnamesen, die aus ihren Gräbern stiegen, und zwar genauso, wie Sie sie zurückgelassen hatten, nur noch schlimmer anzusehen wegen der Verwesung, wenigstens das nicht,

Sie fragen sich, wie spät es wohl ist, Sie strecken die Hand aus, die Hand tastet ins Leere, versucht vergeblich, die Lampe zu finden, sie ist nicht da, man hat wohl den Tisch weggenommen, Sie stehen auf, um die Deckenleuchte in Ihrem Zimmer anzuschalten.

In diesem Augenblick dringen die Männer in Ihre Zelle ein, sie zerren Sie zum großen, kreisrunden gerillten Stein in einem der Zwillingstempel, mit einem Schnitt öffnen sie Ihre Brust, sei reißen Ihnen das Herz aus dem Leib, unten tanzen sie, spielen sie ihre unendlich traurige Musik, heilige Nahrung für den Jaguar Gott, für die Sonne, die durch die Wälder der Nacht gereist ist und nun, während Ihr Körper, *capitán* Keller, Ihr aufgeschlitzter Körper alles mit Blut beschmierend über die Stufen rollt, wieder leuchtet, wieder aufersteht in Mexiko-Tenochtitlan, für immer, unbesiegt zwischen den beiden Vulkanen.

★

Andrés Quintana schaute auf das Schreibmaschinenpapier, das er gerade in die Smith-Corona eingespannt hatte. Er setzte die Zahl 78 in Gedankenstriche und drehte sich nach links, um die entsprechende Seite in *The Population Bomb* zu lesen. Ein Schrei lenkte ihn ab.
»FBI. Hände hoch und keiner bewegt sich!«
Er kam aus dem Fernseher der Wohnung von nebenan, der auf vollen Touren lief. Die Jungen von gegenüber, alles Mitglieder einer Rockgruppe, probten schon seit vier Uhr nachmittags ein und dieselbe Stelle:

Where's your momma gone
Where's your momma gone
Little baby don
Little baby don
Little baby don
Where's your momma gone
Where's your momma gone
Far, far away.

Er stand auf, schloß das Fenster, das auf den düsteren Innenhof hinausging, setzte sich wieder hin und las den Text noch einmal durch:
SCENARIO II. In 1979 the last non-Communist government in Latin America, that of Mexico, is replaced by a Chinese-supported military junta. The change occurs at the end of a

decade of frustration and failure for the United States. Famine has swept repeatedly across Asia, Africa and South America. Food riots have often become anti-American riots.
Er dachte darüber nach, wie er am besten das Wort *scenario* übersetzen könnte. Er schlug im englisch/spanischen Teil des *New World Dictionary* nach: »Drehbuch, Libretto, Text.« Nein, nicht in diesem Kontext. Vielleicht »Möglichkeit, Hypothese?« Er ließ eine Lücke. Dann las er noch einmal den ersten Satz durch und tippte schnell mit dem Zeigefinger der linken Hand (die rechte war seit einem Unfall in seiner Kindheit gelähmt):
1979 wird die Regierung von Mexiko (die mexikanische Regierung?), die letzte nichtkommunistische, die es noch auf dem lateinamerikanischen Kontinent (in Lateinamerika?) gab, von einer Militärjunta ersetzt (gestürzt?), die von China unterstützt wird (die mit der Unterstützung Chinas rechnen kann?).
Er las den Abschnitt noch einmal laut: *die es gab*, das klingt entsetzlich. Außerdem steht da zweimal *von*. Und noch dazu *-isch*, *-isch*. Was für ein Stil. Ich übersetze immer schlechter.
Er zog das Blatt heraus, preßte es mit dem rechten Unterarm gegen den Tisch und zerriß es dann mit Zeigefinger und Daumen der linken Hand, als das Telefon klingelte.
»Hallo?«
»Verzeihung. Könnte ich bitte mit Herrn Quintana sprechen?«
»Am Apparat.«
»Hallo, Andrés, wie geht es dir? Was treibst du denn so, alter Knabe?«
»Entschuldigung . . . mit wem spreche ich?«
»Erkennst du mich nicht? Natürlich, es ist schon eine Ewigkeit her, seitdem wir das letztemal miteinander gesprochen haben. Ich bin Arbeláez und wahrscheinlich störe ich dich, wie immer.«
»Ricardo, Mensch, schön von dir zu hören. Was verschafft mir die Ehre?«

»Ich bin in ein phantastisches Projekt eingestiegen und möchte gerne wissen, ob ich mit dir rechnen kann.«
»Ja, natürlich. Um was geht es denn?«
»Nun, am besten setzen wir uns einmal zusammen und unterhalten uns über alles. Nur ein paar Anhaltspunkte, um dir zu zeigen, was für eine tolle Sache das ist. Wir werden eine Zeitschrift herausgeben, wie es keine zweite hier in unserem kleinkarierten Mexiko gibt. Es ist zwar schwierig, auf diesem Gebiet Prognosen aufzustellen. Trotzdem glaube ich, daß sie ein umwerfender Erfolg wird.«
»Eine Literaturzeitschrift?«
»Ja, zum Teil. Wir wollen so etwas wie ein lateinamerikanisches *Esquire* machen. Oder besser gesagt, eine Mischung aus *Esquire, Playboy, Penthouse, The New Yorker*, aber wirklich für ein lateinamerikanisches Publikum.«
»Eine gute Idee.«
»Nicht wahr? Das Projekt ist wirklich phantastisch. Geld, Inserenten, Vertrieb, Mitarbeiterstab, alles ist schon vorhanden. Wir werden in Panama drucken mit der entsprechenden Werbung für jede Region. Gedacht ist an Reportagen, Chroniken, Interviews, feste Spalten, zwei oder drei Nacktaufnahmen natürlich und auch an eine noch nicht veröffentlichte Erzählung in jeder Nummer.«
»Das hört sich prima an.«
»Für die erste Nummer wollte man ursprünglich eine von *Gabo* kaufen. Aber ich habe darauf bestanden, daß wir zuerst einen mexikanischen Autor bringen sollten, denn schließlich wird die Zeitschrift ja, was vielleicht ihr einziger Nachteil ist, hier in unserem spießigen Mexiko herausgebracht. Und natürlich habe ich dabei an dich gedacht, Maestro. Ich hoffe, du erweist uns diese Ehre.«
»Danke, wirklich vielen Dank.«
»Du bist also einverstanden?«
»Na klar . . . Nur . . . ich habe keine neuere Erzählung, weil ich lange nichts mehr geschrieben habe.«
»Warum denn nicht?«

»Nun ja, Probleme . . . Gelegenheitsarbeiten . . . kurzum, immer dasselbe Lied.«
»Hör zu. Setz dich am besten sofort hin und schreibe deine Erzählung, und wenn du fertig bist, bringst du sie mir vorbei. Du brauchst bestimmt nicht lange dafür. Wir wollen die erste Nummer so schnell wie möglich herausbringen.«
»Aber . . .«
»Paß auf. Ich muß dir noch sagen, daß literarische Texte bei uns gut bezahlt werden. International gesehen ist es vielleicht nicht umwerfend, aber verglichen mit dem, was man üblicherweise in unserem beschränkten Mexiko zahlt, ist es ein Vermögen. Ich habe für dich 600 000 pesos verlangt.«
»600 000 pesos für eine Erzählung?«
»Das ist nicht schlecht, was? Also, hochverehrter Maestro, mach dich an die Arbeit. Schreib dir bitte noch meine Anschrift auf.«
Andrés notierte sich die Adresse und Telefonnummer auf der oberen rechten Ecke einer Zeitung. Das Blatt trug die Schlagzeile:

MEXIKOS PRIVILEGIERTE STELLUNG
ALS WELTWEITES TOURISTENZIEL
MUSS GESTÄRKT WERDEN

Er überschlug sich fast vor Dankbarkeit und verabschiedete sich von Ricardo. Er hatte keine Lust mehr, an der Übersetzung weiterzuarbeiten, und wartete auf Hilda, um ihr von diesem Wunder zu erzählen. Seine Frau war überrascht, ihn nicht so mürrisch und pessimistisch anzutreffen wie sonst. Angesichts seiner Begeisterung versuchte Hilda erst gar nicht, ihn umzustimmen, obwohl sie den Plan, die Erzählung in einer einzigen Nacht herunterzuschreiben, für viel zu hochgesteckt hielt.
Als Hilda schlafen ging, setzte sich Andrés an die Schreibmaschine. Er hatte schon jahrelang nicht mehr nachts gearbeitet, angeblich, weil er die Nachbarn nicht stören wollte. In

Wirklichkeit aber hatte er seit langem nichts anderes als Übersetzungen und bestellte Texte geschrieben. Als Kind entdeckte Andrés seine Berufung zum Erzähler, und er beschloß, Schriftsteller zu werden. Schon bald bestand seine Bibliothek zum größten Teil aus Erzählbänden. Er war stolz darauf, daß er, im Gegensatz zu den vielfältigen Interessen seiner Freunde, so gut wie keine Gedichte, Essays, Romane, Dramen, politische Studien las, sondern sich einzig und allein den großen Erzählungen der Weltliteratur widmete.

Aber sein Vater wollte dem Sohn das Geschäft vererben und zwang ihn, Architektur zu studieren. Andrés schrieb sich an der Universität ein und tat so, als würde er die Vorlesungen besuchen. In Wirklichkeit aber belegte er als Gasthörer Philosophie und Geisteswissenschaften und kam so mit der Gruppe um Arbeláez in Berührung, die damals die Zeitschrift *Trinchera* herausgab.

Im Unterschied zu Andrés schrieb Ricardo Arbeláez wenig. Er beschränkte sich auf Leitartikel, in denen er die Bewegung der Eisenbahner und die kubanische Revolution verteidigte, sowie auf Buchbesprechungen; er liebte es, Bestseller zu zerreißen. Dennoch plante er »einen großen Roman«, der, so sagte er immer wieder, für die mexikanische Bourgeoisie ähnlich bedeutend sein würde wie es *A la recherche du temps perdu* für die französische war.

Kurz bevor der literarische Krieg und die politischen Meinungsverschiedenheiten die Gruppe sprengten, lernte Andrés Hilda kennen, die damals siebzehn Jahre alt war und mit Ricardo ging. Sie verliebten sich ineinander, sprachen, was einigen Mut erforderte, mit Arbeláez und beschlossen zu heiraten. Nie würde Andrés jenen Nachmittag des 28. März 1959 vergessen, an dem Hilda sein Heiratsangebot annahm, an dem Demetrio Vallejo verhaftet wurde und Militär und Polizei die Versammlungsräume der Eisenbahner besetzten.

Andrés' Eltern sagten ihm, daß er schlecht daran täte, sein Studium abzubrechen, da er als Schriftsteller nie seinen Lebensunterhalt verdienen könne. Gegen die Heirat hatten sie nichts einzuwenden und schenkten dem Paar zur Überbrückung der ersten Monate etwas Geld. Andrés, der sich damals noch jeden Abend an die Maschine setzte und schrieb, versuchte, als Drehbuchautor für mexikanische Filme und als literarischer Mitarbeiter von Zeitschriften Fuß zu fassen. Ende 1960 war sein Plan, von der Schriftstellerei zu leben, gescheitert, Hilda hatte ihr erstes und einziges Kind verloren, und wenig später zogen sie aus dem kleinen Haus in *Coyoacán* aus und mieteten in der Straße Tonalá eine düstere Wohnung, die auf einen Innenhof führte.

Danach begann Hilda, in der Boutique ihrer Schwester in der *Zona Rosa* zu arbeiten, und Andrés, der eineinhalb Jahre lang das Mexikanisch-Nordamerikanische Kulturinstitut besucht hatte, fand cine Stelle als Übersetzer in einem Verlagshaus, das sich auf Veröffentlichungen über den Panamerikanismus und die Allianz für den Fortschritt spezialisiert hatte. Als die Inflation sein bescheidenes Budget in Luft auflöste, beschafften ihm einige gute Freunde seines Vaters einen Posten als Korrektor im Bauministerium.

In den ersten Jahren seiner Ehe veröffentlichte Andrés sein einziges Buch, *Fabeleien*. 127 Exemplare wurden verkauft, die Auflage betrug 2000 – und nur eine einzige (allerdings positive) Besprechung darüber erschien, und zwar von Ricardo, der das Paar nie mehr besucht hatte. Wenig später brachten die mexikanischen Zeitschriften keine Erzählungen mehr und der *boom* des Romans bewirkte, daß kaum noch jemand welche schreiben wollte. Andrés bewarb sich vergeblich für zwei Stipendien. Er verlor den Mut und verschob den Plan einer weiteren Sammlung von Erzählungen auf unbestimmte Zeit.

»Ich fühlte mich immer dazu berufen zu schreiben«, sagte er zu Hilda, wenn sie abends zusammensaßen, »und irgendwie tue ich das ja auch, schließlich können auch Übersetzungen, Broschüren und amtliche Mitteilungen genauso gut abgefaßt sein wie eine Erzählung, oder etwa nicht? Nur jemand mit einer ausgesprochen elitären und veralteten Vorstellung

kann allen Ernstes glauben, daß allein die sogenannte kreative Literatur das allein Gültige ist, findest du nicht auch? Außerdem will ich nicht in einen Topf geworfen werden mit diesen mexikanischen Schreiberlingen, die die Presse in den Himmel hebt; Schinken wie diese könnte ich zehn pro Jahr schreiben, das meinst du doch auch?«
Und nun würde er 600 000 pesos für eine einzige Erzählung bekommen, so viel wie er sonst in Monaten verdiente, Nachmittag für Nachmittag an der Schreibmaschine sitzend und das übersetzend, was er selbst als Hieroglyphen bezeichnete. Er konnte seine Schulden im Büro bezahlen, all die Dinge kaufen, die ihm fehlten, Ferien machen, essen gehen. Für 600 000 pesos hatte er schließlich zu seiner schon verstummten literarischen Berufung zurückgefunden und alle Vorurteile über Bord geworfen, mit denen er sein eigentliches Scheitern zu entschuldigen versuchte.
In einem unterentwickelten Land kann man kein Schriftsteller sein / das Buch ist tot, mich interessieren jetzt nur noch die *mass media* / wenn es ums Schreiben geht, dann ist alles nützlich, so etwas wie vergeudete Mühe gibt es nicht, du wirst schon sehen, selbst aus meiner Bürotätigkeit werde ich Gewinn ziehen / welche Schuld habe ich daran, in diesem Mistland geboren zu sein und einer Generation von Hohlköpfen und Taugenichtsen anzugehören / weißt du, wenn alle Bücher, die heute in Mexiko so erfolgreich sind, zu Staub geworden sind, wird irgend jemand *Fabeleien* lesen und dann /
Er begann ohne Unterbrechung mit dem Zeigefinger der linken Hand zu tippen. Niemals zuvor war ihm das Schreiben so leichtgefallen. Um fünf Uhr morgens ging er mit einem ihm unbekannten Gefühl der Zufriedenheit zu Bett. Er hatte zwar eine ganze Schachtel *Viceroy* geraucht und vier Coca-Cola getrunken, aber *Fiesta Brava* war fertig.

Andrés stand um Viertel nach elf auf. Er badete und rasierte sich schnell. Dann rief er Ricardo siegesfroh an.

»Das ist doch unmöglich! Du hattest sie bestimmt vorher schon fertig.«
»Ich schwöre dir nein. Ich hab' sie gestern nacht geschrieben. Jetzt korrigiere ich sie noch und schreibe sie ins reine. Ich glaube, sie ist ganz gut geworden. Mal sehen, wie du sie findest. Hoffentlich klappt alles.«
»Natürlich klappt alles.«
»Wann kann ich sie dir bringen?«
»Wenn es dir paßt, heute abend. Ich erwarte dich um neun in meinem Büro.«
Er rief im Ministerium an, um sich beim Abteilungsleiter für sein Fehlen zu entschuldigen; verbesserte einige Stellen, schrieb den Text nochmals mit der Maschine und begann um fünf Uhr mit der endgültigen Fassung auf Büttenpapier, ohne Streichungen oder Tippfehler. Hilda sagte ihm, daß sie mit ihrer Schwester ins Kino ginge, um nicht allein zu sein, wenn er die Erzählung abliefere.
Um halb neun nahm Andrés die Metro in Insurgentes. Er stieg in Balderos um und kam schließlich in Juárez an. Pünktlich war er im Büro.
Die Sekretärin war so hübsch, daß sich Andrés wegen seines traurigen Cordsakkos, seiner cafébraunen Hose, seines kleinen Körperwuchses und seiner verkrüppelten Hand schämte. Er wartete einige Minuten, bevor er das übertrieben beleuchtete Büro betrat. Ricardo erhob sich hinter seinem Schreibtisch und Andrés umarmte ihn.
Mehr als zwölf Jahre waren seit jenem 28. März 1959 vergangen. Fast hätte er Ricardo nicht wiedererkannt, in seinem türkisblauen Anzug aus Schantungseide, mit den langen Koteletten, dem Schnurrbart à la Emiliano Zapata und der Schumann-Brille. Andrés fühlte sich fehl am Platz. Fenster, die auf den Alameda-Park führten, Wände, die mit riesigen Fotos bedeckt waren, Vergrößerungen alter Lithographien von Mexiko Stadt. Und mit einem Mal spürte er, daß die nostalgische Haltung Ricardos, dieses Du erinnerst dich doch, gekünstelt war. Die herzliche Ungezwungenheit vom

Telefon verschwand, jetzt da Ricardo als der Stärkere Andrés in sein Revier gelockt hatte. Sie musterten sich einige Sekunden lang.
Er hat sich verändert / ich mich auch / keiner von uns hat das verwirklicht, wovon er träumte / beide sind wir beschissen dran / aber wem ist es schlechter ergangen /
Ricardo beeilte sich, die Spannung zu brechen, er bat ihn, auf dem Sofa Platz zu nehmen, setzte sich neben ihn, bot ihm eine Zigarette an, *Benson & Hedges*, und er begann in dem Manuskript, das Andrés aus der Aktentasche geholt hatte, zu blättern.
»Die Länge ist genau richtig . . . Entschuldige mich bitte nur einen kurzen Augenblick. Ich werde deine Erzählung mit Mr. Hardwick, dem editor-in-chief durchlesen. Danach stelle ich ihn dir vor. Er ist ein ganz flotter Typ. Früher arbeitete er beim *Time Magazine*.«
»Nein, stell ihn mir besser nicht vor. Das ist mir unangenehm.«
»Unangenehm? Wieso denn?«
»Ich spreche kein Englisch.«
»Wie? Aber du hast doch zig Bücher übersetzt!«
»Vielleicht gerade deshalb. Das ist etwas ganz anderes.«
»Du bist wirklich komisch. Ich bin sofort wieder zurück.«
Als Andrés allein war, begann er in einer Zeitschrift zu blättern, die Ricardo auf seinem Schreibtisch hatte liegenlassen. Er hielt bei einer Anzeige inne.

Located on 1,500 feet of Revolcadero Beach and rising 16 stories like an Aztec pyramid, the 40 million dollar Acapulco Princess Hotel and Club of Golf opened as this jet set ressort's largest and most lavish yet. Its 200 acres of gardens, pools, waterfalls and fairways are ten minutes by car from the International Airport.
The Princess has 777 rooms with private terraces overlooking either the palm-tree dotted golf course or the turquoise Pacific. Guests specify either a green (golf) view or blue

(Pacific) view when making reservations. One of the most spectacular hotels you will ever see, it has a lobby modeled after the great central court of an Aztec temple with sunlight and moonlight filtering through the translucent roof. The 20,000 ft. lobby's atrium is complemented by 60 feet palm-trees, a flowing lagoon and Mayan sculpture.

Er war unruhig und konnte sich nicht konzentrieren. Er ging zum Fenster und schaute auf die Stadt tief unter ihm, auf die ineinanderfließenden Lichter. Lange Zeit verharrte er so, rauchte eine Zigarette nach der anderen. Die Sekretärin kam herein, zuerst, um ihm etwas Nescafé anzubieten, dann, um ihm die Tasse zu bringen, und schließlich, um sich von ihm zu verabschieden.
Andrés betrachtete die Vergrößerungen der Lithographien. Er spürte eine unstillbare Sehnsucht nach jenem Mexiko, das Jahrzehnte vor seiner Geburt gestorben war. Er stellte sich die Geschichte eines Mannes vor, der so lange auf eine Lithographie schaute, bis er selbst ein Teil von ihr wurde, sich zwischen den Menschen der anderen Welt bewegte und seine Zeitgenossen betrachtete, die zu ihm aus dem 20. Jahrhundert herübersahen. Dann dachte er, wie stets in solchen Fällen, daß dies nicht seine Erzählung sein könne, jemand anders mußte sie geschrieben, er sie irgendwo gelesen haben. Vielleicht hatte er sie aber auch gerade hier erfunden, in diesem eigenartigen Büro gegenüber dem Alameda-Park, einem wenig geeigneten Ort, um eine Zeitschrift mit den finanziellen Mitteln und Ansprüchen, von denen Ricardo sprach, herauszugeben. Er hatte die Begegnung mit seinem Freund-Feind aus früheren Zeiten noch immer nicht verdaut.
ob er wohl immer noch an Hilda dachte / würde sie ihm, wenn er sie jetzt sähe, genauso gefallen, wie vor zwölf Jahren / was für ein Verhältnis bestand damals eigentlich zwischen ihnen / warum hatte Hilda seine Fragen immer nur sehr vage beantwortet / hatte Ricardo seinen Roman geschrieben / würde er

ihn demnächst schreiben / was hatte der frühere Herausgeber der Zeitschrift *Trinchera* eigentlich in diesem Büro zu suchen / ist dieses Land, ist diese Welt wirklich so entsetzlich, daß alle Dinge korrupt oder korrumpiert sind und niemand sich davor retten kann / und was mochte Ricardo über ihn denken / haßte er ihn, verabscheute oder beneidete er ihn / war seine Lobrede auf *Fabuleien* der Beweis seiner Großherzigkeit / bedeutete sie eine subtile Beleidigung / enthielt sie gar eine verschlüsselte Botschaft an Hilda / und waren die 600 000 pesos eine Anerkennung seines Talents / das eines unbekannten Schriftstellers, der ein mittelmäßiges zu Recht vergessenes Buch veröffentlicht hatte / oder sollten sie eine Art Hilfe für Hilda sein / da Arbeláez / von wem eigentlich, vielleicht von ihr selbst / von den Schwierigkeiten in ihrer Ehe wußte / von dem abgestandenen, trostlosen Zusammenleben, dem schlechten Humor des Gescheiterten / von der Demütigung, seine Karte in der Stechuhr des Ministeriums lochen zu müssen / dem sich ständig verschlechternden Stil seiner Übersetzungen / von Hildas Arbeit in der Boutique ihrer Schwester, den reichen Kundinnen, deren Sklavin sie war /
Andrés hörte auf, sich selbst Fragen zu stellen. Er schaute auf die Uhr an der Wand. Mehr als zwei Stunden war Ricardo jetzt schon in Mr. Hardwicks Büro. Ob sie wohl über die Erzählung sprachen? Seine Verspätung konnte nur als schlechtes Omen gedeutet werden. Deshalb hatte Andrés, als Ricardo mit dem Manuskript in der Hand endlich zurückkam, das Gefühl, daß er diesen Augenblick bereits durchlebt hatte.

»Entschuldige. Ich war wirklich eine Ewigkeit weg. Aber wir haben deine Story von A bis Z durchgekaut.«

Andrés hatte es geahnt, daß Ricardo *Story* und nicht *Erzählung* sagen würde. Schüchtern und ohne Hoffnung fragte er, die Antwort kannte er im voraus:

»Und was haltet ihr davon?«

»Nun ja, ich weiß nicht, wie ich es dir sagen soll, Maestro. Dein Manuskript gefällt mir, es ist interessant und nicht schlecht geschrieben. Nur hast du unbewußt, vielleicht weil du daran dachtest, daß du auf Bestellung und für eine Zeitschrift schriebst, das literarische Niveau etwas gesenkt. Verstehst du, was ich meine? Die Geschichte ist ausgesprochen linear, so wie die früher im *American Magazine*, nicht wahr?«

Ein erschreckter Blick statt einer Antwort, Andrés schämte sich, daß ihn der Verlust der 600 000 pesos mehr schmerzte als seine literarische Niederlage, aber Ricardo fuhr schon fort: »Wirklich, glaube mir, die Situation ist mir sehr peinlich. Ich hätte mich gefreut, wenn der Mister sie angenommen hätte. Schließlich warst du der erste, den ich angerufen habe.«

»Mensch, du brauchst dich doch nicht zu entschuldigen. Sag, was ihm nicht gepaßt hat, und die Sache ist erledigt. Das ist doch kein Problem.«

Der Ton beleidigte Ricardo, er versuchte, sich zusammenzunehmen.

»Doch, das ist ein Problem. Der Protagonist hat keine scharfen Konturen. Es fehlt dir an Präzision. Einige Abschnitte, der letzte zum Beispiel, sind ausgesprochen konfus, weil du die schlechte Angewohnheit hast, alle Satzzeichen durch Kommas zu ersetzen. Deine Handlung ist unrealistisch im schlimmsten Sinne des Wortes, ausgesprochen *bookish*, stimmt's? Und dann diese Geschichte mit dem prähispanischen, zwar begrabenen, aber noch lebendigen Substrat. Das zieht nun wirklich nicht mehr. Fuentes hat ganz prima Sachen darüber gemacht, und damit das Thema auch erschöpft. Du siehst das natürlich aus deiner Perspektive, aber trotzdem. Und außerdem wird alles noch komplizierter durch die Verwendung der persönlichen Anrede. Das ist ein Stilmittel, das schon seit langem nicht mehr neu ist und außerdem die Ähnlichkeit mit Fuentes noch unterstreicht, you know?«

»Alles ist schon einmal geschrieben worden. Jede Erzählung entspringt einer anderen Erzählung, nicht wahr? Aber lassen wir das. Deine Einwände sind unschlagbar . . . Nur eins. Ich habe noch kein einziges Buch von Fuentes gelesen. Ich lese keine mexikanische Literatur, um meine Geisteskräfte zu schonen.«

Andrés merkte, daß er pathetisch wurde. Seine Arroganz klang hohl, die Arroganz des Verlierers.

»Nun, du tust schlecht daran, nicht das zu lesen, was andere um dich herum schreiben . . . Außerdem fühlte ich mich an eine Erzählung von Cortázar erinnert.«

»Die Nacht auf dem Rücken?«

»Ja, genau.«

»Das ist schon möglich.«

»Und da wir schon von Einflüssen oder Vorläufern reden oder wie auch immer du das nennen magst, möchte ich dir noch sagen, daß ich dabei ebenfalls an eine Erzählung von Rubén Dario gedacht habe. Ich glaube, sie heißt *Huitzilopóchtli*. Sie gehört zu seinem Spätwerk. Er hat sie in Guatemala veröffentlicht.«

»Hat Dario denn auch Erzählungen geschrieben? Das wußte ich gar nicht. Ich dachte, er sei nur ein Dichter. Nun gut. Ich gehe jetzt.«

»Einen Augenblick. Noch eine Bemerkung zum Schluß. Mr. Hardwick fand die Handlung infantil, ausgesprochen antiamerikanisch und viel zu links. Er entdeckte eine ganze Reihe von Symbolen.«

»Symbole? Aber es gibt doch gar keine Symbole. Alles wird direkt und ganz klar erzählt.«

»Nicht immer. Das Ende scheint etwas zu suggerieren, das nicht ausdrücklich im Text gesagt wird. Eine politische Metapher, so könnte man sagen, ein Wunschdenken, das allerdings leicht illusorisch ist. So als wolltest du den Beifall linker Universitätskreise erheischen oder unseren alten Zeiten von *Trinchera* eine letzte Huldigung erweisen. Mexiko wird das Grab des nordamerikanischen Imperialismus sein, so wie man hier vor einem Jahrhundert auch die Ambitionen Napoleons III. begrub. Das ist es doch, oder? Entschuldige, aber da hast du nicht den richtigen Riecher gehabt. Natürlich ist auch Mr. Hardwick gegen den Krieg in Vietnam, und du weißt, daß meine Einstellung noch immer dieselbe ist. Aber die Welt hat sich verändert, und das ist etwas anderes. Man kann doch nicht in einer Zeitschrift, die mit dem Geld von unseren Nachbarn im Norden finanziert wird, eine Erzählung bringen, mit der du offensichtlich die Touristen verscheuchen und die *gringos* zur Sau machen willst . . .«

»Vielleicht hast du recht. Ich hab' mir womöglich selbst Fallen gestellt, um die Veröffentlichung zu vermeiden.«

»Kann sein, who knows? Doch begeben wir uns nicht auf das Gebiet der Psychologie, denn dann entdecken wir schließlich noch, daß deine Erzählung ein versteckter Angriff auf mich ist.«

»Na hör mal, wie kommst du denn darauf?« Er stimmte zum Schein in Ricardos Lachen ein, machte eine Pause und fügte hinzu: »Also, dann geh' ich jetzt. Trotzdem vielen Dank.«

»Nimm das nicht so tragisch. Sei kein Dummkopf. Natürlich erwarte ich, daß du etwas anderes für mich schreibst, allerdings nicht für die erste Nummer. Doch unabhängig davon, diese Zeitschrift arbeitet nicht wie allgemein in Mexiko üblich. Was bestellt ist, wird auch bezahlt. Hier nimm . . . Das sind zwar nur hunderttausend pesos, aber besser etwas als gar nichts . . . Nun komm schon, genier dich nicht. In den Vereinigten Staaten ist so etwas üblich und keiner ist beleidigt. Ach ja, und vielleicht könntest du mir dein Original einige Tage dalassen, damit ich es dem Geschäftsführer zeigen kann als Beleg für die Zahlung. Danach schicke ich es dir mit der Post oder einem *office boy* zu.«

»Natürlich. Nochmals vielen Dank, und demnächst bringe ich dir eine andere Erzählung vorbei.«

»Prima. Und laß dir ruhig Zeit, beeil dich nicht. Du wirst sehen, das nächste Mal haben wir bestimmt Erfolg bei den *gringos*. Sie sind nun mal eben ganz kalte Geschäftsleute, richtige Profis, sehr perfektionistisch. Manchmal lassen sie eine einfache Buchbesprechung sechsmal neu schreiben. Du kannst dir vorstellen, wie es dann bei einem literarischen Text ist. Ach ja,

die Bezahlung verpflichtet zu nichts. Du kannst deine Geschichte in jeder beliebigen lokalen Zeitschrift bringen.«
»Wozu? Sie ist mir nicht gelungen. Am besten vergessen wir sie. – Du bleibst noch hier?«
»Ja, ich muß noch einige Anrufe machen.«
»Zu dieser Uhrzeit? Ist es nicht etwas spät dafür?«
»Sehr spät, aber jetzt, da wir die Zeitschrift bald herausgeben, muß jeder ein besonderes Tempo vorlegen. Also, mein lieber Andrés, ich danke dir, daß du deinen Auftrag erfüllt hast, und grüß Hilda ganz herzlich von mir.«
»Gerne. Nochmals vielen Dank und schönen Abend noch.«
Andrés stand in dem halbdunklen Korridor; nur die Lichter auf der Schalttafel des Fahrstuhles brannten. Er drückte auf den Knopf und kurz darauf öffnete sich der grell erleuchtete Fahrstuhlkorb. Unten schloß ihm ein schläfriger Portier, das Gesicht hinter einem Schal versteckt, die Tür zur Straße auf. Wieder umfing ihn die Nacht von Mexiko-Stadt. Er lief bis zur Metrostation Juárez und ging auf den leeren Bahnsteig hinunter.
Während er auf die Metro wartete, öffnete er schnell seine Aktentasche, um irgendeine Lektüre herauszuholen. Er fand nur die Kopie von *Fiesta Brava*, zerriß sie und warf sie in den Abfalleimer. Es war heiß im Tunnel. Plötzlich schlug ihm ein frischer Windstoß ins Gesicht, die vom Zug verdrängte Luft, und unmittelbar darauf hielt die Metro geräuschlos an. Andrés setzte sich in den zweiten Wagen. Auch diesmal stieg er in Balderas um und nahm Platz auf einem Einzelsitz. Nur drei andere, halb schlafende Fahrgäste waren noch in dem Abteil. Andrés holte die peso-Scheine aus der Tasche hervor, betrachtete sie einen Augenblick lang und steckte sie dann wieder weg. In den Fensterscheiben der Tür konnte er sein eigenes Spiegelbild betrachten, das das Licht innen im Wagen und die Dunkelheit draußen im Tunnel im Wechselspiel gezeichnet hatten.
Das Gesicht eines Dummkopfes, sagte er leise. Wenn ich mir selbst auf der Straße begegnete, würde ich eine unendliche

Verachtung empfinden. Nur so ein Arschloch wie ich läßt sich eine derartige Demütigung gefallen. Wie soll ich das nur Hilda erklären? Alles ist so sinnlos. Warum stößt dieser Zug nicht mit einem anderen zusammen.

Als er sah, daß ihn die drei Männer beobachteten, wurde ihm klar, daß er, mit den Händen gestikulierend, fast laut geredet hatte. Er wich ihrem Blick aus, und um sich irgendwie zu beschäftigen, holte er die peso-Scheine heraus und steckte sie in die Aktentasche.

In Insurgentes stieg er aus. Über die Lautsprecher ertönte die Ansage, daß dies die letzte Fahrt sei und daß die Türen geschlossen würden. Trotzdem blieb Andrés stehen, um die Worte zu lesen, die mit der Spitze eines Zirkels oder eines Nagels in das Plakat der Zigarettenmarke *Raleigh* geritzt waren: MÖRDER, NIE VERGESSEN WIR TLATELOLCO NOCH SAN COSME.

Es mußte *weder* Tlatelolco noch San Cosme heißen; fast automatisch korrigierte Andrés den Satz. Der Zug Richtung Zaragoza fuhr an. Bevor er an Schnelligkeit gewann, erkannte Andrés unter den vier Passagieren des letzten Wagens ganz eindeutig einen Amerikaner im grünen Hemd, mit Rolleiflex und Meerschaumpfeife zwischen den Lippen.

Andrés schrie einige Worte, die *capitán* Keller schon nicht mehr hören konnte und die sich im Dunkel des Tunnels verloren. Er hastete die Treppe empor, der frischen Luft des Platzes entgegen. Mit seiner gesunden Hand stieß er die Drehtür auf. Er konnte nicht einmal mehr den Mund öffnen, als ihn die drei auf der Lauer liegenden Männer packten.

Daniel Moyano
Die Geschichte vom grünen Falken und der wundertätigen Flöte

Allein eine kleine, nicht sehr berühmte Musikkapelle, die wie durch ein Wunder noch zusammenhielt, vermochte sich in der Stadt Buenos Aires der mörderischen Natur einiger grüner Fahrzeuge zu widersetzen, die man Ford Falcon nannte.

Als mich Carlos anrief, um mir zu sagen, daß auch ich in Ungnade gefallen sei, daß diese Falken in der ganzen Stadt nach mir suchten und daß ich mich verstecken müsse, überraschte mich seine Überlegung, daß meine Rettung von einigen simplen Musikkenntnissen abhinge.

Ich hatte mich, seinem Vorschlag folgend, in eine kleine, im Stadtviertel Once gelegene Wohnung geflüchtet, die sich nur unzulänglich durch ein kleines Fenster lüften ließ. Unterlagen zum Musikstudium fand ich vor, daneben auch Fertiggerichte in Dosen, Zwiebeln und Zwieback. Ich empfand das als absurd und unheilbringend. Innerhalb weniger Stunden waren meine Beziehungen zur Außenwelt abgerissen. Die Wände zitterten, als schlüge man von draußen dagegen. Die Ellbogen auf den Tisch gestützt, der die Hälfte des winzigen Raums in Anspruch nahm, erwarb ich mit Hilfe von Williams' »Theorie« die ersten musikalischen Grundkenntnisse. Es war wohl schon spätabends, als ich endlich den Mut fand, Carlos anzurufen und ihn zu bitten, mir die seltsame Geschichte mit der Musik zu erklären.

In Buenos Aires trete eine ausländische Kapelle auf, erzählte er mir, die sich jede Woche einen anderen Platz aussuche, um ihre Konzerte zu geben und gleichzeitig religiöse Flugblätter zu verteilen. Der Ausnahmezustand sei außer Kraft gesetzt, solange die Musiker spielten. Offen könnten die Leute, die sich um sie scharten, ihre Meinung sagen, sie könnten Informationen sammeln und Luftballons für ihre Kinder kaufen, als handelte es sich um einen Feiertag in einem freien Land.

Allgemein sei bekannt, daß der weiße Lieferwagen der Musiker mit seiner skurrilen Aufschrift *Rette deine Seele* als einziger den grünen Ford Falcons erfolgreich die Stirn zu bieten vermochte, vielleicht, weil die Musiker Ausländer seien und ihr Fahrzeug irgendwie unter diplomatischem Schutz stünde. Ich solle so lange üben, bis er herausfände, wo die Kapelle demnächst auftauchen würde. Im richtigen Augenblick solle ich dann auf sie warten und mich ihr anschließen. Ich sagte, er sei verrückt zu glauben, daß ich mich, auf die unsichere Möglichkeit hin, dieser Kapelle einmal angehören zu können, daransetzen würde, ein Musikinstrument zu erlernen. Aber er tat, als hätte er mich nicht gehört, und sagte nur, daß er in einem Laden auf der calle Piedras eine Trompete gesehen habe. Sie sei zwar in einem sehr schlechten Zustand, klänge aber noch recht annehmbar.

An diesem Abend war ich bis zur 33. Lektion in Lemoines Unterrichtswerk gekommen. Ich sang Carlos einige Intervalle am Telefon vor. Er beglückwünschte mich. Um den Kammerton A herauszufinden, orientierte ich mich auf seinen Rat hin am Freizeichen des Telefons, das wie ein Gis klang. Ich fühlte mich schon als Musiker. Später aß ich Sardinen mit Zwiebeln. Und als ich danach ins Bett ging, hatten die Wände aufgehört zu zittern. Im Halbschlaf vergaß ich die von Carlos angekündigte, für mich lebenswichtige Kapelle. Statt dessen sah ich die Dorfmusikanten meiner Kindheit vor mir, die unter der Pergola auf dem Marktplatz des kleinen Ortes mitten in der Pampa Ouvertüren von Rossini spielten. Ich sah das Pärchen, das sich hinter der Ligusterhecke küßte, sah den kleinen Dicken mit der Posaune vor mir und den Krämer, der mit einer Gerte die Kuh verjagte, die von dem Gras angezogen wurde, das nach dem ersten Regen überall aus dem Boden geschossen war. Auch eine Trompete gab es in meinem Traum.

Das Instrument, das auf geheimen Wegen zu mir gelangte, war keine Trompete. In einem schwarzen Etui lagen drei verchromte, leicht verbogene Zylinder, einer davon mit

Tasten, ein anderer mit einem Mundstück. Der einzig möglichen Logik folgend steckte ich sie zusammen und stellte voll Überraschung fest, daß es sich um eine Flöte handelte. Noch nie hatte ich dieses Instrument von nahem gesehen, und nun hielt ich eines in Händen. Ein herrliches Gefühl.

In meinem Dorf hatte es keinen Flötisten gegeben. Niemand im Umkreis von fünf Meilen hatte dieses Instrument gespielt. Die Italiener im Ort traten mit Klarinetten, Posaunen und Baßtuben auf, die sie aus ihrer Heimat mitgebracht hatten. Es gab auch einen Galicier, der Sarrusophon spielte, ein seltsames Instrument, das fast wie eine Oboe aussah. Und don Evaristo, ein gutmütiger Polizist, der einzige Kreole in dem Ensemble, war für die Becken verantwortlich. Er trat im Marsch der Dorfmusikanten ganz am Ende auf mit Tsching, Tsching, Bum und Schluß. Eine Flöte hätte der Kapelle ein wenig Anmut verliehen.

Man hatte mir auch ein Lehrbuch, gebunden in einen harten, speckig gewordenen Deckel zukommen lassen, das von einem gewissen Altés verfaßt worden war. Und einen Brief von Carlos. Er erklärte mir, was ich mir alles selbst beibringen müsse, bis ich per Telefon Unterricht bei Maestro Perino nehmen könne. Die Musikkapelle, die es mir, sobald ich nur etwas spielen könne, ermöglichen würde, das Land zu verlassen, sei an einem Donnerstag wieder aufgetaucht. Und die Orte, an denen sie bisher ihre Konzerte gegeben hätte, sie tauche nämlich immer völlig überraschend irgendwo auf, schienen doch darauf hinzuweisen, daß sie bei der Auswahl der Plätze den Bewegungen des Springers in einem Schachspiel folge. Draußen verschlechtere sich die Lage zunehmend, und sogar er, der doch nur ein Musiker sei, sei nur wie durch ein Wunder frei und noch am Leben. Der letzte Abschnitt des Briefes lautete:

Du kannst Dir nicht vorstellen, wie amüsant es ist, jemanden übers Telefon vom Blatt singen zu hören. Du hast ein gutes Gehör, obwohl du in der 146. Lektion das Auflösungszeichen im sechsten Takt übersehen hast. Vorsicht!

Auf der Zeichnung, die die richtige Haltung des Flötisten illustrieren sollte, war ein gestriegelter Franzose mit Krawatte abgebildet, der die Flöte genauso hielt wie die Kinder aus Tucumán das Stückchen Zuckerrohr, an dem sie kauten. Vor dem Spiegel ahmte ich, die Anweisungen genau befolgend, die Haltung nach. Ich neigte den Kopf zur linken Schulter und hielt die Arme weit auseinander, um nicht die Atmung zu behindern. Ich näherte meinen Mund dem Mundstück und bedeckte ein Viertel davon mit meiner Unterlippe. Und dann blies ich.

Doch es klang nicht nach Flöte, es klang nicht nach Quena, es klang nach nichts. Was herauskam, war ein Windstoß, wie er im tiefsten Winter nachts durch den Dachboden fegt und die steifgefrorene Wäsche, die dort zum Trocknen hängt, streift; ein Windstoß, der halbgeöffnete Fenster oder verrostete Wetterfahnen zum Knarren bringt: Brrr, Kinder, macht die Tür zu, bevor ihr erfriert! Hört doch, wie fürchterlich der Wind pfeift! Erst Tage später wurde mir das mit dem Zungenschlag klar. Die Zungenspitze gegen die oberen Schneidezähne pressen, damit die Luft nicht entweichen kann, dann die Zunge schnell aber nicht zu abrupt zurückziehen, so als wollte man die Silbe *tu* aussprechen.

Es war einige Zeit verstrichen, als ich Carlos endlich am Telefon die fünfte Übung aus der siebten Lektion vorspielen konnte. Sie war nicht allzu schwierig, aber hatte doch ihre Tücken. Begeistert sagte er: Du bist ein zweiter Rampal. Das mit den Bewegungen des Springers habe sich als falsch herausgestellt, und damit sei auch der Traum einiger Verzweifelter ausgeträumt, die sich der Kapelle anschließen wollten und ohne Instrumentenschein (die Instrumente wurden als Waffen betrachtet) vergeblich an einer Ecke auf die wundertätige Kapelle gewartet hätten. Sie seien von der Polente überrascht und in einen grünen Ford Falcon gestoßen worden, der sich schnell mit unbekanntem Ziel entfernt habe. Jetzt, sagte Carlos, scheine sie sich in einem Kreis zu bewegen. In den letzten Wochen sei sie von Barracas nach San

Telmo gekommen und anschließend nach Retiro. Sollte sie am kommenden Donnerstag in Palermo auftauchen, dann sei die Kreistheorie bewiesen, und ich könne mich ihr, nach Beendigung meiner musikalischen Ausbildung, ohne größere Risiken einzugehen, anschließen, vorausgesetzt natürlich, ich bestünde die Abschlußprüfung.

Düstere Gedanken überfielen mich, vielleicht wegen des Eingesperrtseins und wegen der künstlichen Beleuchtung; das einzige Tageslicht kam durch das winzige Fenster der kleinen Küche. Keiner unserer Bekannten hatte die Kapelle jemals gesehen, auch Carlos nicht. Alles, was er wußte, hatte er über Dritte erfahren. Vielleicht war sie nur ein kollektives Wahnbild, herbeigesehnt wie ein Wunder angesichts des großen Unheils? Ich hatte nicht den geringsten Hinweis, um mir eine genauere Vorstellung machen zu können.

Die Dorfkapelle meiner Kindheit war viel realer, sie gab es, wenn auch nur in meiner Erinnerung. Was jedoch die grünen Fahrzeuge anbetraf, so verfügte ich über handfeste Anhaltspunkte. Ich hatte sie durch alle möglichen Straßen fahren, den Verkehr nach Belieben unterbrechen sehen; ich hatte beobachtet, wie sie über Bürgersteige und Beete der öffentlichen Plätze rasten, wie sie in Kirchen eindrangen und auf Leute schossen, die sich hinter den Altären versteckt hatten. Angenommen, es gäbe diese Kapelle wirklich, wie vielen Menschen würde sie schon helfen können. Ich mußte an zigtausend Unglückliche denken, von denen die meisten über keine Musikkenntnisse verfügten.

Ich drückte mich vor einer Lektion, mit der ich einfach nicht fertig wurde. Sie zu beherrschen bedeute, nun wirklich mit dem Spielen anzufangen, sagte der Maestro. Ich begann die vibrierenden Wände zu untersuchen. Ich hielt mein Ohr gegen eine Stelle der größten Wand, an der ein Bild mit einem Meeresmotiv hing, und stellte fest, daß die Vibration nicht vom Straßenlärm herrührte, sondern von Tönen, die aufeinanderfolgten und ganz offensichtlich zu einer Tonleiter gehörten. Ich stieg auf den Tisch und rutschte damit an der

Wand entlang. Das Ohr gegen das Mauerwerk gepreßt, verglich ich die schwankende Lautstärke, bis ich mir sicher war: Der Musiker befand sich auf der anderen Seite der Wand links hinter dem Bild. Es hörte sich an, als spiele er Tuba. Ich konnte sogar den Rhythmus erkennen, ganz eindeutig Dreivierteltakt. Ein Anfänger wie ich, aber mit sehr viel Talent.
Ein aufgeregter Anruf von Carlos unterbrach meine Nachforschungen. An diesem Donnerstag habe die Kapelle die Kreistheorie bestätigt. Wir haben es geschafft, ja, wir haben es wirklich geschafft! Die Kapelle sei in einer Straße im Stadtviertel Palermo aufgetaucht. Nein, persönlich habe er sie nicht gesehen, aber einem seiner Spione sei es gelungen, einen Teil des Konzerts aufzunehmen. Ich sollte genau zuhören. Die Musik klang verzerrt. Die Aufnahme war schlecht und die telefonische Übertragung machte sie noch schlechter. Aber es war der erste wirkliche Kontakt mit der wundertätigen Kapelle. Ich hörte einen protestantischen Choral, aber im Rhythmus eines Foxtrotts, der jedoch nicht die erwartete Freude in mir auslöste. Ich verbrachte den Rest des Tages in leicht verwirrtem Zustand, die armselige Musik der Kapelle hatte sich mit der Erinnerung an ein inzwischen vielleicht verschwundenes Mädchen namens Cristina, mit dem ungewissen Schicksal meines Leidensgenossen oder meiner Leidensgenossin auf der anderen Seite der Wand vermischt, die vielleicht keinen Carlos hatte, der für sie den launischen Schachzügen der Kapelle nachspürte. Hinzu kamen das Gefühl des Eingesperrtseins und das Bewußtsein, daß ich außerstande war, mit der schwierigen Lektion fertig zu werden. Der Maestro wollte sie jeden Tag aufs neue hören. Schließlich befand ich mich in einer Stimmung, die der im *Valse triste* von Sibelius glich. Wenn Sie mit dieser Lektion nicht weiterkommen, müssen Sie für immer in diesem Loch bleiben, hatte der Maestro gesagt.
Auch hinter den anderen Wänden gab es Instrumente. Direkt neben meinem Bett ertönte dumpf eine Flöte. Ich fand das Epizentrum des Klanges heraus und blätterte, ohne das Ohr

von der Wand zu entfernen, in *Altés* Methodik, bis ich die entsprechende Lektion fand: eine sehr schwierige, aber hervorragend gespielte Stelle fast am Ende des Buchs. Selbst die kompliziertesten Passagen klangen sauber, und die Tonabstufungen wurden so genau eingehalten, daß die Lektion ein Konzertstück zu sein schien. Als mein Nachbar fertig war, klopfte ich applaudierend gegen die Wand. Er antwortete mit ein paar trockenen Schlägen, die mich an die Verbeugungen von Tänzerinnen erinnerten. Ich holte meine Flöte hervor, um mich an dasselbe Werk zu wagen, aber ich kam über den zweiten Takt nicht hinaus. Die Übung erforderte Kenntnisse, die ich noch nicht erworben hatte.
Hinter einer anderen Wand ertönte eine Oboe. Einfache Tonleitern, und außerdem hielt der Musiker das Tempo nicht ein. Der Arme setzte die Akzente nicht richtig und spielte falsch. Durch eine Wand der Küche drangen die Klänge eines Horns. Eine Katastrophe, der Ärmste hatte bestimmt noch keine Woche geübt. Ich hingegen konnte auf meiner Habenseite schon eine lange Zeit verbuchen, in der sich die Zwiebeln in einen wahren Garten verwandelt hatten. Weiche, zartgrüne Triebe neigten sich dem schwachen Licht des kleinen Fensters zu, in dem frühmorgens der Staub tanzte. Ich hob den Teppich hoch und hörte, daß auch im Stockwerk unter mir musiziert wurde. Es schien ein ganzes Ensemble zu sein. Einzelne Instrumente auszumachen war jedoch unmöglich. Genauso war es mit der Etage über mir. Ich kletterte auf einen Stuhl, den ich auf den Tisch gestellt hatte, und fand mit dem Ohr genau die richtige Stelle heraus. Ein Fuß schlug wie bei einem Anfänger den Takt auf dem Boden und steuerte den Rhythmus eines kaum hörbaren Instrumentes; es war ein Dreiachteltakt. Ich hatte das Gefühl, in einen riesigen Resonanzkasten eingeschlossen zu sein, gegen dessen Wände unsichtbare Musiker schlugen. Das Gebäude mußte Hunderten von versteckten Musikern als Schlupfwinkel dienen, die ununterbrochen übten in der Hoffnung, eines Tages zu der sagenhaften Kapelle stoßen zu können. Vielleicht war ja die

halbe Stadt voll verzweifelter Musiker, die heimlich stundenlang musizierten, während die anderen den Standort der Kapelle ausfindig zu machen suchten.
Das Schlimmste, was einem Musiker passieren kann, ist, den Mut zu verlieren. Ich setzte alles daran, mit der unterbrochenen Lektion fertig zu werden, kam aber nie über den zehnten Takt hinaus. Jedesmal, wenn ich es versuchte, kamen mir einige Noten vor dieser kritischen Stelle die Tränen, ohne daß ich wirklich zu weinen anfing; sie schossen mir aus purer Verzweiflung in die Augen. Und übte ich im Bett, ungeachtet der völlig falschen Haltung, und übersprang, wenn ich an die widerspenstige Stelle kam, die aus nur drei, dafür aber um so kniffligeren Takten bestand, einige Noten, ohne daß ich dabei aus dem Takt kam, dann schlug die Flöte von nebenan tadelnd gegen die Wand. In diesen Augenblicken haßte ich sie, ohne zu überlegen, daß sie mir nur helfen wollte. Dann mußte ich wieder daran denken, daß sie wahrscheinlich keinen Carlos kannte, daß sie vielleicht überhaupt niemand hatte, der sie über die Schachzüge der Kapelle unterrichtete. Folglich waren all ihre musikalischen Kenntnisse nutzlos. Das machte mir Gewissensbisse, und Tränen liefen über meine Wangen. Aber auch diesmal weinte ich nicht richtig, ebensowenig wie bei den widerspenstigen Takten. Um derartige Szenen zu vermeiden, stellte ich mein Bett an die gegenüberliegende Wand.
Ich rückte die Zwiebeln, die inzwischen Keime getrieben hatten, etwas weiter ins Licht, das durch das Fenster drang, und beschloß, sie nicht zu essen. Morgens bespritzte ich sie mit Wasser, um den Staub zu entfernen. Einige der längeren Triebe hatten sich an der Spitze verdickt und Knospen gebildet, die bald aufblühen würden. Um ihnen meine Ehrerbietung zu erweisen, wählte ich aus meiner Erinnerung ein Beet mit wunderschönen weißen Blüten aus, die kleinen Sonnenschirmen glichen. Über den Tisch hinweg, der inzwischen ziemlich zerkratzt aussah, hatte ich ihn doch während meiner akustischen Nachforschungen ständig hin- und herge-

schoben und sogar den Stuhl daraufgestellt, lag die Flöte in meiner Reichweite. Aber sie kam mir jetzt wie etwas weit Entferntes vor, ein Tonkörper, der für mich keinerlei Bedeutung hatte. Der Gedanke, daß ich meine eigene Rettung zugunsten eines kollektiven Schicksals (das ich mit unbarmherziger Vernichtung verband) aufgeben mußte, stimmte mich bitter, doch gleichzeitig empfand ich bei dem Gedanken, mich in ein gemeinsames Nichts zu verlieren, so etwas wie Friede oder Erleichterung oder Vergessen, genau konnte ich das nicht sagen.

Auf wunderbare Weise tröstend wirkten die Erinnerungen an die Dorfkapelle meiner Kindheit, in die ich mich verlieren konnte. Acht Jahre alt war ich damals. Eine unverheiratete Tante nahm uns jeden Donnerstag zum Zapfenstreich mit auf den Marktplatz. Während der Regenzeit wurde dieser Platz vom Krämer und den Nachbarn gegen das Vorrücken der Pampa verteidigt; sie rissen die wilde Hirse aus, die in der Nähe der Ligusterhecke und Rosenstöcke aus dem Boden schoß. Neben der Pergola keimte eine Zwiebel, weiß und schön blühte sie, inmitten der Glyzinien, wie eine ganz normale Blume. Und da war die Kapelle, ein wöchentliches, hausgemachtes Wunder. Meine Tante Sonia saß direkt daneben, sorgfältig gekämmt und gekleidet, als ginge sie zum Fotografen. Sie wartete auf ihren heimlichen Verlobten, den Witwer von der Ecke, dessen Name niemand zu Hause erwähnen durfte.

Carlos, auch Maestro Perino bestanden darauf, daß ich die kritische Lektion auf Tonband aufnahm. Als ich zu den widerspenstigen Takten kam, die sich meiner Rettung widersetzten, begann ich mich fast zu verrenken. Bald drehte ich mich um mich selbst, bald lag ich beinahe auf dem Boden, bald lief ich vor mir selber davon. Das Ganze war eine Katastrophe, vom Bewußtsein des drohenden Unheils geprägt. Ich wagte es, Carlos ganz offen nach seiner Meinung zu fragen. Ich weiß nicht, sagte er, ich habe nicht genau hingehört, ich war ganz mit der Aufnahme beschäftigt. Noch heute

bringe ich das Band zum Maestro. Weißt du, was mit mir los ist, Carlos? Es seien die Nerven. Das sei normal. Und weniger begeistert als sonst teilte er mir mit, daß er die Strategie der Kapelle ganz klar durchschaut habe. Wenn man auf dem Stadtplan die Punkte, an denen sie aufgetreten sei, miteinander verbände, dann ergäbe sich eine Spirale. Nach ihrem letzten Auftritt in Palermo habe sie zuerst in Villa Crespo, dann in Caballito, Boedo, San Cristóbal und Bellvanera gespielt. Keinen Zweifel gäbe es, in der nächsten Woche spiele sie im barrio Once, in unserem Stadtviertel. Als habe die Kapelle uns gesucht. Was ich dazu sage, wollte er wissen.
Mein kleiner Garten stand in voller Blüte, die zarten Stengel mit ihren weißen Blütenblättern dem Licht zugeneigt, so als streifte sie der Wind, die Knospen fast völlig von dem Staub und Unrat bedeckt, den ich jedesmal, wenn ich den Boden auffegte, als Ersatz für die fehlende Erde bei den Zwiebeln ablud. Einer Angewohnheit meiner Tante Sonia folgend, sprach ich beim Begießen mit den Pflanzen. Ich redete von Dingen, die sie verstehen konnten, von offenen Flächen, von berieselten Gemüsegärten, vom grellen Sonnenlicht und vom wolkenlosen Himmel. Und sie zitterten, wahrscheinlich empfanden sie so etwas wie Freude. Jeden Tag, immer zur selben Stunde, spielte ich für meine Blumen die Lektion, die ich gut beherrschte, die einfachste aus der Methodik. Sogar an meinen nächtlichen Ängsten hatten sie teil. Mich erschreckte die Vorstellung dessen, was ihnen zustoßen könnte, falls man bei einem Überfall mitten in der Nacht die Tür aufbrach und Möbel und Instrumente zerschlug. Auf meiner Werteskala menschlicher Beziehungen waren meine Blumen höchstens neun oder zehn Jahre alt und genauso lieb und dumm wie meine Cousinen, die zu Tante Sonias Zeiten in meinem Dorf lebten.
Es gelang mir, ein Gespräch mit den benachbarten Musikern anzuknüpfen, ich konnte ihre Stimmen unterscheiden. Das Horn neben der Küchenwand bediente sich kurzer und nervöser Stakkato-Schläge, ganz gleich wie langsam und

ruhig meine Botschaften waren. Ich stellte mir eine kleine und dickliche Person vor, schon etwas älter und ausgesprochen wortkarg. Manchmal war es ein Mann, manchmal eine Frau. Das Sarrusophon von der anderen Wand war ein schlanker, gründlicher junger Musiker, ausgesprochen ernst und mit Schnurrbart. Jedesmal, wenn er wie fragend gegen die Wand schlug, tat er dies im Zweivierteltakt. Antwort gab er stets im Dreivierteltakt. Die Flöte, ein Mann oder eine Frau, da war ich mir nicht sicher, meldete sich zu jeder Tages- und Nachtzeit; ein sehr fröhlicher Mensch, der, so schien es mir, anstatt mit den Fingerknöcheln mit beiden Händen flach gegen die Wand schlug. Da wir unfähig waren, dieses System zu vervollkommnen, wußte keiner von uns, was der andere mit diesen Schlägen sagen wollte. In der Absicht allein, ein Gespräch anzuknüpfen, lag ein geheimer Sinn, den wir alle verstanden. Unser Klopfen gegen die Wand war lieb und dumm, genau wie die Blumen in meinem Garten. Und gerade als ich all das liebzugewinnen begann, kam, wie in dem Tango *Cuartito Azul*, die Stunde des traurigen Abschieds.

Die Spirale, die die Kapelle beschreibe, schließe sich auf der Plaza Once, so wie er es vorausgesehen habe. Hier direkt gegenüber. Carlos' Stimme klang aufgeregt. Ich habe den weißen Lieferwagen vor ein paar Minuten ankommen sehen. Jetzt versperrt das Denkmal die Sicht. Sicher bauen sie gerade das Podest auf. Riesige blonde Kerle. Die ersten Leute versammeln sich schon auf dem Platz. Hörst du etwas? Das sind sie. Sie stimmen ihre Instrumente. Es ist wirklich unglaublich. Aber da ist noch etwas, das ich dir sagen muß. Es ist nichts Angenehmes. Gestern schon wollte ich dich anrufen. Ich habe es aber verschwitzt. Vermutlich bist du selbst schon darauf gekommen. Maestro Perino hat sich das Band angehört, und er hat gesagt, du seist noch nicht weit genug, um dich mit einigen Erfolgsaussichten einer Prüfung zu unterziehen, selbst wenn es sich nur um eine kleine mickrige Kapelle handele. Die Technik, der Klang, na, du weißt schon. Er ist sehr verantwortungsbewußt. Wenn von dieser Prüfung dein Leben abhinge, sei er ganz entschieden dagegen, daß du dieses Risiko eingingest. Auch ich habe mir das Band angehört. Obwohl du viele Fehler machst, finde ich es nicht so katastrophal. Musiklehrer übertreiben immer. Ehrlich gesagt weiß ich nicht, was ich dir raten soll. Es kommen bestimmt noch andere Gelegenheiten. Auch ich habe irgendwie Angst. Noten lesen kannst du ganz gut, auch am Gefühl für den Rhythmus fehlt es dir nicht. Wir könnten es später mit Schlagzeug versuchen. Die Flöte ist ein sehr schwieriges Instrument. Aber nur du kannst hier die Entscheidung treffen.

Ich wußte, daß die Kapelle ihre Konzerte beendete, sobald es dunkel wurde. Nach einem Blick zum Fenster kam ich zu dem Schluß, daß noch eine Stunde Zeit blieb. Ich war nur ein paar Häuserblocks von der calle Rivadavia entfernt und hätte dann nur noch den Platz zu überqueren. Carlos, der auf der Rivadavia wohnte, würde auf dem Balkon stehen, um mich zu warnen, falls irgendeine Gefahr auftauchen sollte. Angst durfte ich jetzt keine mehr haben und mußte doch auf unvorhergesehene Zwischenfälle gefaßt sein. Ohne Störungen und Überraschungen bis zur Kapelle zu gelangen, sich ganz normal zu benehmen, so als könne nichts geschehen, darauf kam es jetzt an. Als handelte es sich um einen x-beliebigen Donnerstag aus meiner Kindheit und Tante Sonia kämmte mich, um mit mir zum Zapfenstreich auf dem Dorfplatz zu gehen. Ein ganz normaler Umzug, ich wollte ausziehen. Und darum fühlte ich mich verpflichtet, mich von meinen Nachbarn zu verabschieden. Ich schlug zwei- oder dreimal freundlich mit der Hand gegen jede Wand. Nur die Flöte antwortete, eine einwandfrei gespielte Tonleiter unterbrechend, um meinen Gruß zu erwidern. Ich bekam Gewissensbisse. Wie konnte ich ihr mitteilen, daß die Kapelle in Reichweite war? Woher sollte sie wissen, daß mein Klopfen Lebewohl bedeutete, daß auch die Schläge, mit denen sie antwortete, Adios sagten, denn sie glaubte bestimmt, daß wir wie immer in unserer wortlosen Sprache nur mitteilen wollten, daß wir noch am Leben waren? Doch ich ging jetzt. *Du wirst schon sehen, alles ist Unruhe im Leben*, heißt es in dem Tango *Cuartito Azul*. In diesem Sinne redete ich zum letztenmal mit den Pflanzen meines blühenden Gartens. Ich entschuldigte mich, daß ich sie gerade jetzt allein ließ, denn ich war sicher, daß sie für mich geblüht hatten. Und ich rezitierte ihnen das Gedicht mit dem Matrosen von Antonio Machado.

Auf den Platten des Straßenpflasters sah ich den rautenförmigen, traurigen Schatten meines kleinen Koffers. Bis vor kurzem mußte es geregnet haben. Die Straße war voller Pfützen. Ich ging zum gegenüberliegenden Bürgersteig, um einen Blick auf das Gebäude zu werfen, auf den Balkon, der zur Wohnung meines Tubakollegen gehören mußte. Aber alle Fenster waren geschlossen, nicht das leiseste Geräusch zu hören. Ich hob die Hand, um mich von meinen Leidensgenossen zu verabschieden. Wir kannten uns nicht. Und hätten sie auf den Balkonen gestanden oder hinter den Jalousien gelauert, sie hätten mich nie mit dem Nachbarn in Verbindung bringen können, der Flöte lernte und sich bei immer denselben Takten jener schwierigen Lektion verspielte. Und doch war ich sicher, daß sie mir Lebewohl sagten und viel Glück wünschten. Mit etwas erhobener Stimme, damit man mich auch vom letzten Balkon hören konnte, rief ich: Hört zu, Jungs! Die Kapelle spielt auf der Plaza Once! Dann bog ich langsam in die Straße Urquiza ein, als wollte ich ihnen Zeit geben, mich einzuholen, um dann gemeinsam mit ihnen zu der Verabredung mit dem Wunder zu gehen.

Und während ich langsam über das Pflaster lief, begann ich mir einen Wunschtraum auszumalen. Angenommen, all das, was geschehen war, wäre nicht wirklich oder das Wüten hätte wenigstens einen Waffenstillstand eingelegt, eine Atempause, um die Ernte einzufahren, wie in den Kriegen der Antike; um den Frauen Gelegenheit zu geben, ihre Kinder außerhalb der Schützengräben zu gebären. Angenommen also, alles wäre wieder sanft und friedlich wie auf dem Dorfplatz meiner

Kindheit nach den ersten Regenfällen: Dann könnte ich mit allen, die noch immer sinnlos übend in dem Gebäude eingeschlossen waren, unser eigenes kleines Orchester gründen. Für den Anfang wäre es gar nicht schlecht: eine Tuba, ein Horn, ein Sarrusophon und sogar zwei Flöten. Wir brauchten nicht mehr darauf zu warten, daß ein Wunder geschähe. Wir würden unser eigenes Wunder schaffen.

Als ich an die Ecke der Straße Rioja kam, sah ich Carlos auf seinem Balkon im dritten Stock stehen. Er hatte mich schon entdeckt und zeigte mir den genauen Standort der Kapelle. Noch konnte ich sie nicht sehen. Sie befand sich in der Nähe der Bushaltestelle neben dem Bahnhof. Er machte mir Zeichen, er glaubte, ich sei verwirrt und wisse nicht, wohin gehen. Doch ich war stehengeblieben, weil ich mich fragte, ob ich besser umkehren oder doch auf meinem Weg zur Kapelle weitergehen sollte. Carlos konnte das nicht sehen: Genau unter seinem Balkon stand, auf dem Bürgersteig und eng an das Gebäude gepreßt, ein grüner Ford Falcon.

Es war unmöglich zu sagen, ob jemand im Auto saß. Die Scheiben waren getönt, und sie waren, wie Dach und Kühlerhaube auch, mit kleinen, braunen Blättern übersät. Vielleicht hatte man den Wagen wegen eines Motorschadens stehengelassen, und jeden Augenblick würde der Kran kommen, um ihn abzuschleppen. Doch als ich die Straße überquerte und auf den Platz zuging, schaltete er seine starken Nebelscheinwerfer ein, so als wollte er mir mitteilen, daß er mich gesehen hätte, und die Scheibenwischer bewegten sich aufgeregt hin und her, rissen die festgeklebten Blätter von der Windschutzscheibe. Ich warf einen kurzen Blick auf den Balkon im dritten Stock, wo Carlos noch immer gestikulierte; danach konzentrierte ich mich auf den Weg, der mich von der Kapelle trennte, deren Musik, ohne betäubend laut zu sein, den ganzen Platz erfüllte.

Obwohl Carlos' Gesten völlig überflüssig waren (um durch den Menschenauflauf zu der Kapelle zu gelangen, gab es keinen besseren Führer als ihre Klänge), hatte ich das Gefühl, daß mich sein Blick beschützte. Ich hatte zumindest einen Zeugen für das, was geschehen mochte, er konnte meinen Eltern und Cristina davon erzählen, falls mir etwas Böses zustoßen sollte.

Der Ford Falcon schien sich zu beruhigen, als ich am Rand des Platzes stehenblieb. Die Scheibenwischer bewegten sich nicht mehr, die Scheinwerfer waren ausgeschaltet. Erneut fielen Blätter auf die Windschutzscheibe. Ohne mich von der Stelle zu rühren, tat ich, als warte ich auf ein Taxi, und während der darauffolgenden zwei oder drei Minuten gab das Auto kein Lebenszeichen von sich, als sei es eingeschlafen. Ich überlegte mir genau, welchen Weg zur Kapelle ich einschlagen mußte. Unnütze Umwege am Rand der Blumenbeete mußte ich vermeiden und mich, ohne mein Ziel aus den Augen zu verlieren, gleichzeitig entfernt halten von dem Denkmal in der Mitte des Platzes, diesem entsetzlichen Steinklotz, hinter dem sich, wie ich befürchten mußte, ein zweiter grüner Falcon versteckt halten konnte. Sie tauchten immer zu zweit auf.

Nachdem ich meine Marschroute festgelegt hatte, ging ich langsam los, vorsichtig den Pfützen ausweichend, die sich nach dem vor kurzem niedergegangenen Regen gebildet hatten. Sobald der Falcon meine Absicht erriet, reckte er sich, fuhr vom Bürgersteig herunter und überquerte gelassen die *calle* Rivadavia, die Schnauze auf die Kapelle gerichtet. Mehrere Polizisten kamen angelaufen, um den Verkehr zu stoppen und ihm den Weg freizumachen. Das war völlig überflüssig, die Autos hielten beim Anblick des Ford Falcon von alleine an. Als er auf den Platz fuhr, fiel das Licht der Ampeln, das sich mit dem Schein der untergehenden Sonne mischte, auf die Blätter, die den Wagen wie Schuppen übersäten und in deren feuchter Oberfläche sich bunte Reflexe lebhaft widerspiegelten. Ich hatte meinen Weg so gewählt, daß der Falcon, wollte er in meiner Nähe bleiben, den Blumenbeeten entlangfahren oder anhalten mußte, um den Draht zu durchschneiden, mit dem die meisten eingezäunt

waren. Ich hingegen konnte den Draht leicht überspringen. So hätte ich einen Vorsprung gewonnen. Ich konnte die immer noch weit entfernte Kapelle auf dem Podium erkennen und auch ein großes Transparent, auf dem *Rette deine Seele* leuchtete wie ein Heiligenschein über den goldenen Instrumenten und den unantastbaren Musikern. Unschuldig wie Neugeborene erschienen sie mir.
Der grüne Falcon genoß die Jagd ganz offensichtlich. Seine Bewegungen waren harmonisch wie die eines lauernden Raubtiers. Wenn ich stehenblieb, tat er es auch, wartete auf mich; die Entfernung zwischen uns blieb immer gleich. Ein fahrerloses Auto, so erschien es mir, das der Gewohnheit folgend auf eigene Faust handelte. Ich zwang den Falcon, zweimal über dasselbe Beet zu fahren, Ligusterhecken und andere Zierpflanzen zerquetschend, und einen Augenblick lang entfernten wir uns ziemlich weit von der Kapelle. Wir hatten ihr den Rücken zugewandt und schauten, fast am Rande der Straße, zu dem Gebäude hinüber, in dem Carlos wohnte. Wenn der grüne Falcon heimlich anfuhr, machte er so gut wie kein Geräusch, aber wenn er mir eine Falle stellte, bewegten sich aufgeregt die Scheibenwischer, oder die Nebellampen leuchteten auf und schauten mich starr an. Seine Bewegungen gaben mir Gelegenheit festzustellen, daß die Seitenfenster geschlossen waren. Kein Gewehrlauf war zu sehen, das Glas war genauso dunkel wie das der Windschutzscheibe. Ich begriff, daß es seine Absicht war, mich daran zu hindern, bis an das Podest vorzudringen. Bis zum Ende des Konzerts wollte er sein Spiel mit mir treiben. Wenn ihm das gelänge, würden wir allein auf dem Platz zurückbleiben, vor uns eine lange Nacht. Sein Verhalten jedoch war auch ein Beweis für die Macht der Kapelle, für ihre wundertätige Kraft, die es vermochte, eines dieser Ungeheuer im Zaum zu halten.
Ein Wunder war also möglich. Ich mußte nur einen Plan entwerfen, um bis dorthin vorzudringen, wo die Musiker, etwa fünfzig Meter entfernt, spielten. Das Denkmal! Man

kann sich kaum vorstellen, wie herrlich das Wort klang, ungeachtet der Häßlichkeit dieses Steinklotzes. Ich müßte den Ford Falcon auf seiner Verfolgungsjagd zwingen, einmal um das Monument herumzufahren, müßte ganz plötzlich die umgekehrte Richtung einschlagen, dann könnte ich, da er gewiß mit Vollgas um das Denkmal rasen würde, bis zum Podium und zu der Kapelle laufen, bevor er seine Runde beendet haben würde und sich abermals zwischen die Musiker und mich schieben konnte.
Langsam ging ich auf das Denkmal zu. Der grüne Falcon mußte die bis dahin unveränderte Entfernung, die er offensichtlich beibehalten wollte, verkürzen. Als er sich nur wenige Meter entfernt in meinem Rücken aufstellte, rannte ich wie der Blitz los, so als wollte ich um das Monument herumlaufen. Der Falcon gab Gas, als er mich für einige Sekunden aus den Augen verlor, und ich blieb plötzlich stehen. Den Körper gegen den Zementklotz gepreßt, ließ ich ihn dicht an mir vorbeischießen und stürzte in entgegengesetzter Richtung davon. Das einzige, was ich bei dieser kurzen Begegnung sehen konnte, waren die mit Blättern übersäte Windschutzscheibe und die wie verrückt sich bewegenden Scheibenwischer. Im Laufen hatte sich das Flötenetui in meinem Koffer geöffnet, und das Klappern der losen Teile vermischte sich mit dem Motorengeräusch des Falcon auf der anderen Seite des Denkmals. Als er meinen Trick durchschaute, gab er noch mehr Gas und fuhr einen weiten Bogen, während ich in gerader Linie auf die Kapelle zurannte.
Etwa dreihundert Leute, die unantastbar waren, solange das Konzert dauerte, standen um das Podest herum. Ich versuchte, mir einen Weg durch die Menge zu bahnen, als der Falcon auf der anderen Seite des Denkmals wieder auftauchte, die Geschwindigkeit drosselte und ganz dicht an die Menge heranfuhr. Dann blieb er stehen. Jene, die dem Wagen am nächsten waren, traten zur Seite und hörten dann wieder dem Konzert zu, so als sei nichts geschehen. Der Falcon hupte ungeduldig, damit man ihm Platz machte. Es war ein rauher,

verstimmter Ton wie bei einem Auto aus den dreißiger Jahren, ein Ton, der das Spiel der Kapelle störte. Erschreckt liefen die Leute in zwei Gruppen auseinander. Die Bewegung der Menge schob mich gegen das Podium, das durch ein Seil abgesperrt war. Der Falcon wagte nicht, in die Gasse zu fahren, die sich vor ihm geöffnet hatte. Er rührte sich nicht und schaltete nur eine Unzahl zusätzlicher, kreisender Lichter ein, die in verschiedenen Farben funkelten. Der Dirigent, der von den blitzenden Lichtern erfaßt wurde, drehte nur kurz seinen Kopf und machte dann weiter, ohne diesen eine besondere Beachtung zu schenken. Daraufhin schaltete der Falcon einen Suchscheinwerfer ein und richtete seinen Strahl auf die Kapelle. Die Musiker, die mitten in einer künstlichen Feuersbrunst standen, verloren ihre Farbe, die Instrumente wurden grau und das ganze Ensemble glich einem überbelichteten Foto. Traurig und verlassen stand es da, wie eine heruntergekommene Kapelle auf dem ausgedörrten Marktplatz eines staubigen Dorfes. Der Dirigent, er war sehr groß und blond, wandte sich verärgert gestikulierend zu dem Ford Falcon. Der Wagen fuhr ein paar Meter zurück, schaltete seine Lichter aus, auch den Motor, und wartete.
Als es dunkel wurde, kamen die Streifenwagen. Sie kreisten die Versammlung ein und versuchten, ihre dressierten und durch die Musik gereizten Hunde zu bändigen, die heulend danach lechzten, sich auf die Menge zu stürzen und sie in alle vier Himmelsrichtungen zu verjagen. Dem Programm zufolge, das auf der Rückseite des religiösen Flugblattes abgedruckt war, spielte die Kapelle ihr letztes Stück. Sie wiederholte es bereits zum dritten oder vierten Mal, um die vorübergehende Freiheit und vielleicht sogar das Leben der am meisten Gefährdeten zu verlängern. *Da capo, da capo*, schrie der Dirigent. Er wollte die Musik, die vergänglich ist und sich genauen zeitlichen Regeln unterwerfen muß, endlos in die Länge ziehen. Die unverfrorene Anwesenheit des Falcon gab dem Dirigenten Selbstvertrauen. Er schien bereit zu sein, die Nacht durchzuspielen, Verträge und Abkommen verletzend.

Ein Polizist kam mit seinem Hund auf das Podium zu. Das Konzert müsse beendet werden, denn es werde bereits dunkel. Der grüne Falcon schaltete seine Standlichter ein. Der Blonde nickte nur. Ohne mit dem Dirigieren aufzuhören, befahl er einer Klarinette zusammenzupacken. Die Klarinette gehorchte, packte Partitur und Notenständer ein und ging zwischen den Seilen eines Laufsteges, der Orchester und Lieferwagen verband, zu dem Fahrzeug hinüber. Es wurde immer dunkler. Noch mehr Streifenwagen trafen ein, und ein Musiker nach dem anderen klappte seinen Notenständer zusammen. Übrig blieben nur noch eine einzige Klarinette, eine Trompete, eine Baßtuba und der Trommler. Das Thema des Stücks, von der Klarinette gespielt, klang traurig, aber sanft, genau wie die einfache Lektion, die ich für die Blumen in meinem verlassenen Garten gespielt hatte.
Der Blonde bewegte den Taktstock, aber während er leise mit den Musikern sprach, achtete er mehr auf den Ford Falcon als auf die Partitur. Es gelang mir, mich neben ihn zu stellen, und ich hörte, wie er zu den Musikern von Rechtsbruch sprach. Da rief ich zu ihm hinauf, ich sei Musiker und der Falcon stünde meinetwegen dort. Der Blonde blickte mich mit großen blauen Augen an, ungläubig und kalt erschienen sie mir. Der Polizist und sein heulender Hund kamen näher. Während sich die beiden Männer kühl ansahen, ihre Macht und ihre Befugnisse gegeneinander abwägend, holte ich die Flöte aus dem Koffer und setzte sie zusammen. Der Falcon ließ seine Scheinwerfer mehrmals aufleuchten. Daraufhin, vielleicht auch wegen der Flöte, entschloß sich der Dirigent, mich mit der Hand auf das Podium zu ziehen, um dem Polizisten keine Zeit zu geben, mit seinem neurotischen Hund einzugreifen.
Spielen Sie! Er stieß mich vor den Notenständer der Klarinette, die mir die Stelle zeigte, bei der man gerade war. Aber ich konnte sie nicht mehr erkennen. Nun spielen Sie schon. Der Blonde wußte, er würde mich an den Polizisten und diesen grünen Falcon ausliefern müssen, falls ich nicht spielte. Die

Klarinette deutete auf eine andere Stelle der Partitur, während ich gegen meine Nervosität ankämpfte und versuchte, die Finger auf die Flöte zu legen. Noch einmal rief der Dirigent *da capo*. Und als er sah, daß die Kapelle das Stück von Anfang an wiederholte, um mir Gelegenheit zum Einsetzen zu geben, ich aber immer noch zögerte, kam er auf mich zu und legte meine Finger so auf die Flöte, daß ich ein D spielen konnte. Und nun blasen Sie, spielen Sie nur dieses D, bis wir fertig sind!

Mein D, sauber und kristallklar, klang wunderbar zum Spiel der anderen Instrumente. Sehr schön, sagte der Blonde, und gleichzeitig leuchteten seine Augen zufrieden. Phantastisch, sagte der Trommler, als er gerade einen Takt lang aussetzte, er wollte mir Mut machen. Einige Zuhörer in der Menge applaudierten, irgend jemand schrie sogar: Bravo! Sie klatschten wegen meiner Rettung, nicht wegen der Note, die ich ihnen schenkte. Vielleicht standen Cristina, Maestro Perino, sogar Carlos in der Menge. In meiner Betäubung sah ich nur eine Masse ovaler, aschgrauer, schutzloser Gesichter. Meine einsame Note spielend wußte ich, daß man mich ohne die Anwesenheit des Falcon kaum in die Kapelle aufgenommen hätte. Welcher Dirigent wäre bereit gewesen, einen Musiker zu akzeptieren, dessen ganzes Repertoire in einer einzigen Note bestand. Man konnte fast glauben, daß dieser Wagen, der über automatische Jagdinstinkte zu verfügen schien, Teil eines Wunders war. Vielleicht hatte ihn die Dynamik dieses Wunders sogar erst geschaffen.

Als mich die Kapelle aufgenommen hatte und ich mich außerhalb seiner Macht befand, begann der grüne Falcon plötzlich zu zerfallen. Als hätte ihn mein einsames D tödlich verletzt, als griffen ihn chemische Substanzen an. Er machte kehrt, drehte uns den Rücken zu und wollte allem Anschein nach in sein Versteck auf der calle Rivadavia zurückfahren. Aber die Lenkung funktionierte nicht. Mit kaputten Scheiben, stotterndem Motor, platten Reifen und zu Boden fallenden Schuppen prallte er, der Besiegte, taumelnd und schwankend wie ein alter Ochsenkarren auf einem Sandweg gegen das Denkmal, wo ihn die Wind- und Regenböen des frühen Herbstes endgültig vernichten würden. Arme Schlucker würden ihn ausschlachten und seine Teile in irgendwelchen obskuren Läden verhökern.

Auf ein Zeichen des Dirigenten hin hörte ich zu spielen auf und ging, dem Absperrseil folgend, auf den weißen Lieferwagen zu. Von dort aus sah ich, wie die Polizeistreifen die Leute noch vor Ende des Konzerts, Trompete und Baßtuba spielten immer noch, mit ihren Hunden auseinandertrieben, wie sie Verdächtige festnahmen und zu ihren Fahrzeugen brachten.

Und jenseits der Überreste des grünen Falcon, der gegen das Denkmal gequetscht nun im Regen stand, jenseits der heulenden Hunde, die stur und voll Haß um sich bissen, sah ich deutlich, wie in einem Traum, den Weg vor mir, der zum Dorfplatz meiner Kindheit führte. Unter der mit Glyzinien überwucherten Pergola leuchteten golden die runden Instrumente und erfüllten die Luft mit einer ruhigen, altbekannten Melodie. Meine Tante Sonia breitete wie auf einer Photographie den Glockenrock ihres weißen Kleides auf der Holzbank aus.

Gehen wir, schnell, sagte die Klarinette vom anderen Ende des Absperrseils. Und streckte die Hand aus, um mir in den Lieferwagen zu helfen.

Luis Britto García
Mitia

Die Musik kann es nicht vermeiden,
einen politischen Sinn zu haben.
Schostakowitsch

Mitia betrat die Künstlergarderobe und spürte so etwas wie Schüttelfrost. Da war sie, zwischen ihren Fingern die sorgfältig von Hand geschriebene Partitur. Das raschelnde Papier strömte einen ranzigen Geruch aus, Feuchtigkeit, Tinte und Schweiß. Das war seine Musik, dort unter den Fingerkuppen der drei hastig Blätternden. Noch erinnerte sie ihn an das Kolophonium und an den undurchdringlichen Harzgeruch der Bratschen. Und an den Grünspan der Blechinstrumente, der von lauwarmer Spucke benetzt aufleuchtete. Selbst an den Boden jenes geruchlosen Raumes erinnerte sie ihn, in dem Mitia all das gefunden hatte, was diese Maschinerie aus Notenpapier und vibrierenden Hölzern in Bewegung setzen sollte – jenes namenlose Etwas, das fast schon ein Name war.
Mitia, sagte der erste der Blätternden mit einer tiefen Baßstimme und schob ihm den Stuhl mit dem Korbsitz zu, setz dich!
Mitia lehnte mit einer Handbewegung ab. Solange sie da waren, wollte er lieber stehenbleiben.
Eine gute Arbeit, sagte der zweite mit der Stimme eines Tenors.
Sehr beachtlich, meinte der dritte. Er hatte die Stimme eines Baritons.
Mitia nahm seine zerbrechliche Brille mit dem Metallgestell ab; das Bild, das sich ihm aufdrängte, sollte verschwimmen. Drei dicke Frösche sah er vor sich, die auf seinen Noten saßen und nun quakend mit ihren warzigen Augenlidern blinzelten.

Mitia, sagte der Bariton, eine kühne Leistung.
Ganz ohne Zweifel, ergänzte der Tenor.
Aber etwas zu übertrieben, rülpste der Baß.
In allem, fuhr der Bariton fort, schwingt der Ton des Einzelgängers mit, ein der breiten Masse den Rücken Zukehren.
Es ist doch nur ein Moderato mit Terzen, widersprach Mitia und spielte mit seiner Brille.
Der Baß schloß ein Auge.
Nein. So etwas könnte damit nie ausgedrückt werden, brachte Mitia fast atemlos über die Lippen. Es muß der widerliche Gestank der Garderobe sein, der Dunst, der aus Hunderten von verschwitzten und nach Mottenpulvern riechenden Mänteln dringt, dachte Mitia.
Die Finger des Baritonfroschs klopften auf den Tisch, genau wie eine jener elfenbeinfarbigen Marken, die man in der Ausleihe der Operngläser erhält. Er verschaffte ihrem Schweigen Gehör.
Ihrem Schweigen, dachte Mitia. Dem Schweigen der Frösche. Alle drei ehemalige Studienfreunde vom Konservatorium und gescheiterte Komponisten, ein dreifach bleiernes Schweigen. Es bewegte ihre gefesselten Kritikerbeine, ihre Funktionärsbeine auf dem kalten Papier seiner Musik.
Das moderato con moto hier ist zu formalistisch, sagte endlich der Baßfrosch. Und sein bleierner Fuß ließ sich auf dem Anfang eines Taktes nieder.
Mitia versuchte, gegen das Schwindelgefühl anzukämpfen. Wenn er nur seine Hände mit dem zerbrechlichen Metallgestell der Brille spielen lassen konnte, würde alles im notwendigen Gleichgewicht bleiben.
Im Gegenteil. Es ist ernst und unheilverkündend. Es verheißt einen Sieg. Welcher Sieg mag es wohl sein? fragte Mitia.
Ich weiß nicht. Ich finde es kraftlos, grüblerisch. Und von der Ideologie her völlig undefinierbar, sagte der Baritonfrosch.
Ausgesprochen opportunistisch, ergänzte der Tenorfrosch.
Am besten halte ich den Mund, überlegte Mitia. Aber vielleicht war es gerade falsch, den Mund zu halten. Was

würden die Frösche zu einer Partitur sagen, die ganz aus Schweigen bestünde? dachte er plötzlich. Wie würden sie wohl den Sinn eines jeden leeren Notenblattes, die Bedeutung eines jeden nicht definierten Notenschlüssels herausarbeiten? Am liebsten wäre ich jetzt diese unbeschriebene Partitur und würde mich, so dachte Mitia, einer allumfassenden Lektüre ausliefern, die es vermag, der Leere eine Bedeutung zu geben. Aber was ist die Kultur, wenn nicht das, überlegte Mitia. Seine Lippen wollten ein Wort murmeln. Der Baßfrosch deutete dies als Widerrede und beeilte sich, sie im Keim zu ersticken.
Das Adagio, gluckste er, weist durch sein langsames Tempo ganz eindeutig auf eine abbrechende Entwicklung hin, auf ein Hindernis, auf die Unmöglichkeit, den Weg, der im Marsch des Eingangsmotivs aufgezeichnet wird, fortzusetzen.
Ich werde so etwas nicht mehr tun, murmelte Mitia ausdruckslos.
Die Frösche blinzelten unergründlich. Ihr Schweigen verdreifachte sich angesichts Mitias Stummheit. Bis in alle Ewigkeit werden wir dieses Parallelogramm bilden. Eins, zwei, drei, vier, punktierte er mit dem Fuß, fast ohne sich dessen bewußt zu werden. Ein Thema für Oboen, dachte er, eine Sonate für vier Instrumente. Drei davon kraftvoll, ernst. Das vierte schwebend, sich windend. Ein Cello.
So leicht werden wir es dir nicht machen, sagte der Baßfrosch, während sich seine Warzen dunkelrot färbten.
Es tut mir leid, erwiderte Mitia. Es tut mir wirklich leid, daß der so wichtige Zuhörer vor Ende des Stückes seine Loge verläßt.
Darum geht es doch gar nicht, rülpste der Baritonfrosch.
Ich werde so etwas nicht mehr tun, wiederholte Mitia. Ich werde dafür sorgen, daß das zu langsame Adagio nie mehr die Verheißung des Triumphmarsches im Eingangsthema beeinträchtigt.
Du gibst deinen Fehler also zu?
Ich werde so etwas nie mehr tun.

Das Versprechen, ein gewisses Verhalten nicht zu wiederholen, ist noch kein Eingeständnis eines Fehlers. Der Baßfrosch beharrte mißtrauisch.
Ich verspreche lediglich, alle von Hand geschriebenen Notenblätter einzusammeln und zu verbessern, sagte Mitia und berührte ganz leicht die Partitur mit den Fingerspitzen. Ich werde die Akkorde, die Noten, die Takte durch jene ersetzen, die meine erlauchten Kollegen gutheißen.
Wieder herrschte Schweigen, lastender noch. Mitia ertappte sich, wie er an den Schnee dachte, der draußen, vor dem Theater, zu Boden fiel. Er dachte an die unermeßlichen, geräuschlosen Flächen. Er sah in jeder der verblaßten Blüten auf der Tapete seiner Garderobe eine Schneeflocke, die ihn einhüllte, unaufhörlich zu Boden fallend wie ein Vorhang. Da erkannte er seinen Irrtum. Von diesen Fröschen auch nur einen einzigen kreativen Gedanken zu erwarten, war ein Eingeständnis seiner eigenen Unfähigkeit.
Unsere Aufgabe ist es nicht, Veränderungen vorzuschlagen, sondern zu kritisieren, sagte plötzlich der Baßfrosch und riß Mitia aus seiner Grübelei. Dabei sog er die Luft ein, so als wolle er seine quakenden Worte verschlucken.
Ich werde so etwas nie mehr tun, sagte Mitia. Und er merkte, wie sich der Streit legte. Denn so wenig wie Mitia deutlich machen konnte, daß seine Nachgiebigkeit als Zeichen seiner Zustimmung aufgefaßt werden müßte, so wenig konnten sie eindeutig nachweisen, daß ein Angeklagter, der als Beweis seiner Bereitwilligkeit sich zu bessern, den Kopf senkte, bereits durch die Schaffung eines Akkords, der in diesem Augenblick für immer ausgelöscht wurde, ein Verbrechen begangen hatte. Die drei Frösche haben sich für alle Ewigkeit auf meiner Partitur niedergelassen, dachte Mitia. Tümpelsymphonie. Zugefroren, bis in die schlammige Tiefe. Mitia begriff.
Die drei schneeweißen Frösche wollten nicht dem einfachen Thema eine Vielzahl von Stimmen entlocken, sie wollten diese ersticken. Sie wollten keine vieldeutige Sprache schaf-

fen, sondern eine Sprache ohne Bedeutung. Die Menschen haben nach und nach bemerkt, dachte Mitia, daß die Sprache mehr Gefahren schafft als bannt. Wenn ein Klang zu irgendeiner Zeit half, einen Abgrund zu überwinden, einen Bären oder ein Projektil abzulenken, so hat dieser Klang die Gefahr später wieder heraufbeschworen und wachgerufen. Um dieser gefährlichen Eigenschaft des Wortes Herr zu werden, wurden die Liturgien geschaffen. Und nicht, wie es heißt, damit die Worte eine Wirkung auf die reale Welt haben können. Im Gegenteil, die Liturgien sollen durch ihre notwendige, leichenblasse Unterwerfung unter den Ritus helfen, die Worte einzuschläfern. Sie sind nicht dazu da, Einfluß auf das Übernatürliche zu nehmen, sondern sollen die Worte unter das Natürliche stellen. Der Kampf gegen den Sinn begann mit der Bildung eines Komitees – tatsächlich verschwört sich jedes Komitee gegen den Sinn –, und es kam zu Gedenkfeiern, Zugehörigkeitsbekundungen, Grundsatzerklärungen und anderen Anschlägen auf das Wort; zu endlosen Sitzungen des Komitees und zu Schlachten, um jedes Wort mit einem anderen zu paaren, das es neutralisiert, jeden Klang mit einem Ton, der ihn erstickt, jede Farbe mit einer anderen, die sie abschwächt, bis die Sprache aufhört, überhaupt noch einen Sinn zu haben. Ewiger Aufruhr und ewiges Schweigen zugleich.

Die drei Frösche standen auf, verabschiedeten sich mit einer leichten Verbeugung und reichten ihm die Hand. Einer nach dem anderen küßte ihn auf die Backe und dann gingen sie. Mitia blätterte immer noch in der Partitur.

Ohne sich die Mühe zu machen, die Tür zu schließen, breitete er die Blätter im grellen Licht der Glühbirne auf dem Tisch aus. Dreihundertvierundzwanzig Takte kehrten in das Schweigen zurück; seine Zweiunddreißigstelnoten und Vierundsechzigstelnoten und auch die pathetischen ganzen Noten, die aussahen wie im Schnee zitternde Kindergesichter.

Mitia seufzte und blies dann in seine Hände. Er schraubte seinen alten Füller auf und trug neben jede einzelne seiner

Noten die schwerfälligen Takte der quakenden Frösche ein. Es befiel ihn ein Schwindel und er hielt inne. Er spürte einen Knoten im Hals. Aus Angst, in unverschämtes Quaken zu verfallen, hielt er das Schluchzen zurück. Er versenkte sein Gesicht in seinen Händen und erinnerte sich an alle jetzt fernen Sommer seines Lebens; an den letzten seiner Jugend, bevor er in das Konservatorium eintrat. Er erinnerte sich an das lästige Quaken der Frösche in den Tümpeln im Wald, an ihr monotones, an- und abschwellendes Gelärme. Und er erinnerte sich auch, daß von weitem nur diese Geräusche, aber nichts von den Quellen zu hören war. Im Sonnenschein näherte sich der junge Mitia einem der versteckten Wasserläufe, er ließ sich von dem Summen der Schmeißfliegen und den grollenden Rülpsern führen, bis sich endlich die Sonne in dem Tümpel widerspiegelte, und die Gegenwart des Kindes den unheilvollen Lärm zu ersticken schien. In der grenzenlosen Stille konnte er beinahe wieder die Stimme der Quelle hören.

Juan José Arreola
Drei Tage und ein Aschenbecher

Es ist für mich der Tag gekommen, da mehr als eine Sonne geboren wird, und in großer Sorge übergebe ich die Lumpen der Nacht. Papini

5. März

Bin ich verrückt oder werde ich es bald sein? Fragen Sie nicht danach. Es ist sowieso egal. Sie liegt auf dem Boden, unter meinem Bett. Zuerst stellte ich sie links von mir, neben meinem Herzen auf. Aber ich bin kein Linkshänder. Danach wollte ich sie auf das Bett heben, aber sie war sehr schwer und hätte bestimmt die Matratze durchgeweicht, denn sie war naß bis auf die Knochen. Wenn sie welche hätte. Ich rieche ihren Sumpfgeruch und erinnere mich. Ja, ich erinnere mich an meine Kindheit, immer wieder, während ich diese Verse aus dem Gedächtnis hersage: . . . *aus ihrer feuchten Unreinheit dringt ein Dunst, der sogar die heiligen Kräfte der kaiserlichen Minerva schwächt.*

Dreimal stieg ich aus dem Bett, suchte ihren Geschmack, wollte mich an ihrem kalten Körper wärmen, den Seegras wie eine Samthaut überzog und der sich behaart anfühlte wegen des Mooses. Aus ihrer Leiste entfernte ich den letzten Blutegel. Einen kleinen Penis, mit nicht vorhandenem Blut und erträumter Milch verschmiert. Ich klebe an einem blutlosen Körper. Blutlos? Venus lebt, wie bei Alfred de Musset, in dem rosafarbenen Marmorstein, der als Stufe zu der Terrasse in Versailles dient. *Erinnern Sie sich noch, mein Freund? Auf der rechten Seite, gegenüber der Orangerie* . . . Wie bist du nur hierhergekommen, in meinen Teich, hier nach Jalisco? Ich fand dich im Schlamm, *pallus lacustris*, in der Lagune, *Mare Nostrum*, dem Mittelmeer von Zapotlán.

Hier fand ich dich, und ich atme deinen Geruch nach fauligem Schlamm ein und erinnere mich. Ich erinnere mich an meine

Kindheit: Ich wollte dich finden, den Schatz, auf den mit seiner Haltung ein dunkler Reiher hinwies. Dunkel auch du, weil die Sonne dich schon entdeckt hatte, als man dich ins Wasser tauchte, um dich hernach aus dem Schlamm zu ziehen. Ich suchte dich nicht in den Gletscherhöhlen des schneebedeckten Berges, denn ich bin weder Alpinist noch Höhlenforscher. Höhe und Tiefe, beide machen mich schwindlig. Ich lebe auf ebener Erde, am Ufer des Wassers und des Traums. Dort träumte ich von dir. Und neben meinem Bett hast du einen gewaltigen Abgrund geöffnet. Früher sagte ich Abgrund und träumte von der Hölle. Denn der Himmel ist weit und das Herz nistet ganz nah am Magen, unter den Rippen.

Jetzt sind Himmel und Abgrund hier, unter meinem Bett. Offen liegen sie in den Eingeweiden meiner Mutter Gottes, der letzten Tellus, die eingehüllt ist in Binsen. Poröse Binsen, die nach Feuchtigkeit duften, mexikanischer Papyrus. Betäubt vom Gas der Sümpfe schwebe ich zwischen Wachen und Träumen. Ich schlafe, phantasiere, daß wir . . . nein, nicht wir, träume, daß ich dich fand, dich, die erste Unsterbliche auf der Erde, gerade dem Meer entstiegen, nicht in Milo und auch nicht in Kyrene, nein, weit weg auch von Aurignacien und minoischen Zeiten, hier, zwischen Maiskolben und weichen Binsenhalmen, hier, wo die Indianer Matten flechten, Weidenteppiche binden und luftige Stühle herstellen, deren Gestell aus weißem oder hellblau bemaltem Holz mit rotgelben *Cempasúchitl*-Blüten verziert sind, dieser bitteren Blume, die nach den Fermenten des Lebens und des Todes riecht, genau wie du . . . Hier, zwischen Wasserhühnern, Kormoranen, Kröten, Fröschen, Wasserschaben und Reihern, zwischen Tonscherben, Schwalben und Tauchenten, unter dem niedrigen Flug der Schnepfen und den hohen geometrischen Kreisen der Adler, zwischen stumpfnasigen Erdratten und spitzen Fledermäusen, hier fand ich dich, letztes Bild eines Wachtraumes. Und schlaflos erwarte ich dich und sage Sesam-öffne-dich.

Ich erhebe mich. Ich erhebe mich aus der weichen Wärme und krieche zu ihr unter das Bett, um meinen Kopf an den anziehend abstoßenden Formen zu kühlen.
Morgen früh werde ich sie baden. Morgen früh werde ich sie von den Unreinheiten, vom Schlamm und von familiären Bindungen säubern, damit der Marmor aus Pharus erstrahlt. Nimm auch du ein Bad und versuch, neben ihr eine gute Figur abzugeben; die zwei nächtlichen Badenden. Zähl vor dem Einschlafen stets deine Rippen. Wenn eine beim Aufwachen fehlt, bist du gerettet. Eins, zwei, drei . . . hör nicht auf, die Rippen zu zählen . . . vier, fünf, sechs . . . wenn du dich verzählst, wirst du das Wiegenlied im Original hören . . . *Am Anfang war das Wort* . . . Siehst du, schon bist du eingeschlafen. Du wirst ein Adam sein.

6. März

Man kann mit ihr nichts anfangen, und stur wie eine Statue widersetzt sie sich jedem Meißel.
Aber Roberto, der Enterich genannt, ist so freundlich, mich aufzuwecken, und verlangt den Teil des Traumes, der ihm in der Wirklichkeit zusteht. Er wirft eine schwerwiegende Frage auf, bei der es um Interessen und Rechte geht.
Dann nimmt er das Protokoll auf. Ich bin nicht bereit, mit Leib und Seele werde ich mich wehren, irgend etwas aufzugeben. Es handelt sich um einen unbewaffneten Raubüberfall; das einzige, was mir nicht gehört, ist, so erkläre ich, ihre Hand. Denn die fand sein Sohn, nachdem wir die Marmorteile aus dem Wasser gezogen hatten. Es stimmt, daß alles in der Familie bleiben wird. In einem Punkt sind wir uns einig: Wir müssen sie verstecken und im verborgenen aufbewahren. Oder?
Im Augenblick wissen nur wir, die wir anwesend waren, etwas von dem Fund. Vater und Sohn, genannt die Enteriche. Und ich. Mein Gott! Auch der Lagunenbewohner erfuhr davon, als er das Rohr auf seiner Parzelle schnitt, dem eigentlichen Ort des Geschehens. Der Indio, der uns von einem Binsen-

floß aus das Seil zuwarf, das Seil, sie festzubinden. (Gleich morgen suche ich ihn auf und gebe ihm, was er verlangt, damit er nur den Mund hält.)

Wenn Esteban Cibrián etwas davon erfährt, sind wir verloren! Zerstritten und verloren. Kaum findet jemand irgendeinen Stein, der mehr oder weniger viereckig, mehr oder weniger rund ist, schon kommt er gelaufen und reißt uns alles aus den Händen. Sogar die Familienporträts entführt er in das Museum.

Bevor etwas geschieht, und auch wenn nichts geschieht, hier nun die genaue und wahrhaftige Geschichte dessen, was sich zutrug, gestern um sechs Uhr nachmittags, als die Sonne schon auf der anderen Seite des Halbmondes unterging und wir Enten, Wasserschnepfen und Reiher jagten; Reiher, die man nicht einmal essen kann.

Tathergang: Die beiden Enteriche, der große und der kleine, luden mich nach dem Essen zur Jagd ein. Ich antwortete: Ich bin müde und krank. Aber sie überredeten mich. Jetzt spielst du kein Schach mehr. Wir nehmen dich an die Wasserstelle von Cofradía mit. Wann warst du das letztemal dort? – Als mein Onkel Daniel noch lebte.

Und wir beschlossen, Wildtauben zu jagen, die kurz vor Sonnenuntergang zum Trinken kommen. Es gab viel zu tun für uns. Wir schossen zwei Enten, vier Wasserschnepfen, sogar einen tildio, keine einzige Wildtaube erschien. Die kleinen Adler verschonten wir. Schießt nicht auf sie; verschwendet keine Munition. Sie fliegen viel zu schnell und viel zu hoch und schmecken weder nach junger Taube noch nach Wasserhuhn, nur nach Schlamm. Nicht einmal Zwiebeln vermögen etwas gegen diesen Geruch.

Aber der kleine Enterich sagte: Laß mich den dunklen Reiher da abschießen. – Er ist viel zu weit weg, und wer wird ihn aus dem Wasser holen, wenn du ihn triffst? – Ich, sagte ich.

Der Reiher kam von sehr weit her. Von einer Biegung des Tamazula-Flusses. Dort in der Gegend von Santa Rosa, auf der anderen Seite des Dorfes sah ich ihn, oder besser sie, denn es war ein Weibchen, zum erstenmal; sosehr versank ich in ihren Anblick, daß ich ohne Boot und Bootsmann zurückblieb. Später, als es schon dunkel war, suchten sie mich, der Küster und der Glöckner. Denn ich war Meßjunge, und die anderen waren weggelaufen. Sie ließen mich allein zurück, allein an dem Ufer. Ich wollte weinen, da sah ich dich aus dem stillen Wasser auftauchen, auf einer Insel des Himmels, umgeben von Binsen. Noch heute beschämt mich die Erinnerung, und ich weiß nicht, ob du nun dunkel, bläulich oder gelb warst. Du zogst ein Bein aus dem Schlamm und spültest es im Wasser ab. Du strecktest den Schnabel in die Luft und ließest einen Flügel hängen, genau wie die Hühner, wenn sie Angst haben, getreten zu werden. Du hattest die Farbe der Tauben. Wenn du es damals nicht tatest, tu es auch jetzt nicht! Ich warf einen Stein nach ihr, als ich schon bis zu den Knien im Wasser stand.

Aber ich schreibe ja ein Protokoll. Der kleine Enterich schoß auf den Reiher, und der dunkle Reiher blieb einfach stehen, als sei nichts geschehen. Er knickte seine gelben Stelzen ein und öffnete die blauen Flügel auf dem Wasser.

Ich hatte mir bereits die Hose ausgezogen, schleuderte Jacke und Hemd durch die Luft, bevor ich in dem grünen dicken Wasser zuerst laufe und dann schwimme. Das Reiherweibchen bewegte sich schon nicht mehr, weiß und warm lag es zwischen meinen Händen. In diesem Augenblick spürte ich etwas Hartes und Besiegtes unter meinen Füßen. Ich mache einen Schritt und versinke im Schlamm. Einen zurück und stehe wieder auf festem Boden. Auf dem Stein stehend, beginne ich zu schreien: Kommt her! Kommt her! Sie dachten, ich hätte einen Krampf. Was liegt im Wasser? Ich spüre ganz deutlich Brüste, Kopf und Leib. Ich suche Schultern und Beine. Zuerst noch mit den Füßen, dann tauche ich den Arm bis zur Schulter ins Wasser und schließe Augen und Mund.

Vom Binsendickicht her, auf einem Binsenfloß stehend, rief uns ein Lagunenbewohner zu: Haben Sie Enten geschossen? Ich hol' sie heraus. Dann sah er mich: Und Sie hol' ich auch heraus, bevor Sie noch eine Lungenentzündung bekommen. Ich zeigte ihm den Reiher, als er näherkam. Die kann man nicht essen, sagte er, wohl aber die Enten. Wo sind sie denn? Noch einmal tauchte ich nach der Frau. Wieder spürte ich Brüste und Kopf, die Beine. Ich kam an die Oberfläche. Die Enten holen wir gleich heraus. Aber der hier ist zum Ausstopfen. In diesem Augenblick kamen der große und der kleine Enterich hinzu. Ich hieß sie, mit Füßen und Händen den Grund abzutasten. Verdammt, sagte der große Enterich. Schaut nur! meinte der kleine und hielt eine schlammtropfende steinerne Hand zwischen seinen Fingern.

Der Lagunenbewohner lieh uns ein Seil. Wir banden es um den Hals der Figur und zogen sie zuerst mit unseren eigenen Händen, dann mit Hilfe des Autos an das Ufer. Der Mann sagte: Sieht aus wie ein Heiliger. Noch erahnte man nur undeutlich den Körper im Morast. Ja, ein Heiliger. Den haben die cristeros ins Wasser geworfen. Sie und ich, wir haben doch ungefähr dasselbe Alter. Erinnern Sie sich noch an Padre Ubiarco? – Der später erschossen wurde? – Ja, genau der. Eine Nichte von ihm gab mir die Beschreibung, und jetzt haben wir ihn gefunden.

Was war dabei, er bereitete die Lüge für mich vor, und ich erzählte sie weiter. Gesegnet sei Gott, sagte der Lagunenbewohner und bekreuzigte sich.

Wir mußten sie in irgend etwas einwickeln. Der Mann hatte keinen Stoff, und so kauften wir ihm seine Schilfmatte ab. Wir breiteten die Matte auseinander wie einen Kopfsalat, und wir wickelten sie darin ein, banden fest zu. Zu viert hoben wir sie ins Auto; zum Glück war es der Lieferwagen.

Hören Sie, rief er uns hinterher, wo bringen Sie ihn denn hin? Ich möchte ihn mir doch gerne ansehen. – In die Pfarrei.

Der kleine Enterich begann, mit der Handkante den Schlamm zu entfernen, zuerst vom Gesicht. In dem letzten Schein der Abenddämmerung sah ich ein griechisches Gesicht. Die Nase war, wie es sich gehört, kaputt, doch ein wenig nur. Ein Stück Stein war herausgebrochen. Und unversehrt das Profil der

geschliffenen Lippen, des runden Kinns und der wie ein Architrav gewölbten Stirn unter der aphroditischen Frisur. Ein der Meeresbrise entgegengestreckter Hals. Als ich sah, wie die Brüste unversehrt zum Vorschein kamen, befahl ich dem Enterich, mit dem Säubern aufzuhören. Meine Augen folgten dem natürlichen Gefälle. Ich erkannte die Abdrücke von Fingern auf dem Schambein und legte im Geiste die abgebrochene Hand darauf, die mein Neffe gefunden hatte.
Schweigend kehrten wir ins Dorf zurück. Am Eingang kauften wir einige frischgewebte Matten und Seile aus Agavenfibern. Wir brachten ein verdächtiges Bündel zustande.
Am besten legen wir sie jetzt in die Garage, sagte der Enterich. Wir bringen sie morgen in aller Herrgottsfrühe auf den rancho. Da sieht sie niemand. Ich protestierte. Was heißt hier Garage, was heißt hier rancho? Wir gehen zu mir nach Hause.
Was habt ihr denn da?
Wir haben ein Reh geschossen und wollen nicht, daß die von der Forstverwaltung etwas davon merken. Deshalb haben wir es eingepackt, Mama.
Aber hier kommen doch schon seit meiner Kindheit keine Rehe mehr her! Habt ihr vielleicht ein Kalb geschossen und es dann auch noch mitgenommen?
Richtig geraten, Mama. Aber es ist kein Kalb, sondern eine Färse. Eher noch eine kleine Kuh, denn sie hat schon Euter. Wir werden sie schlachten und gemeinsam verzehren.
Wo bringt ihr sie denn hin? Legt sie am besten in den Hof.
Wieso denn in den Hof? Daß die Nachbarn sie sehen! Und morgen haben wir den Schwarm der Geier und danach auch die vom Schlachthof, die ganze Stadtverwaltung obendrein auf dem Hals. Denkt doch nur an die Strafe vom letzten Jahr, als ihr das Schwein geschlachtet habt.
Mein Vater rief vom Eßzimmer: Habt ihr Enten dabei? Oder wart ihr nur damit beschäftigt, in die Luft zu schießen?
Wir haben Ledas Schwan mitten ins Herz getroffen.
Vielleicht ist es ein Pelikan.

Mein Vater schaute mich ungläubig, aber glücklich an. Früher, in seiner Jugend, hatte er einmal einen Pelikan geschossen, einen jener Vögel, die so selten sind.
Ich flüsterte ihm ins Ohr: Sie laufen doch immer zwischen ein und zwei Uhr nachts im ganzen Haus herum, weil Sie nicht schlafen können. Kommen Sie auf mein Zimmer, und ich zeige Ihnen, was ich habe . . .
Wirklich?
Ja, wirklich, wenn alle schlafen.
Meine Gehilfen schaffen es kaum, das Gewicht in mein Zimmer zu schleifen. Ich sage allen Lebewohl.
Ich bin sehr müde und möchte schlafen.
Willst du denn nichts zu Abend essen?
Nein, ich bin zu erschöpft.
Ich schwitze, doch zugleich zittre ich vor Kälte. Ich schließe die Augen und setze eine Leidensmiene auf. Der große Enterich wischt mir mit einem Tuch die Stirn ab.
Morgen früh schaue ich nach, wie es dir geht . . . Dann helfe ich dir auch, das Paket aufzuschnüren. Am besten losen wir, um zu sehen, wer sie bekommt. Gute Nacht.
Ich öffne die Augen. Der kleine Enterich steht an der Tür und sagt mir, die Hand mit den abgebrochenen Fingern über seinem Kopf schwenkend, auf Wiedersehen.
Ich fahre hoch.
Wieviel willst du dafür?
Die muß doch ins Museum, schreit er. Und er läuft davon.

Mein Zimmer riecht nach Feuchtigkeit, nach frischem Schilf, nach Seil aus Agavenfiber. Ich schlafe ein, doch die schnell aufeinanderfolgenden Alpträume, Bilder aus Kindheitstagen, wenn ich vom Fischen zurückkam, lassen mich hochschrecken. Ich ertrinke und schwimme nun über die halbe Lagune, stürze in eine bodenlose Schlucht, ich falle und falle, verloren irre ich umher und schreie, es ist Nacht, man hat mich auf dem anderen Ufer zurückgelassen. Das Pferd schnaubt immer stärker, auch ich schnaube, halb erstickt

unter dem stürmischen Gewicht des warmen und klopfenden Leibes. Die Pferdehufe werden mir das Gesicht aufschlagen, ich kann nicht schreien. Mein Kopf wird gegen den Sattel gepreßt.
Mein Vater schnaubt, weil er, dick und gebückt, voller Mühe die Schnüre löst und die Matten auseinanderrollt. Er stößt und schiebt das Bündel vor sich her, wie ein Mistkäfer die Kugel aus Kot. Im Schein der Kerze, die er auf den Boden gestellt hat, glänzt sein Gesicht vor Schweiß; es ist genauso rot wie dann, wenn er zum Seifekochen das Feuer unter dem Kessel schürt.
Hast du geträumt? Ich habe mit dir gesprochen, aber keine Antwort bekommen . . . Du hattest bestimmt einen schönen Traum, denn du seufztest und seufztest . . . Hilf mir, dein Paket umzudrehen.
Nein, lassen Sie das, Papa . . . Stellen Sie sich vor, ich habe doch tatsächlich wieder von dem Pferd geträumt . . . das heißt, nicht von dem Pferd, sondern von dem Schrecken, den ich davontrug.
Von welchem Pferd denn?
Von diesem Hurenhengst aus der Armee, der doch tatsächlich meine Stute Mariquita deckte . . .
Hast du das noch immer nicht vergessen? Aber jetzt komm und hilf mir!
Schon gut. Aber warum schneiden Sie die Schnur denn nicht einfach durch?
Durchschneiden! Du bist noch immer so verschwenderisch wie früher. Diese Schnüre hier sind funkelnagelneu, genau wie die Matten, und deshalb werde ich sie aufheben. Alles werde ich aufheben. Mach dir nur keine Sorgen. Eine Matte laß ich dir hier, damit du dich zusammen mit ihr darauflegen kannst. Mein Gott! Wo habt ihr dieses Kalb her?
Mein Vater prahlt gerne mit seinem Gedächtnis und seiner Kraft. Nachdem er den großen, grünlich-schwarzen Marmorblock, der von weißen und goldenen Adern durchzogen ist, mit den Augen und Händen abgetastet hat, schlingt er seinen

Arm um ihre Taille und hebt sie hoch, einen Viertelmeter vom Boden, während er, lachend wie ein junger Satyr, deklamiert: *Vergötterung der weiblichen Gestalt / stolzer Korb / den wir über unsere ersten grauen Haare erheben / gestützt auf die Säulen unserer glücklichen, heiligen Arme* . . . Aber die wiegt ja mehr als hundert Kilo! Komm, hilf mir!
Gemeinsam heben wir sie noch einen weiteren Viertelmeter hoch, und legen sie sanft auf die grüne, weiche Binsenmatte.
Und wieder schwelgt mein Vater, völlig außer Atem, noch immer zwischen seinen weißen Barthaaren lächelnd, in Erinnerungen.
Erinnerst du dich noch an die Ternera, das Kuhkalb?
Natürlich!
Jetzt ist sie eine richtige Kuh, die schon oft geworfen hat.
Da kann man nichts machen. Früher gingen wir immer ganz zeitig aus dem Haus, um die Ternera abzufangen, wenn sie sich mit ihrem leeren Korb auf den Weg machte. Aber jetzt ist er voll. Ihre Schuld! Sie hat viele Kinder, angeblich von verschiedenen Vätern.
Ich habe sie dir auf einem Teller präsentiert, aber du spieltest den Dummen.
Lassen wir das, Papa. Ich bin eben der Apfel . . .
So ist nun einmal das Leben. Wenn ich zwischen ihr und dieser hier zu wählen hätte . . .
Mein Vater bekommt eine seiner philosophischen Anwandlungen, und ich schicke ihn ins Bett. Aber er erklärt, daß er duschen müsse, um sich den Schweiß vom Leib zu waschen.
Um diese Uhrzeit?
Der Körper kennt keine Uhrzeit, und meine Uhr hat keine Zeiger . . .
Bevor er mein Zimmer verläßt, schaut er sich noch einmal die Skulptur an.
Wenn man sich vorstellt, daß ich mein Leben lang an die Wasserstelle von Cofradía gegangen bin. Und sie lag nur einen Schritt von Tiachepa entfernt, wo ich meine Felder

bestellte. Diese Schönheit stammt sicher aus dem Garten der Hacienda. Man hat sie wegen ihrer Unzüchtigkeit ins Wasser geworfen. Er lacht, aber dann sagt er völlig ernst: Glaub ja nicht, daß du sie behalten kannst! Sie ist schöner noch als die von Milo, als die aus dem Vatikan.
Das in der Dusche plätschernde Wasser schläferte mich ein. Ich kann nicht sagen, wann es abgestellt wurde.

7. März

Ich habe den ganzen Tag auf Nachforschungen verwandt. Ohne Nachschlagewerke bin ich auf mein Gedächtnis angewiesen, auf einige handschriftliche Aufzeichnungen. Ein Beispiel: Durch Marcel Bataillon wurde ich über Antonio Alatorre auf die Existenz von Francisco de Sayavedra aufmerksam, jenes Mönches, den ich auch in meinem Buch *La Feria* erwähnt habe und der für seine Kirche in Zapotlán eine Sonderstellung beanspruchte. Die Heilige Inquisition, die ihre Spitzel und Geheimpolizisten überall hatte, schickte nach ihm. Sayavedra wurde gefangengenommen und nach Mexiko gebracht. Die Gerichtsunterlagen seines Prozesses (1564) liegen im Generalarchiv des Landes und wurden 1942 (?) von Julio Jiménez Rueda (!) veröffentlicht. Unter anderen wurde Fray Francisco de Sayavedra beschuldigt, *einen Steinklotz in Frauengestalt zu verehren, der, wie er behauptete, Eva, unserer aller Mutter sei, in Wirklichkeit aber wegen seiner Schamlosigkeit eher wie ein heidnisches Götzenbild aussah, das er in diese Gegenden gebracht hatte, zusammen mit anderen Heiligenstatuen, die unsere Heilige Mutter Kirche anbetet und verehrt, wie einen mittelgroßen heiligen Sebastian, eine Josefsfigur und einen Jesus Christus, die alle in der Pfarrei des besagten Ortes Tzapotlan aufgestellt wurden nebst einer Heiligen Jungfrau Maria mit dem Jesuskind in ihren herzallerliebsten Armen.*
Ich versuche mich zu erinnern. Vicencio Juan de Lastanoza, Freund und Mäzen von Baltasar Gracián, erbte von seinem Vater eine große Sammlung antiker heidnischer Stücke, die

das Erstaunen all jener hervorriefen, die in sein Haus kamen, und die vorwiegend aus Italien und anderen Teilen des christlichen Abendlandes stammten, und er ergänzte diese Sammlung, soweit es in seiner Macht stand. Und diese Macht war groß, denn er war ein vermögender Mann mit sehr viel Geschmack, ein würdiger Sohn seines Vaters.

Jetzt ziehe ich meine Schlußfolgerungen: Lastanoza senior und Sayavedra waren Zeitgenossen. Beide stammten sie aus Zaragoza, beide waren Heiden und Freunde, beide wurden sie bezichtigt, in Spanien und Amerika *das Gift des Erasmus von Rotterdam* zu verbreiten. Als Lastanoza sich nach Westindien einschiffte, um dort sein Glück zu versuchen, oder auch nur, um vor der Inquisition zu fliehen, schenkte er Sayavedra die Skulptur. Ich weiß nicht, welchen Gefahren sich don Francisco und seine Venus aussetzten, aber ich kann sie mir sehr gut vorstellen. Sicher ist, daß Sayavedra mit ihr nach Zapotlán kam, wo er in den Rosenkranzorden aufgenommen wurde, *damit er den schmählichen Kult einer heidnischen Göttin, die sie in ihrer ungebildeten Sprache Tzaputlatena nennen, was bei uns soviel heißt wie die Frau, die mit magischen Kräutern die Teufel austreibt und Krankheiten heilt, vernichte und verbanne und sie durch die Heilige Mutter Gottes ersetze.*

Schluß jetzt. Ich liebe die Ironie, aber nur in Maßen. Sayavedra brachte die Venus nach Zapotlán und vergaß über ihre Verehrung seine Mission. Als man ihn zur Rechenschaft zog, versenkte er seinen Marmorblock in der Lagune, in der Hoffnung, ihn eines Tages wieder herausholen zu können. Aber er kehrte nicht mehr zurück und verbrachte den Rest seines Lebens im Kerker. Denn er zeigte sich reuig und rettete sich damit vor den Flammen des Scheiterhaufens. Aber es wurde öffentlich bekanntgegeben, daß er konvertiert war, und man überließ ihm die Wahl zwischen dem grünen Kaftan der Juden und dem echten der jüdischen Zwangskonvertiten. Sayavedra: ein Familienname ohne Reinheit, wie der von don Miguel de Cervantes.

Das war es also. Seit dem 16. Jahrhundert liegt die Skulptur im Morast. Eines der letzten Zeugnisse hellenistischer Bildhauerkunst. Plötzlich fällt mir ein, woran ich zuvor nicht gedacht hatte: Eine Marmorstatue kann nicht auf zwei Füßen von einem Ort zum anderen gehen, erst recht nicht, wenn die Knöchel so zierlich und die Beine leicht geöffnet sind und wenn der Körper nach vorn geneigt ist wie bei Gradiva. Was diente meiner Venus als Sockel? Worauf stützte sie ihren entblößten Körper? Mein Gott! Da hat noch jemand die Hand im Spiel gehabt. Ihre rechte Seite, von der Taille abwärts, paßt nicht zu der Vollkommenheit, der Struktur und der Farbe des übrigen Körpers. Ich schließe die Augen und sehe, wie der Umhang, der sie umhüllte, den sie selbst mit ihrer rechten Hand beiseite schob und heruntergleiten ließ, langsam zu Boden fällt, wo er als ein Ganzes harmonisch angeordneter Falten ihrem kompakten Gleichgewicht Halt gab. Doch als man sie absichtlich von ihrem Podest riß, entblößte man sie vollends mit großer Geschicklichkeit. Aber warum? Damit sie für Sayavedras Schiff nicht zu schwer wurde! Zusammen mit dem Sockel und der Kleidung wog sie bestimmt einen Zentner.

Und wenn sie nun eine Fälschung ist? Immerhin gibt es Zapotlán und auch Zapotlanejo . . . Sie wirkt viel manierierter und sinnlicher als die Kapitolinische Venus und viel schlanker als die von Kyrene. Sie ist auch nicht so reif und kräftig wie die von . . .

Der Zweifel läßt mich nicht los. Wo stand dieses Mädchen? In einer Muschel? Hat Botticelli sie gesehen? Und dieser lange, schlanke Hals? Schuf Botticelli überhaupt Skulpturen?

Mitten in meinen wahnsinnigen Phantastereien taucht das 18. Jahrhundert auf. Aber ich mag diese Phantasien nicht. Die Venus aus der Lagune ist das Werk von Germain Pilon oder eines seiner Zeitgenossen. Sie wurde nach einer Vorlage von Botticelli für Versailles gemacht und gelangte später in den revolutionären Ausverkauf. Ich verwerfe diese Hypothese, weil mich Rubén Darío darauf brachte und ich in diesem

Punkt mit ihm nicht einig bin. *Ungleich größer ist der Zauber und die Niedertracht / mit Blumen und nackten Körpern gekrönt / der Göttinnen Clodions verglichen mit denen von Phidias. / Die einen singen auf französisch, / die anderen sind stumm.* Ich falle auf die Knie: Sag mir, wer du bist!
Ohne Füße und ohne Arme. Der Abdruck der Fingerspitzen auf dem Schambein. Mit versiegelten Lippen und verdrehten Augen antwortet sie in die Ewigkeit hinein: Ich bin schön, o Unsterbliche, wie ein steinerner Traum.
Danach nehme ich Zuflucht zu der Enzyklopädie der Farce und lese auf Seite 283: *Am 2. Mai 1937 entdeckte Monsieur Gonon, ein Bauer aus Saint-Just-sur-Loire, die Venus, als er ein Rübenfeld bestellte. Sogleich nahm die Akademie der Schönen Künste die Angelegenheit in die Hand. Die Experten reisten zum Fundort und stellten fest, daß es sich um eine echte griechisch-römische Skulptur handelte. Die Boulevardpresse verglich die Rübenvenus überschwenglich mit allen Meisterwerken dieser Gattung und kam zu der Überzeugung, daß sie weit über ihnen stünde. Am 16. Dezember 1938 erklärte ein Gipser italienischer Herkunft, daß er der Künstler dieses Werkes sei, und alle lachten über ihn. Da lieferte Francisco Cremonese, ein geschickter, wenn auch völlig unbekannter Bildhauer, vor Journalisten und Fachleuten den Beweis für seine Behauptung: Er holte aus seiner Werkstatt den linken Arm und die rechte Hand, jene Teile also, die der Skulptur fehlten und die er absichtlich zuvor abgebrochen hatte. Er ergänzte einige Falten der bis zur Taille heruntergerutschten Tunika. Alle größeren und auch kleineren Teile paßten haargenau. Es fehlte kein einziges Stückchen Marmor. Und als letzten Beweis zeigte sich Cremonese in seiner Geltungssucht in Begleitung von Anna Studnicki in der Öffentlichkeit, einer achtzehnjährigen Polin, die ihm Modell gestanden hatte und für die er mehr Glückwünsche erhielt als für seine Kopie.*
Sehr schön. Die hellenistischen Kunstexperten blamierten sich bis auf die Knochen, und die Türen des Louvre schlossen sich für immer vor der Rübenvenus. Trotz seiner Geschick-

lichkeit gelang Francisco Cremonese der künstlerische Durchbruch nicht. Aber er hat einen makellosen Ruhm als Komödiant erworben. Und nun kommt das Traurige, das eigentlich Traurige, so finde ich, an der ganzen Geschichte. Als er seine Skulptur zurückhaben wollte, zitierte ihn Monsieur Gonon, der Bauer aus Saint-Just-sur-Loire, vor ein Gericht. Nach einem langen Prozeß wurde ihm die Venus zugesprochen. Und er stellte sie auf seinem Rübenfeld auf, um die Vögel zu verscheuchen, die die Saatkörner aus dem Boden pickten. Cremonese raufte sich die wenigen Haare, die er noch hatte, aber das leibhaftige Original vermochte ihn zu trösten.
Viele Dinge in Mexiko sind mir unbekannt. Unter anderen die Gesetzgebung hinsichtlich eines zufälligen Fundes griechisch-römischer Stücke in den Lagunen des Landes. Ich weiß nicht, ob ich es nun mit dem Ministerium für nationale Kunstschätze, mit dem Amt für Wasserversorgung oder dem Nationalen Institut für Anthropologie und Geschichte zu tun kriege, oder ob sich Esteban Cibrián, der Direktor und Gründer unseres Provinzmuseums, mit mir anlegen wird. Ich weiß nicht, bei welchem all dieser Feinde ich den kürzeren ziehen werde. Aber ich glaube, daß uns genau wie in Frankreich der Bauer, der Lagunenbewohner auf der Schilfmatte, der Besitzer der Parzelle, daß uns der hiesige Gonon besiegen wird.

Ich schreibe, weil ich an Wunder glaube. War nun der dunkle, schneeweiße langstelzige Reiher meines Neffen Wirklichkeit oder nur ein Trugbild der kindlichen Phantasie, ein auf dem Wasser getrocknetes Zeichen? (Seitdem ich die Lagune betrat, habe ich keinen festen Boden mehr unter den Füßen gespürt.)
Sicher ist, daß Ramón Villalobos Tijelino, der Bildhauer aus Zapotlanejo, der nach Zapotlán el Grande zog, um das »ejo« seines Heimatdorfes zu vergessen, und der vor kurzem den Preis von Jalisco für bildende Künste erhielt, bei mir zu Hause

vorsprach. Tijelino kommt begleitet von seinen Gehilfen, die einen großen Stein in der Form einer Muschel tragen. Unter ihnen erkenne ich Ambrosio, den Steinmetzen aus San Andrés, der das aus einem runden Stein gehauene Fenster in meinem Haus anfertigte. Lächelnd sagt Tijelino zu mir: Schau nur, wir bringen dir deinen Sockel. Steig einmal hinauf. Hier sind die beiden Füße, die dir fehlten.
Ich klettere auf den hohlen Stein. Ja, es stimmt. Auf dem gerillten Boden der purpurfarbenen Venusmuschel, in dem strahlenartigen, wie ein Fächer geformten Gewölbe sehe ich in der Nähe des Scharniers, das die beiden Schalen miteinander verbindet, einen bis zum Knöchel heilen Fuß und daneben die Hälfte des anderen, dessen Spann zerbrochen ist und der auf den Zehenspitzen steht, so als wolle er gerade einen Schritt tun. (Siehe auch S. Freud: Das Delirium und die Träume in W. Jensens Gradiva.) Ich stürze in mein Zimmer und umarme sie. Ich suche einen Hammer, aber um sie zu zerschlagen, brauchte ich ein Stemmeisen.
Sie kommen nur sehr langsam voran, der Stein ist schwer; Doktor Roberto Espinoza Guzmán, Heimatdichter dieses Dorfes, und der große Enterich, der Jäger von Enten und kanadischen Gänsen, schließen sich dem Zug an. Der Lagunenbewohner, der uns half, sie aus dem Wasser zu ziehen, hält ein Papier in der Hand. Gehört sie etwa schon ihm? Auch Esteban Cibrián, der mich liebt, seitdem ich meinen Verstand gebrauchen kann, der im Grunde aber mehr für sein Museum übrig hat und uns bis aufs Hemd auszieht, auch er ist mit von der Partie. Und der reisende, wiederkäuende Sonderkorrespondent von der »Stimme des Südens«, ein Herr Soundso, den Ausweis in der Hand und zum Schutz einen Fotografen in seinem Rücken. Und im Hintergrund meine ganze Familie in Schwarz und über mir der im Glanz des Wahnsinns geöffnete Himmel. Ich bin der Graf des Orgasmus, der Witwer und der Tote, ich bin der Narr von Toledo, aber nichts und niemand gibt mir Halt; weder der heilige Augustin noch sein freier Wille, noch der Diakon Esteban. Keiner packt

mich um den Leib und bei den Kniekehlen. Ein Beamter von der Stadtverwaltung sagt: Sie lieben doch Ihr Dorf, und wenn Sie freiwillig auf sie verzichten, ernennen wir Sie zum Ehrenbürger, ich gebe Ihnen mein Wort. Und ein Hausarzt fügt hinzu: wir gingen zusammen zur Schule, du wolltest dich doch ausruhen, reg dich nicht auf, Frauen gibt es im Überfluß, du wirst eine andere finden, die weniger hart ist, um deinen Kopf für immer an sie anzulehnen. Schöne Frauen gibt es viele aber ich liebe diese mit den grünen Haaren und den Reiheraugen das Verhör wird abgeschlossen es ist Undine o schöne Loreley Edelsteinaugen wie Hans Christian Andersens Meerjungfrau Komma ich fahre in meinem Leichenboot ohne Zeichensetzung aber das Kielwasser ist wieder aus Gedankenpunkten denn ich bin dieser Hierophantasus . . . Gemeinsam setzen wir sie in Stand Punkt die Füße sitzen wie maßgeschneiderte Schuhe Punkt ich stürze mich auf sie und stoße sie mit einem Hammerschlag um Punkt und Komma sie nehmen mir den Hammer weg und Punkt ich packe ihren Hals der zu Boden gefallen ist Schreie und Rufe der Verwunderung Warum mißhandelst warum zerstörst du sie Klammer mit leiser bittender Stimme Doppelpunkt Ruf des Erstaunens streich das bitte durch Komma ich liebe dich wie nie zuvor Auslassungspunkte man nannte sie Taufbecken der Jungfrau groß geschrieben in Zapotlanejo und die Leute tranken das Weihwasser daraus aber es ist für die Taufe bestimmt wie das von Saint Sulpice sie gaben es Tijelino weil er ihnen ein neues machte Fragezeichen du erinnerst dich doch du sahst es in meinem Atelier ich sagte ganz beiläufig was ist das denn setzen Sie die Satzzeichen ein ich schaff es nicht mehr es sieht wie ein Aschenbecher aus nur ist er viel zu groß ich habe für dich einen kleineren gemacht hier nimm ihn aber sie fliegt wie das Reiherweibchen vom Tamazula-Fluß der weiter oben durch Goyatlán fließt wo er Cobianes heißt und dann durch Santa Rosa wo du den Stein nach ihr warfst und sie trafst alle Flüsse ändern im Vorüberfließen ihren Namen aber es ist immer dasselbe Wasser das dich mit sich fortträgt und du kannst kein zweites Mal in diesen Traum steigen denn neue Erinnerungen voller Todesahnungen kommen auf dich zu.

Anmerkung: Der obige Text ist weder eine Anklage noch eine Beschuldigung. Ich möchte keineswegs den Unwillen der Familienangehörigen und Freunde erregen, die in diese Geschichte verwickelt wurden. Sie waren besorgt. Nach drei Tagen der Euphorie, in denen ich kaum ein Auge zumachte, verfiel ich in eine tiefe Depression. Ich glaube nicht, daß die Statue, ganz gleich, ob sie nun echt war oder nicht, vom Erdboden verschwunden ist. Niemandem gebe ich die Schuld, schon gar nicht Esteban Cibrián. Man erzählt sich, daß Roberto Espinoza sie auf seinem Gehöft »La Escondida« versteckt hält, aber das glaube ich nicht. Die Hand, eine Schenkung des Enterichs, ist dort, wo sie hingehört, im Museum. Schauen Sie sie einmal an! Was mich erschreckt, ist der Umstand, daß durch Ciudad Guzmán Lastwagen in Richtung Grenze fahren, die manchmal bis nach Los Angeles kommen. Doch von alldem möchte ich weiter nichts wissen. Die Fotografien sind alle, wirklich alle überbelichtet? Ich bin sicher, daß Tijelino den Sockel noch in seinem Atelier hat, das Taufbecken, aus dem er alles Überflüssige entfernte: den Kleiderhaufen, die Falten der Tunika, auf die sich das rechte Bein stützte. Nur ich, ich allein besitze die naturgetreue Kopie en miniature, die er mir schenkte und in der der Zigarettenrauch die vollkommene Form des Traumes annimmt. Einen Aschenbecher.

Antonio di Benedetto
Orthopteren

Ich zeichne die Geschichte auf, wie man sie mir erzählt hat. Dies zu bemerken ist mir wichtig, auch wenn ich hier und da, trotz meines Anspruchs, den ursprünglichen Darstellungen so getreu wie möglich zu folgen, meine eigenen Worte gewählt habe. Der hier das Wort ergreift, ist kein Bewohner der beschriebenen Landstriche, sondern ein Stadtmensch, ein Journalist, der den Faden dieser Geschichte, auch wenn er später in eine ferne, vorhistorische Vergangenheit führen wird, in den dreißiger Jahren aufnahm.

Vielleicht sogar noch früher, denn das Ereignis berührte unmittelbar auch don Jacinto Benavente, und es konnte sich unter den gegebenen Umständen erst dann zugetragen haben, als man diesem bereits den Nobelpreis für Literatur verliehen hatte. Das war im Jahre 1922.

Don Jacinto reiste mit einem Theaterensemble, vielleicht sogar mit dem von Lola Membrives im Zug. Nein, das kann nicht stimmen: Lola Membrives begleitete ihn auf einer zweiten Fahrt etwa dreißig Jahre später. Bei dem unglücklichen Zwischenfall war sie nicht dabei.

Die Reisenden mußten die Strecke von Buenos Aires nach Santiago de Chile über Mendoza zurücklegen. Die Ankunft in dieser Stadt mitten in den Anden, die für Mitternacht vorgesehen war, verzögerte sich bis zum folgenden Morgen und versetzte alle, die ihn erwarteten und die wußten, wer Benavente war, in helle Aufregung, zumal sie über den Telegraphen erfahren hatten, daß auf einem Bahnhof in der Provinz San Luis ein Postmeister mit einer sehr wichtigen Nachricht in seiner Ledertasche zugestiegen war. Dieser Beamte war im Zug von Waggon zu Waggon gelaufen und hatte die Reisenden gefragt, ob unter ihnen ein Herr namens Benavente sei, und als er ihn gefunden hatte, händigte er ihm ein Telegramm aus. Es enthielt, in vier Zeilen, die Nachricht der schwedischen Akademie.

Als der Zug, der damals den anspruchsvollen Namen »Von Buenos Aires an den Pazifik« trug und unter englischer Verwaltung stand – das erklärt, warum seine Verspätung einen Schandfleck in der Personalakte aller Verantwortlichen darstellte, die viel Rühmens machten von der Pünktlichkeit ihres Unternehmens –, endlich in den Bahnhof einlief und sich die Ungeduldigsten, unter ihnen der Bahnhofsvorsteher, auf die kleine und schon ehrwürdige Gestalt des spanischen Nobelpreisträgers stürzten, empfing sie dieser, noch immer unter dem Eindruck des Geschehenen stehend, mit angstverzerrter Stimme: »Die Heuschrecken! Die Heuschrecken!«
Was wollte er damit sagen? Daß die Verspätung durch einen Heuschreckenüberfall verursacht worden war. Eine Erklärung, von der der Bahnhofsvorsteher bereits über den zuverlässigen Telegraphendienst Kenntnis hatte. Weder er noch die anderen ungeduldig Wartenden vermochten sich vorzustellen, daß Heuschrecken solche Spuren in Gesichtsausdruck und Augen des gerade gewählten Nobelpreisträgers hinterlassen könnten. Aber der Schreck saß ihm tief in den Knochen, es sah aus, als würde das Ungeziefer noch immer über sein Gesicht kriechen. Man erzählt sich, daß er darum bat, so schnell wie irgend möglich in den Zoo gebracht zu werden, um sich von der Existenz der Tierwelt zu überzeugen und Gewißheit zu erlangen, daß sich diese, ohne Schaden anrichten zu können, hinter Gittern befand. Ein solcher Wunsch konnte ihm nicht erfüllt werden, da es 1922 noch keinen zoologischen Garten in Mendoza gab.
Doch das ist nicht die in den ersten Zeilen angekündigte Geschichte, von der es hieß, daß sie hier und da einen Abstecher in die Vergangenheit machen würde. Man muß wohl akzeptieren, daß nicht einmal einem Borges eine strikte chronologische Reihenfolge beim Aufbau einer Fabel abverlangt werden könnte. Die andere Geschichte ist zeitlich überhaupt nicht einzuordnen und sie stammt vielleicht sogar von den ersten Indianern. Eine solche Annahme wird einleuchten, wenn man bedenkt, daß sie erklärt oder zumindest

anschaulich darzustellen versucht, wie es zu den Landplagen oder wenigstens zu einer und ihren Auswirkungen gekommen war.
Das jüngste Kapitel dieser Ereignisse, die für den gesunden Menschenverstand unbegreiflich sind, setzt in den dreißiger Jahren ein und ist bestimmt durch das, was damals jenem widerfuhr, der dies hier aufzeichnet. Er war zu jener Zeit ein junger Journalist und erhielt wegen der finanziellen Einbußen, die durch die in Unordnung geratenen Fahrpläne verursacht wurden, den Auftrag, eine Art Untersuchung durchzuführen. Er sollte nachweisen, daß die offizielle Behauptung zu Recht bestünde, wonach die Züge nur unter größter Mühe ihr Ziel erreichen könnten, da die Stahlräder, nicht zuletzt wegen des riesigen Gewichts, das sie vorwärtszubewegen hatten, ins Rutschen gerieten und nicht mehr von der Stelle kämen, sobald der Zug die Pampa zwischen der Provinz Buenos Aires und der Provinz San Luis erreicht habe. Dort nämlich hätten sich ganze Wolken ausgehungerter und gieriger Heuschrecken niedergelassen. Die Tiere setzten sich auf die Schienen, und wenn der erste Waggon das Ungeziefer zerdrückt habe, dann geriete dieser sowie alle nachfolgenden ins Rutschen, da der Körper der Heuschrecken zu einer öligen Masse zerquetscht würde. Dies wiederum habe zur Folge, daß der Zug seine normale Geschwindigkeit nicht beibehalten könne und sich in eine riesige und zudem träge Eisenraupe verwandele, was die Fahrpläne der Eisenbahnlinie B.A.F. (Von Buenos Aires an den Pazifik) vollkommen aus dem Takt bringe.
Als der Journalist in die verseuchte Region kam, wurde ihm dies nicht durch Insektenschwärme kundgetan. Nicht ein einziges Exemplar dieser Gattung ließ sich als Ankündigung dessen, was ihn erwartete, sehen. Nur die Wagenkolonne drosselte als Vorsichtsmaßnahme vorübergehend die Geschwindigkeit, so als schicke sich der Zug an, ein gemütliches Mittagsschläfchen zu halten. Der Journalist und der ihn begleitende Fotograf ließen sich, ohne viel nachzudenken, von dieser Trägheit anstecken, bis aus der Luft eine Heu-

schrecke angeflogen kam und Halt auf der Scheibe suchte. Einem der schönsten Bräuche des Landes folgend, begann sie, die den Auftrag hatte, die Warnung weiterzugeben, auf dem Glas zu reiten. Dann löste sie sich von der Scheibe und ließ sich von dem Wind forttragen.

Der Zug entgleiste nicht; der Maschinist ging mit größter Vorsicht ans Werk, und so erreichte der Zug den Bahnhof eines größeren Dorfes, in dem die Geschichte ihren Fortgang nehmen sollte.

Als die beiden Männer den Zug verließen, war es, als setzten sie ihren Fuß mitten in einen Krebsbrutplatz. Die Reisenden, die nicht ausstiegen, betrachteten den Journalisten und seinen Fotografen voll Mitleid und dachten, daß die beiden, sollten sie vernichtet werden, sich dieses Schicksal zumindest selbst ausgesucht hätten; ganz ruhig lieferten sie sich diesem Sühneopfer aus.

Mühsam bahnten sie sich ihren Weg; zurück blieben die zertretenen Heuschrecken. Dem Journalisten schoß ein Gedanke durch den Kopf: Wenn diese so kleinen Tiere doch eine Seele haben und sich in dieser Seele Rachegelüste regen, dann werden sie sich auf mich stürzen, sobald ich mich nicht mehr rühre. Es beunruhigte ihn auch die Vorstellung, daß nicht nur das Stillhalten gefährlich war. Alles, auch die im Wind wogenden Weizenfelder, waren mit Heuschrecken übersät, die nicht aufhörten, Ähren und Blätter zu verheeren.

Als ihm der Fotograf den Vorschlag machte, in die Bar an der Ecke gegenüber dem Bahnhof einzukehren, beruhigte sich der Journalist wieder. Im Schatten des Vordaches und der Mauern sitzend, bestellen sie einen Wein, und von all jenen Insekten, die den Menschen plagen, waren hier nur die Fliegen vertreten, die zwar auch recht unerträglich sind, die jedoch zum Alltag gehören.

Die Gedanken des Journalisten wurden von der plötzlichen Bewegung des patrón unterbrochen, mit der dieser rasch sein Glas Weißwein über die Zinnplatte der Theke schob, doch nicht schnell genug, um den Selbstmordabsichten eines grünen Strahls zuvorzukommen, der diagonal in die Flüssigkeit fiel und darin versank. Es war eine Heuschrecke, die quer im Glas steckenblieb und die, wegen ihrer Farbe und der Ähnlichkeit mit einer Pflanze, aussah wie ein Minzezweig in einem Cocktail. Ein unerträglicher Anblick für den Besucher, der immer gereizter wurde.

Er schlug seinem Reisegefährten vor, die Stille des kleinen Platzes nebenan aufzusuchen, auf dem er zahlreiche Bäume stehen sah, und er fragte sich, ob ihre Blätter wohl einen so widerlichen Geruch ausschieden, daß sie von der verheerenden Macht des Himmels, die er wahrgenommen hatte, verschont blieben.

Als sie in den Schutz der Bäume traten, die schon bald verschwinden würden, entdeckte der Journalist, der unter beginnender Kurzsichtigkeit litt, daß die Rinde der Bäume erstaunlich uneben war, daß sie sich bewegte und wie eine Tarnung aussah, denn sie schien grün zu sein und aus lauter Heuschrecken zu bestehen. Und so war es auch.

Dem Mann mit dem Fotoapparat bot sich die Gelegenheit, in Aktion zu treten, ohne allerdings viel Aufhebens machen zu können, denn das Motiv blieb nicht ruhig sitzen, es bewegte sich ständig und verleitete ihn zu der Kühnheit, eine Momentaufnahme zu wagen, ein für damalige Verhältnisse fast unmögliches Unterfangen.

Angestachelt durch diese Schwierigkeit, widmete der Fotograf seine ganze Aufmerksamkeit dem Versuch, das Foto des Jahrhunderts zu schießen, und er lief von Baum zu Baum, um auf dem begrenzten Raum des kleinen Platzes die richtige Einstellung zu finden. Diese Suche führte dazu, daß der Journalist allein zurückblieb und ganz dem Drängen seiner unsinnigen Neugierde nachgeben konnte. Er sah, daß sich in dem Gebäude an der Ecke eine Bank befand, und stellte fest, daß es bereits Samstag nachmittag war, die Zeit des Tages, zu der die Leute ihre siesta zu halten pflegen und jede Aktivität ruht. Um so mehr erstaunte es ihn, daß eine solche Einrich-

tung geöffnet war, worauf gewisse Anzeichen eindeutig hinwiesen.
Er stand auf, um sich alles von nahem anzusehen. Die Jalousien hinter dem Fenster waren halb hochgezogen, was den Journalisten dazu veranlaßte, einen besseren Standort auszusuchen, um ins Innere schauen zu können. Er kletterte auf eine niedrige Mauer und sprang, als er sein Ziel erreicht und sich von der Unergiebigkeit der Szene für seine Arbeit überzeugt hatte, wieder auf den Boden zurück.
Doch nun weckte ein anderer, ein friedlicher Anblick sein Interesse: ein junges Mädchen, das auf einer Bank saß und auf zwei Kinder aufpaßte. Es war offensichtlich noch nicht alt genug, um ihre Mutter sein zu können. Er ging auf das Mädchen zu, um es ganz unverhohlen danach zu fragen. Doch in diesem Augenblick kam eines der Kinder dazwischen; es begann beim Anblick des Fremden lauthals zu weinen, was auch das zweite, einen kleinen Jungen, veranlaßte, in Tränen auszubrechen. Dieser rundete das ganze Schauspiel ab, indem er überdies einige Schreie ausstieß, die die Umsicht des Reporters zunichte machten und ihn veranlaßten, mit drohender Miene und völlig unbeherrscht auf die Gruppe zuzugehen, die höfliche Frage zwar noch immer auf den Lippen, doch von der ursprünglichen Absicht so weit entfernt, daß er (so überlegte er später) sich dem Kindermädchen vielleicht aus einem ganz anderen Grund näherte. Er blieb vor der Gruppe stehen und bat die Kinder, nicht mehr zu weinen. Sie taten, was vorherzusehen war, genau das Gegenteil. Der Journalist, der die Kontrolle über sich völlig verloren hatte, wollte die Situation retten, indem er sich auf seine Autorität besann und das Mädchen anfuhr: »Bringen Sie die Kinder zum Schweigen. Wenn sie nicht endlich aufhören, nehme ich eines von ihnen mit.« Eine Drohung, über die er sich selbst wunderte, als er später auf dem Polizeirevier an seine Worte dachte. Dorthin war er nämlich von einem Kommissar gebracht worden, der über so etwas wie einen therapeutischen Instinkt verfügen mußte, denn als man ihn zur Hilfe rief, sah er sofort,

daß dies Vorkommnis einen Gefängnisaufenthalt erforderlich machte, weniger, um den Übeltäter zu bestrafen, als vielmehr, um die Gemüter der Leute zu beruhigen. Mit dieser Erklärung rechtfertigte er sein Vorgehen. Es war der Bahnhofsvorsteher, der ihn dazu aufforderte.
Denn, als der Journalist die Kinder und das Kindermädchen anschrie, brach der Fotograf sein Unternehmen sofort ab, um zu sehen, was geschehen war, und er wurde Zeuge, wie das junge Mädchen mit einem weinerlichen Gesicht davonstürzte, mit einem uniformierten Polizisten zurückkam, der nicht viel Federlesens machte und den Übeltäter arretierte.
Verärgert hatte der Fotograf die Niederlage seines Kollegen mit angesehen, ohne es zu wagen, selbst in das Geschehen einzugreifen. Aber er dachte, daß jemand, der über eine gewisse Autorität verfüge, intervenieren müsse, und da er sonst niemand Wichtigen kannte, lief er zum Vorsteher des Bahnhofs, auf dem sie eine Stunde zuvor angekommen waren. Er legte Beglaubigungsschreiben vor, zeigte seinen Fotoapparat und hielt jene Verteidigungsrede, die ihm vorher nicht über die Lippen gekommen war.
Der Bahnbeamte, auch er ein uniformierter Staatsdiener (und noch dazu mit dem golden gestickten Wort »gefe«, also »Vorsteher« auf der oberen Jackentasche, »gefe« mit *g* und nicht mit *j*, so wie es bei den englischen Eisenbahnen in Südamerika geschrieben wurde), ärgerte sich, ohne dies in seinem Gesichtsausdruck kundzutun, doch trat er in der Folge recht entschieden auf. Er betonte auf dem Polizeirevier, daß es sich bei dem Verhafteten um einen Journalisten handle, was zur damaligen Zeit und am damaligen Ort völlig belanglos war. Wirkung zeigte allerdings die Feststellung, daß die Eisenbahngesellschaft »Von Buenos Aires an den Pazifik« diesen Journalisten engagiert habe, um Material über das Ärgernis zu sammeln, für das man das Unternehmen verantwortlich mache und das die Verspätung der Züge beträfe, zu der es wegen der Heuschreckenplage gerade in dieser Gegend gekommen sei und die weniger die Leute

vor Ort als vielmehr jene am anderen Ende der Schienen beschäftige.
Es läge jetzt am politischen Fingerspitzengefühl des Gesetzesvertreters, daß die ganze Angelegenheit keine größeren Ausmaße annähme. Der Angesprochene sah zwar ein, daß er gegenüber den Verantwortlichen der Eisenbahngesellschaft den kürzeren ziehen würde, doch war er in einer Hinsicht im Vorteil: Er hatte den Fremden bereits hinter Schloß und Riegel gesetzt.
Anstatt also nun mit Vorwürfen um sich zu werfen und sich zu weigern, den Journalisten sofort auf freien Fuß zu setzen, äußerte er siegesbewußt einen Verdacht. Er fragte den Stationsvorsteher, ob er genau wisse, wer der Rechtsbrecher sei.
»Rechtsbrecher?«
»Ja, Rechtsbrecher.«
»Welches Recht hat er denn gebrochen?«
»Das weiß ich jetzt noch nicht. Aber später werde ich das schon herausfinden. Es gibt bestimmt ein Gesetz, das Entführung bestraft.«
Der Vorsteher unterdrückte seine Überraschung, trotzdem führte er zur Verteidigung an, daß man den schlanken Besucher unmöglich eines solchen Verbrechens bezichtigen könne.
»Wen soll er denn entführt haben? Etwa das Mädchen? Versuchte er sich seiner zu einem unzüchtigen Zweck zu bemächtigen?«
»Nein. Das habe ich ja auch gar nicht gesagt. Aber er hat damit gedroht, den kleinen Jungen mitzunehmen.«
Der Stationsvorsteher und der Fotograf atmeten erleichtert auf und erwiderten gleichzeitig: »Aber er hat es doch nicht getan, oder? Es kam doch zu keiner Entführung!«
»Nein, zu einer Entführung nicht, wohl aber zu einer Androhung . . . Und Sie wissen ja, wie die Dinge stehen.«
Was die Verteidiger abermals in Ungewißheit stürzte. Nur zögernd wagten sie zu fragen: »Wieso, wie die Dinge stehen? Ist denn etwas passiert?«

Mit einem Ausdruck der Überlegenheit, die dem Bewußtsein entsprang, besser als seine Gesprächspartner informiert zu sein, rückte der Kommissar mit seiner Geschichte heraus.
»Was, das wissen Sie nicht?« (Er wandte sich nur an den Vorsteher, den Fotografen übersah er geflissentlich.) »Haben Sie denn nichts davon gehört?«
»Wovon denn?«
»Von der Entführung von Lindberghs Baby, dem Sohn des großen Fliegers.«
Die Verhaftung des Journalisten, der untersuchen wollte, warum die Züge der Linie, die bis ans Meer, das heißt, bis an den Pazifischen Ozean führte, regelmäßig Verspätung hatten, trug sich, wie bereits erwähnt, in den dreißiger Jahren zu, jener Zeit also, in der alle Welt von der Entführung des kleinen Jungen von Charles Lindbergh sprach, dem »einsamen Adler«, der im Jahre 1927 den Atlantik von New York nach Paris überflogen hatte.
Der Bahnhofsvorsteher akzeptierte den übersteigerten Diensteifer des Polizeibeamten, als dieser ihn darauf hinwies, daß er die Form wahren und den Journalisten ein paar Stunden bei einigen Mates hinter Gittern festhalten müsse: »Sonst kommt nachher der Vater des Kindes angelaufen – er ist übrigens der Direktor der Bank – und schreit laut: Und die Polizei? Unternimmt die etwa gar nichts gegen all das Gesindel, das Tag für Tag hier eintrifft?«
Es waren genau zwei Stunden, eine Zeitspanne, über die man den Verhafteten durch seinen Reisegefährten in Kenntnis setzte. Zwei Stunden, in denen er mit dem inzwischen umgänglichen und gutmütigen Kommissar plauderte und Mate trank und in denen jener seine Theorien bezüglich der Heuschreckenplage darlegte.
Er erzählte ihm in freundlicher Offenheit von einem Mann und einem Hand- oder Reisekoffer. Der Mann sei ein Fremder gewesen, wie er, der Journalist, ein Fremder, der sich angeblich aus Liebe im Dorf niedergelassen habe, ein Einzelgänger, der sich Professor nennen ließ, der, soweit man das

erkennen könne, alles darangesetzt habe, seine Einsamkeit noch zu vergrößern. Anfangs sei er noch regelmäßig aufs Postamt gegangen und habe Briefe aufgegeben und auch welche empfangen. Doch dann habe er auf den Gang dahin verzichtet und weder Post abgeschickt noch bekommen. Woraus der Kommissar schloß, der Fremde habe nur deshalb keine Antwort bekommen, weil er niemandem mehr geschrieben habe.

»Der Professor schränkte auch seinen Lebensmittelbedarf mehr und mehr ein. Er deckte sich in einem Geschäft mit einigen Päckchen Nudeln, einem Brot pro Tag und ein paar Kartoffeln ein und kaufte nur hin und wieder ein Ei. In dem Maße, wie er seine Einkäufe begrenzte, nahm er auch ab, und da er gewöhnlich Schwarz trug und sich tiefe bläuliche Ringe unter seinen Augen bildeten, erweckte er, wenn er auf der Straße erschien, einen sehr düsteren Eindruck.«

»Sie sagten«, wagte der Journalist einzuwenden, »daß er aus Liebe ins Dorf kam. Aus Liebe zu wem? Zu dem Ort oder zu einer bestimmten Person? Vielleicht aus Liebe zu einer Frau?«

»Schon möglich, daß es da eine Frau gab. Vielleicht ist sie gestorben, bevor er hierherkam. Doch niemand wußte, wo die Freundin des Professors, falls sie überhaupt hier gelebt hat, begraben war.«

»Besuchte er denn öfter den Friedhof? Legte er vielleicht Blumen auf das Grab einer bestimmten Person?« Der Journalist fürchtete eine Indiskretion begangen zu haben, doch als er versuchte, seinen Fehler wiedergutzumachen, trat er noch mehr ins Fettnäpfchen. »Entschuldigen Sie, aber haben Sie überhaupt einen Friedhof hier?«

Mit einem gewissen Stolz sagte der Kommissar: »Wieso denn nicht, mein Lieber? Er ist gut belegt und in einem sehr gepflegten Zustand. Obwohl ich zugeben muß, daß nicht alle Toten von hier stammen, denn zwei Gemeinden teilen sich den Friedhof.« Und dann nahm er seinen Faden wieder auf: »Ob man beobachtet hat, daß er sich um einen Verstorbenen besonders gekümmert hat? Nein, das glaube ich nicht. Aber warum soll ich es Ihnen verschweigen. Ich mißtraute ihm von Amts wegen, und erst recht, als das passierte oder besser gesagt, als er mit seinen Plänen ankam. Er wollte uns eine ganze Menge Dinge beibringen, das muß ich zugeben, aber irgendwie lief alles schief. Er redete nicht viel, war nicht sehr vertrauensselig und auch kein Freund vieler Worte. Trotzdem verschaffte er sich Gehör, als er immer wieder auf die Blumen zu sprechen kam. Er sagte, daß sich viele Blumen mit Hilfe des Pollen anderer fortpflanzten und daß die Pflanzen zur Befruchtung den Pollen gebräuchten. Den Pollen bringt die Luft, sagte er, aber viel besser ist es, wenn einige Insekten dabei mithelfen. Und er hätte eine Blume ausgewählt, die den Bienen gefiele, und die Bienen würden sich von diesen Blumen ernähren und Honig produzieren. Für ihn läge der Wohlstand des Dorfes in den Bienenstöcken. Er bot sich an, die entsprechenden Insekten zu besorgen, bestieg den Zug und kehrte nach einer Zeit mit einem Hand- oder Reisekoffer zurück, ich habe ihn nicht gesehen, denn damals war ich noch nicht auf dieses Revier abgeordnet. Man hat es mir nur erzählt und deshalb kann ich nicht meine Hand für die Richtigkeit dieser Geschichte ins Feuer legen.«

»Mit einem Hand- oder Reisekoffer? Und was war darin?«

»Heuschrecken. Er öffnete den Koffer, und die Insekten entflogen. Und wo immer sie sich hernach niederließen, verzehrten sie Ähren, Blüten und Blätter, auf den Feldern ebenso wie im wilden Buschwerk.«

»Ist das etwa der Ursprung der Plage, unter der Sie leiden?«

»Nein, nicht direkt. Das Abenteuer des Professors trug sich vor langer Zeit zu.«

»Vor wie langer Zeit?«

»Das kann ich Ihnen nicht sagen. Wer davon weiß? Vielleicht geschah das, was ich Ihnen jetzt erzähle, damals, als es in diesen Breiten noch Indianerzelte gab, oder auch noch früher . . .«

»Warum sagen Sie dann, daß er ein Professor war, der Briefe schrieb und mit dem Zug reiste?«
»Vorsichtshalber. Aber es könnte doch durchaus sein, daß er ein Häuptling oder Medizinmann war, den man im Laufe der Zeit in einen Gelehrten, einen Professor verwandelt hat?«
»Womit Sie mir sagen wollen, daß alles, was Sie mir erzählt haben, auf einer uralten Tradition beruht, die womöglich noch aus der Zeit vor den Spaniern stammt?«
Dies war der einzige Einwand, den der Journalist zu machen wagte. Schließlich mußte er sich hüten, den Kommissar, über den er sich gerne lustig gemacht hätte, zu verletzen. Er wollte keinen Konflikt riskieren in einem für seine Freiheit so heiklen Augenblick.
Der Polizist jedoch schien gar nicht auf seine Ungläubigkeit zu achten, denn statt zu antworten stellte er eine Überlegung an, in der sich nicht die geringste Spur von Zorn oder Hochmut fand. »Aus der Zeit vor den Spaniern? Das kann schon sein. Es gibt viele Geschichten darüber, aber nur wenige, die wirklich zu dem Dorf, zu diesem Dorf passen. Ich werde sie Ihnen schon noch erzählen.«
Diese Ankündigung beunruhigte den Journalisten, und er warf einen verstohlenen Blick auf seine Armbanduhr. Der Kommissar sah das. Höflich sagte er: »Machen Sie sich keine Sorgen. Sie kommen hier schon wieder raus. Wir haben genügend Zeit für alles. Nur nicht für den Tod. Und da wir gerade vom Tod reden . . .«
Dem Journalisten fiel es schwer, den Hinweis des Kommissars, daß er zu einem anderen Thema übergehen wollte, einfach hinzunehmen. Ungewollt gab er seine Ungeduld zu verstehen. Der andere verstand seine Geste und kehrte zu der eigentlichen Geschichte zurück.
»Sie wollten wissen, ob der Professor des öfteren ein bestimmtes Grab aufsuchte. Die Frage, ob Liebe im Spiel war, lassen wir vorerst beiseite. Darüber wurde später mehr bekannt. Es ereignete sich nämlich ein seltsamer Todesfall. Ich selbst hatte damit zu tun. Eines Tages verschwand die

Lehrerin. Wir durchkämmten die ganze Gegend, bis wir sie schlafend auf einem Feld fanden. Nein sie schlief nicht. Sie war tot. Aufmerksam auf sie wurden wir durch einen Heuschreckenschwarm, der sich in Form eines Wirbels über den Sonnenblumen erhob.«

»Welche Verbindung gab es denn zwischen diesem Todesfall und dem Professor?«

»Das werden Sie gleich sehen. Erstens. Der Heuschreckenwirbel oder die Heuschreckenspirale kam aus dem Körper der Lehrerin. Zweitens. Der Körper war völlig leer, in seinem Innern befanden sich nur Heuschrecken. Drittens. Die Heuschrecken hatte der Professor ins Dorf gebracht.«

»Trotzdem verstehe ich noch immer nicht, was der Professor mit der Toten zu tun hatte.«

»Ich habe beide auch miteinander in Verbindung gebracht.«

»Sie auch? Was wollen Sie damit sagen? Wer ist denn noch auf denselben Gedanken gekommen?«

»Der Gerichtsmediziner.«

»Woher wissen Sie das?«

»Manchmal überträgt man den Gerichtsmedizinern die Funktion eines Sachverständigen oder Kriminalbeamten. Das war in diesem Fall so.«

»Und der Richter schenkte weder Ihren noch seinen Vermutungen irgendwelche Beachtung?«

»Ganz richtig.«

»Wie reagierte der Professor auf diesen Todesfall? Was konnte man an ihm beobachten?«

»Er äußerte auf eine ebenfalls ungewöhnliche Weise seine Verzweiflung. In dem Klassenzimmer, in dem wir die Totenwache hielten, legte er ein öffentliches Geständnis ab.«

»Was gestand er denn? Das Verbrechen?«

»Nein, das nicht, mein Freund. Haben Sie Geduld. Wer hat Ihnen denn gesagt, daß es ein Verbrechen war? Der Professor erklärte, daß er die Heuschrecken ins Dorf gebracht habe, damit die Weberinnen des Dorfes ihre Flügel als Vorlage benutzen konnten. Er wollte keinen weißen Stoff haben, wie er sonst für ein Brautkleid üblich ist, sondern einen grünlichen, transparenten, der den Flügeln dieser Insekten glich, die er – wie war doch noch das Wort? –, ach ja, Orthopteren nannte.«

»Sehr schön. Und welches ist nun Ihre Schlußfolgerung, Kommissar?«

»Meine Schlußfolgerung? Nein, meine Schlußfolgerungen.«

Wieder warf der Journalist einen Blick auf seine Armbanduhr, angesichts der drohenden Aufzählung diesmal ganz unverhohlen.

»Erstens. Der Professor hatte etwas mit ihrem Tod zu tun, obwohl ihm das nie nachgewiesen wurde und man sich auch nicht sonderlich darum bemühte. Was kann eine armselige Landpolizei schon bewirken, ohne über die wissenschaftlichen Hilfsmittel ihrer Kollegen aus der Stadt zu verfügen, die sich natürlich nie in diesen Breiten haben sehen lassen. Zweitens. Man konnte nicht herausfinden, und wird das auch wohl nie können, wie die Lehrerin gestorben ist. Der Gerichtsarzt war kein Drückeberger, das heißt, er versuchte nicht, sich seiner Aufgabe zu entledigen und darauf zu verzichten, eine Hypothese darzulegen, doch die einzige, die er gab, ist zu nichts nütze. Er sagte, daß die Heuschrecken, die durch die Nasenhöhlen oder den Mund, der beim Eintreten des Todes offengeblieben war, in den Körper eingedrungen seien, die Lehrerin von innen her aufgefressen hätten. Ich habe zwar schon von Mörderbienen, nicht aber von Mörderheuschrecken gehört. Auf jeden Fall sind es doch zwei ganz verschiedene Dinge, ob ein Insekt nun eine Person tötet oder ob es sie auffrißt, vor allem wenn man in Betracht zieht, daß die Heuschrecken, was auch der Gerichtsmediziner zugab, keine fleischfressenden Tiere sind. Drittens kann ich Ihnen anvertrauen, daß ich, allerdings nur indirekt auf den Tod der Lehrerin bezogen, zu einer anderen Schlußfolgerung gekommen bin. Wollen Sie sie hören?«

Bevor der Kommissar fortfuhr, fragte er den Gefangenen, wie spät es auf seiner Uhr sei und ob die Zeit, die er selbst

festgesetzt habe, schon abgelaufen sei. Der Journalist antwortete mit einem so zerstreuten »beinahe«, daß sich der Erzähler aufgefordert sah fortzufahren.
»Ich verstehe durchaus, daß Sie meinen Bericht für eine Ausgeburt der Phantasie und den Tod der Lehrerin für ein magisches Ereignis halten, doch nehmen Sie bitte zur Kenntnis, daß gerade dieser Teil nichts mit den Überlieferungen der Indianer zu tun hat. Aber da ich den Argwohn erkenne, mit dem Sie mir, ohne ihn offen zu zeigen, zuhören, möchte ich Ihnen von der Schlußfolgerung erzählen, die mir am häufigsten im Kopf herumgeht, und eine andere für später aufheben, falls Sie Lust haben sollten, noch einen Nachmittag mit mir beim Matetrinken zu verbringen, bevor Sie nach Hause zurückkehren. Sie haben mir bis hierher zugehört und wenn Sie mir Glauben schenken, so können Sie sich ausrechnen, daß dies zumindest die zweite Heuschreckenplage ist, unter der dieses Dorf zu leiden hatte. Die zweite, Sie verstehen?«
»Das stimmt.«
»Ohne die in Ägypten mitzuzählen.«
»Was sollte denn die damit zu tun haben?«
»Passen Sie auf. Ich erinnere mich nicht mehr so gut an das, was ich in der Schule oder im Religionsunterricht gelernt habe. Eigentlich müßte ich den Pfarrer fragen, aber wir reden nicht mehr miteinander. Soviel ich weiß, waren die Heuschrecken eine der sieben Plagen Ägyptens. Das stimmt doch, oder? Sie wissen das sicher besser. Aber egal, ob nun mit oder ohne Ägypten – obwohl Ägypten sich sehr gut in einer etwas ernsthafteren Erzählung ausnehmen würde –, wir kommen nicht an der Tatsache vorbei, daß die Heuschrecken, wie jede andere Plage auch, immer wiederkehren. Und ich glaube, daß alles wiederkehrt. Alles. Außer den Menschen. Wenn wir sterben, so wie die Lehrerin, dann ist es aus und vorbei.«
»Und was schließen Sie daraus?«
»Daß man das Leben genießen muß, solange man kann. Ohne irgend jemandem Schaden zuzufügen. Verstehen Sie, was ich meine?«

Es war schon fast dunkel, aber noch nicht ganz, denn in dieser Gegend, in der der Himmel den Feldern gehört, ohne seinen schweren Schatten auf sie abzuladen, zögert das Tageslicht im Sommer, sich mit dem endgültigen Rückzug abzufinden und verharrt in dem Licht des Mondes und der Sterne, die sich wie von zitternden Reflexen entflammt vermehren.

Es war noch nicht Abend, aber trotzdem rief irgend etwas im Innern des Organismus zum Essen. Vor der Tür des Polizeireviers lieferte der Fotograf einen weiteren Beweis seiner unendlichen Geduld, für ihn ein Zeichen seiner Kollegialität. Deshalb machte der Journalist, der das für die Unkosten von seinen Auftraggebern zur Verfügung gestellte Geld verwaltete, den Vorschlag, das Essen zu sich zu nehmen, das ihnen, einem Paar hungriger Männer, zustand. Auf das Vorhaben, in das beste Restaurant am Ort zu gehen, mußten sie verzichten, weil es ein solches im Dorf nicht gab.

Trotzdem wandte sich der Fotograf, nachdem sie Wurst und einige mit Fleisch gefüllte empanadas zu sich genommen hatten, mit triftigen Gründen gegen die Bestellung weiterer Gerichte. »Morgen müssen wir doch arbeiten.«

Für den Journalisten klang das wie: Morgen müssen wir aber endlich zu arbeiten anfangen, und er fand die Warnung durchaus angebracht. »Stimmt, anstatt etwas zu tun, habe ich den ganzen Tag über als Gefangener gefaulenzt.«

Wie sie beschlossen hatten, standen sie am nächsten Tag in aller Herrgottsfrühe auf und machten sich beim ersten Tagesgrauen auf die Suche nach geeignetem Material für ihren Bericht. Sie hatten die Hoffnung, daß die Heuschrecken noch nicht weggeflogen waren, und ihre Überlegungen erwiesen sich als richtig. Noch bedeckten sie die Baumstämme, und jene, die sich auf dem Boden niedergelassen hatten, saßen unerschrocken an derselben Stelle und machten so etwas wie Morgengymnastik; vielleicht um in Form zu kommen, dachte der Journalist und schrieb damit diesen Insekten, die wegen ihrer langen Beine dafür wie geschaffen waren, menschliche Eigenschaften zu.

Während sich der Fotograf in seine Arbeit vertiefte und voll Begeisterung den Heuschrecken zurief: »Stellt euch bitte richtig auf, ihr Hübschen! Schaut nicht weg, schaut in die Kamera!«, verkürzte der Journalist die Entfernung zwischen seinen Augen und einigen Heuschrecken, auf denen noch die nächtliche Lethargie lastete. Er wollte die Ähnlichkeit zwischen den Flügeln der Orthopteren und dem Stoff herausfinden, den der Professor für das Brautkleid der kleinen Dorfschullehrerin ausgesucht hatte.

Im Licht der neugeborenen Sonne, die das Wolkenkleid der Morgenröte abstreifte, konnte er die Leiber der Heuschrekken genau erkennen: es waren gerade, langgestreckte Körper mit vier angelegten Flügeln. Später, wenn die Sonne etwas höher am Himmel stand, würde ihr Licht alles durchsichtig erscheinen lassen und ihm die Möglichkeit geben, sich ein Bild davon zu machen, wie der Stoff auf der jungen Haut der Lehrerin ausgesehen hätte, deren Todesursache er genausowenig in Erfahrung bringen konnte, wie er sich den Ausdruck auf ihrem Gesicht vorstellen konnte. Über solchen Gedanken verlor er jedes Zeitgefühl; die Heuschrecken aber rückten immer enger zusammen, bis sie eine geschlossene Masse bildeten und in vollkommener Formation davonflogen, einen Augenblick lang den Blick auf den Himmel versperrend. All das geschah ohne irgendein Geräusch, und der Journalist fragte sich, ob das Fehlen eines Lautes, der von den menschlichen Wesen vernommen werden könnte, wohl eine Vorsichtsmaßnahme der Heuschrecken wäre.

Welch Wunder! sagte er zu sich, ohne genau zu wissen, was ihn eigentlich so sehr verwunderte, und er hatte noch das Bild vor Augen, wie die Heuschrecken zu Tausenden davonflogen, um jenseits der blauen Leinwand des alltäglichen Himmels einen nilgrünen Horizont zu bilden, der nur für einen Tag bestimmt war, für den Tag, an dem die Braut ihr Kleid tragen sollte.

Sie fotografierten Heuschrecken beim Essen und Heuschrekken in den Zügen, die stehengeblieben waren, weil sie sonst

Gefahr liefen zu entgleisen. Sie fotografierten Heuschrecken von nah und von fern, aber nie von ganz weit weg, denn die Kamera war dafür nicht geeignet. Der Fotograf ging mit den Platten recht verschwenderisch um; es war ihm klar, daß er das Material zum Fenster hinauswarf, aber er wollte unbedingt die Kinnbacken einer blätterkauenden Heuschrecke festhalten, obgleich er gar nicht genau wußte, ob Heuschrekken überhaupt Kinnbacken haben.
Sie fotografierten auch den Bahnhofsvorsteher, die Maschinisten der stehenden Züge, die Dorfbewohner, die bereit waren, ihre Meinung zu sagen.
Gegen Mittag nahmen sie ein Essen zu sich, das noch frugaler war als das vom Vorabend. Danach ruhten sie sich ein wenig auf den Betten in der Pension aus, und als sie sich wieder auf den Weg machten, teilte der Journalist seinem Kollegen mit, daß er noch einmal aufs Polizeirevier ginge.
»Schon wieder?« wunderte sich der Fotograf.
»Ich habe mein Gespräch mit dem Kommissar noch nicht zu Ende geführt, und außerdem wartet der Mate auf mich.«
»Ehrlich gesagt finde ich, daß du dich schon an das Gefängnisleben gewöhnt hast.«
Der Kommissar sagte, daß er ihn erwartet habe, und er wies auf den Kessel über der Glut und die mit yerba gefüllten Mategefäße.
Er würde gerne den letzten Teil der Geschichte erzählen, falls der Journalist etwas über das Schicksal des Professors nach dem Tod seiner heimlichen Verlobten erfahren wolle. Allerdings äußerte er, ungeachtet der Tatsache, daß der Journalist das früher Erzählte für wahr zu halten schien, Zweifel, ob er ihm auch diesmal Glauben schenken würde, denn, so fügte er erklärend hinzu, das Verhalten des Professors sei immer seltsamer geworden, nicht etwa, weil der sich zu Liederlichkeiten habe hinreißen lassen, sondern weil er Sachen getan habe, die bei der Dorfbevölkerung zwangsläufig auf Verwunderung stoßen mußten.

»Der Professor verkündete«, fuhr der Kommissar fort, »daß er für den Segen des Wassers sorgen würde, denn er war sich bewußt, daß er mit seinem früheren Experiment die Hoffnungen der Dorfbevölkerung enttäuscht hatte, als er Insekten versprach, die bei der Befruchtung helfen sollten, und mit Heuschrecken ankam, die Schaden und Zerstörung anrichteten, bis sie nach einer gewissen Zeit aufhörten, die Felder zu verwüsten und ganz einfach in einer dunklen Wolke davonflogen, um anderswo das Getreide und Brot der Menschen zu vernichten.

In dem Dorf und auf den umliegenden Feldern fehlte es zwar nicht an Wasser, doch reichte es nicht aus, um die Anbaufläche, wie man es sich wünschte, zu vergrößern. Das Wasser und damit verbundene Wohltaten der Natur waren Bestandteil seines neuen Versprechens. Diesmal kam er weder mit einem Hand- noch mit einem Reisekoffer zurück, sondern mit einem bärtigen Mann, dessen schwarze Haare genau wie bei einem jener Fakire geschnitten waren, die auf den Jahrmärkten auftreten. Anfangs mied er die Leute, doch als er etwas freier geworden war, stellte ihn der Professor ganz einfach als Garrick vor, ohne besondere Angaben zu seiner Person zu machen oder irgendeine Gabe zu loben, die er womöglich besaß. Auch sein Versprechen, Wasser zu beschaffen, erwähnte er mit keinem Wort und trotzdem konnten sich die Dorfbewohner nicht des Eindrucks erwehren, daß Garrick ein Zauberer war, der die Fähigkeit hatte, es häufiger als üblich regnen zu lassen, um Teiche und Seen zu füllen, von denen aus das Wasser in Kanälen über die durstigen Felder fließen würde. Eines Tages, als es dem Professor an der Zeit zu sein schien, machte er sich mit Garrick tatsächlich ans Werk. Er stellte vertikale Holzpfeiler auf, breitete eine Plane darüber und errichtete so ein geräumiges Zelt. Er rief die Leute aus dem Dorf zusammen und gab vor, die falschen Vorstellungen über Garrick aus der Welt räumen zu wollen, indem er allen erzählte, daß dieser weder ein Zauberer noch ein Gaukler noch ein Seiltänzer sei, sondern ein Schauspieler.

Von den Bänken her kam die Frage: Ein Komiker? Statt zu antworten, lächelte der Professor nur, aber sein Lächeln wirkte geheimnisvoll. Die Leute nahmen den Professor so, wie er war, vor allem, weil sie daran dachten, daß er seine Verlobte auf so unglaubliche Weise verloren hatte. Sofort erklärte er ihnen, daß Garrick ein dramatischer Schauspieler sei, obwohl die englische Geschichte – und hier müsse er dem Herrn aus dem Publikum zu seiner Intuition beglückwünschen – ihn unter jenen Künstlern einreihte, die für ihr Talent, die Leute zum Lachen zu bringen, berühmt geworden seien. Er fügte erklärend hinzu, daß die Engländer vielleicht ihre guten Gründe hätten, ihn als solchen zu bezeichnen, aber als er nach Amerika kam, widmete er sich seiner eigentlichen Berufung, der dramatischen Kunst. Deshalb habe er das Zirkuszelt den festen Theatern in den großen Städten wie Buenos Aires vorgezogen, in denen er auch aufgetreten sei. Dort, in der runden Arena, habe er, so erklärte der Professor, die Heldenepen von dem Mut und der Liebe der großen Gauchos wie Martin Fierro, Santos Vega und Hormiga Negra aufgeführt, alles Männer, die er übrigens auch in Wirklichkeit kennengelernt habe, und mit einigen von ihnen, nämlich den beiden letzteren, sei er sogar gemeinsam aufgetreten.
Dem Publikum gefiel diese Propaganda nicht. Man fing an zu flüstern und munkelte, daß Santos Vega und auch die anderen Gauchos sehr edle Männer seien, die der größten Kühnheit fähig wären und sogar gegen einen Trupp bewaffneter Soldaten kämpften oder sich auf einen Streitgesang mit dem Teufel einließen. Aber nicht deshalb sei man hierhergekommen, sondern wegen des Wassers, und wenn es schon kein Wasser gäbe, dann solle er, der doch ein Ausländer und zudem Schauspieler sei, etwas spielen, nur komisch müsse es sein.
Ich werde beides tun, sagte Garrick mit der offensichtlichen Zustimmung des Professors, der das Gemurmel gehört und den Künstler davon in Kenntnis gesetzt hatte.

Dieser trat von der Bühne ab und kam dann sofort mit Kostümen und Masken beladen zurück, die zu der Verkleidung eines Clowns, eines Bajazzos, eines Hanswurstes, eines Seiltänzers, eines Baßbuffos, Possenreißers und Hofnarren gehörten. All diese Utensilien legte er aber ostentativ beiseite und widmete sich in aller Natürlichkeit und Spontaneität der Aufgabe, die Leute mit seinen Geschichten, Witzen, Anekdoten, Parodien und mit viel, sehr viel Geist zum Lachen zu bringen. Hier und da schnitt er auch eine Grimasse, doch sehr verstohlen, ohne irgendwie zu übertreiben. Und die Leute amüsierten sich, sie lachten wie befreit, lachten, bis ihnen die Tränen in die Augen traten. Und die Tränen bildeten einen Wasserlauf, der immer breiter werdend durch das Dorf floß und seine Fluten über die umliegenden Felder ergoß.
Und so entstanden in der Weite des spanischen Amerika durch die magische Kraft der Freudentränen Seen, Teiche und andere Wasserstellen, die man, wenn sie größer sind, kleine Meere nennt.«

José Donoso
Santelices

I.

»Denn Sie verstehen gewiß, Santelices, daß wir am Hungertuch nagen würden, wenn wir allen Bewohnern der Pension erlaubten zu tun, was Sie getan haben. Ja, ja, ich weiß schon, was Sie jetzt sagen werden, und im Grunde haben Sie recht. Wie können Sie nur annehmen, daß wir Ihnen, der Sie schon drei Jahre bei uns sind und wahrscheinlich nicht mehr von hier wegziehen werden, nicht die Erlaubnis geben würden.«

Es war unbegreiflich, daß don Eusebio noch so viel reden konnte, denn die schlaffen Muskeln in seinem zahnlosen Mund schienen unfähig zu sein, etwas anderes als schwache Bläh- und Schmollgeräusche hervorzubringen. Santelices überlegte, daß sein eigener Mund binnen kurzem wie der von don Eusebio aussehen würde, wenn er sich von Bertita dazu verführen ließe, sein Gebiß nicht einzusetzen. Nur keine Umstände, Santelices, sagte sie immer wieder zu ihm. Oder: Machen Sie es sich bequem, hier gibt es keine schönen Frauen, denen Sie imponieren müssen.

»Aber fünfundzwanzig, das ist zu viel.«

»Dreiundzwanzig«, verbesserte Santelices und biß sich dabei fast auf die Zunge.

»Fünfundzwanzig oder dreiundzwanzig, das ist egal. Versetzen Sie sich in meine Lage. Wie würden die Tapeten hier im Haus aussehen, wenn jeder auf den Gedanken käme, fünfundzwanzig Bilder an die Wand zu hängen? Verstehen Sie? Danach würde niemand mehr die Zimmer mieten. Sie wissen ja, wie die Leute heutzutage auf Kleinigkeiten achten, wie anspruchsvoll sie sind, obwohl ich mit Ihnen jede Wette eingehe, daß sie früher, bevor sie hierherkamen, nicht einmal wußten, was ein Spülklosett ist . . .«

»Ja, natürlich. Aber es waren nicht einmal richtige Nägel.«

»Ob Nägel oder Reißnägel, das läuft auf eins hinaus. Schauen Sie sich nur diese Wand an. Und jene dort. Ich will gar nicht an das Geschrei denken, das Bertita anstimmen wird, wenn sie das zu Gesicht bekommt. Und wieviel wird es mich kosten, alles neu tapezieren zu lassen? Rechnen Sie einmal nach! Ein Vermögen! Bei den unverschämten Preisen, die die Maler inzwischen verlangen . . .«

»Aber die Tapete war doch schon alt . . .«

»Tun Sie mir den Gefallen und beantworten Sie mir eine Frage, Santelices. Was ist nur in Sie gefahren, als Sie diese abscheulichen Affen an die Wand gehängt haben? Wo haben Sie die überhaupt alle her? Also ganz ehrlich, ich finde das seltsam. Sieht nach etwas Verrücktem aus. Und von einem Verrückten haben Sie ja nun wirklich nichts, Santelices. Erst neulich sprachen Bertita und ich darüber, daß dieses Geschäft hier wirklich ein Vergnügen wäre, wenn alle Leute, die zu uns in die Pension kommen, sich als so angenehm erwiesen wie Sie . . .«

»Vielen Dank, aber . . .«

»Sie brauchen sich nicht zu bedanken. Schließlich sage ich ja nur die reine Wahrheit. Sie sind nicht nur ein Bewohner dieser Pension. Sie sind ein guter Freund, fast ein Verwandter, so könnte man sagen, und zwar vor allem, weil Sie so umgänglich sind und keine großen Ansprüche stellen wie andere. Und lassen Sie mich Ihnen noch etwas sagen, so von Mann zu Mann. Doch reden Sie nicht darüber . . . Sie wissen ja, Bertita . . .«

»Aber ich bitte Sie, don Eusebio!«

Der Alte senkte die Stimme.

»Wenn es Bilder gewesen wären von Frauen im Badeanzug oder in schwarzer Spitzenwäsche, so wie sie jetzt in diesen herrlichen Kalendern erscheinen, dann hätte ich Sie durchaus verstanden. Ja, ob Sie es glauben oder nicht, ich könnte Sie verstehen. Ich bin zwar schon älter, aber Sie kennen mich ja und wissen, daß ich noch recht munter und gut beieinander bin. Und ich hätte Bertita selbstverständlich nichts gesagt.

Aber das hier . . . Das ist wirklich sehr eigenartig, Santelices.«

»Ich weiß nicht, aber . . .«

»Schauen Sie sich bloß mal die Tapete an. Das Loch hier . . .«

»Aber don Eusebio, ich will doch in diesem Zimmer bleiben.«

». . . und da ein anderes. Der Putz kommt schon von der Wand herunter und fällt auf das Laken, das ich selbst erst letzte Woche gewechselt habe. Sehen Sie nur, du meine Güte! Lieber hole ich einen Maler und laß mir einen Kostenvoranschlag geben, bevor meine arme Tochter bei diesem Anblick einen Anfall bekommt. Und wie hoch die Summe auch sein mag, die Kosten tragen selbstverständlich Sie . . .«

Don Eusebio stürzte aus dem Zimmer und nahm, als Beweis für die Perversität des Pensionsbewohners, einige Bilder mit.

II.

Santelices war spät dran für das Büro.

Im allgemeinen zog er sich Socken, Strumpfbänder, Unterhemd und Unterhose auf dem Bett sitzend an. Und wenn es morgens besonders kalt war, deckte er sich erst gar nicht auf, sondern erledigte seine Garderobe fast vollständig unter den Wolldecken, in der im Laufe der Nacht angestauten Wärme. Es fehlten noch zwei Minuten bis zum Dienstbeginn um halb neun. Auf dem Bettrand sitzend zitterte er, ohne zu wissen, was er tun sollte. Die Bilder und Fotografien, die er am Abend zuvor an der Wand aufgehängt und während don Eusebios Moralpredigt eilig wieder heruntergerissen hatte, lagen zerkratzt und zerknittert zwischen den Hosenbeinen seines Pyjamas auf den Bettlaken, die noch den bitteren Geruch seines Körpers ausströmten.

Als er am Abend zuvor nach einer Partie Canasta auf sein Zimmer gegangen war, wußte er, daß er es tun würde. Geplant hatte er es wohl schon seit längerem, denn als er vor einer Woche an einer Eisenwarenhandlung vorbeigekommen

war, hatte er ein Kilo Reißnägel gekauft, ohne zu wissen wofür. Es fiel ihm schwer einzuschlafen. Er spürte diese großen, gelben Augen, diese behaarten Pranken, diese prächtigen Körper, die fein säuberlich geordnet in der untersten Schublade seiner Kommode gefangengehalten wurden. Es war, als hätte er sie heulen hören, und so mußte er es tun, obwohl es schon beinahe drei Uhr morgens war.
Am Abend zuvor hatte Bertita die Partie Canasta um drei Runden verlängert und damit bis in die frühen Morgenstunden ausgedehnt, so als ahnte sie, daß er in seinem Zimmer etwas geplant hatte, von dem sie ausgeschlossen sein würde. Santelices war müde und protestierte, schließlich mußte er am nächsten Tag früh zur Arbeit. Doch im Grunde wollte er weniger aus Müdigkeit, denn aus einem inneren Verlangen heraus nach oben auf sein Zimmer gehen. Er wollte genau wie an anderen Abenden, an denen sich Bertita als weniger stur erwies, seine Alben mit den Zeitungsausschnitten und Fotografien, seine Bücher, seine Mappen voller Bilder und die Umschläge öffnen, in denen er Illustrationen, Zeichnungen und Artikel aufbewahrte. Bertita wußte, daß Santelices wie versessen war auf die übliche Partie Canasta nach dem Abendessen mit ihr, don Eusebio und einem Strohmann. Sie wußte, daß er niemals das Spiel abbrach, solange noch Karten auf dem Tisch lagen, und so war es ein leichtes, ihn auch nach der Verlängerung noch zurückzuhalten. Sie spielten nicht um Geld. Jeder hatte einen Beutel mit Bohnen, großen weißen Bohnen, die aus Porzellan zu sein schienen und als Geldersatz dienten. Die Abrechnung fand stets am Sonnabend statt. Der Verlierer mußte dann die beiden anderen ins Kino einladen, um einen Film ihrer Wahl anzusehen. Danach verwahrte Bertita die Beutel wieder.
Als der Abend dem Ende zuging, war Santelices schon fast eingeschlafen. Die Karten in seiner Hand fühlten sich schwer an, seine Augenlider waren wie von Blei, bis er schließlich, am Eßzimmertisch unter der hohen Decke sitzend, die von einer einzigen Glühbirne erhellt wurde, nur noch ein einziges

Durcheinander von Piks, Kreuzen und Herzen sah. Jedesmal, wenn er an der Reihe war, riß ihn Bertita mit einem Stoß ihres Ellbogens aus seinem Halbschlaf.
»Los, Santelices«, sagte sie zu ihm, »Sie sind dran. Das Schöne am Canasta ist doch, daß es schnell gehen muß, vor allem, wenn man mit einem Strohmann spielt.«
»Und heute abend scheinen sogar zwei Strohmänner mitzuspielen«, fügte don Eusebio hinzu und brach in so lautes Gelächter aus, daß sich Santelices' Gebiß in dem Glas auf dem zitternden Tisch wie ein rosafarbener Fisch bewegte.
»Das reicht, Papa«, sagte Bertita streng. »Sie benehmen sich, als wären Sie acht und nicht achtzig Jahre alt. Hören Sie auf zu lachen!«
Gegen Ende wurde Santelices wieder ein wenig munterer, denn don Eusebio begann, neue Spielregeln zu erfinden, die ihn selbst begünstigten. Am Anfang ließ er ihn gewähren, weil er zu schläfrig war, um sich auf eine Diskussion einzulassen, und er nur hoffte, die Partie würde bald zu Ende sein. Aber als don Eusebio ganz unverfroren behauptete, daß man bei einem richtigen Canasta-Spiel den Abhebestoß mit einer Karte und einem Joker aufnehmen könnte, ohne vorher ausgelegt zu haben, vorausgesetzt diese Karte sei ein As, da wurde Santelices vor lauter Ärger hellwach.
»Das stimmt nicht«, schrie er und packte die nach den Karten greifende Hand des Alten.
Bertita, die eine Grenadine trank, verschluckte sich.
»Wollen Sie damit etwa sagen, daß mein Vater mogelt?«
»Das geht einfach nicht, das geht einfach nicht«, kreischte Santelices. »Als ich meinen Sommerurlaub in dem Thermalbad Panimávida verbrachte, lernte ich eine Dame kennen, die in Uruguay gewesen war . . .«
»Wann haben Sie schon jemals Urlaub in einem Thermalbad gemacht!« schrie der Alte, dessen Hand noch immer von der Santelices' gefangengehalten wurde.
»Lassen Sie meinen Vater, und hören Sie bitte mit dem Theater auf«, sagte Bertita.

»Sie wissen genau, daß ich verlogene Personen nicht ausstehen kann . . .«
»Und nun sagen Sie noch, daß ich der Lügner bin«, schimpfte don Eusebio. »Lade mich zu einem Schluck Grenadine ein, liebe Tochter; dieser Streit hat meinen Durst auf etwas Süßes geweckt.«
»Nein. Ich hab' nur noch sehr wenig.«
»Du wirst noch einen ganz geschwollenen Bauch kriegen. Eine halbe Flasche an einem Abend ist viel zu viel . . .«
»Man kann den Stoß nicht aufnehmen«, wiederholte Santelices hartnäckig. »Das geht einfach nicht. Mich können Sie nicht durcheinanderbringen.«
»Wer will Sie denn hier wegen ein paar lächerlicher Bohnen schon durcheinanderbringen?« fragte don Eusebio.
»Und das Kino? Ist das etwa nichts? Seit vier Sonntagen muß ich Sie dazu einladen.«
»Ach, das Kino, das Kino . . .«
»Diese Partie Canasta ist einfach nicht zum Aushalten«, sagte Bertita. »Noch nie habe ich mich derart gelangweilt. Am besten machen wir Schluß. Ich bin müde. Doch stimmen wir vorher noch ab. Was meinen Sie, Santelices, kann man nun den Ablegestoß vor dem Auslegen mit einem As und einem Joker aufnehmen oder nicht?«
»Nein, man kann es nicht.«
»Man kann es nicht, eine Stimme. Ich finde, daß man es doch kann. Eine Stimme dafür und eine dagegen. Und Sie Papa? Kann man ihn nun aufnehmen oder nicht?«
»Man kann ihn nicht aufnehmen«, antwortete der Alte zerstreut, denn er schaute gierig auf die Grenadineflasche.
Empört über die Verwirrung ihres Vaters, der sie, wie Bertita meinte, lächerlich gemacht hatte, brachte sie mit einer einzigen Handbewegung alle Karten auf dem Tisch durcheinander und stand auf. Ohne sich zu verabschieden, ging sie schlafen und überließ es den Männern, die Karten zu ordnen und zu verwahren. Sie vergaß nicht, die Beutel mit den Bohnen mitzunehmen.

Als Santelices auf sein Zimmer ging, dachte er daran, daß er nur noch knapp vier Stunden schlafen konnte, bevor er wieder aufstehen mußte, um ins Büro zu gehen. Durch eine kaputte Scheibe im Oberlicht fiel beharrlich ein Regentropfen in eine Schüssel. Aus den Zimmern, die auf den dunklen Gang führten, drang das Schnarchen der anderen Pensionsbewohner, zu denen don Eusebio und Bertita Distanz bewahrten. Nur ihm erwiesen sie die Gunst ihrer Vertraulichkeit. Er spürte die markante, kalte Form des Schlüssels in seiner Hand. Das leise metallische Geräusch, als er ihn in das Loch steckte, weckte die Schlafenden ein wenig auf. Er zog sich seinen Pyjama an. Dann ging er mit dem Schlüsselbund in der Hand zu seiner Kommode und öffnete die unterste Schublade.

Er brauchte nur einige Umschläge auf seinem Bett auszuleeren, nur ein paar Mappen zu öffnen, um sein Zimmer zu verwandeln. Mächtige und animalische Gerüche besiegten die müde Atmosphäre des Alltags. Es bildeten sich Äste, die bewegungslos darauf warteten, nach einem wilden Absprung erzittern zu dürfen. Mitten im tiefsten Dickicht knackten die Sträucher unter dem Gewicht heimlicher Schritte, die Last herumschleichender Körper bewegte das Gras. Tierische Ausdünstungen verpesteten die Luft. Und der violett-grüne Schatten und das fleckige Licht wurden erschüttert von der gefährlichen Anwesenheit wilder Schönheit, von der Drohung, die in der Anmut der Kraft lauert.

Santelices lächelte. Das alles würde Bertita nie verstehen. Weder Uhrzeit, noch Schlaf, noch das Büro kümmerten ihn jetzt. Die Zeit hatte ihre Grenzen in einer großmütigen Umarmung ausgedehnt. Santelices holte all seine Schätze heraus, breitete sie auf seinem Bett, auf dem Boden, Tisch, Kommode und Frisiertischchen aus. Er betrachtete die Bilder, während er das Paket Reißnägel suchte. Seine Sammlung war die größte, die schönste auf der ganzen Welt. Obwohl er sie nie jemandem gezeigt und auch nie mit jemandem darüber gesprochen hatte, war er sich dessen gewiß. Das gab ihm ein

Gefühl der Überlegenheit, der Stärke und des Stolzes den anderen gegenüber, die nie ahnen würden, was er in der untersten Schublade seiner Kommode verwahrte.
Vor vielen Jahren hatte er von seinem ersten Gehalt als Archivar eine mit einem himmelblauen Seidenband geschmückte Dose Schokoladenplätzchen gekauft, auf deren Deckel eine verhätschelte kleine Hauskatze abgebildet war, die mit einem Wollknäuel spielte. Als er die Süßigkeiten aufgegessen hatte, warf er die Dose nicht weg. Er fand sie hübsch und so hob er sie auf. Viele Jahre hielt er sie verwahrt. Zuweilen erinnerte er sich an dieses Lächeln, das eigentlich gar kein Lächeln war, er ahnte die Gefahr in der verspielten Pfote mit den kaum sichtbaren Krallen. Und er holte die Dose hervor, um sie sich anzuschauen. Mit der Zeit geschah das immer häufiger, bis er spürte, daß sie ihn nicht mehr befriedigte, daß, was ihn bewogen hatte, sie aufzuheben, zu schwinden begann, fast nicht mehr vorhanden war. Eines Nachmittags, als er in einem Buchladen ältere Nummern einer Zeitschrift durchblätterte, entdeckte er eine Reportage in Farbe, die sich nicht mit Haustieren, sondern mit ganz anderen Tierarten befaßte, mit jenen nämlich, die im Urwald leben und töten. Er dachte an seine Schokoladendose, doch nun, da er sich verguckte in das, was er vor sich sah, vergaß er das Kätzchen für immer. Die nahe Bedrohung und unverhohlene Grausamkeit schienen die Schönheit der Fotos, die er mit einem vor Erregung kalten Nacken betrachtete, noch zu steigern, ihr eine unwiderstehliche Kraft zu verleihen, die alles zum Sieden, zum Glühen brachte, die das Auge blendete, seine Hände schwitzen, seine Lider zittern ließ. Er hatte nichts Eiligeres zu tun, als die Zeitschrift zu kaufen. Von da an war er ein häufiger Gast der Buchhandlungen. Er suchte etwas, das dieses Gefühl am Leben erhielt, es verstärken, intensivieren sollte, und so kaufte er alles, was er fand. Zuweilen unterlag er der Versuchung, sehr teure Bücher zu erstehen, und war danach mehrere Monate lang völlig pleite. Mehr als einmal bestellte er sich aus dem Ausland Monographien in unverständlichen Sprachen.

Manchmal fand er auf seinen Streifzügen durch die Buchhandlungen monatelang nichts. Dann betrachtete er in seinem halbdunklen Zimmer, in dem nur die Nachttischlampe mit dem blauen Schirm brannte, die Bilder und suchte in diesen Illustrationen, die sich allen Belebungsversuchen auf geradezu perverse Weise widersetzten und nichts als Papier und Druckerschwärze zu sein schienen, seine verlorengegangene Erregung. Und auch in ihm selbst blieb etwas ohne Leben. Die Besessenheit seiner Suche verkrüppelte seine Vorstellungskraft. Denn die Begierde, dieses bestimmte Etwas zu finden, wuchs wie eine alles erstickende, lähmende Schlingpflanze, die nur Raum ließ für sich selbst.

An einem solchen Nachmittag fragte Bertita: »Hören Sie, Santelices, fehlt Ihnen vielleicht etwas? Sie sind so merkwürdig.«

Da war ihm, als hätte man ihm das wenige, das er sein eigen nannte, fortgenommen.

Im Büro täuschte er eine Krankheit vor. Er ging in den Tiergarten. Lange blieb er vor dem Käfig mit den Raubtieren stehen. Fliegen summten um ihre Mäuler und über den Kot. Ihre Schwänze waren schmutzig, das Fell abgeschabt und stumpf, die Käfige enttäuschend klein. Als die Wärter einige Fleischstücke mit langen Gabeln hineinreichten, stürzten sich die Raubtiere auf das blutige Aas, geräuschvoll durchbissen sie die Knochen und knurrend ließen sie ihren warmen Geifer über das Fleisch tropfen, bevor sie es verschlangen. Santelices lief davon. Das war und war doch nicht das, was er suchte.

Nach seinem Besuch im Zoo begnügte er sich bei seinen Streifzügen durch die Buchhandlungen nicht mehr mit den schönen Bildern, auf denen die Raubtiere den nahen Tod mit ihrem dreieckigen Lächeln und dem sich windenden Gang immer wieder nur andeuteten. Ihm dürstete nach mehr, er suchte grausame Szenen, in denen die dampfenden Schlünde noch von heißem Blut verschmiert waren, in denen sich der schwere Körper des Tieres brutal auf das erschreckte Opfer fallen ließ. Santelices Herz schlug für den Besiegten und, um

sich vor der Panik zu retten, heftete er seine Augen auf den Angreifer, mit dem er sich zu identifizieren trachtete.
Gestern abend nun hatte er seine Lieblinge, die Prächtigsten, die Fürsten unter ihnen in Freiheit gesetzt. Er hängte sie über dem Kopfende seines Bettes an die Wand, direkt neben die Frisierkommode und den Spiegelschrank. Lange Zeit blieb er bei gedämpftem Licht ausgestreckt auf dem Bett liegen, um sie nicht nur zu betrachten, sondern um zu spüren, wie sie sich seines Zimmers bemächtigten. Unter gefährlichen Geräuschen bahnten sie sich ihren Weg in die Freiheit. Eine Tatze in einer Pfütze, ein zerbrechender Ast, das plötzliche Aufrichten spitzer Ohren. Das Zimmer füllte sich mit dem anmutigen Gang ihrer Körper, mit blinzelnden Augen, die in der Dunkelheit glühendheiß aufblitzten, mit Luftstößen, die den mächtigen Lungen entwichen, mit einander streifenden Leibern und heißen Fellen, die eng über elegante Muskeln gespannt waren. Er spürte die drängende Aufforderung, an diesem brodelnden Leben teilzunehmen, sich der Gefahr preiszugeben, Schlund und Blut, Opfer und Angreifer zugleich zu sein.
Aber Santelices schlief ein.
Nur wenig als eine Stunde später klopfte don Eusebio an seine Tür. Unaufgefordert kam er herein. Als er das Licht eingeschaltet hatte, erklärte er Santelices, er müsse ihn um einen Gefallen bitten, den Santelices angesichts der Vertraulichkeit, die Vater und Tochter ihm entgegenbrächten, nicht abschlagen könne, um den Gefallen nämlich, an diesem Tag etwas früher aufzustehen, da der Boiler in einem der Bäder nicht funktioniere. Es sei daher erforderlich, das andere zu der Stunde, da die Pensionsgäste zur Arbeit gingen, so weit wie möglich freizuhalten. Doch er kam mit seiner Erklärung nicht bis ans Ende. Plötzlich erstarrten seine Augen, sein zahnloser Mund blieb offen stehen. Und kaum eine Sekunde später erhob er ein lautes Gezeter, forderte er Santelices auf, all das unverzüglich von der Wand zu entfernen.

Als der Alte hinausgegangen war, wartete Santelices noch eine ganze Weile mit dem Anziehen. Es war ihm egal, ob er an diesem Tag zu spät ins Büro kam. Schließlich war das in sechzehn Jahren noch kein einziges Mal vorgekommen. Endlich schlich er sich auf Zehenspitzen davon. Bei dem Gedanken, daß ihn Bertita gewiß hören würde, drehte sich ihm der Magen um. Er ging auf sein Zimmer zurück, um sich die Schuhe mit Gummisohle anzuziehen, und lief dann noch leiser die Treppe hinunter. In ihrem Zimmer brannte kein Licht oder doch? Er schlich so vorsichtig wie irgend möglich an ihrer Tür vorbei, doch schon hörte er den erwarteten Schrei: »Santelices!«

Mit dem Hut auf dem kahlen Kopf blieb er stehen.

»Haben Sie mich gerufen, Bertita?«

»Spielen Sie doch nicht den Dummen. Kommen Sie herein!«

Santelices zögerte einen Augenblick, die Hand auf dem Türgriff, und beobachtete zwei tote, trockene Fliegen, die schon seit Jahren zwischen der staubigen Scheibengardine und dem Glas gefangengehalten wurden. Bertita lag noch im Bett. Sie hatte sich in dem Meer von fülligen Kissen halb aufgerichtet. Auf dem Nachttisch lagen eine umgestoßene Puderhose, ein Kamm voller Haare, Nadeln, Lockenwickler und Klammern. Neben ihr stand don Eusebio mit einem Besen in der Hand und einem Tuch um den Kopf.

»Meinen Sie etwa, wir hätten nichts zu tun, weil Sie wie ein Idiot hier herumstehen?« schrie ihn Bertita an, und der Alte rannte hinaus, um das Dienstmädchen zu ersetzen, das eine Woche zuvor entlassen worden war.

Als sie allein waren, senkte Bertita die Augen und begann, leise zu weinen. Ihre Hände zitterten auf dem blauen Atlas der Bettdecke. Ihre Brust hob und senkte sich wie eine große, unaufhörlich arbeitende Pumpe. Tränen rannen ihr über die breiten, frisch gepuderten Backen. Santelices begriff, daß sich Bertita eigens seinetwegen zurechtgemacht hatte, und er wollte das Zimmer verlassen.

»Santelices!« Wieder hörte er sie rufen. Bertita hielt ihn mit ihrem jetzt trockenen Blick gefangen.
»Es ist . . .«
»Können Sie mir erklären . . .«
»Ich hatte nicht . . .«
». . . wieso es möglich ist, daß Sie nach all dem, was wir für Sie getan haben . . .«
Wieder begann sie zu weinen und sagte dann:
»All diese dreckigen Affen . . . Sie hassen mich.«
»Wie können Sie das nur sagen . . .«
»Doch, doch, Sie hassen mich. Und dabei war ich doch wie eine Mutter zu Ihnen, als man Sie operierte. Ich habe eigens für Sie gekocht und Ihnen die ganze Zeit über Gesellschaft geleistet, damit Sie sich nicht langweilten. Und vergessen Sie nicht, daß ich Ihnen dieses Zimmer überließ, mein eigenes Zimmer und mein eigenes Bett. Denn ich wollte, daß Sie sich wohl fühlten und schnell wieder gesund würden. Sie sind wirklich eine Ausgeburt der Undankbarkeit . . .«
Schaudernd erinnerte sich Santelices an seine Rekonvaleszenz in Bertitas Schlafzimmer, nachdem man ihn wegen eines Magengeschwürs operiert hatte. Er hatte sich diesen Monat, den er, bei vollem Gehalt und mit einer Vertretung im Büro, im Bett verbringen durfte, wie den Himmel auf Erden vorgestellt. Wieviel Zeit würde er haben, um in aller Ruhe seine Alben mit den Zeitungsausschnitten und Fotografien anzuschauen! Wieviel konnte er über die Gewohnheiten der einzelnen Tierarten nachlesen, über ihre geographische Verteilung, über ihren fremden Lebensraum. Aber ohne daß er sich dagegen zu wehren vermochte, brachte ihn Bertita, als er noch sehr schwach war, im Erdgeschoß in ihrem eigenen Schlafzimmer unter, um in seiner Nähe zu sein. Und sie blieb den ganzen Tag bei ihm, erstickte ihn mit ihrer Fürsorge; nicht eine Sekunde ließ sie ihn aus den Augen, sie unterhielt und sie überwachte ihn, sah in der kleinsten Geste einen Wunsch, den er noch gar nicht geäußert hatte, eine Bitte um etwas, das er nicht benötigte. Oben in seinem Zimmer

blieben die glänzenden Augen blind und die vollkommenen Tierleiber ruhten den ganzen Monat über fein säuberlich gestapelt in der Schublade seiner Kommode und warteten auf ihn. Denn Bertita erlaubte ihm erst, wieder in sein Zimmer zu ziehen, als sie von seiner Genesung vollkommen überzeugt war.

»Aber ich schätze Sie doch sehr, Bertita . . .«

»So, so, Sie schätzen mich, was?« fragte sie und hörte plötzlich zu weinen auf, während sie die Bilder, die ihr don Eusebio gebracht hatte, hin- und herschwenkte. »So, so! Und glauben Sie etwa, daß Sie deshalb das Recht haben, das ganze Haus zu verwüsten, wie es Ihnen Spaß macht? Und noch dazu mit diesen widerlichen Affen! Deshalb also haben Sie sich immer in Ihr Zimmer eingesperrt! Aber jetzt kenne ich die Wahrheit. Jetzt ist Schluß für Sie mit diesen seltsamen Sachen, von denen ich nichts weiß. So etwas dulde ich nicht in diesem Haus. Wir sind zwar arm, aber immer noch anständige Leute. Da schaue man sich diesen Kerl einmal an! Zerstört er doch glatt das Haus anständiger Leute! Sie wollen sich nur an einen gedeckten Tisch setzen. Ja, das ist es, was Sie im Sinn haben, genau wie alle anderen Männer auch. Und unsereins ist dumm genug und opfert sich für sie und danach machen sie seltsame Sachen, ohne einem etwas zu sagen, und am Ende hassen sie einen sogar . . .«

»Wie können Sie nur so was denken, Bertita. Ich hab Sie doch wirklich sehr gern.«

»Machen Sie sich nicht über mich lustig, nur weil ich eine arme, alleinstehende Frau bin und noch dazu meinen unbrauchbaren Vater ertragen muß, der mich nicht einmal beschützen kann. Sie kennen ihn nur als alten Mann, der nicht mehr lange zu leben hat, aber wenn Sie ihn vorher gesehen hätten! Mein Gott, was der uns für Kummer bereitet hat! Ein verantwortungsloser Kerl, wie alle Männer, Sie inbegriffen. Ein eingebildeter Egoist, ein Schwein sind Sie, denn diese Affen hier, machen Sie nur keine Ausflüchte, diese Affen hier sind eine einzige Ferkelei. Und danach wird Canasta gespielt wie ein kleiner Heiliger, wie ein Wolf im Schafspelz. Sie glauben wohl, daß unsereins blöd ist! Ich werde Ihr ganzes Zimmer neu gipsen und mit der teuersten Tapete tapezieren lassen, und Sie werden das bezahlen, auch wenn es ein Vermögen kostet. Noch in diesem Augenblick schau ich nach, was für einen Dreck Sie da oben gemacht haben, und es würde mich nicht wundern, wenn ich mich dabei noch erkälte.«

Als Santelices sah, wie sich Bertitas schwerer Körper, der schamlos in ein halb durchsichtiges Negligé gehüllt war, das ihr eine Dame aus der Pension von einer kleinen Reise mitgebracht hatte, aus Laken und Kissen erhob, öffnete er die Tür und ergriff die Flucht. Der Geruch von Puder, von klebriger rosaroter Grenadine, der Geruch des schlaffen Körpers einer alten Jungfer verfolgte ihn, während er die vier Häuserblocks bis ins Büro im Laufschritt zurücklegte. Hastig rannte er die fünf Stockwerke hinauf, der Fahrstuhl war außer Betrieb. Ohne jemanden zu grüßen, betrat er das Büro. Er schloß sich in sein Zimmer ein, nachdem er angeordnet hatte, daß man ihn auf keinen Fall stören und bis Montag auch keine Akten von ihm verlangen solle, er müsse die Bücher durchsehen.

Er ging zwischen den mit Papierstößen beladenen Regalen hin und her. Auf dem Sims seines Fensters waren einige Tauben eifrig am Picken, zerstreut beobachtete er sie. Er setzte sich an seinen Schreibtisch, stand aber sofort wieder auf. Vom Fenster aus sah er auf den engen Hof hinab, den die schräg einfallenden Lichtstrahlen in zwei Hälften unterteilten. Er sah die Wolken, die am glänzenden Morgenhimmel schleppend vorüberzogen, und das blonde Mädchen, das auf dem Hof, fünf Stockwerke unter ihm, spielte.

Den ganzen Morgen verbrachte er so. Selbst zum Mittagessen ging er nicht hinaus, und auch den Nachmittag über schloß er sich in sein Zimmer ein. Abwechselnd betrachtete er den Himmel, die Regale und das mit einer Katze spielende Mädchen und versuchte, nicht an den Augenblick zu denken, da er nach Hause kommen und nichts mehr vorfinden würde von dem, was ihm gehörte.

III.

Nachdem Santelices an diesem Nachmittag das Büro verlassen hatte, lief er ziellos durch die Straßen. Er kam auch in die Nähe des Tiergartens, der für das Publikum bereits geschlossen war. Mehrmals war er an den Gittern vorbeigegangen, da hielt er plötzlich inne, denn in der Vielfalt miteinander vermischter Gerüche erkannte er solche, die ihm vertraut waren. Aus dem Gefängnis der abendlichen Käfige drang schwaches, allmählich verstummendes Brüllen an sein Ohr. Aber da er weder etwas sehen, noch hören wollte, wandte er sich, als die Nacht anbrach, ab und streifte wieder ziellos durch die Straßen. Er aß ein Sandwich mit zu scharfer Sauce und mußte an die Möglichkeit eines neuen Magengeschwürs denken. Danach ging er in ein Kino, das durchgehend geöffnet hatte, und schlief auf seinem Sitz ein. Als er wieder auf der Straße stand, war es schon fast ein Uhr morgens. In Bertitas Pension war bestimmt niemand mehr auf den Beinen. Da erst entschloß er sich, nach Hause zu gehen.

Auf dem Gang schlug ihm der Geruch von verbranntem Papier entgegen, den auch der übliche Küchendunst – jeden Freitag gab es gebratene Sardinen – nicht vollständig überlagert hatte. Unheimlich war die Stille in dem riesigen Haus, so als hätte niemals einer darin gewohnt. Er betrat sein Zimmer und zog den gestreiften Flanellpyjama an. Eine Weile suchte er lustlos in den Schubladen, unter dem Bett und auf dem Kleiderschrank nach seinen Bildern und Zeitungsausschnitten. Aber ihm wurde kalt, und so legte er sich, nachdem er den Mund ausgespült hatte, zitternd, aber völlig ruhig ins Bett. Schon vor seiner Rückkehr war er sicher gewesen, daß Bertita alles vernichtet, die Bilder verbrannt hatte. Den nächsten Tag im Büro verbrachte er damit, sich zum Abschied noch einmal an seine Bestien zu erinnern. Was konnte er auch anderes tun? Jede Beschwerde, jede Rache war unmöglich. Während er an seine Bilder dachte, stellte er sich selbst als kleinen Jungen vor, und er sah Bertita, die neben ihm stand. Sie drehte die Blätter in seinen Alben um und zeigte ihm die Bilder, doch durfte er sie nicht berühren. Daß sie gegen seinen Willen an dem Zauber der Raubtiere teilhatte, zerstörte die heraufbeschworenen Visionen, nahm ihnen alle Kraft. Nur an die Umstände des Kaufs vermochte er sich lebhaft zu erinnern, an das Gewicht der Bücher, an die unterschiedliche Größe der glänzenden Fotografien, an Papier, Karton und Druckfarben. Das eigentliche Wesen der Tiere jedoch widersetzte sich seinen Beschwörungsversuchen. Es war, als hätte Santelices im Geiste jedes einzelne seiner Bilder in einer Flamme verbrannt und als sei diese Flamme nun erloschen.

Er nahm die Gewohnheit an, in aller Herrgottsfrühe aufzustehen. Und weil er Bertita und don Eusebio nicht über den Weg laufen wollte, kehrte er auch spät nach Hause zurück, um völlig erschöpft in sein Bett zu sinken. Nachts überfielen ihn schwere bilderlose Träume. Er ernährte sich von belegten Broten, Erdnüssen und Bonbons, so daß seine schon immer sehr heikle Verdauung völlig durcheinandergeriet. Im Büro war er ganz der alte, pflichtbewußt, pünktlich, ordentlich. Niemand bemerkte eine Veränderung an ihm. Da es nicht viel zu tun gab, hatte er genügend Zeit zum Müßiggang. Er konnte sich ans Fenster setzen, den Himmel betrachten und die Tauben füttern, die sich auf dem Sims niederließen, er konnte durch eine Baulücke des Hinterhofes auf die Dächer der Stadt sehen. Oder er konnte sich damit vergnügen, das blonde Mädchen zu beobachten, das in dem engen Hof, fünf Stockwerke unter ihm, immer mit irgend etwas beschäftigt war. Mal wusch es Wäsche, mal begoß es eine von Läusen befallene Pflanze, mal spielte es mit der Katze oder kämmte es ausdauernd sein Haar.

Zuweilen kam er an einem Haus vorbei, an dem ein Schild hing mit der Aufschrift »Zimmer mit Vollpension zu vermieten«. Er ging hinein, um sich umzuschauen, und malte sich aus, daß es durchaus möglich wäre umzuziehen. Er redete stets ein wenig mit der Vermieterin, die jedesmal von der so offensichtlichen Achtbarkeit des womöglich neuen Pensionsbewohners beeindruckt war; aber am Ende hatte Santelices immer etwas auszusetzen – das Licht im Bad, die vielen Stufen, der abblätternde Putz an der Zimmerdecke – und so fiel es ihm nicht schwer, einen Vorwand für eine Absage zu finden. Er machte sich nichts vor, er wußte genau, daß er alle Gründe nur vorschob: Er wußte, daß er Bertitas Haus nie verlassen würde. Es schien ihm viel zu mühsam, eine neue Beziehung zu jemandem, ganz gleich, wer es war, anzuknüpfen. Schon der Gedanke schmerzte ihn, jagte ihm Angst ein. Außerdem war es in seinem Alter durchaus gestattet, sich an eine gewisse Bequemlichkeit zu gewöhnen und einen hohen Preis dafür zu zahlen, zumal er wußte, daß er jeden Abend, ohne sein Gebiß einsetzen zu müssen, Canasta spielen konnte und gewiß sein durfte, daß nie ein Knopf an seinen Hemden fehlte, daß seine Schuhe am Morgen stets sauber waren, daß man auf seine Magenverstimmungen, seine Vorlieben, seine kleinen penetranten Angewohnheiten Rücksicht nahm. Und diese Gewißheit war etwas so Beständiges, daß es eine Tragödie für ihn bedeutet hätte, das alles aufzugeben.

Doch noch konnte er sich nicht dazu durchringen, zu einer Tageszeit nach Hause zurückzukehren, da ihn eine Begegnung mit Bertita gezwungen hätte, eindeutig zu den verlorengegangenen Bildern Stellung zu nehmen. Schließlich war unstreitig, daß er die Wand beschädigt hatte. Es war ihr gutes Recht, sich dafür zu rächen. Jedesmal, wenn er daran dachte, fühlte er, daß etwas Warmes in seinem Leib rumorte. Man hatte sie verbrannt. Er wollte auf jeden Fall vermeiden, Bertita zu begegnen. Er konnte einfach nicht die Hand ausstrecken, um zurückzuverlangen, was ihm gehörte. Dabei war er durchaus nicht abgeneigt, sein geregeltes Leben wieder aufzunehmen. All dies ging ihm durch den Kopf, während er Akten numerierte oder am Fenster seines Büros saß. Auf der Fensterscheibe gegenüber prangte eine neue

Aufschrift. »Gebrüder Leiva.« Wer das wohl war? Dort unten auf dem engen Hinterhof saß das Mädchen und nähte. Schade, daß er ihr Gesicht nicht sehen konnte. Sicher spiegelte sich darauf Entzücken wider, wenn das Mädchen mit seiner Katze spielte. Er wußte, daß es eine Katze war, denn sie hatte gerade Junge geworfen. Fünf, vielleicht sogar sechs kleine Kätzchen liefen um das Mädchen herum, und es gab ihnen Milch und streichelte sie.

Vielleicht war es die Freude über die Geburt der Kätzchen, die ihm half, seine Ängste zu vergessen. Auf jeden Fall ging er eines Nachmittags, so als sei nichts passiert, nach der Arbeit direkt nach Hause. Er wollte durch sein ungezwungenes Auftreten deutlich machen, daß er nichts fordern werde; ebenso wollte er jeden Vorwurf von seiten Bertitas im Keim ersticken, so als hätte es nie einen unangenehmen Vorfall zwischen ihnen gegeben. Da er die Waffen früher oder später sowieso strecken mußte, war es besser, dies gleich zu tun, bevor sein Verdauungsapparat für immer unter seinem unruhig gewordenen Lebenswandel zu leiden hatte und seine Füße vom vielen Laufen wund wurden

Pfeifend betrat er das Haus. Er merkte, daß Bertita, als sie ihn hörte, sofort den kräftigen Wasserstrahl im Bad abstellte, um ihn zu begrüßen. Ohne sie eines Blickes zu würdigen, ging er die Treppe hinauf. Auf dem Treppenabsatz angelangt, sah er auf sie hinunter. Sprachlos war sie ihm mit den Augen gefolgt, während sie sich die Hände in einem Handtuch abtrocknete.

»Ach, Sie sind's, Bertita. Guten Abend.«

Und dann ging er weiter, ohne auf das zu achten, was ihm Bertita sagte. Als er in seinem Zimmer war, legte er sich lächelnd der Länge nach auf das Bett. Er war angetan von diesem großen, etwas düsteren Raum, von diesem neuen Leben, das nun befreit war von der Gefahr des gedruckten Papiers, von der quälenden Einladung in eine andere Welt, die seit vielen Jahren, Tag für Tag, Nacht für Nacht, an ihn gerichtet war, und er durfte nur an fernen, harmlosen Echos

teilhaben. Er war eingenickt, als er leises Klopfen an seiner Tür hörte. »Santelices?«
»Bertita? Kommen Sie doch herein!«
Er merkte, wie Bertita, als sie seine Aufforderung hörte, ganz plötzlich den Türgriff losließ.
»Nein, nein, vielen Dank. Ich möchte Sie nicht stören. Sie haben bestimmt etwas zu tun.«
Santelices antwortete nicht. Er wollte wissen, was weiter geschehen würde. Nach einigen Sekunden hörte er wieder Bertitas Stimme.
»Ich wollte Ihnen nur sagen, das Essen ist in etwa einer Viertelstunde fertig. Wenn Sie also . . .«
Es folgte, als Versuch sozusagen, eine Pause. Santelices unterbrach ihr Schweigen nicht.
». . . Ich habe die Geflügelsuppe gekocht, die Sie doch so gerne essen.«
»Welche?«
Bertitas ängstliche Hand legte sich wieder auf den Türgriff.
»Nun die, die wir zusammen vor einiger Zeit in einer argentinischen Zeitschrift gesehen haben. Erinnern Sie sich? Und die ich am Namenstag meines Vaters ausprobiert habe . . .«
»Ach ja. Ich komme gleich.«
»Schön. Aber beeilen Sie sich nicht. Sie ist erst in einer Viertelstunde so weit.«
Es schien ihm, als bliebe Bertita länger als notwendig an der Tür stehen, bevor sie leise vor sich hinträllernd den engen Gang zurücklief. Er wartete eine Weile, wusch sich das Gesicht in der Schüssel, goß das Wasser in den mit Blumen bemalten Eimer, rückte die Krawatte zurecht und ging dann hinunter.
Die Suppe war sehr lecker. Er mußte zugeben, daß Bertita sehr gut zu kochen verstand, wenn sie sich dazu herabließ, selbst etwas vorzubereiten.
»Sie verstehen wirklich etwas vom Kochen, Bertita. Der Sterbliche kann sich glücklich preisen, der das Leben an Ihrer Seite verbringen darf.«

Santelices' Kompliment schien sie zu verwirren.
Er füllte sich dreimal nach. Dann schalteten sie das Radio ein, und zwar das Programm »Spanische Abende«, dem don Eusebio mit verdächtig großer Begeisterung zuhörte, so als gehorche er einem Befehl. Bertita schaute ihn ernst an, und als der Alte begann, recht unanständige andalusische Witze zu erzählen, da unterbrach sie ihn und schlug eine Partie Canasta vor. Alle fanden, daß dies ein ausgezeichneter Vorschlag sei, und so holte man die Karten hervor. Das Spiel an diesem Abend war unterhaltsam, amüsant und sehr schnell. Santelices gewann, ohne sich viel anstrengen zu müssen, Bertita und don Eusebio protestierten nicht.
»Sehen Sie nur, Santelices, wie voll Ihr Beutel ist. Schön, nicht wahr?«
»Heben Sie ihn bitte für mich auf?«
»Natürlich, das mache ich gern.«
Am Ende der Woche war Santelices' Beutel voll, die der beiden anderen aber fast leer. Don Eusebio schien es nicht recht zu sein, daß er an diesem Sonntag ins Kino einladen mußte. Ziemlich wortkarg vertiefte er sich in die Berichte vom Pferderennen, bis ihm seine Tochter die Zeitung aus den Händen riß. Santelices entschied sich für *Vulkan der Leidenschaften,* als Dank an Bertita, die die ganze Woche davon geredet hatte, wie gern sie diesen Film sehen würde. Dieselbe Pensionsbewohnerin, von der das geschmuggelte Nylonnegligé stammte, hatte ihr erzählt, daß es in diesem Film um eine wunderschöne Frau ginge, die zwar böse aussähe, im Grunde aber herzensgut sei.
In dieser Woche verwöhnten Vater und Tochter Santelices so sehr, daß er den Mut fand, don Eusebio zu bitten, ihm sein Fernglas zu leihen, das er früher, als Bertita noch nichts gegen sein Laster, das der Grund so vieler Tränen gewesen war, unternommen hatte, bei den Pferderennen zu benutzen pflegte. Santelices erklärte, daß er sich in diesen Tagen, da es im Büro wenig zu tun gäbe, die Zeit damit vertreiben wolle, aus dem Fenster zu schauen.

Mit dem Fernglas wollte er wirklich hinausschauen, vor allem auf das Mädchen, das jeden Tag von morgens bis abends mit den Katzen spielte.

Als er im Büro ankam, trat er sofort ans Fenster, aber er hatte Mühe, das Glas scharf zu stellen. Die Ungeduld machte seine Hände unsicher, und er dachte jedesmal, daß er noch eine bessere Einstellung finden könnte. Endlich war er zufrieden. Das Mädchen war etwa siebzehn Jahre alt; es hatte glatte, blonde Haare, wirkte sehr zerbrechlich, und auf seinem Gesicht lag ein tief melancholischer Ausdruck, so als wollte es sagen, daß es niemandem und nichts gehöre. Santelices war erschüttert. Um das Mädchen herum spielten fünf oder sechs lichtbraun gesprenkelte, rötliche Kätzchen, die Jungen der Katze, die auf des Mädchens Schoß schlief. Santelices fuhr erschreckt zusammen, als er sah, wie groß die Katze war. Er untersuchte mit dem Fernglas den Hof. Lauerte da nicht ein riesiger Kater in dem Schutz des Trogs? Was waren das für Schatten, die sich hinter dem Gebüsch bewegten? Im Laufe des Nachmittags sah Santelices, daß noch mehr Katzen über die Mauer kamen, daß sie von den Fensterbrettern und den Ästen eines Baumes, den er vorher nicht bemerkt hatte, in den Hof sprangen, wo sie das Mädchen lächelnd streichelte. Was spielte sich wohl des Nachts, wenn alle Büroräume in dem Gebäude geschlossen waren, auf diesem Hof ab? Katzen werden nachts bekanntlich heimtückisch, irgend etwas geht dann mit ihnen vor. Sie werden von einer Wildheit ergriffen, die sich am Tage wieder legt. Ob das Mädchen inmitten all dieser trägen Tiere auch des Nachts sitzenblieb?

Zu Hause verwöhnte man ihn immer noch. Das machte es ihm leicht, den Schrecken, den ihm das Mädchen eingejagt hatte, zu vergessen. Außerdem könnte er sich – und das war sein Geheimnis – immer noch mit dieser fernen Freundschaft zu dem blonden Mädchen unten auf dem Hinterhof trösten, falls Bertitas Rücksichtnahme ihm gegenüber ein Ende fände, was er nach jeder ihrer Aufmerksamkeiten aufs neue

befürchtete. Dieses Bewußtsein verlieh ihm eine solche Sicherheit, daß er eines Abends, als er wußte, daß es Bohneneintopf gab, zu sagen wagte: »Ich mag keinen Eintopf. Ich möchte Hähnchen.«
»Zweimal die Woche Hähnchen! Das kann sich ja nicht einmal ein Börsenmakler leisten! Für was halten Sie sich denn?« antwortete Bertita.
»Aber ich hab' nun einmal Appetit auf Hähnchen!«
Bertita wurde wütend.
»Hören Sie, Santelices, jetzt gehen Sie wirklich zu weit. Und das nur, weil Sie genau wissen, daß wir . . .«
Irgend etwas regte sich in Bertitas Augen, die nach all diesen Wochen nun wieder gefährlich nackt aussahen. Während sie die Ärmel der geblümten Kittelschürze hochkrempelte, zuckte sie kein einziges Mal mit der Wimper. Danach schenkte sie sich ein riesiges Glas Grenadine ein. Santelices antwortete, bevor ihr Blick seine Kühnheit zunichte machen konnte.
»Hören Sie, Bertita, ich hätte Sie gern noch etwas gefragt. Sie erinnern sich doch gewiß an ein paar kleine Bilder, lauter niedliche Affen, die mir gehörten und die ich vor einiger Zeit in meinem Zimmer an die Wand gehängt und dann nicht mehr wiedergefunden habe. Wissen Sie vielleicht, was mit ihnen passiert ist?«
Bertita fiel beinahe das Glas aus der Hand. Ihre harten Augen füllten sich mit Tränen, als sie Santelices' Blick auswichen.
»Mein Gott, mit Ihren Affen können Sie einem schon auf die Nerven gehen. Wieso kommen Sie ausgerechnet jetzt darauf? Das ist doch schon über zwei Monate her? Schämen Sie sich denn nicht, daß Sie sich mit solchem Kinderkram abgeben? Nachdem . . . Nun gut, ich habe mit meinem Vater darüber gesprochen, und da Sie doch wohl endgültig in dem Zimmer bleiben wollen . . .«
»Das kann schon sein.«
Diese Worte gaben ihr den Rest. Bertitas Augen waren starr auf ihn gerichtet und ließen ihn nicht mehr los.

». . . haben wir beschlossen, daß es überflüssig ist, es neu tapezieren und Sie dafür zahlen zu lassen. Also machen Sie sich deswegen keine Sorgen.«

»Wie freundlich Sie doch immer sind.«

Er rechnete damit, daß Bertita einen Seufzer der Erleichterung ausstoßen würde, und, um ihr zuvorzukommen, bohrte er weiter.

»Aber was ist denn nun mit den Bildern?«

»Mein Gott, Santelices, hören Sie doch endlich mit diesem Blödsinn auf! Was weiß ich, was mein Vater damit gemacht hat. Auf jeden Fall hab' ich sie ihm gegeben. Nur . . . Ich weiß nicht, ob Sie das falsch finden. Aber ich habe eines in Farbe für mich behalten, weil ich dachte, daß es Ihnen gleich wäre, und ich hab' es in den kleinen Rahmen mit dem blauen Spiegel gesteckt, den die Mieterin von Nummer 8 hiergelassen hat, als sie auszog. Wollen Sie nicht einmal in mein Zimmer kommen und es sich anschauen? Es sieht zu niedlich aus. Bestimmt fällt mir gleich auch wieder ein, wie dieses Tier zwischen all den großen Blättern und seltenen Blumen heißt. Denken Sie nur, einmal hab' ich einen Film gesehen . . .«

Ohne sich zu verabschieden, verließ Santelices das Haus.

An diesem Nachmittag blieb er im Büro, bis die anderen gegangen waren. Je weiter der Abend vorrückte, desto mehr Lichter erloschen in dem gegenüberliegenden Haus, und das Bürogebäude, ein Neubau, gewann eine eigene Resonanz, die Resonanz einer riesigen leeren Schachtel. Ein Windstoß voll dichtgedrängter Anspielungen drang durch das offene Fenster. Jetzt waren sie allein, er und das ahnungslose Mädchen inmitten all der Katzen fünf Stockwerke unter ihm. Die Schatten brachen zusammen, ein Block nach dem anderen fiel in den engen Hof, den die grün, golden und rot funkelnden und blinzelnden Augen erleuchteten. Nur mühsam vermochte Santelices durch das Fernglas noch etwas zu erkennen. Es waren Dutzende von Tieren, die das Mädchen umkreisten, das unter all diesen gierig aufblitzenden Augen nur mehr ein blasser Fleck zu sein schien. Santelices lehnte sich zum Fenster hinaus, um ihm eine Warnung zuzuschreien. Aber plötzlich ging gegenüber, hinter der Scheibe von »Gebrüder Leiva«, das Licht an, quietschend öffnete sich das Fenster und ein unverfroren vulgäres Lachen drang durch die Stille des Hofs. Im Halbdunkel suchte Santelices seinen Hut und ging hinaus.

An diesem Abend aß er nicht in der Pension. Am nächsten Tag aber ging er direkt vom Büro aus nach Hause, suchte Bertita und teilte ihr mit, daß er, da er eine andere Bleibe gefunden habe, im kommenden Monat ausziehen werde und sie von diesem Datum an über sein Zimmer verfügen könne.

»Aber Santelices, warum denn? Was haben wir denn getan?«

»Nichts.«

»Ja, dann verstehe ich nicht . . .«

»Eine Kollegin aus dem Büro, die Witwe eines Offiziers, überläßt mir ein Zimmer in ihrer Wohnung. Sie hat keine Kinder und die Wohnung ist wirklich schön, sehr luxuriös und modern. Ich werde ihr einziger Untermieter sein. Stellen Sie sich vor, dieser Komfort. Und außerdem, die Dame ist sehr sympathisch. Sie spielt sogar Gitarre.«

Bertita wurde blaß und fing an zu keuchen, als erdrückte sie etwas, bis sie endlich losplatzte.

»Ihr Männer . . . Immer geht ihr dahin, wo ihr es am bequemsten habt. Undankbare Geschöpfe. Gehen Sie schon, gehen Sie, wenn Sie wollen . . . Was macht mir das aus? Das ist nun der Lohn, nachdem wir Sie so gut in diesem Haus behandelt haben! Was macht mir das schon aus? Sie sind ein Schwein wie alle Männer, und haben nur eines im Sinn . . . ein Schwein, ein Schwein.«

Während sie die Worte eins ums anderemal wiederholte, begann sie zu seufzen. Schließlich verlor sie vollends die Fassung und brach in verzweifeltes Schluchzen aus. In Santelices' Innerem war eine Mauer entstanden, die es ihm unmöglich machte, sie zu bemitleiden. Er haßte sie nicht, er hatte sie sogar recht gern, und es war gar nicht seine Absicht, in eine andere Pension zu ziehen. Aber er erkannte, daß er schon seit langem auf diesen Augenblick gewartet hatte, da er mit eigenen Augen eine am Boden zerstörte, seinetwegen weinende Bertita sehen durfte. Bevor ihn die Welle seines Mitleids doch übermannte und die Mauer in ihm einriß, verließ er das Zimmer. Danach war ihm alles egal, wirklich egal, und er legte sich auf sein Bett.

Er zog sich nicht aus. Im Nachbarzimmer schnarchte jemand. Und gegenüber wachte ein kleines Kind auf und sagte seiner Mutter, daß es Pipi machen müsse. Einige Spätheimkehrer schlichen auf Zehenspitzen in ihr Zimmer, die alten Bretter des Holzbodens weckend. Er betrachtete die Wände, an denen vor kurzem eine Nacht lang seine folgsamen Raubtiere geprangt hatten, bevor sie von Bertita vernichtet wurden. Es machte ihm nichts mehr aus, denn nun war der Urwald in ihm, er wuchs mit seinem Gebrüll und seiner Hitze, mit seinem Geruch nach Leben und Tod. Aber etwas anderes beunruhigte ihn, und das war auch verständlich. Tief in seiner Einbildungskraft, wie auf einem düsteren Hof, erschien ein blasser Fleck, der angesichts der ihn umgebenden Gefahr immer größer wurde. Das Mädchen glaubte, es spiele mit Katzen, die aussahen genau wie jene, die den Deckel seiner Schokoladendose mit dem himmelblauen Seidenband schmückte. Aber es irrte sich. Er mußte dem Mädchen eine Warnung zurufen, er mußte es davor retten, zerfleischt zu werden. Er konnte nicht schlafen, denn er spürte, wie das Mädchen ihn, nur ihn, um Hilfe anflehte. Er wälzte sich auf dem Bett hin und her, noch immer völlig angezogen, und versuchte vergeblich, die gefährlichen Tiere in seinen Bann zu ziehen. Er stand auf, gurgelte kurz, weil er einen bitteren Geschmack im Mund hatte. Es war ihm egal, daß er die ganze Pension aufweckte, als er die Treppe hinunterlief. Er hatte es eilig. Als er an Bertitas Zimmer vorbeikam, ging das Licht an und er hörte sie seinen Namen rufen.

Ohne zu antworten, blieb er stehen.

»Santelices, wohin wollen Sie denn noch, zu dieser späten Stunde?«

Nach einigem Schweigen antwortete er: »Ich muß noch mal weg.«

Als er die Tür schloß, hörte er ein Winseln, wie von einem Tier, das die Stille der Nacht durchbrach.

»Papa!«

Draußen hob die eisige Luft seine Umrisse deutlich hervor und trennte ihn endgültig von allen Dingen. Trotz der stillen Kälte – es ging kein Wind und war auch nicht feucht – nahm er seinen Hut ab und spürte, wie die Luft seinen Nacken und seine Glatze, Stirn und Hals streichelte und ihn aller Sorgen, außer der einen, das Mädchen könnte zerfleischt werden, entledigte.

Ohne haltzumachen, rannte er die fünf Stockwerke hoch. Dann öffnete er Türen und noch mehr Türen, bis er in sein Büro kam. In der Dunkelheit stürzte er ans Fenster und riß es weit auf. Es war ein riesiges Fenster, das über seinem Kopf die ganze Schwärze eines gebleichten Himmels freiließ, an dem der warme, rote Mond mit seinem verschwommenen Rand wie ein Geschwür aussah, das jeden Augenblick über den Gipfeln der gewaltigen Bäume zu platzen drohte. Er unterdrückte einen Schrei des Entsetzens. Der Hof war eine schlüpfrige Raubtierbrutstätte, Augen, gelbe, granatrote, goldene, grune Augen blickten von dort zu ihm empor. Er hielt sich die Hände über die Ohren, damit das Gebrüll sein Trommelfell nicht zerriß. Wo war das Mädchen? Wo seine Gestalt inmitten dieser erstickenden Vegetation, dieser unreinen Luft? Immer mehr Tiger sprangen mit leuchtenden Augen von der Mauer in den Hof. Ozelote und ausgehungerte Pumas zerfetzten unter violetten Blättern die Dunkelheit. Jaguare zerfleischten die Luchse, Panther kletterten auf Bäume, die beinahe, beinahe bis an das Fenster reichten, von wo aus Santelices den Hof auf der Suche nach dem Mädchen, das er nicht mehr sah, durchforschte. Alles knackte, brüllte, zitterte unter der Berührung der Insekten, die von der Gefahr in der giftigen und schmutzigen Urwaldluft betört wurden. Von einem sehr nahen Ast aus wollte ein Jaguar nach

Santelices' Hand schnappen, doch er erwischte nur das Fernglas. Ein tobender Panther mit rotglühenden Facettenaugen brüllte ihm ins Gesicht.
Santelices hatte keine Angst. Es gab so etwas wie eine Notwendigkeit, ein Gebot, seinen Mut durch einen möglichen Sieg wiederzufinden, die umfassendste und ehrgeizigste Definition, zugleich aber auch die einzige, die schwerste. Dort unten, tief dort unten wurden die Äste beiseite geschoben. Santelices hielt den Atem an. Es war das Mädchen, ja, das Mädchen. Es flehte ihn an, er solle es aus diesem entsetzlichen Getümmel retten. Tiere, deren Namen er nicht kannte, krochen über zitternde Äste, und Vögel schlugen in riesigem Farnkraut aufgeregt mit den Flügeln. Unerschrokken verscheuchte er mit den Händen die feuchtwarmen Tiere, die gegen sein Gesicht prallten. Die Nacht war voll blitzender Augen. Dort oben am Himmel, jenseits der gewaltigen Äste, die ihn zu ersticken drohten. Und dort unten, wo sich die Raubtiere tummelten und gegenseitig zerfleischten. Die schwere Luft der Nacht, nur von einem verschwommenen Mond erleuchtet – oder war es eine unbekannte Sonne? –, war erfüllt vom Geheul. Dort unten wartete das Mädchen auf ihn. Vielleicht stöhnte es sogar. Er konnte die Stimme im Gebrüll und Geschrei nicht hören. Aber er mußte es retten.
Santelices kletterte auf den Fenstersims. Ja, dort unten war das Mädchen. Mit einem Schrei verjagte er ein Raubtier von dem Ast neben dem Fenster. Und dann machte er einen wilden Satz, um zu ihr hinunterzuspringen.

Moacyr Scliar
Ein verlorener Tag

Mit zehn Jahren beschließt er, ein Tagebuch zu führen. Von da an vergeht kein Tag, an dem er nicht etwas niederschreibt, ein Ereignis, einen Gedanken, einen Einfall. Die Jahre verstreichen, und die Hefte stapeln sich. Mit fünfzig entschließt sich der Mann zurückzublicken, nicht auf sein Leben, sondern auf die Tagebücher. Es ist das erstemal, daß er die Hefte wieder in die Hand nimmt. Und so beginnt er zu lesen, zuweilen mit einem Lächeln, zuweilen mit Tränen in den Augen, bald zornerfüllt, bald gelangweilt. Plötzlich merkt er, daß die Eintragung eines Tages fehlt. Es ist nur ein einziger Tag, an dem er nichts niedergeschrieben hat. Das stellt er fest, nachdem er das betreffende Heft und auch all die anderen durchgesehen hat. Warum fehlt dieser Tag? Zuerst fällt ihm die naheliegendste Erklärung ein: Das Blatt wurde herausgerissen. Aber das trifft nicht zu, denn auf derselben Seite, auf der die fehlende Eintragung sein müßte, stehen die Angaben über den vorhergehenden und folgenden Tag. Bündige Aussagen, wie alle anderen auch. Er steht vor einem Rätsel. Ein Tag, der nicht festgehalten wurde. Warum nur? Eine Reise? Aber selbst wenn er auf Reisen war, hatte er das Tagebuch immer dabei. Eine Krankheit? Auch das kann nicht sein. Auch wenn er das Bett hüten mußte (und ernstlich krank war er eigentlich nie), verzichtete er nicht darauf, seine Eintragungen zu machen. Was zunächst nur ein Rätsel war, verwandelt sich allmählich in ein Martyrium. Der Mann will den Grund nicht nur, er muß ihn wissen. Die Frage quält ihn; er verliert den Appetit; er kann nicht mehr arbeiten. Seine Frau und seine Freunde wundern sich. Niemals haben sie ihn so erlebt. Und er kann mit niemandem darüber reden, er spürt, daß man ihn nicht verstehen würde.

Er ist entschlossen, den Schleier des Geheimnisses zu lüften. Das wird nicht einfach sein. Zu der Zeit, da er die fehlende

Eintragung hätte machen müssen, lebte er allein. Er hatte gerade sein Studium abgeschlossen und war ohne Arbeit. Eine Freundin erschien erst einige Monate später in seinem Leben. Kein Anhaltspunkt also, niemand, den er fragen konnte. An wen sollte er sich wenden? Nach reiflicher Überlegung sucht er einen Wahrsager auf. Dieser erklärt ihm überrascht, daß er ihm nicht helfen könne. Sein Metier sei es, die Zukunft vorauszusagen und nicht, die Vergangenheit zu enträtseln. Er schlägt dem Mann vor, zu einem Hypnotiseur zu gehen. Dieser versucht, ihn zu hypnotisieren, doch vergeblich. In dem Augenblick, da er in Trance verfällt, fährt der Mann erschreckt zusammen und kommt wieder zu sich. Der Hypnotiseur bemerkt, wie gequält der Mann ist, und rät ihm, einen Psychologen aufzusuchen. Der Mann geht also zum Psychologen, der ihm vierzig Minuten lang aufmerksam zuhört; am Ende der Sitzung schüttelt er betrübt den Kopf. Ja, sagt er, die Erinnerung liegt im Unterbewußtsein, in irgendeinem Winkel des Unterbewußtseins. Aber ich sehe keine Möglichkeit, sie herauszuholen. Trotzdem macht er dem Mann Hoffnung. Die Erinnerung könne ganz plötzlich wieder auftauchen, wie der Leichnam eines Ertrunkenen: Vielleicht in einem Traum. Achten Sie genau auf Ihre Träume.

Der Mann schläft von nun an mit einem Bleistift und einem Heft neben seinem Bett. Falls ein Traum ihm die so sehnlichst erwünschte Erinnerung zurückbringt, möchte er sie sofort aufschreiben können, bevor er sie wieder vergißt. Eines Nachts erinnert er sich dann tatsächlich, er erinnert sich genau. Mit zitternder Hand schreibt er alles in dem Heft nieder. Danach schläft er erschöpft, aber zufrieden ein. Am nächsten Tag stellt er fest, daß das Blatt im Heft völlig leer ist. Der Vorgang des Schreibens war auch nur ein Traum.

Er ist jetzt überzeugt davon, daß etwas Ernstes geschehen sein mußte. Er geht in das Archiv einer großen Tageszeitung und bittet den Angestellten um die Ausgabe dieses unheilvollen Tages. Der Archivar bringt ihm die Zeitung, und er

blättert sie voller Ungeduld durch. Im lokalen Teil findet er, was er sucht. Ein Verbrechen wurde begangen an jenem Tag. Ein alleinstehender Mann wurde ermordet, die Polizei hatte keine Anhaltspunkte.
Dem Mann wird übel. Er geht auf die Toilette und wäscht sich das Gesicht. Als er den Kopf hebt, sieht er im Spiegel die lächelnden Augen seines Opfers.

Renato Prada Oropeza
Faruke

für Fabio, den wahren Freund

Jedesmal, wenn der Zug vorbeifuhr, den wir dort, wo Pampa und Himmel zusammenstoßen, hatten auftauchen sehen, gingen wir vor die Tür und schrien ihm Worte nach, Worte, die uns Faruke diktierte. Ciao, du Ausgeburt des Pechs, rief ich. Möge dich das Schicksal in seinen kranken Flußlauf ziehen, brüllte Miguel. Ich will dich erst im Paradies der Eisenbahnen wiedersehen, schrie Faruke. Die Mädchen schauten uns mit großen Augen an.

Albereien, war Mutters knappes Urteil über unsere Spiele.

Es waren drei Mädchen und deshalb schlossen wir uns ihnen an und feierten ausgelassene Feste, die damals in unserem Dorf völlig ungewöhnlich waren. Die Tage, an denen wir miteinander spielten, verstrichen wie die unbekümmerte Zeit, welche die von niemandem geschriebene Geschichte zu Staub verfallen läßt.

Unsere Spiele standen ganz im Zeichen von Farukes Autorität und Phantasie. Nachdem wir mit den Hausaufgaben fertig waren, meldeten wir uns bei ihm im Wohnzimmer, wo er allein saß, in Gedanken versunken, so als wolle er mit irgendwelchen übernatürlichen Kräften in Verbindung treten. Sie mögen euch, kam es bestimmend von seinen Lippen, und die Mädchen schauten uns mit offenen Mündern und flatternden Wimpern an. Jeder nahm die, die ihm am meisten gefiel, und begann, mit ihr durch den großen Raum zu schreiten: Der wurde zu einer mit Bäumen und Blumen überwucherten Wiese, verführerisch erscholl das Lachen anderer Mädchen, die in erfrischendem Quellwasser badeten. (Nur zwei der drei Mädchen flanierten jedoch tatsächlich mit uns auf und ab, Faruke konnte damals schon nicht mehr laufen.)

Zeugen der geschichtlichen Katastrophen, nannte Faruke das Spiel. Gebannt verfolgten wir die Ereignisse auf der Bühne des Welttheaters: Kriege, Todesfälle, Invasionen, Seuchen, Katastrophen und Kriege, immer wieder Kriege, bis die Mädchen in lautstarkes Weinen ausbrachen. Miguel und ich flehten ihn an, das Spiel abzubrechen. Aber Faruke ließ nicht locker. Unerbittlich, mit weitgeöffneten Augen und schweißbedecktem Gesicht, kündigte er das nächste welterschütternde Ereignis an. Die dritte Armee fällt in die belgische Ebene ein und verursacht das größte Unheil der Menschheitsgeschichte. Millionen Kinder werden von den Waffen niedergemäht, während ihre Mütter dem abscheulichen Verbrechen beiwohnen müssen. Farukes Stimme war dünn und durchdringend, wie es der Ankündigung von so viel Unheil angemessen war. Das Weinen der Mädchen steigerte sich in hysterisches, unbezwingbares Schreien. Das Zimmer wurde zum feurigen Krater eines Vulkans, bis schließlich Mutter hereinkam und durch die Öffnungen, die ihr Körper im Türrahmen freiließ, Flüche drangen wie aus der Büchse der Pandora. Faruke hüllte sich dann, hartnäckig zürnend, in Schweigen und antwortete nicht auf die Fragen, die Mutter ihm stellte. Alle dachten wir, er sei eine im Rollstuhl sitzende Statue. Eine Statue, die nicht sprach und sich nicht bewegte, die aber erfüllt war von schrecklicher Wut.

Faruke hat nicht immer bei uns gelebt. Zuerst waren wir nur zwei Brüder und wohnten in einem Dorf, das der Wind leergefegt und eine kalte Sonne am gleichgültigen Himmel erniedrigt hatte; in einem Dorf, das immer kleiner wurde, weil es jeden Tag einen seiner Einwohner verlor. Häufig merkten wir erst, wenn wir jemand besuchen wollten und sein Haus leer und verfallen vorfanden, daß auch er inzwischen weggegangen war. Wie schnell leere Häuser doch alt werden, sagte Miguel dann zu mir und suchte Schutz in meinen Armen. Außer der Schule, in der wir wohnten, gab es im ganzen Dorf kein größeres Gebäude mehr. Die Kirche war klein und blieb, bis auf Allerheiligen, das ganze Jahr über geschlossen. Nur an diesem Tag kam ein Priester aus dem Nachbardorf, um für die Verstorbenen zu beten. Er hatte aber solche Eile dabei, daß man, wenn er fertig war, nicht wußte, was er eigentlich gesagt hatte. Einige Leute, die ein Respons für eine fromme Seele bei ihm in Auftrag gegeben hatten, schauten ihn ungläubig an, bis in seinem hastigen Sermon endlich der Name des Verstorbenen auftauchte; daraufhin hörten sie auf zu zweifeln und trösteten sich mit dem Gedanken, daß die übrigen Worte wohl zu einer übernatürlichen und magischen Sprache gehörten.

Da die Kirche von Allerheiligen bis Allerheiligen geschlossen blieb, dachten Miguel und ich, daß im alten und halb verfallenen Pfarrhaus gleich nebenan niemand wohne. Aber das war ein Irrtum. Als wir es wagten, über die Mauer zu klettern und ins Innere einzudringen, stießen wir in einem Raum auf einen Greis, der eine alte, schmutzige Soutane trug. Er schlief zusammengekauert auf einem Sessel, der, weil er einem so winzigen Körper Schutz bot, noch gewaltiger wirkte, als er in Wirklichkeit war. Als der Priester unsere Schritte hörte, wachte er auf und begrüßte uns mit seinem greisen Kinderlächeln.

Kommt näher! Von mir habt ihr nichts mehr zu fürchten, sagte er, ich habe schon viel zu lange gelebt, um Böses zu tun. Ich bin über zweihundert Jahre alt.

Wir antworteten kein Wort, schauten ihn nur neugierig an.

Seht nur. Er stellte sich neben uns.

Der Alte war so groß wie wir, er war wie wir. Er schien sogar seine Falten zu verlieren, wenn er uns anschaute und zulächelte.

Ich bin ein Kind. Und kann nicht schweigen. Ich muß euch ein uraltes Geheimnis anvertrauen. Wundert euch nicht über das, was ich euch erzählen werde. Traum und Wirklichkeit haben sich in den Jahrhunderten, die ich lebe, so eng miteinander verwoben und verflochten, daß ich niemals einen Faden allein aus einem herausziehen könnte, ohne dabei

Fasern in dem anderen zu lösen. Wegen etwas Bösem, sehr Bösem, das ich tat, wurde ich dazu verurteilt, erst dann zu sterben, wenn dieses Dorf verschwunden, wenn es ein vom Winde verwehter Friedhof ist. Meine Größe zeigt euch, was das Dorf heute im Vergleich zu früher ist, denn ich hatte den Körperbau eines ganz normalen Mannes. So groß war ich, sagte er und kletterte mit über dem Kopf erhobenen Armen auf einen Stuhl. Wenn ich so klein wie eine Maus bin, wird das Dorf in den letzten Zügen liegen. Doch das ist nicht gerade die richtige Art, unsere Begegnung zu feiern, fügte er hinzu. Nach einer kurzen Pause fragte er nach unseren Namen. Nachdem wir uns vorgestellt hatten, sprach er weiter.

Heute lese ich die Messe nicht mehr. Bis vor fünfzig Jahren tat ich das noch, obwohl ihr nur drei alte Frauen beiwohnten. Aber dann starben auch sie, und danach kam niemand mehr. Ein paar Monate lang trat ich noch vor den Altar und wartete auf ein Pfarrkind meiner Gemeinde. Vergeblich. Sicher glauben die im Dorf, ich sei schon tot, sagte ich mir und fand mich damit ab, ohne Gottesdienst auszukommen. Der letzte Sakristan war schon lange vorher verschwunden. Ich weiß nicht, ob er weglief oder verstarb. Ich bin ganz allein. In der Erinnerung der Menschen bin ich schon lange vor meinem eigentlichen Tod gestorben. Alle wollen das so. Entweder glauben sie wirklich, daß ich tot bin, oder sie wünschen sich das nur. Die Welt, die Menschen und die Sitten, die es zu meiner Zeit gab, sind für immer vom Erdboden verschwunden. Es ist traurig zu leben, wenn uns der Tod von denen, die uns umgeben, bestimmt ist. Und das nicht als eine Strafe oder Belohnung, sondern aus Gleichgültigkeit. Ein natürliches, unwiederbringliches Ende. Aber vielleicht bin ich ja wirklich tot und versuche mich nur zu trösten mit dieser Geschichte, daß ich immer kleiner werde, je weniger die Menschen sich meiner erinnern.

Wir verstanden nichts von alledem und begannen, uns zu fürchten. Als er unsere Gefühle erriet, veränderte er seinen Tonfall. Er nahm uns bei den Händen und vermittelte uns ein

Vertrauen, das uns schließlich völlig in seinen Bann zog. Mit einer ganz anderen Stimme begann er, Lieder zu singen, die wir im Dorf manchmal gehört hatten, und er forderte uns auf, miteinander zu tanzen.

Er lachte und war vergnügt. Ohne zu wissen wie, befanden wir uns plötzlich im patio und betraten, immer noch tanzend, das Hauptschiff der riesigen Kirche. Als wir müde wurden, setzten wir uns auf einen Betstuhl. Der alte Priester war fröhlich, obwohl er schwer atmete. Er wirkte sehr erregt. Seine Adern klopften so heftig in seinen Schläfen, daß ich fürchtete, er könne ohnmächtig werden. Allmählich beruhigte er sich wieder, als verließe die Müdigkeit, in Schweißbächen aufgelöst, seinen Körper, und er wirkte wieder entspannt und glücklich. Wir ruhten, uns noch immer bei den Händen haltend, ein wenig aus.

Wie alt seid ihr? fragte er.

Ich bin sechs, und er ist vier.

Der Alte stand auf und atmete tief. Seine Soutane sah aus wie ein Lumpen in unbestimmbarer Farbe, der drohte, jeden Augenblick in tausend Fetzen zu zerfallen. Er begann mit gemessenen Schritten um uns herumzugehen und stampfte dabei kräftig auf den gekachelten Boden. Seine Schritte hallten wie ein müdes, schwerfälliges Klopfen in der Kuppel wider.

Es ist schon über fünfzig Jahre her, daß ich nicht mehr predige, sagt er. Das ist eine lange Zeit. Vielleicht kann ich es gar nicht mehr. Wollt ihr mich einmal hören?

Miguel sah mich überrascht an. Der Priester nahm unser Schweigen als Zustimmung.

Paßt auf. Da ich so klein bin, hat es keinen Sinn, wenn ich auf die Kanzel steige. Ihr würdet mich nicht sehen. Ich werde von hinten auf den Hauptaltar klettern und von dort aus zu euch sprechen. Wartet bitte.

Sein Körper verlor sich in den gewaltigen, ineinander übergehenden Perspektiven und tauchte schließlich in den dunklen Hintergrund ein, auf dem sich gerade noch ein blasser Fleck abhob. War es das Kreuz, das ewige Licht oder war es ein gefiltertes Lichtbündel, das durch irgendeinen Spalt der rissigen Mauer von außen hereindrang?

Nach einem langen Augenblick des Schweigens kam von eben dieser Lichtpfütze her der Klang einer vom Elend und der Zeit gebrochenen Stimme. Sie war so schwach, und wir waren so weit entfernt, daß wir kein einziges Wort der langen Predigt verstehen konnten. Und wir waren müde. Je mehr wir gegen unsere Müdigkeit ankämpften, desto unausweichlicher überwältigte uns ein tiefer Schlaf.

Wir wurden von der Stimme des Alten geweckt, der seine Silben gegen unsere schlaftrunkenen Ohren hämmern ließ. Als wir uns erhoben, konnten wir sehen, daß der Alte noch kleiner geworden war.

Niemand hört mir mehr zu, sagte er wehleidig.

Doch, wir . . ., begann ich zaghaft.

Ist schon gut, unterbrach er mich. Er hob die Hände an die Stirn und blieb eine ganze Weile lang unbeweglich stehen, so als hätte er beschlossen, in dieser Haltung zu sterben, denn es schien mir, daß er sogar zu atmen aufgehört hatte.

Da mich der Gedanke an seinen Tod zu beunruhigen begann, bekam ich Angst. Nach Miguels Hand greifend schickte ich mich an, ihn zu verlassen. Um mir Mut zu machen, schloß ich die Augen und ging auf die Tür zu. Ich wollte kein Geräusch machen und bewegte mich nur langsam vorwärts. Der Weg zur Tür wurde immer mühsamer. Meine Hand schwitzte so sehr, daß ich sie abtrocknen mußte. Wir gingen weiter, bis mir der Gedanke kam, Miguels Hand abzutasten, denn sie fühlte sich zwischen meinen Fingern sehr seltsam an. Ich konnte einen Schrei der Überraschung nicht unterdrücken, denn die Haut, die ich berührte, war trocken und runzlig. Es war nicht die Haut meines Bruders. Ich ließ die Hand los und öffnete gleichzeitig die Augen. Vor mir stand, unschuldig lächelnd, der Greis. Miguel beobachtete uns von dem Platz aus, an dem er stehengeblieben war.

Ich war verwirrt. Der Alte schenkte mir gar keine Beachtung, sondern zeigte mit seinem winzigen und zitternden erhobe-

nen Zeigefinger auf ein graues Gemälde, das kaum sichtbar an einer der Steinwände hing.
Sie sind verdammt, sagte er, während wir das nackte Paar betrachteten, das von einem Engel mit einem riesigen Schwert in der Hand aus einem Palast vertrieben wurde. Auf dem erhobenen Antlitz der Frau zeichneten sich Reue und Schmerzen ab, während der Mann sein Gesicht in beiden Händen verbarg. Schweigend bestaunten wir den schleppenden Gang des Mannes, der sich kaum von dem Tor des Palastes lösen konnte, als hingen Bleistücke an seinen Füßen, die ihn zu noch größerer Anstrengung zwangen.
Ich bin verdammt, genau wie sie, weil ich nicht . . . Der Alte setzte seine Rede fort, während ich den beleibten Körper der Frau betrachtete, die im Gehen mit den Händen ihre Brüste, die einzigen beweglichen Teile an ihrem Körper, und ihren Unterleib bedeckte.
. . . weil ich gesündigt habe, weil . . .
Und was sind das für Linien, die aus der offenen Tür des Palastes herausführen?
Meine geflüsterte Frage war selbst für mich kaum verständlich.
. . . weil der Zorn . . .
Sind es Feuerflammen oder Speere, fragte ich voll ungeduldiger Neugierde.
O Gott, weil der Zorn . . .
Sind es Feuerflammen oder Speere? Meine Frage wurde zu einem Schrei.
Die Gerechtigkeit Gottes.
Der Alte heulte vor Angst.
Ich wendete meinen Blick von dem düsteren Gemälde ab und beobachtete den Greis, der das aus dem Palast vertriebene Paar anstarrte.
Miguel näherte sich und sagte: Es ist schon spät. Wir müssen nach Hause.
Du hast recht, antwortete ich und führte ihn an der Hand zum Ausgang.

Der Alte war so in den Anblick des entsetzlichen Gemäldes vertieft, daß er unsere Flucht nicht bemerkte.
Als wir zu Hause ankamen, fuhr Miguel schaudernd zusammen, so als sei er von einem verborgenen Blitzstrahl getroffen worden.
Ist das alles wirklich geschehen?
Ich weiß es nicht, antwortete ich mit einer Kopfbewegung.
Wir müssen Mama fragen, sagte Miguel.
Sie wird, wie immer, sagen, daß ich alles erfunden habe.
Trotz der späten Stunde brannte noch Licht in Mutters Zimmer. Als wir eintraten, sahen wir, daß sie sich mit einem verlebt aussehenden Mann unterhielt. Er schaute uns mit einem Lächeln an. Es wirkte gezwungen, als würde er eine bittere Strafe abbüßen.
Begrüßt ihn. Er ist euer Vater, sagte Mutter.
Wortlos musterten wir den Mann. Nach dem, was wir gerade erlebt hatten, konnte uns nichts mehr überraschen.
Er war weit weg, er war krank.
Mutters Stimme klang so seltsam und schwach. Sie hatte, bevor wir zurückgekommen waren, bestimmt geweint. Er ist mit eurem Bruder gekommen. Mutter zeigte seufzend auf die dunkle Ecke, in der sich undeutlich eine Silhouette abhob. Der Mann schien immer noch krank zu sein, denn er war sehr dünn und sein Gesicht von einem dichten Bart verdeckt. Der Bart und das Licht der Kerze ließen ihn noch blasser wirken. Der Mann schwankte einen Augenblick, und es sah so aus, als könne er sich nur schwer auf den Beinen halten.
Das kann nicht von der Krankheit kommen, dachte ich. Und ich fand eine Erklärung in den leeren Bierflaschen, die auf dem Tisch in der Mitte des Zimmers standen. Ich drehte mich um, wollte etwas zu Mutter sagen, aber ihre Augen waren starr auf den Mann gerichtet. Ich schwieg. Die Silhouette des Jungen, die fast so grau wie der Halbschatten war, rührte sich nicht. Ich nahm Miguel bei der Hand und wollte mit ihm hinausgehen.

Das also sind meine Söhne, sagte der Mann und brach in lautstarkes Lachen aus.
Wir gingen in unser Zimmer. Einige Augenblicke lang glaubte ich, alles sei nur das Vorspiel des Traumes, der uns im Bett erwartete, etwas, das noch unglaublicher war als der uralte Priester. Ich fiel vor Müdigkeit fast um und konnte an nichts mehr denken. Halb schlafend hatte ich gerade meinen Kopf auf das Kissen gelegt, als ich hörte, wie die Tür aufging und der Junge, den wir im Wohnzimmer zurückgelassen hatten, auftauchte. Er hielt eine brennende Kerze in der Hand.
Darf ich hereinkommen? fragte er mich und betrat das Zimmer, ohne meine Antwort abzuwarten. Ich soll bei euch schlafen.
Langsam kam er näher. Überrascht fuhr ich hoch. Wie der Junge auf mich zukam, glaubte ich, mich selbst gehen zu sehen. Es war, als blickte ich in einen Spiegel, der jedoch meine Gesten und Bewegungen nicht exakt wiedergab. Es war mein eigenes Spiegelbild, das sich allerdings die Freiheit genommen hatte, einige Veränderungen vorzunehmen.
Ich bin dein Zwillingsbruder, sagte das Spiegelbild zu mir. Erschrick nicht! Uff, rief ich erleichtert aus, ich wußte gar nicht, daß ich einen Zwillingsbruder habe.
Sie sprechen nie mit uns über ihr früheres Leben. Mein neuer Bruder zeigte in Richtung Wohnzimmer.
Hast du bei unserem Vater gelebt?
Ja. Aber es war die reinste Hölle. Er ist immer betrunken und führt das Leben eines . . . Tränen erstickten, was er sagen wollte.
Ich war so gerührt, daß ich seine Hand nahm und ihn neben uns aufs Bett zog.
Wir werden zusammen schlafen und alle drei glücklich sein, sagte ich und schaute Miguel an, der ebenfalls aus seinem Halbschlaf aufgewacht war.
Miguel, das hier ist unser Bruder . . .
Faruke, sagte unser Bruder.

Wir sprachen bis spät in die Nacht miteinander. Faruke erzählte uns von seinen Spielen in der Stadt; er erklärte uns, wie schön die Stadt sei und was er dort getrieben hatte, wenn er allein war. Wir sprachen von unserm Abenteuer mit dem kleinen Priester.

Auf dieser Welt geschehen seltsame Dinge, sagte Faruke vor dem Einschlafen.

Vater blieb die ganze Woche über zu Hause. Er war ein eigenartiger Mann. Da Mutter unterrichten mußte, schloß er sich ein und trank und trank. Faruke und ich gingen in die Schule. Wir ließen Miguel mit dem ausdrücklichen Befehl zurück, Papa zu überwachen und uns zu erzählen, was er machte. Wenn wir aus der Schule nach Hause kamen, war Vater immer völlig betrunken. Miguel faßte seinen Bericht mit einem Grinsen und einer Geste zusammen, die Vater beim Trinken nachahmen sollte. All das trieben wir heimlich, denn Mutter erlaubte uns nie, längere Zeit über im Wohnzimmer zu bleiben. Sie schob uns unter sanften Stößen in unser Zimmer und befahl uns, auch während der Mahlzeiten dort zu bleiben. Trotzdem gelang es uns immer wieder, ihrem wachsamen Auge zu entgehen und in das große Zimmer zu schlüpfen, um Vater zu sehen. Er sprach nie mit uns, und er achtete nicht auf uns, lief ungestört von unserer Anwesenheit nervös hin und her. Während er so im Raum herumwanderte, schien eine Unmenge von Insekten unter seiner Haut zu krabbeln, sosehr begann diese zu zittern. Eines Tages stellte sich unser Vater vor Mutter hin und schrie: Ich habe dieses Scheißleben satt!

Sei still! bat Mutter und versuchte, uns in unser Zimmer zu schieben. Denk doch wenigstens an die Kinder.

Ich halt das nicht mehr aus. Ich bin doch kein Gefangener. Noch heute gehe ich.

Da Vater entschlossen zur Tür ging, kümmerte sich Mutter nicht weiter um uns und lief ihm nach, um ihn zurückzuhalten.

In diesem Zustand kannst du doch nicht hinausgehen. Du bist betrunken.

Vater blieb einen Moment lang stehen, so daß Mutter Zeit hatte, ihn einzuholen und bei der Hand zu nehmen.
Dann denk doch wenigstens an mich, konnte Mutter noch hervorbringen, bevor der Mann sie gewaltsam bei den Schultern packte, sie wie einen schmutzigen Teppich schüttelte und dann in eine Ecke des Wohnzimmers schleuderte, wohin wir ihr sofort nachstürzten.
Zum Teufel mit euch, sagte der Mann, bevor er die Tür hinter sich zuschlug.
Mutter blieb weinend zurück, und Vater verschwand für lange Zeit. Wir, Miguel, Faruke und ich, vergaßen ihn allmählich über den Hausaufgaben und all den neuen Spielen, die Faruke erfand. Seine Phantasie war immer hellwach. So sagte er eines Tages, als er den Wind beobachtete, der immer unsere Spiele störte und uns nie erlaubte, längere Zeit draußen zu bleiben: Man muß das höchste Schicksal des Menschen erfüllen; man muß die Widerwärtigkeiten für sich nutzen, dem Tod die erfundene Ewigkeit entreißen.
Und er begann, Papierdrachen zu basteln. Er entwarf mit großer Könnerschaft immer neue Modelle. Jeder einzelne war wegen seiner leuchtenden, aufeinander abgestimmten Farben ein Meisterwerk. Alle Welt bewunderte seine Schöpfungen, die, von Windstößen getragen, hoch in die Luft stiegen und mit jedem Windstoß höher getragen wurden, so als erkletterten sie die Stufen der Himmelsleiter. Für uns waren sie vom Erdboden losgelöste Helden, die eingingen in die Unsterblichkeit des Himmels. Wenn sich Mutter die Gesichter der Drachen anschaute, flößten sie ihr Angst ein.
Sie sind entsetzlich, sagte sie.
Faruke sah uns mit einem Lächeln an, das dem seiner strahlenden Erfindungen glich.
Die Ferien rückten näher. Faruke war immer der Klassenbeste. Ich konnte ihn nicht überholen, sosehr ich mich auch anstrengte. Faruke war überall und immer der Beste, und zu Hause half er Mutter viel mehr als ich. Kaum war er aufgestanden, da machte er sein Bett, fegte unser Zimmer und

kümmerte sich um das Feuer im Küchenherd. Wenn Mutter hereinkam, kochte das Wasser schon, und der Tisch war gedeckt.

Hat etwa der kleine Kobold bereits alles vorbereitet? fragte Mutter und nahm mich in ihre Arme, damit meine mangelnde Hilfsbereitschaft nicht so sehr auffiel.

Faruke liebte Mutter sehr, viel mehr als Miguel und ich zusammen. Er wußte, daß sie heimlich in ihrem Zimmer weinte. Wenn wir schliefen, stand er auf und ging an die Tür. Dort hörte er, das Ohr an die kalten Bretter gepreßt, ihr Schluchzen und fing ebenfalls an zu weinen. Von da an wurde Faruke immer seltsamer.

Bis zu den Prüfungen fehlte nur noch eine Woche. Laut wiederholten wir noch einmal die Texte im Lesebuch, während Miguel alles nachplapperte, ohne etwas zu verstehen. Er verwechselte zuweilen die Sätze. Es war wie ein lustiges Spiel.

Ich: Hopp, hopp, hopp,
Pferdchen lauf Galopp.
Faruke: Über Stock und über Steine,
aber brich dir nicht die Beine.
Miguel: Über Stock und über Beine,
aber brich dir nicht die Steine.

Wir lachten.

Faruke: Hopp, hopp, ho, Pferdchen frißt kein Stroh.
Ich: Muß dem Pferdchen Hafer kaufen,
daß es kann im Traben laufen.
Miguel: Muß dem Pferdchen Traben laufen,
daß es kann im Hafer kaufen.

Wir lachten.

Ich: Muß dem Pferdchen Hafer kaufen,
Faruke: daß es kann im Traben laufen.
Miguel: Muß dem Hafer Pferdchen kaufen,
daß es kann im Laufen traben.

Plötzlich stürzte ein Mann ins Zimmer. Er war im mittleren Alter, unauffällig gekleidet und glatt rasiert. Als die Kinder ihn sahen, schwiegen sie. Der Mann schaute sie einen Augenblick lang an und versuchte zu lächeln. Die Kinder blieben sitzen. Eines von ihnen griff nach einem Lesebuch. Nach einem Moment des Zögerns machte der Mann noch einen weiteren Schritt.

Wo ist deine Mutter? fragte er.

Die Kinder antworteten nicht. Der Junge mit dem Buch in der Hand erhob sich. Der Mann wiederholte seine Frage, er bemühte sich, freundlich zu sprechen. Der Junge antwortete verärgert: Ich weiß nicht. Sie ist ausgegangen.

Das ist doch keine Antwort! Ich bin dein Vater. Sag mir, wo sie ist!

Der Junge ging rückwärts auf die Tür zu; seine unruhigen Augen verrieten, daß er fliehen wollte. Der Mann stellte sich zwischen ihn und die Tür. Der andere, der kleinere Junge, begann zu greinen. Halt den Mund! fuhr ihn der Mann an.

Der größere Junge nutzte die Gelegenheit und wich aus. Der Mann bewegte unwillkürlich die Hände, aber er griff in die Luft.

Du bist betrunken, wie immer, sagte der ältere Junge mit einem verächtlichen Grinsen.

Der Mann ging vorsichtig auf ihn zu.

So darfst du nicht reden. Ich bin doch dein Vater.

Der Junge wich bis zur Tür zurück.

Meine Mutter mag dich nicht.

Der Mann blieb stehen.

Da ist so vieles, das du nicht weißt. Ich bin extra von der Stadt hierhergekommen, um deine Mutter zu sehen. Du mußt verstehen, daß es nichts mehr gibt . . . Jetzt will ich nur wissen, wo sie ist, um sie zu holen. Wenn wir genügend Geld gespart haben, gehen wir alle zusammen in die Stadt. Dann wirst du dich auch nicht mehr so alleine fühlen wie jetzt hier in diesem Dorf. Er richtete seine Augen wieder auf das weinende Kind. Sag Miguel, er soll nach Hause gehen. Er kann doch nicht den ganzen Tag über mit dir zusammensein.

Er ist mein Bruder, sage ich.
Er ist unser Bruder.
Faruke will zur Tür hinauslaufen.
Wir wissen, daß er nicht dein Sohn ist. Aber er ist unser Bruder. Das hat Mama gesagt.
Miguel weint noch lauter.
Wenn du nicht still bist, hau ich dir eine runter, sagt Vater zu Miguel. Und zu Faruke: Lauf nicht weg! Sag mir nur, wo deine Mutter ist! Ich gehe dann schon zu ihr.
Vater lehnt sich an die Wand. Er kann sich kaum noch aufrecht halten. Er ist wie immer betrunken. In Farukes Gesicht spiegelt sich Haß. Er wird ernst, wie immer, wenn er an eines seiner Spiele denkt.
Du kannst nicht einmal stehen. Aber wenn du willst, bringe ich dich zu Mama.
Ohne Vaters Antwort abzuwarten, verläßt Faruke das Haus.
Vater schaut mich an. Seine trüben Augen tun mir leid, es sind die Augen eines Blinden oder eines alten Hundes. Schließlich richtet er sich auf und läuft hinter Faruke her. Immer schwächer hören wir ihn rufen: Warte! Warte! Warte!
Ich gehe zu Miguel, um ihn zu beruhigen. Während ich seinen kleinen Kopf an meine Brust lehne, frage ich ihn: Weißt du, was jetzt mit unserem Vater geschieht?
Miguel schaut mich wortlos an. Er stellt sich vor, wie Faruke ihn über den dunklen Pfad am Rand des Abgrunds entlangführt, wohlwissend, daß er betrunken ist.
Faruke wird allein und erregt zurückkehren und sich auf den Stuhl setzen. Danach wird er seine Beine nie mehr bewegen können.

Rubén Bareiro Saguier
Wie Onkel Emilio das ewige Leben erlangte

Für meine Geschwister, Alba Lila und Carlos Enrique.

Tante Justina bat mich, als Zeuge mit ihr zu kommen.
»Du weißt ja, sie leben in der Todsünde, in der wilden Ehe, und Onkel Emilio ist ziemlich krank.«
Ihre Augen blickten zum Himmel.
»Aber Tante, warum läßt man sie nicht in Frieden«, sagte ich.
»Am besten statten wir ihnen einen richtigen Familienbesuch ab. Das wird sie freuen.«
Tante Justina war fest entschlossen, die Seele ihres Vetters Emilio zu retten. Ich hörte nur mit halbem Ohr auf ihr endloses Moralisieren und dachte daran, daß ich mich bis jetzt noch nie um das Problem der heiligen rechtmäßigen oder unrechtmäßigen ehelichen Verbindung von Onkel Emilio und Tante Jesusa gekümmert hatte. Schließlich willigte ich ein, nicht wegen der mehr oder weniger triftigen Gründe von Tante Justina, sondern weil mich der Gedanke begeisterte, diese beiden so eng miteinander verbundenen Menschen wiedersehen zu können. Es waren die schönsten Erinnerungen meiner Kindheit, Onkel Emilio inmitten seiner Schafe, wie ein Hirte aus den Seiten des Alten Testaments, das uns Großvater Zacarías auf dem Korridor vorlas und erklärte, Onkel Emilio im schützenden, unauffälligen Schatten von Jesusa, ein wunderbarer Gastgeber und der Mittelpunkt großer Familienfeiern, zu denen er mehrere Schafe briet, die er den Tag zuvor liebevoll und feierlich zubereitet hatte. Man hätte seine begeistert leuchtenden kleinen Augen in dem großen runden Gesicht sehen müssen, während er inmitten der festen Grillstöcke, die um die Glut in den Boden versenkt worden waren, seine Befehle erteilte. Es lag etwas Magisches

in diesem Ritual der Gerüche, eine geheimnisvolle Anziehungskraft. So wie die Eingeweide der geschlachteten Tiere die in der Luft kreisenden Geier anlockten, zog der zischende Geruch von Onkel Emilios Festbraten den großen Stamm der Blech-Bareiros und der Ziegelstein-Bareiros in seinen Bann, die zahlreiche Nachkommenschaft von Großvater Zacarías und die schier unendliche Sippe von Onkel Emilio, seinem Bruder, die beide als gute Gastgeber in der Gegend von Rincón de las Mercedes bekannt waren.
An einem wunderschönen Morgen brachen wir um sieben Uhr in Amados Lastwagen auf. Tante Justina hatte für alles gesorgt: für den Priester, es war ihr Freund padre Mamerto Servin, für den Standesbeamten, den schielenden Jiménez, und die Paten, nämlich sie selbst und ihr Bruder, Doktor Domiciano – in Vertretung für deinen Vater, sagte sie mir –, für die Zeugen, vier Neffen, die nur scheinbar völlig willkürlich ausgewählt waren, in Wirklichkeit hatte sie streng darauf geachtet, daß die Verwandtschaft beider Linien mit ihren angeheirateten Mitgliedern, einschließlich mehrerer Hunde, gleich stark vertreten waren. Und natürlich hatte sie auch für das kalte Buffet und die Getränke gesorgt. Mich überfiel ein Gefühl der Traurigkeit, als man die Gerichte, die von unbekannter Hand am Abend zuvor vorbereitet worden waren, und die nun die alte Tradition von Onkel Emilios saftigem gegrilltem Fleisch verraten würden, auf den Lastwagen hob. Aber plötzlich, als ich die schlecht geflickte Kleidung der Familie sah, die Tante Justina in ihrer bereitwilligen Frömmigkeit ausgebessert hatte, wurde mir bewußt, wie viele von uns gestorben waren, daß die unerbittliche Zeit ein Opfer nach dem anderen gefordert hatte, darunter auch das herzliche Lachen meines Vaters, der, wäre er noch am Leben, um nichts auf der Welt eine Einladung wie diese versäumt hätte. Ich durchschaute das geschickte Manöver, Onkel Domiciano zum Stellvertreter meines Vaters zu machen, sein Wort hatte viel Gewicht in Emilios und Jesusas Augen. Nicht eingeladen war hingegen mein Vetter Aniceto, Emilios sechster oder

siebter Sohn, der einzige, der im Land geblieben war und der heute der Regierungspartei angehörte, denn da war seine Frau und da waren die Kinder, und schließlich mußte man ja auch leben: alles Dinge, die wir sehr gut verstanden, die aber niemand in der Familie bereit war zu verzeihen.

Als wir uns dem Rincón näherten, spürte ich, wie sich mein Herz zusammenzog. Bareiro-lata, Blech-Bareiro tauchte vor uns auf, und ich dachte daran, daß dieses alte riesige Gebäude mit seinem Zinkdach, das ihm seinen Namen gegeben hatte, nicht mehr das Paradies von einst war, in dem die bärtige Gestalt des Propheten Zacarías regierte und in dem Großmutter Encarnación, die trotz ihres irischen Nachnamens nur Guaraní sprach, sich wie ein schweigender Schatten in einer Reihe von Riten bewegte, zu denen seit Großvaters Tod nicht nur ihre Angewohnheit gehörte, sich stets an das Kopfende des langen Tisches zu setzen, sondern auch die allabendliche Pflichtübung, ein krummes Stück Tabak in den Mörser zu legen, um die launische Gunst der Erdgeister zu gewinnen. Wirtschaftliche Schwierigkeiten hatten die zahlreichen Erben gezwungen, das Gebäude zu verkaufen, um so den Versuch zu wagen, die Löcher im Familienwappen zu stopfen, das durch die systematische Verfolgung sehr auf die Probe gestellt worden war. Ich erinnere mich noch gut an die große Traurigkeit meines Vaters, als man nicht mehr anders konnte und verkaufen mußte, viel zu billig, natürlich an einen hohen Regierungsbeamten. Trotz alledem rief die sich auf dem Dach widerspiegelnde Sonne in mir einen ganzen Schwarm der Träume wach, die ich in seinem Schatten geträumt hatte. Die Sonne schien genauso stark wie früher, aber der Weinstock im Hof, die Rosensträucher auf den mit leeren Schnapsflaschen gesäumten Beeten und die zwei großen Zedern am Eingang waren eingegangen, wie mir Tante Jesusa erzählte.

Der Ort empfing uns mit dem grellen Licht des Spätvormittags, das die Gegenstände in der Ferne erzittern läßt, mit dem braunen Stallgeruch, dem grünen Aroma offener Felder, dem Schrei der Rebhühner, mit dem immer lauter werdenden

Gesang der Zikaden, der später das unerträgliche Licht der Siesta mit einem klingenden Teppich bedecken und so eine feste, greifbare Materie bilden würde. Die einstigen Gefühle klopfen an die Tür der Erinnerung, ihre Faust ist jenes Büschel Espartogras, ist das graue, vom Regen und der Zeit geschwärzte Brettertor des Pfahlzaunes hier; ich steige vom Pferd, lasse die drei Querbalken zu Boden fallen, gehe von dem Schimmel gefolgt hindurch, lege sie wieder in die runden Öffnungen und steige glücklich auf mein Pferd. Der Anblick der zwei nebeneinanderstehenden Häuser beschwört eine Reihe fröhlich sich drehender Gesichter herauf, die uns plötzlich mitten im Tanz ihre grinsenden Totenschädel zuwenden. Ein gespanntes Schweigen liegt drückend auf Amados Lastwagen, sogar die Hunde sind verstummt.

Als wir in eine Kurve einbogen, sahen wir Onkel Emilio auf dem Balkon, der nach Westen hinausging. Er saß in dem alten Sessel aus ungegerbtem Leder, in dem er seinen Vater, den Propheten Zacarías, hatte dahinsiechen sehen, der durch eine Sonde mit dem geblümten Nachttopf verbunden war, in dem die gelbe Flüssigkeit wie eine feuchte, todbringende Blume wuchs, während er uns zum fünfzigsten Mal von der Schlacht vom Cerro Corá erzählte, eine Geschichte, die wir immer wieder hören konnten, er als Remontechef der ausgefransten Armee unter dem Kommando des Mariscal. Nein, nein, nicht die Brasilianer waren stärker als er, auch nicht dieser Chico Diablo, wie man sich erzählt, nur der Tod, und das nach langem Ringen, sagte er, und ein sanfter Wind strich zitternd über seinen weißen Bart. Ich bekam eine Gänsehaut, so als bohrte sich die Lanze des Mulatten Chico Diablo zwischen meine Rippen. Wir bestaunten den Orden »Hat sich um das Vaterland verdient gemacht«, den der Oberbefehlshaber während der Truppenbesichtigung am Abend zuvor an die Brust seiner zerlumpten Jacke gesteckt hatte.

Onkel Emilio war gealtert genau wie der mit der Zeit abgenutzte Sessel, wie die abgeblätterten Wände des riesigen Hauses. Sein Äußeres war von den Verwüstungen der Zeit gezeichnet, von dem Holzwurm der stolzen Armut. Er trug an den Seiten bestickte Pumphosen aus Leinen, darüber die Pyjamajacke aus himmelblauer Seide und ein weißes Tuch um den Hals, umgeben war er vom Geruch der Mottenkugeln. Der Onkel hatte sich für unseren Empfang herausgeputzt. Aber die Sonntagskleidung konnte nicht über sein gealtertes Lächeln hinwegtäuschen, das nichts mehr mit jener fröhlichen Miene gemeinsam hatte, mit der er die churrascos vorzubereiten pflegte. Es war ein abgehärmtes Lächeln, das des wortkargen Mundes überdrüssig zu sein schien. Nicht einmal die Ankunft der einschwärmenden Verwandtschaft vermochte es, den Blick des Onkels aufzuheitern, jene Wolken zu verdrängen, die von innen, tief aus seiner Brust zu kommen schienen. Im Gegenteil, er verstand besser als sonst jemand, daß dieser Besuch nur ein schwacher Wiederbelebungsversuch der alten, in der Gruft der Erinnerungen begrabenen Riten war. Es war fast, als wollten wir einer Totenmesse beiwohnen. Voller Herzlichkeit umarmten wir uns, aber es fehlte die überschwengliche Begeisterung von einst.

»Sei still, Chiquito«, befahl Onkel Emilio seinem Hund, den der Überfall all der Menschen, die vom Lastwagen gestiegen waren, in helle Aufregung versetzt hatte. Und als er meinen fragenden Blick sah, fügte er hinzu: »Du erkennst ihn bestimmt, er ist Pañuelos Sohn, mit dem du doch immer gespielt hast.« Er machte eine Pause, unterdrückte einen Seufzer, redete dann weiter schleppend, als zöge er die Worte tief aus einem Brunnenschacht hervor. »Er ist auch alt geworden, aber zusammen mit Jesusa schlagen wir drei uns schon durch, damit das letzte Stückchen Kerze nicht ganz erlischt. Sieh nur, wie sehr das Haus verfallen ist . . . Das Land, das unser Leben bedeutet, wird immer kleiner, sei es, weil wir es verkaufen müssen, sei es, weil es widerrechtlich besetzt wird. Stück für Stück verlieren wir es. Wir leben auf einer winzigen Insel, die nach und nach in dem Sumpf versinkt, der uns auf allen Seiten umgibt. Meine Brüder, meine Söhne und meine

Vettern, alle mußten sie weggehen. Die Gewalt und die Angst jagten sie davon. Bareiro-lata ist nur noch Bareiro-kue, das heißt ein Abklatsch dessen, was es war. Wir sind bestimmt die letzten Glieder der Kette; aber der Turm wankt nicht, ganz gleich, wie zerstört er auch ist, und er wird so lange stehen, wie ich noch ein bißchen Atem in den Lungen habe.«
Er legte mir seinen Arm um die Schulter; seine Gesichtszüge waren jetzt weich, als sei es eine Erleichterung für ihn, diese geflüsterten abgehackten Worte ausgestoßen zu haben.
»Dein Vater hat das alles genau verstanden. Er mußte den Baum unseres Blutes auf andere Weise und mit viel mehr Leid verteidigen, denn er war gezwungen, den Saft seiner Wurzeln zu verlassen und weit weg von diesen Weiden und von dieser Luft in der Verbannung zu sterben. Aber die Leute von hier vergessen ihn nicht, sie glauben noch immer, daß er eines Tages auf seinem dunkelbraunen Rappen, mit seinem offenen Lächeln und mit ausgestreckter Hand zurückkehren wird. Als wir uns das letzte Mal hier auf diesem Flur sahen, sagte er zu mir: Emilio, einer von uns muß hierbleiben und das Skelett unserer Erinnerungen, die Knochen unserer Träume bewachen. An dem Glanz, der seine Augen trübte, erkannte ich, daß er mich im Namen all unserer Toten und im Namen all derer, die die Ferne tötete, dazu bestimmt hatte. Es ist nicht leicht, das Amt eines Totengräbers auszuüben, der schließlich seine eigenen Gebeine zu Grabe tragen wird, die bereits von den Würmern zernagt sind, die das Vergessen, die Demütigung und die Arbeit in meinem Leib nähren. Die Schultern eines armen alten Mannes sind nun einmal nicht dafür gemacht, das Gewicht so vieler Lebendiger und so vieler Toter zu tragen. Aber es muß sein. Ich hoffe, daß die Kraft unserer begrabenen Wurzeln mir den Mut geben wird, weiterzumachen, bis . . .«
Tante Justinas sanfte, aber energische Stimme unterbricht unser Zwiegespräch.
Onkel Emilios Gesicht hat jetzt wieder alles Weiche und Offene verloren. Die Tante nimmt seinen linken Arm und

führt ihn behutsam mit sich fort, während sie uns ein Zeichen macht, ihr zu folgen. Ich merke, daß der Onkel mit den Füßen leicht schlurft. Wir gehen jetzt langsam in das Eßzimmer, dessen Kühle mich und meine Vettern früher während der heißen Mittagsstunden anlockte. Derselbe lange Tisch, dieselben Stühle mit der Rückenlehne aus dunklem Holz, auf denen jetzt padre Mamerto an dem einen und der Standesbeamte Jiménez an dem anderen Ende des Tisches sitzen, während die Zeugen an den Längsseiten Platz nehmen. Tante Justina bittet Emilio, sich rechts von ihr niederzulassen, und dann beginnt sie mit monotoner, sicherer und doch etwas schriller Stimme zu sprechen. Onkel Emilio benimmt sich wie ein gehorsames Kind, nachdem man es bei irgendeinem Streich auf frischer Tat ertappt hat. Er bewegt den Kopf von oben nach unten, die Augen auf die Hände gerichtet, die verschränkt auf dem Tisch liegen.
»Nun gut«, ruft er, als die Tante mit ihrer Rede zu Ende ist, und das ist alles, was von ihm zu hören ist, bevor er sich wieder in Schweigen hüllt.
Tante Justina blickt triumphierend in die Runde und läßt ihre Augen eine Sekunde lang auf dem breiten Gesicht von padre Mamerto ruhen, der ihr mit einer leichten Kopfbewegung zunickt. Mitten in die lastende Stille hinein steht sie auf und geht auf den Hof hinaus. Das Licht schlägt in den Raum, das Gebell der Hunde dringt ein und der Geruch von sonnenüberflutetem Espartogras. Die Zikaden steigern ihren unendlichen, sägenden Gesang.
»Jesusa . . . Jesusa . . .«, hören wir die sanfte und willige Stimme suchend rufen. Wir vernehmen das Kläffen kleiner Hunde und dann Bruchstücke eines gemurmelten Gesprächs. Danach Schweigen, dann wieder Justinas Stimme, die von Jesusas einsilbigen Antworten unterbrochen wird. Drinnen wagt niemand zu sprechen; man hört die umherschwirrenden Fliegen, die durch die offene Tür hereingekommen sind. Jeder scheint in seine eigenen Gedanken, in seine Träume versunken. Plötzlich sehe ich rechts oben im Küchenschrank

die rautenförmige, gähnende Öffnung, eine Erinnerung an den Schlag, mit dem wir, Miguel oder ich, die Scheibe zertrümmerten. Eine Weile lang sind abwechselnd das Gemurmel der Stimmen aus der Küche und der Flügelschlag unserer Träume zu hören, bis die beiden Frauen endlich hereinkommen. Tante Jesusa sieht in ihrem geblümten Kleid recht jung aus. Der Halbschatten löscht die wenigen Falten auf ihrem vollen Gesicht aus und auch die vereinzelten grauen Strähnen in ihrem dunkelglänzenden Haar. Auf ihrem Gesicht liegt noch immer ein Ausdruck sanftmütiger Güte, den das Lächeln, das von ihren Mundwinkeln ausgeht, noch unterstreicht. Justina läßt Tante Jesusa links von sich Platz nehmen und hält noch einmal in leicht veränderter Form die Rede, die wir bereits vernommen haben. Da ist von der Familienehre und dem guten Ruf die Rede, vom Glück der Kinder und vom göttlichen Willen, von der ewigen Seligkeit und von Emilios heiklem Gesundheitszustand. Tante Jesusa bewegt den Kopf ganz leicht von rechts nach links, als wolle sie die Worte abschütteln, die wie ein Regenguß auf sie herniederprasseln. Dann sagt sie, die Augen ins Leere gerichtet: »Nein.« Es wird nicht deutlich, ob sie das Ganze nicht verstanden hat oder ob sie einfach nicht verstehen will.

Justina hebt in einer Geste geduldiger Ohnmacht beide Hände und gibt über Jesusas und meinen Kopf hinweg mit einer Bewegung der Augen und einem kurzen Nicken das Wort an padre Mamerto weiter, so als handle es sich um einen imaginären Ball. Der Priester lehnt sich in seinem Sessel zurück, verschränkt die Hände über seinem Bauch und beginnt dann mit einem verklärten Gesichtsausdruck zu sprechen.

»Meine über alles geliebte Tochter. Unser Herrgott gewährt uns in seiner großen Güte die Gnade, seine Gebote einhalten zu können. Diese Zeichen, die wir empfangen, nennen wir Sakramente. Die Ehe ist eines von ihnen, und ihr Ziel ist es, der Heiligen Mutter Kirche viele Gläubige zu schenken, damit sie so lange währt wie die Welt. Nachdem Gott den ersten Menschen geschaffen hatte, gab er ihm am sechsten Tag der Schöpfungsgeschichte eine Frau, die ihm mit ihrer Hilfe zur Seite stehen sollte. Und aus dieser Verbindung sind alle menschlichen Wesen entsprungen. Er schuf also die Ehe, die, wie du sehen kannst, genauso alt ist wie die Menschen. Unser Herr Jesus Christus gab ihr den ursprünglichen Sinn zurück, der von den Juden und Zöllnern entstellt worden war, und machte aus ihr ein mit bestimmten Gnaden ausgezeichnetes Sakrament. Die Ehe ist also die Verbindung eines einzigen Mannes mit einer einzigen Frau, die nur durch den Tod getrennt werden kann. Die Vereinigung eines Mannes mit einer Frau ist ein Spiegelbild der Vereinigung Jesu Christi mit seiner Kirche. Siehst du also, meine Tochter, wie wichtig der Schritt ist, den wir dich heute bitten zu tun?«

»Ich will nicht heiraten. Das habe ich eben zu Justina gesagt. Es ist einfach lächerlich . . . In meinem Alter . . .!«

»Warte, meine Tochter und antworte nicht mit solchem Leichtsinn oder solcher Dickköpfigkeit. Hör auf den Rat jener, die dich gern haben, vertraue dem Stab, den dir dein Hirte reicht. Mann und Frau müssen sich lieben, als hätten sie nur einen einzigen Körper mit zwei Seelen, sie müssen einander bei allen Arbeiten helfen und gemeinsam die Kinder großziehen, die sie in die Welt gesetzt haben, damit jene später unserem Herrgott hier auf Erden dienen.«

»Pa'i, Sie sprechen über Dinge, von denen ich nichts verstehe. Aber ich weiß, daß es meine Kinder sind. Ich habe sie mit Liebe und zuweilen auch unter großen Opfern aufgezogen; ich habe mich auch dann um sie gekümmert, als mich Emilio mit ihnen im Stich ließ und wie ein läufiger Hund in der Gegend herumstreunte. Denn er hatte oft mehr als nur einen Körper und überhaupt keine Seele. Mein Fehler war es wahrscheinlich, daß ich ihn wieder aufnahm, als er ganz demütig angekrochen kam. Früher hätte es vielleicht einen Sinn gehabt zu heiraten, aber was soll das jetzt, wo wir beide richtige Tattergreise geworden sind?«

Tante Justina beginnt angesichts Jesusas Standhaftigkeit unruhig zu werden; sie blickt völlig gleichgültig drein, aber die aufgeregte Bewegung ihrer Hände verrät sie. Ungeduldig greift sie ein.
»Was die Heirat soll, Jesusa? Sie soll dir helfen, mit hocherhobenem Haupt und im Bewußtsein, das Gesetz Gottes und der Menschen eingehalten zu haben, zu leben und später der Glückseligkeit teilhaftig zu werden. Hier ist der Standesbeamte Jiménez, er vertritt das Gesetz dieses Landes und hat sich freundlicherweise bereit erklärt, eigens zu diesem Zweck mit uns zu kommen. Er kann dir gewiß noch andere triftige Gründe nennen.«
Mit einem Ruck richtet sich der Beamte Jiménez in dem Sessel auf, in dem er völlig versunken war. Er streckt seinen Hals, als wolle er sein Gesicht, das so dunkel wie das Holz ist, vor der Rückenlehne richtig zur Geltung bringen, räuspert sich ein- oder zweimal und fängt dann mit hochtrabenden Worten zu reden an.
»Señora, Sie fragen sich, was das alles in Ihrem Alter noch soll. Ich weiß nicht, ob Sie den Paragraphen unserer Ehegesetzgebung kennen, der die Eheschließung in articulo mortis betrifft. Das Gesetz erfaßt auch die Ausnahmefälle und verleiht dem Bund, der im Angesicht des drohenden Todes geschlossen wird, Gültigkeit. Benötigt werden lediglich die beeideten Aussagen zweier Zeugen, damit der Vertrag voll rechtskräftig wird. Ich zitiere dieses Beispiel nur, um Ihnen zu sagen, daß es nie zu spät ist, sein Leben den Vorschriften des Gesetzes anzupassen. Der padre kümmert sich um die Seelen und um das Leben im Jenseits. Wir, die Beamten, sind sozusagen die Priester der Staatsreligion; wir wachen darüber, daß die Gesetze und Vorschriften, die die höchste Regierung durch ihre kompetenten Organe erläßt, auch befolgt werden, daß die auf so kluge Weise errichtete Ordnung zum Wohl der Bewohner dieser Republik erhalten bleibt. Wenn ich eingewilligt habe, hierherzukommen, dann nur – und darauf möchte ich ausdrücklich hinweisen –, weil

ich der Meinung bin, daß die Legalisierung des Konkubinats durch eine Eheschließung eine Möglichkeit darstellt, die gestörte Ordnung innerhalb der Gesellschaft wiederherzustellen. Sie befolgen dadurch das Gesetz und erwerben alle damit verbundenen Rechte hinsichtlich der Übertragung ererbter Güter von den Ehepartnern auf die Nachkommen, die automatisch von unehelichen zu ehelichen Kindern werden . . .«

»Señor, ich danke Ihnen, daß Sie sich die Mühe gemacht haben, hierherzukommen. In den letzten Jahren haben wir nur selten einen Vertreter der Behörden zu Gesicht bekommen, ohne daß damit Verfolgung, Gewalt und Ungerechtigkeit verbunden waren. Seitdem Ihre Partei an der Regierung ist, sind die sogenannten Gesetzeshüter nur hergekommen, um uns zu bedrohen, zu bestrafen und zu berauben. Das, was Sie da von der Übertragung der Güter sagen, klingt sehr schön, aber wir haben nichts mehr, was wir auf unsere Kinder übertragen könnten; die verschiedenen Abordnungen der Regierung, die uns aufsuchten, haben uns das Dach über dem Kopf weggenommen. Die Willkür und die Angst haben meine Kinder und meine Verwandten in die Ferne getrieben; die Verfolgung hat diese Gegend der besten Leute beraubt; da ist zum Beispiel unser Vetter José, der im Exil verstarb. Sein Tod schmerzt uns immer noch.«

Der Standesbeamte Jiménez versucht zu antworten, doch während er noch wie ein Fisch auf dem Trockenen nach Worten ringt, kommt ihm padre Mamerto in versöhnlichem Ton zuvor.

»Du hast schon recht, meine Tochter, aber diese Dinge haben nun einmal etwas mit Politik zu tun, und man kann wohl sagen, daß es zu allen Zeiten Mißbräuche gegeben hat. Das sind rein zufällige und vergängliche Begebenheiten . . .«

»Nein, Pa'i, das ist unser tägliches Brot, das bittere Brot der Angst, der Demütigung, das wir seit Jahren essen müssen.«

»Nun gut, meine Tochter, aber was ich dir zu verstehen geben möchte, ist, daß du in diesem Jammertal nicht abhängig sein darfst von den materiellen Gütern. Vor einer Weile fragtest du warum. Warum, meine Tochter? Weil es niemals zu spät ist, wie dir der hier anwesende Standesbeamte sagte. Hast du denn noch nie von der Vergebung der Sünden gehört? Die Taufe löscht alle Sünden aus, sowohl die Erbsünde, mit der wir als Kinder von Adams und Evas Ungehorsam auf die Welt kommen, als auch die Sünden, die wir danach begehen. Du bist doch getauft, nicht wahr? Aber danach hast du gesündigt. Es gibt nach der Taufe noch ein anderes Mittel, nämlich das Sakrament der Buße, das notwendig ist, um die Todsünden auszulöschen, und das auch bei den läßlichen Sünden immer angebracht ist. Du lebst in der Todsünde! Doch alles läßt sich durch die Reue und die Ehe wiedergutmachen. Nicht nur du, auch Emilio lebt in der Todsünde, wie ich es dir bereits sagte, und beide geht ihr dadurch der Gnade Gottes verlustig und seid zum ewigen Tod verdammt. Das Konkubinat ist eine Todsünde . . .!«

»Meine große Sünde ist es, diesen Mann zu sehr geliebt zu haben.«

Onkel Emilio, der bis jetzt mit gesenktem Kopf dagesessen hat, so als ginge ihn das, was um ihn herum geschah, gar nichts an, hebt zum erstenmal die Augen und schaut seine Lebensgefährtin an. Sie spricht voll Vehemenz weiter.

». . . Jetzt ist er alt, aber früher hatte er sehr viel Charme. Wahrscheinlich habe ich ihn deshalb so lange ertragen. Im August sind es zweiundfünfzig Jahre, die wir zusammenleben; über ein halbes Jahrhundert haben wir es miteinander ausgehalten, häufig in Freude, manchmal auch in Leid. Was kann da eine Heirat, die zu diesem Zeitpunkt sowieso nichts anderes wäre als ein Akt der Barmherzigkeit zwischen zwei alten Leuten, schon daran ändern? Auf der Habenseite bliebe nur die Mildtätigkeit . . . Der Rest geriete in Vergessenheit.«

Tante Justina bewegt ihre Hände immer häufiger; sie wendet ihre Augen von Jesusa ab und richtet sie auf padre Mamerto, den sie starr ansieht. Dieser fährt sich leicht über die Schläfe,

seine rundliche Hand hebt sich wie eine Fledermaus von seinen weißen Haaren ab. Mit weicher Stimme hebt er von neuem an:
»Meine Tochter, du, die du als Zeichen den Namen unseres Erlösers trägst, weißt du denn nicht, daß er uns mit dem Beispiel seines höchsten Opfers gezeigt hat, daß wir das Glück nicht auf dieser Erde anstreben sollen? Unser ganzes Hoffen muß auf das Leben nach dem Tod gerichtet sein.«
»Padre, was Sie da sagen, wird richtig sein, aber ich bin hier trotz alledem recht glücklich gewesen, und ich sehe nicht ein, was anders werden soll, ob wir nun heiraten oder so sterben, wie wir gelebt haben, zusammen, in wilder Ehe, wie Sie das nennen.«
»Aber Jesusa, denk doch ein wenig an die Rettung deiner und Emilios Seele! Denk an den guten Namen deiner Kinder und an die Ehre der Familie! Es ist doch nicht viel, was wir von dir verlangen . . . Was hätte wohl Vetter José, der offiziell durch Domiciano und leiblich durch unseren Neffen vertreten ist, zu deinen Launen gesagt!«
Tante Justina will mich zu ihrem Werkzeug, zu einem weiteren Verbündeten ihrer Sache machen. Ich spüre die Blicke der anderen und schweige, während ich daran denke, daß mein Vater, wäre er anwesend, bestimmt auf Tante Jesusas Seite gestanden hätte. Ich schweige, denn wenn ich den Mund aufmachte, müßte ich etwas sagen über meine große Bewunderung für Tante Jesusa, über den stillen Mut, mit dem sie Onkel Emilio zur Seite stand, und über die Kraft, mit der beide gemeinsam sich um das kümmern, was mit der konformistischen Ehre der Familie nichts zu tun hat, sondern was viel wesentlicher ist, nämlich um das Fortbestehen des Baumes unseres Blutes, dessen Wurzeln tief in der Erde ruhen, in der noch immer die Gebeine unserer Träume, die Asche unserer Vorfahren leben. Ich müßte die Worte benutzen, in denen Onkel Emilio es mir erklärt hat. Und ich müßte schließlich sagen, daß es mich wenig kümmert, ob die beiden nun verheiratet sind oder nicht. Zweiundfünfzig Jahre, in

denen sie Freud und Leid geteilt haben, verleihen ihrer Verbindung mehr Gültigkeit als die hochtrabenden Worte des Priesters und die Unterschrift des mickrigen Standesbeamten. Ich sehe, daß Tante Jesusa mein Schweigen versteht und mich voller Sympathie anschaut. Ich sehe auch Onkel Emilios Augen lachen, zum erstenmal, seit wir uns in diesem Raum versammelt haben. Aber ich fühle mich unwohl angesichts der Erwartung, die mein Schweigen hervorruft.
Zum Glück ist padre Mamerto sehr daran interessiert, Jesusa zu überzeugen, und er nimmt seine Predigt über das Jenseits mit noch größerem Eifer wieder auf.
»Meine Tochter, mit deiner Dickköpfigkeit vergrößerst du nur noch das Ausmaß deiner Sünden. Zum Teil entschuldigt dich deine Unwissenheit. Unsere Seele stirbt nicht; und sogar unsere Körper werden eines Tages, nachdem sie verfault sind und sich in Nichts aufgelöst haben, von dem Allmächtigen Gott wieder zum Leben erweckt, um sich für immer mit unseren Seelen zu verbinden. Das nennt man die Wiederauferstehung des Fleisches. Am letzten Tag dieser Welt werden die Toten wieder auferstehen, um in ihrem eigenen Körper vor dem Jüngsten Gericht zu erscheinen; das ewige Leben wird die Belohnung für die Guten sein; der ewige Tod die Strafe der Sünder. Diese werden für immer in die Hölle verbannt, während jene in das Paradies eingehen, was soviel wie köstlicher Garten bedeutet. In der Heiligen Schrift wird das ewige Leben mit einem Festmahl oder einer Hochzeitsfei er verglichen, um das Glück darzustellen. Mit einer Hochzeitsfeier! Findest du nicht, Jesusa, daß dieser Vergleich eine sehr deutliche Anspielung ist?«
Wieder fährt sich padre Mamerto, der mit seinen Worten offensichtlich sehr zufrieden ist, über die rechte Schläfe. Plötzlich sehe ich, daß mein Vetter Miguel auf das Loch in der Glastür des Küchenschranks schaut; er senkt seine Augen, und unsere Blicke kreuzen sich, vielleicht denken wir beide daran, wie die Tante den Streich der lata-Banda durch ihr verschwörerisches Schweigen deckte.

Noch einmal beginnt Jesusa zu sprechen, langsam und so, als vergäße sie alles, was um sie herum geschieht.
»Als ich noch jung war, hätte es mich vielleicht glücklich gemacht zu heiraten. Manchmal spielte ich damals mit diesem Gedanken. Doch das war früher, als ich noch hübsch aussah und das Gefühl hatte, begehrenswert zu sein. Aber soll ich mich jetzt etwa mit diesem Greis verheiraten, der nur noch ein unwirklicher Schatten des Mannes ist, der er einst war? Heute schweigt er und willigt in alles ein, aber früher hat er mir nie einen Antrag gemacht. Er hatte seine Abenteuer, brauchte wahrscheinlich das Gefühl, frei zu sein. Laßt mir jetzt meine Freiheit, die Freiheit, eine solche Maskerade abzulehnen.«
»Überleg dir gut, was du sagst, meine Tochter. Emilio ist krank, du weißt es, und man muß auf alles gefaßt sein. Durch deine Dickköpfigkeit sprichst du nicht nur dein eigenes Urteil, sondern stößt diesen reuigen Mann, der sich bessern möchte, in die Flammen der Hölle.«
Tante Jesusa antwortet in entschiedenem, fast hartem Ton.
»Pa'i Mamerto, ich habe Ihnen gesagt, was ich davon halte. Wenn er dafür in die Hölle gehen muß, dann kann ich auch nichts daran ändern.«
»Mein Gott, Jesusa«, mischt sich voller Empörung Tante Justina ein. Und der Priester fügt mißbilligend hinzu: »Das ist Gotteslästerung, Frau! Begreifst du denn nicht, was für einen Unsinn du da redest? Weißt du vielleicht, was die Hölle ist? Das ist ein entsetzliches Gefängnis, ein Ort der ewigen Finsternis, an dem die verdammten Seelen in einem nie erlöschenden Feuer verbrennen, an dem sie ständig von widerlichen Würmern zerfressen werden, von Würmern, die nie sterben, denn es sind ihre eigenen Gewissensbisse. Es ist ein Ort des ewigen Heulens und des nie verstummenden Zähneklapperns, das heißt ein Ort der Traurigkeit, der Verzweiflung, der Wut . . .«
»Das alles habe ich schon zu Lebzeiten kennengelernt, Pa'i, die Hölle ist hier auf Erden.«

»Aber Jesusa, hör doch, was padre Mamerto sagt.« Tante Justinas Stimme wird immer nervöser.
Jesusa scheint sie nicht gehört zu haben, denn sie fährt ganz ruhig fort: »Sie sprechen über Dinge, padre, die in weiter Ferne liegen. Die Hölle, das war für mich die quälende Einsamkeit, als Emilio zu einer anderen ging; das war das Feuer der ohnmächtigen Wut, als ich sah, wie einer meiner Söhne sterben mußte, weil wir keine Medikamente hatten. Die Hölle, das war die Angst, als die Regierungstruppen Unschuldige verfolgten und bestraften. Wir lernten die Hölle der Traurigkeit kennen, als wir, nachdem die unsrigen in alle vier Himmelsrichtungen vertrieben worden waren, allein zurückblieben, als José wie ein gejagtes Wild fliehen mußte und als wir später erfuhren, daß er weit weg von jenen, die ihn liebten, gestorben war, als man uns alles nahm, unser Land, unsere Schafe, unsere Scham. Seitdem hausen wir verbittert und gedemütigt in einem Stall. Nur wenig ist es, was uns noch am Leben hält. Vielleicht allein der Gedanke, daß wir die Truhe bewachen müssen, in der wir die zerfransten Fetzen aufbewahren, die Fetzen, die Kleidung unserer Erinnerungen sind. All das war und ist unsere Hölle. Aber es sieht so aus, als würde die Vorsehung Gottes die Menschen nicht ganz vergessen, denn diese Hölle hatte stets auch ihre guten Seiten. Sie verband uns miteinander, zwang uns, alles zu teilen, die Angst, die Demütigung und selbst die Freude, eine widerstandsfähige Pflanze, die überall neu aus dem Boden schießt. Und auch die Hölle in Gestalt des Alters verband uns, denn die Begierde und das Verlangen erloschen und machten einem neuen Frieden, einem neuen Verzicht Platz. Ihre Worte, Pa'i sind voller Weisheit, aber sie sagen uns nichts. Wir haben unser Leben gemeinsam zurückgelegt, und jetzt befinden wir uns, wie Sie ja selbst sehen, jenseits von Gut und Böse, jenseits von der Ehe und dem Konkubinat.«
Nachdenklich hält sie einen Augenblick lang inne. Dann fügt sie hinzu: »Wovor wir wirklich Angst haben, Pa'i, das ist der Tod.« Wieder legt sie eine kurze Pause ein. »Aber vielleicht

fürchten wir nicht einmal ihn, denn er kommt erst dann, wenn es an der Zeit ist.«
Plötzlich merke ich, daß wir alle gebannt den Worten dieser einfachen Frau lauschen, still, fast beschämt, denn wir waren an dem Versuch beteiligt, das Gewissen dieser unbescholtenen Frau in Aufruhr zu versetzen. Sogar Tante Justina scheint ihre Selbstsicherheit verloren zu haben und sitzt niedergeschlagen auf ihrem Stuhl. Padre Mamerto fährt sich nicht mehr über die Schläfe, demütig liegen seine verschränkten Hände auf dem Tisch. Der Standesbeamte Jiménez ist nach seiner spitzfindigen Rede mehr und mehr in sich zusammengesunken und sieht nun wie das Gerippe eines schwarzen Vogels aus, das von der Rückenlehne des Stuhls nicht mehr zu unterscheiden ist. Was mich angeht, so ist meine Bewunderung für Tante Jesusa noch größer geworden. Ich glaube, daß meine Vettern, die als Zeugen hierherkamen, genauso denken wie ich. Ohne ein Wort zu sagen, zeigt jeder auf seine Weise die Freude darüber, daß der gesunde Menschenverstand über die Vorurteile gesiegt und das natürliche Empfinden alle Konventionen beiseite gedrängt hat. Ich sehe das Leuchten in Tante Jesusas Augen, die nun über Justina hinweg auf Emilio gerichtet sind. Sie beginnt wieder zu sprechen, ihre Stimme wird immer ruhiger, immer sicherer.
»In den zweiundfünfzig Jahren an der Seite dieses Mannes gab es viel von jenem ›herrlichen Garten‹, über den der Pa'i gesprochen hat . . . Und warum auch nicht? Aber bevor wir mit der Feier anfangen, Justina, muß ich schnell noch einmal in die Küche, damit, was ich zur Verstärkung deines Imbisses auf das Feuer gestellt habe, nicht anbrennt.«

David Escobar Galindo
Die Überlebenden

Für Tante Meches, die mir seltsame Geschichten erzählte.
Glaubt mir, das Wort Zufall *ist eine Gotteslästerung; nichts unter der Sonne geschieht aus Zufall.*
Lessing

»Wie heißt du?« fragte er ihn geistesabwesend.
»Antonio«, antwortete der Junge.
»Antonio . . . und wie weiter«, wollte er wissen, während er in einigen Papieren blätterte.
»Antonio Luna.«
Er hob die Augen und sah ihn forschend an.
»Antonio Luna?«
»Ja, señor.«
»Und wie hieß dein Vater?«
»Antonio Luna, señor.«
»Aha, Antonio Luna. War das nicht der, den man den Einäugigen Macho nannte?«
»Nein.« Das rechte Auge des Jungen zuckte, so als wäre ein Staubkorn hineingeflogen.
»Nun gut, du kannst bleiben. Sag Nicolás, er soll dir irgendeine Arbeit auf dem Feld oder auf dem Hof geben.«
»Gott vergelt's Ihnen.«
Und schweigend entfernte er sich. Von hinten sah er wie ein armer einfältiger Schlucker aus. Don Julio dachte das fast von allen Leuten. Aber diesmal hatte er, trotz seiner Schläue, etwas übersehen: Manchmal blitzte in den Augen des Jungen ein phosphoreszierendes Licht, nur flüchtig, aber es hätte ein Zeichen sein können für eine brennende Intelligenz. Doch achtete niemand darauf. Dafür war der Junge zu armselig. Er war ziemlich groß, aber er hatte schmale Schultern, eine fast gelbliche Haut, und seine Gesten wirkten müde; nur dieses

Aufblitzen war etwas Besonderes an ihm. Man konnte es für einen Reflex des Sonnenlichts halten. Irgend jemand hatte einmal lachend zu ihm gesagt: Deine Augen sind ja aus Flaschenglas. Ansonsten wirkte der Junge ausgesprochen unterwürfig. Nur manchmal flog ein Lächeln über sein Gesicht, das wer weiß woher kam.

Nicolás setzte ihn auf dem Hof ein. Er erhielt den Auftrag, täglich eine Fuhre Zacate-Gras für die wenigen Kühe zu schneiden, die noch in dem riesigen Stall standen. Wortlos tat er, was man ihm befahl. Zur Mittagszeit holte er sich seine Ration und verzehrte sie unter dem tigüilote-Baum in einer Ecke des patio. Jenseits des gepflasterten, leeren Raums sah er die Fassade des Hauptgebäudes, die Arkaden des Ganges und die hängenden Körbe, deren Grün fast bis auf den Boden reichte. Über allem schwebte ein sanfter, schlummernder Halbschatten, obwohl die Sonne hoch im Zenit stand. Der Himmel war rauchig, es roch nach Obst, das in seiner raschelnden Angst den Honig darbot, und wo man hinschaute, wirkte die Vegetation welk und öde. Die Gestalt einer jungen Frau tauchte wie ein schmaler seltsamer Lichtstrahl aus dem Halbdunkel auf.

»Nicolás! Nicolás!«

Mit dem Hut in der Hand kam der Gerufene näher, ein alter hagerer Mann von dunkler Hautfarbe. Früher hatte er als Knecht gearbeitet, dann war er Aufseher geworden, nachdem sein Vorgänger, wie man sich erzählte, nach Honduras geflohen war. Sie sagte etwas zu ihm, und er nickte respektvoll mit dem Kopf. Danach verschwand sie wieder im Haus.

Der Aufseher ging auf Antonio zu. Als er nur noch wenige Schritte von ihm entfernt war, befahl er ihm: »Sattle so gegen drei das schwarzbraune Pferd, das auf der Koppel steht, und binde es hier am Zaun fest.«

Er zeigte auf die kleine Palisade, die auf der einen Seite des Hauses stand neben einer kleinen Myrte.

»In Ordnung«, antwortete Antonio.

Don Julio Larrazábal und seine Tochter Judit verbrachten einige Wochen auf dem Land. Das erstemal wieder nach langer Zeit, das erstemal, seitdem Don Julio diese anonymen Schreiben erhalten hatte, in denen man ihm in einem verschwommenen und komplizierten, fast barocken Stil mit dem Tode drohte. Diese Briefe konnten nicht von irgend jemandem aus dieser Gegend stammen. Don Julio hatte viele Jahre lang hier gelebt und kannte die Leute genau. Er war ein Choleriker, sein Zorn entlud sich bei dem geringsten Anlaß, doch abgesehen davon hatte er auch einige menschliche Züge, mit denen er sich viele Sympathien erwarb. Außerdem glaubte er, daß man ihm Dankbarkeit schulde, nicht weil er diese verdient hätte, sondern nur auf Grund seiner sozialen Stellung. Unbestritten war, daß alle ihn achteten, denn er vermochte seinen Willen mit einer derartigen Selbstverständlichkeit durchzusetzen, als sei dies seine zweite, vielleicht sogar erste Natur. Judit hatte keine Mutter mehr. Seitdem diese vor langer Zeit an einem bösartigen, versteckten Fieber gestorben war, hatte der Vater seine spärlichen Gefühle ganz auf die Tochter verlagert. Sie wirkte kränklich, ihre Knochen schienen zerbrechlich zu sein. Der Vater umgab sie mit allem, was sie sich wünschen mochte, auch wenn sein Bemühen so vergeblich war wie der leichte Flügelschlag eines geblendeten Vogels. Bis zum Schatten der Schwermut war es nur noch ein kleiner Schritt. Denn hinter Judits körperlicher und psychischer Schwäche verbarg sich eine außergewöhnliche Wahrnehmungsfähigkeit, die die Nonnen in der Klosterschule als eine ausgeprägte mystische Neigung bezeichnet hatten; eine Veranlagung, die Judit zu leidvollen Vorahnungen führte. Der Vater blieb von diesen Erfahrungen ausgeschlossen, und sein Warten schlug um in unbezwingbare Wut auf jedermann.

Als sie an jenem Nachmittag von ihrem Spazierritt mit Nicolás zurückkam, begegnete sie Antonio am Tor. Er schaute ihr nicht in die Augen. Trotzdem geriet sie in Aufruhr, nicht etwa, weil sie sich zu dem Jungen hingezogen fühlte, sondern weil sie jene Kraft spürte, die alle am Abgrund lebenden Geschöpfe ausstrahlen. Judit sprach den Jungen an, um ihn zu zwingen, die Augen zu heben, und er gehorchte. Das blutrote Licht der untergehenden Sonne fiel auf sein Gesicht, und der Reflex aus seinen Augen blendete sie nahezu. Sie stürzte ins Haus. An diesem Abend wollte sie nichts essen, sie hatte ein wenig Fieber, das in langsamen Schauern über ihren Körper lief. Sie spürte, wie die Fledermäuse gegen die Scheiben stießen.

»Was hast du, Judit«, fragte der Vater, »bist du erkältet?«

»Nein«, antwortete sie, das Gesicht zur Wand gekehrt.

»Wenn du willst, kehren wir in die Stadt zurück.«

»Nein«, antwortete sie flehend, so als fürchte sie, eine unwiederbringliche Gelegenheit zu verpassen. »Morgen früh fühle ich mich bestimmt wieder besser.«

Der Vater näherte sich dem Bett.

»Sieh mich an.«

Ihre Pupillen waren erweitert, ihre Augen schwammen in einer Art Nebel.

»Schlaf nur, ich werde das Fenster schließen.«

Als er an das Fenster trat, sah er den riesigen, in Mondlicht getauchten patio. Dort, wo der tigüilote-Baum stand, begann die Dunkelheit, und da saß Antonio, unbeweglich, mit halboffenen Augen. Er sah einen Schatten am Fenster auftauchen, doch er bewegte sich nicht.

Danach war alles dunkel, bis der Mond wieder hinter den bleiernen Wolken hervortrat, wie eine gewaltige rote Wolke wirkte er, unwirklich und einsam.

Stunden verstrichen, und der Junge saß noch immer, ohne sich zu rühren, tiefatmend, als schliefe er. Aber er war hellwach, und in seinem Hirn wirbelten Bilder in buntem Durcheinander. Er schaute zum Fenster hinüber, und plötzlich sah er, daß es geöffnet wurde. Er ahnte es mehr, denn es herrschte nach wie vor tiefe Finsternis. Eine leichte weißliche Gestalt huschte kurz an der Fensteröffnung vorbei. Antonio starrte. Das war alles.

Es begann hell zu werden, und Antonio stand auf, ging ziellos über das Land. Die gedämpften, nächtlichen Geräusche wurden von den hellen Stimmen des Tages abgelöst. Die Kühle der Nacht verflog wie ein Zauber. Er kehrte erst auf den Hof zurück, also man schon mit dem Melken fertig war. Nicolás versperrte ihm den Weg. »Was hast du denn gemacht? Hast du eine Freundin da draußen, bei der zu schläfst?«
Antonio schüttelte den Kopf. Er ging in die Küche, um sich sein Frühstück zu holen.

Als Judit erwachte, fühlte sie sich schwach, aber sie nahm sich zusammen. Der Vater kam zu ihr ans Bett.
»Wie geht es dir heute, Kind?«
»Gut, Papa. Es geht mir gut. Ich werde mich jetzt anziehen. Reitest du heute aus?«
»Ja. Willst du mitkommen?«
»Ja, ich glaube, ich habe Lust dazu.«
Sie streckte die Arme aus, bis sie die Rückwand des alten Bettes berührte. Durch das Fenster drang das staubige Sonnenlicht. Auf dem Nachttisch lag ein angebissener capulin, den eine Fledermaus hatte fallen lassen. Trotz der sauberen Wäsche wirkte alles, das Zimmer, das Haus, ziemlich vernachlässigt.
»Gut. Dann werde ich dafür sorgen, daß man dir ein Bad und das Frühstück vorbereitet. Es gibt leckere Dickmilch. Wir reiten um neun los. Ich möchte die größte Hitze vermeiden. Außerdem müssen wir früh zurück sein. Vielleicht kommen die Escalantes vorbei, und irgend etwas müssen wir ihnen anbieten, wenigstens Toastbrot und Kaffee.«
Um neun stand Judit in Reitkleidung und mit einem blumengeschmückten Hut auf dem steinernen Gang. Ihre Hände zitterten hin und wieder, und trotz des Bades und des reichhaltigen Frühstücks sah sie noch immer sehr blaß aus.
Die Landschaft dieser Gegend war sehr zerklüftet. Zwischen den Hügeln aus glattem Stein und den trockenen Anhöhen

lagen kleine Mulden, in denen spärliches Grün lauerte, und erst nach drei Meilen öffnete sich eine weite Ebene.
»Das ist der *llano*, von dem ich dir neulich erzählt habe. Erinnerst du dich?« fragte don Julio.
»Ja.« Judit antwortete geistesabwesend. In der Ferne türmten sich Wolken auf. Die Erde war trocken, man hatte sie gerade für die Maisaussaat zum erstenmal gerecht. Und da die Zuckerrohrernte abgeschlossen war, brannten überall kleine Haufen von Zuckerrohrstücken, wodurch die Luft noch rauchiger und blauer wurde. Im Norden lag eingezwängt ein Wald, der von weitem wie ein Fleck von braunen und gelben Farbtönen aussah.
Sie machten halt neben einem weißen conacaste-Baum, und die beiden Männer – don Julio und Nicolás – vertieften sich in ein Gespräch über die anfallenden Arbeiten. Dann wandte sich don Julio an Judit und sagte: »Das Pfahlwerk dort drüben, das wegen des dornigen Gestrüpps niemand betreten kann, heißt El Escondite, das Versteck.«
»Warum?« fragte sie.
»Erzähl es ihr, Nicolás«, befahl don Julio.

Plötzlich verwandelt sich die ruhige Erde in eine wütende Staubwolke. Der Wirbelsturm schüttelt die Bäume, er rüttelt an den Strohdächern der Behausungen. Ganz am Ende des llano, dicht neben dem unwegsamen Dickicht, entsteht ein neuer rancho. Die Nachbarn, Siedler, die sich vor langer Zeit hier niedergelassen haben, beobachten den Bau genau, und die Frauen mit ihren kleinen Kindern auf dem Arm, die Haare unordentlich durch einen Kamm zusammengehalten, betrachten von der Schwelle ihrer Hütten aus das Auftauchen der neuen Bewohner, ein Mann, eine schwangere Frau und ein etwa drei Jahre alter Junge. Von weitem sehen die beiden Erwachsenen sehr fremdartig aus. Sie sind groß und ziemlich weiß. Irgend jemand murmelt in den Dunst von Kerzenrauch und frischen tortillas: Es sollen Chalatecos sein . . . von da oben. Ein anderer zweifelt: Meiner Meinung nach kommen sie von noch weiter her.

Als die Neuankömmlinge mit dem Bau einigermaßen vorankommen, nähern sie sich mit der üblichen Zurückhaltung den Hütten in der Umgebung und grüßen lächelnd, er mit dem Hut in der Hand. Von nahem sehen sie weniger fremdartig aus. Sie sind weder groß noch sehr weiß, ihre Gesichter von der Sonne gegerbt, ihre faltige Haut von der Witterung ausgetrocknet, tiefe Furchen durchziehen ihren Hals. Die Frau ist schweigsam, ja, schüchtern. Der Mann spricht nur das Notwendige, aber trotz seines ungehobelten Stils klingen seine Worte sicher, so als hätte man sie schon einmal gehört, genau wie in den Predigten der Mönche, die im Radio übertragen werden. Wenn der Mann geradeaus blickt, erkennt man, daß er einen Fehler im rechten Auge hat, es wirkt, als sei es undurchsichtig.
Ich heiße Antonio Luna, und das hier ist meine Frau.
Leticia Fuentes, Gott und euch zu Diensten.
So stellen sie sich in allen Häusern vor. Man bietet ihnen einen Stuhl und eine Erfrischung in einem Tonkrug an.
Dann kehren sie nach Hause zurück und widmen sich ihrer Arbeit. Sie zäunen das Stuck Erde ein, das man ihnen zugewiesen hat, und beginnen, es für die Aussaat zu säubern. Allmählich passen sich die Lunas ganz an die Lebensgewohnheiten der neuen Umgebung an. Und weil er ein nahezu ausgetrocknetes neugeborenes Baby retten konnte, verbreitet sich die Nachricht, daß der Mann über besondere Heilkräfte verfüge.
Anstatt zu der Conde zu gehen, solltest du . . .
Ja, vor allem jetzt im Winter . . .
Und der Mann hat etwas ganz Besonderes an sich . . . Man braucht ihn nur anzuschauen . . .
Am Anfang weigert er sich. Er sagt, er habe nur ein paar Tage in einer Apotheke in Aguilares als Laufbursche gearbeitet. Aber die Nachbarn drängen den Mann, ihr Flehen ist traurig und still, und schließlich gibt er nach. Abends besucht er die Kranken, die unter Verrenkungen und heftigen Schmerzen leiden. Er kümmert sich um gebärende Frauen, um die

Kinder mit geschwollenen Leibern. Und murmelnd verbreitet sich sein Ruf, wie Luft unter schattigen Bäumen.
Eines Morgens, es ist gegen Ende der Regenzeit, kommt ein Junge laut keuchend auf sein Grundstück gelaufen und schreit: Don Toño! Don Toño!
Der Mann kommt mit nacktem Oberkörper heraus; er wäscht sich gerade, denn es wird bald hell. Was willst du?
Zum Herrenhaus . . . Sie sollen dahin kommen . . . Das sagt der Aufseher . . .
Es hat die ganze Nacht geregnet, der Weg ist eine einzige Schlammpfütze. Dazu geht ein eigenartiger Wind, der weder richtig dem Sommer noch dem Winter angehört. Als Antonio das Herrenhaus erreicht, ist seine Kleidung schlammbespritzt.
Hier bin ich, don Nico. Was kann ich für Sie tun?
Schau Toño, ich will schon seit einigen Tagen mit dir reden. Dem patrón gefallen deine Hexenkünste nicht. Er hat mir befohlen, dir auszurichten, daß du aufhören sollst mit diesem Teufelskram. Wenn nicht, dann verschwindest du lieber von hier . . .
Antonio denkt einige Minuten nach.
Ich mache keine Hexereien . . .
Aber eigenartige Heilungen. Ist das nicht dasselbe?
Nein.
Nun ja, das ist ja auch egal. Auf jeden Fall hörst du jetzt auf damit. Wenn nicht . . .
Schon gut.
Er grüßt und verläßt den Hof.
Am Nachmittag fragt don Julio seinen Aufseher: Hast du den Kerl, den sie Macho Tuerto nennen, herbestellt?
Ja, patrón.
Hast du ihm gesagt, daß ich diese Schweinereien auf meinem Besitz nicht haben will?
Er sagt, es sei nichts Schlechtes dabei. Er meint . . .
Aber du hast ihn gewarnt?
Ja.

Gut, dann weiß er Bescheid. Hier muß jeder lernen, was Respekt heißt. Ich will nicht, daß die Leute frech werden. Dem kann ich nicht untätig zuschauen. Etwas Angst vor Gott zu haben ist immer gut.
Da haben Sie recht, patrón.
Antonio jedoch tut so, als sei nichts geschehen. Er will bis zum Sommer warten und sich dann vielleicht woanders etwas suchen. Er fühlt sich nicht mehr wohl in der Gegend. Das deutet er auch den Leuten an, die er besucht. Die Nachricht verbreitet sich wie ein Lauffeuer. Don Toño geht weg!
Man verjagt ihn von hier, heißt es.
Ich habe gehört, daß der Aufseher sogar seinen Revolver zückte . . .
Auf Befehl von don Julio!
Ja, so ist es nun mal.
Angeblich, weil er Heilungen durchführt.
Man bezichtigt ihn, mit dem Teufel im Bunde zu stehen.
Man hat ihm sogar mit der Polizei gedroht.
Es heißt, er sei der Teufel in Person.
Gott bewahre uns und stehe uns bei.
Amen.
Ich habe gehört . . .
Und alles völlig unbegründet . . .
Er heilt doch nur.
Die kleine Tila hat er vom Fieber befreit. Und dem Sohn der Catocha, der schon im Sterben lag, hat er mit einer Medizin das Leben gerettet. Mein Vater hat auch nicht mehr diese fürchterlichen Schmerzen in den Nieren.
Und was ist, wenn er geht?
Das ist so gut wie sicher.
Vielleicht nützt es, wenn wir mit ihm reden?
Mit wem?
Mit don Julio.
Heute ist er nicht da. Er soll im Dorf was zu tun haben.
Nun ja, dann sprechen wir eben mit dem zweiten Mann.
Wir können ja auch morgen gehn, ganz in der Frühe.

Nein, besser heute, schließlich regnet es nicht.
Dann sagt allen Bescheid.
Das Echo der Rufe verwebt sich zu einem wogenden Netz. Wenig später sind alle mit ernsten und hoffnungsvollen Gesichtern, die über ihre Angst nicht hinwegtäuschen können, auf dem Weg zum Herrenhaus. Unter einem wolkenverhangenen Himmel voll dunkler, drohender Vorahnungen sieht diese kleine Gesellschaft trauriger aus denn je. Die Kinder klammern sich an die Rockschöße ihrer Mütter. Viele der Frauen tragen Säuglinge auf dem Arm oder sind guter Hoffnung. Deutlich zeichnen sich ihre Leiber unter der Kleidung ab, die zu reißen droht. Félix Umana, einer der Ältesten unter ihnen, führt das Wort.
Macho Tuerto? fragt der Aufseher hinterlistig.
Ja, so nennt man ihn. Völlig zu Unrecht, erklärt der alte Félix, obwohl es eigentlich nicht nötig wäre.
Und was wollt ihr über ihn sagen?
Es heißt, man will ihn wegjagen.
Wer hat das gesagt?
Das ist so ein Gerücht.
Und deshalb seid ihr hierhergekommen?
Wir möchten gerne . . . ein Wort für ihn einlegen. Don Toño ist ein Freund von uns, und er bricht bestimmt kein Gesetz.
Was verstehst du von Gesetzen!
Nichts. Aber . . .
Und sonst noch was?
Wir möchten darum bitten, daß man ihn läßt, wo er ist. Daß man ihn nicht belästigt.
Der Aufseher streicht mit der Hand über die volle Patronentasche. Dann schiebt er den Hut zur Seite.
Hör mal zu, Félix. Du bist alt und hast viel länger gelebt als alle, die hier sind. Deshalb wundert es mich, daß du so redest . . . Erinnerst du dich nicht mehr daran, daß deine Frau nur wegen dieser Hexe gestorben ist, mit der du dich in Los Chilamates eingelassen hast?
Der Alte blickt zu Boden.

Ich sage nur, daß don Toño manchmal die Leute heilt, aber auf gute Art und Weise.
Ist er vielleicht ein Arzt?
Ich habe seine Papiere nicht gesehen. Aber ich habe ihm bei der Arbeit zugeschaut und weiß, daß er keine böse Magie betreibt. Nichts von Beschwörung böser Geister. Keine Anrufung des schwarzen Engels.
Glaubst du das wirklich?
Ja, señor. Da bin ich ganz sicher. Fragt doch die anderen hier.
Ein zustimmendes Murmeln erhebt sich aus der Gruppe und läßt sich auf den feuchten Blättern der Bäume nieder, die den patio einrahmen.
Ich habe das Gegenteil erfahren. Sogar von schwarzer Magie war die Rede, und daß er seine Gebete und Instrumente in einer Schatulle aufbewahrt. Ihr wollt mir doch nicht weismachen, daß ihr nichts von seinen Flüchen gehört habt.
Beschwörungen vielleicht, murmelt einer der Leute.
Mit Beschwörungen richtet man Schaden an, argumentiert triumphierend der Aufseher. Vielleicht zaubert er in diesen Tagen einen Frosch oder etwas Ähnliches in den Magen des patrón.
Viele Köpfe werden geschüttelt. Félix sagt: Gott behüte uns vor dieser Bosheit.
Plötzlich kommt ein Knecht gerannt. Erschreckt und keuchend bleibt er vor dem Aufseher stehen, er bringt kein einziges Wort hervor.
Alle schauen ihn an.
Don . . . Don . . . Don . . . Julio . . .
Was ist los mit dem patrón?
Der Aufseher schüttelt den Knecht. Einige Augenblicke lang keucht er noch. Er ist schweißgebadet.
Mit ihm nichts! Ihm ist nichts Schlimmes passiert!
Ja, und? Sprich doch, du Dummkopf!
Wir sind von einem Abhang abgestürzt. Nicht mal sehen konnte man ihn. Aber es war feste Erde, doch plötzlich ein Loch von dieser Größe. Es öffnete sich. Und wir sind mit

Mann und Maus hineingerutscht. Ganz tief. Man sah nichts, wirklich nichts mehr. Es war, als hätte ein Zauber die Erde geöffnet. Und wir verschwanden darin.
Und was ist dann passiert? Los, rede! schreit der Aufseher.
Alle Anwesenden stehen stumm, als ahnten sie, daß ein großes Unglück auf sie zukommt. Es zeichnet sich verschwommen auf ihren dunklen Gesichtern ab.
Aurelio hat sich das Genick gebrochen. Der patrón hat nur einen geschwollenen Fuß. Deshalb habe ich ihn aus dem Loch gezogen und bin wie der Blitz hierhergelaufen, damit wir ihn auf einer Trage nach Hause bringen können.
Also los, gehen wir!
Alle bleiben bewegungslos stehen, nicht, weil sie ihre Hilfe verweigern wollen, sondern weil sie den inneren unbestimmten Druck dessen spüren, was jenseits der natürlichen Dinge liegt. In seiner Wut sieht sich der Aufseher gezwungen, Befehle zu erteilen.
Du, Eugenio, und du, Marcos, ihr kommt mit mir, mal sehen, wo uns dieser Kerl da hinbringt. Sucht euch einen langen Stock. Nehmt eine Hängematte mit, die was aushalten kann. In der Sattelkammer liegt eine.
Die beiden Männer entfernen sich. Doch die anderen, den Flügelschlag des Schicksals abwartend, rühren sich nicht von der Stelle. Ein kleiner Junge fängt an zu weinen. Der Aufseher steht in einiger Entfernung und erinnert sich an den Grund dieser Versammlung. Er wendet sich an Félix, der die Augen zu Boden geschlagen hat.
Und was sagst du jetzt, Alter? Wirst du den Hexer noch immer verteidigen?
Die Anschuldigung hat zur Folge, daß sich die Gruppe sofort auflöst. Jeder geht seiner Wege und spürt vielleicht in seinem Rücken den Atem des Teufels. Zurück bleiben die schlammige Erde mitten im patio und der Wind, der leicht die starren Äste bewegt.
Sie bringen don Julio in einer Hängematte nach Haus. Sein Fuß ist geschwollen, seine Arme und sein Gesicht sind leicht

zerkratzt. Er hat die Lippen fest zusammengepreßt. In seinen glasigen, starr dreinblickenden Augen spiegelt sich weniger Schmerz denn Zorn wider, ein Zorn, der sich bei dem geringsten Anlaß entladen wird. Danach holt man einen Arzt aus dem Nachbardorf. Der Herr hat sich nur den Fuß verstaucht; das tut weh, ist aber weiter nichts Ernstes. Da läßt er seiner Wut freien Lauf. Das ohnmächtige Gefühl des Scheiterns macht aus dem jungen Mann einen völlig anderen Menschen.
Estéban! Komm her!
Der Aufseher gehorcht mit einem Gesichtsausdruck, der zwischen Unterwürfigkeit und Schrecken schwankt, als sei er mitverantwortlich für den Unfall.
Ja, patrón?
Gleich morgen werden wir es diesem Hurensohn zeigen, der mich so zur Sau gemacht hat.
Wem denn?
Na wem schon! Diesem Schweinehund, diesem Macho Tuerto.
Wie Sie wollen, sagt Estéban und geht einige Schritte zurück.
Ruf einige vertrauenswürdige Männer zusammen.
Für morgen?
Ja, für morgen. Warum stellst du dich so blöd an?
Am nächsten Tag ist alles vorbereitet. Estéban läuft der Schweiß in Strömen herab. Don Julio, der das rechte Bein von sich gestreckt hat, atmet jetzt, da er sich Recht verschaffen wird, ruhiger. Da kommt seine Frau herein, sie bringt ihm wie jeden Morgen ein Glas Cognac.
Laß alles vorbereiten. Wir reisen in zwei Stunden ab.
In die Stadt?
Sie kann ihre Freude kaum verbergen.
Ja, in die Stadt, antwortet er, die Worte fast pfeifend. Aber mach dir nur keine Hoffnungen. Wir kehren auf jeden Fall wieder hierher zurück.
Sie antwortet ihm nicht, denn sie beeilt sich, das Gepäck vorzubereiten.

Am nächsten Morgen, als don Julio und seine Frau schon weit weg in der Stadt sind, geschieht das Entsetzliche.
Es sind vier Schatten, zusammengeschrumpfte Gespenster, und sie sind zu Fuß. Ein Gewitter liegt drohend in der Luft. Bald regnet's, bald regnet's! Die Nachtvögel verstummen, dem erlöschenden Licht flackernder Kerzen gleich. Die Schatten schleichen vorbei, ihr Atem prallt gegen den Schlaf. Das Haus schwimmt auf der stummen Luft, bevor es für immer verschwindet. Und plötzlich ein Streichholz, ein gelbliches Glühen, das unsicher flackert und dann wächst. Murmeln, das ein Windstoß erstickt. Dann ein zweites, ein drittes Streichholz. Verdammt, was für ein Wind! Und da ist der Kienspan, er zuckt wie das Gewitter, zuckt gegen das Gewitter, das sich nicht entladen will. Da vorne, der Holzhaufen! Die Ecke hier! Und hinten, damit niemand raus kann.
Sekunden später steht das Haus in Flammen. Im Innern dröhnender Lärm, doch kein einziger Schrei ertönt. Vielleicht sind sie gar nicht drin und irren im Dunkeln umher wie arme Seelen. Die vier Schatten stürzen davon, weg von dem Feuer, dessen Licht auf ihre verschwitzten Gesichter fällt. Sie laufen an ihm vorbei, der zusammengekauert und vor Schreck gelähmt auf dem Boden hockt. Im Schein des Feuers kann er keinen klaren Gedanken fassen, aber eine unerklärliche Kraft läßt ihn in der Schutzlosigkeit dieser Nacht reifen. Was macht er da, nackt und geblendet von dem grellen Licht, das aus der Hütte kommt, die sein Zuhause war? Was ist mit Vater und Mutter passiert? Er weint, und über ihn fegen die aufkommenden Windstöße hinweg. Da steht ein Karren, stolpernd rennt er darauf zu, um unter dessen Holzboden Schutz zu suchen. Eine schwülstickige Rauchwolke breitet sich aus. Angesengte Holzstücke schwirren umher. Unheilbringende Flügel, die sich in nichts auflösen. Kreischende Fledermäuse fliegen taumelnd vor Wahnsinn herum. Die Luft ist Asche. Und der helle Schein ätzt sich für immer in seine weit aufgerissenen Augen ein, während die ersten Tropfen, sinnlos und viel zu spät, vom Himmel fallen. Und

dann die Wut des Gewitters, tobende Bäche nach vielen Tagen vergeblichen Wartens. Der Sturm vermischt die Asche mit dem Schlamm. Die Sturzbäche bilden Pfützen, fließen in alle Richtungen, bis sich alles wieder beruhigt und von irgendwoher eine milde Brise aufkommt. Es ist still, als der Tag anbricht. Die Sonne brennt, ohne Zorn, ohne Angst, so als sei nichts vor ihrem Aufgang passiert. Und dann hört man ein langes Klagen. Sonst nichts.

Judit lauschte dem Flattern der Vögel und sagte kein einziges Wort. In ihrem Innern aber verband sich alles, das Gehörte und das Erahnte, zu einem engen Netz. Das Feuer ferner Vorzeichen schnürte ihr die Kehle zu. Don Julio und Nicolás vertieften sich wieder in ihr Gespräch über Aussaat und Anbau, über Sulfate und den Ablauf der Regenzeit. Und der Rhythmus der Pferdehufe, die kleine Staubwolken aufwirbelten, machten die Hitze noch unerträglicher. Judit schwankte im Sattel.

»Warum kehren wir nicht um, Papa?«

Sie ritten nach Hause zurück, und als sie vom Pferd abstieg, hielt ihr Antonio die Zügel. Sie wechselten einen kurzen Blick. Judit spürte, wie ein unerbittliches Feuer in ihr emporstieg und ihr Gesicht in ein glühendes Zeugnis verwandelte. Der Junge zuckte mit keiner Wimper. Sein Gesicht blieb undurchdringlich und ruhig, wie immer.

Am Nachmittag kamen die Escalantes vorbei, und es herrschte eine gezwungene Unbekümmertheit. Man hatte Sessel, Schaukelstühle und Liegen in den breiten Gang gestellt, und alle tranken Kaffee und aßen Fleischpasteten.

Judit ertrug diese Stunden, den Blick in die Ferne gerichtet. Sie wirkte noch schlanker als sonst. Die Haut klebte an ihren Knochen wie ein fast durchsichtiger Film, und ihre Augen waren dunkel, abgrundtief und verschlossen.

Señora Escalante, die trotz ihrer einfachen Kleidung mit Ketten und Armreifen behangen war, wandte sich an don Julio und sprach mit lauter Stimme über Judit.

»Julito, du mußt dich mehr um die Kleine kümmern. Ehrlich gesagt, macht sie auf mich einen sehr kränklichen Eindruck.«
Judit zerknitterte voller Ungeduld mit der linken Hand ihren Rock. Sie wollte nicht Gegenstand des Gespräches sein. Am liebsten wäre sie hinausgegangen, um die frische Luft des Nachmittags zu atmen.
»Sie ißt gut, sie schläft gut und ist sehr unternehmungslustig.« Der Vater sprach ohne großen Nachdruck. »Aber es stimmt schon, sie sieht nicht so erholt und rosig aus, wie man es erwarten sollte.« Vorwurfsvoll schaute er Judit an.
Was hatte dies Geschwätz mit dem Aufruhr in ihrem Innern zu tun? Sie sah die anderen an, als kämen sie aus einer andern Welt.
Señora Escalante senkte die Stimme, und im Bewußtsein des Vertrauens, das sie seit ihrer frühen Kindheit miteinander verband, fragte sie don Julio: »Und sie hat noch immer dieses kleine Problem?«
Don Julio antwortete nicht. Trotzdem bohrte die Frau weiter. »Sie ist viel zu sensibel, vielleicht auch frühreif. Ihr müßt sehr vorsichtig sein . . .«
Er stimmte ihr mit offensichtlichem Widerwillen zu.
»Andererseits ist das natürlich eine wunderbare Gabe . . . etwas völlig Außergewöhnliches. Hast du schon mal was über Parapsychologie gelesen?«
Mit einer abrupten Geste verneinte er. Glücklicherweise mahnte jemand in diesem Augenblick zum Aufbruch.

Bis jetzt ist er im Dunkeln umhergeirrt. Er wartet auf einen Augenblick, der ein ganzes Leben aufwiegt, denn auf seiner Suche haben sich alle Dinge überstürzt. Sogar die Steine, die er über den Boden springen ließ, und das Licht, das durch die Glasfenster in die verlassene Kirche fiel und ihn blendete. Nie zuvor hatte er dies so deutlich empfunden, nicht einmal in den entsetzlichen Zeiten, als er einsam von einem Ort zum andern gewandert war. Und trotzdem verschwinden die Worte durch die gähnende Öffnung der Angst. Wenn er sie über die Lippen hätte bringen sollen, hätten sie entstellt und drohender geklungen als alle durch die Luft fliegenden Reste des Brandes. Deshalb ist es besser, sie bleiben in seinem Innern, sich ständig in dunklen Kreisen drehend und sein eigenes Elend verzehrend. Er selbst ist der Brand, der verheerende Schein, der seit dem Wüten jenes Morgens nicht erloschen ist. Niemand anderes ist er als das Feuer, das sich selbst in den klirrenden Fensterscheiben sucht, um endlich den Kreis der Verwüstung zu schließen. Und der dichte Rauch zieht sich durch seine Gedanken, hinweg über die sich stauende Masse aus Schlamm und Asche. Diese Asche und dieser Schlamm haben ihm alles genommen, zitternd blieb er zurück auf dem Boden jenes undurchsichtigen wahnsinnigen Nebels. Alles ist von diesem Nebel durchdrungen, auch das Geräusch des aufflackernden Streichholzes, mit dem sich jetzt, da der Schlüssel gefunden ist, das Geschehen von einst wiederholt.

Als die Leute merkten, was geschehen war, brannte das Haus schon lichterloh. Die schwarze Rauchsäule verlor sich hoch in der Luft, und aus den Flammen strahlte die unheilvolle Hitze unabwendbarer Katastrophen. Einige Leute liefen zusammen und betrachteten mit wissender Ohnmacht, wie das Feuer sich ausbreitete. In der Ferne ertönte ein Gewitter, noch wollte es nicht losbrechen. Und dort drüben unter dem tigüilote-Baum saß Antonio; er trank das Feuer mit seinen Augen und spürte das Fluidum seiner verschütteten Qual. Plötzlich tauchte neben ihm verschwommen eine weiße Gestalt auf mit offenem Mund und hängenden Armen. Ein Schwarm brennender Staubkörnchen flog um ihre Schultern.

»Das warst du, Antonio.«

Er drehte sich um und betrachtete die Farbe der Flammen in ihren wäßrigen Augen, in denen die Tränen standen.

»Ja.«

»Warum?« schluchzte sie.

»Das wissen Sie genau.«
Und er fügte, einen Schritt nähertretend, hinzu: »Ich wußte, daß Sie draußen waren.«
»Draußen? Wo denn?«
»Sie sind Schlafwandlerin«, sagte er.
Jedes weitere Wort war überflüssig.
»Woher wußtest du das?«
»Das spielt keine Rolle. Wären Sie da drinnen gewesen, ich hätte es nicht tun können.«
Das schimmernde Licht in Antonios Augen wirkte fast zärtlich. Sie begann zu schreien, wie wahnsinnig. Als begriffe sie, daß sie teilhatte an dieser Zerstörung. Der rote Schein der Feuersbrunst hüllte sie ein, ohne sie zu berühren. Antonio war von einer traurigen Gewißheit erfüllt, wie nach einem Orgasmus. Und jetzt hörte man Nicolás' Rufe.
»Judit, Fräulein Judit! Wie haben Sie es geschafft, da herauszukommen? Und don Julio?«

Nélida Piñon
Schöne Zeit

Die Frau sagte zum Mann: »Begieß du die Erde, während ich das Kind zur Welt bringe.«
Gelassen überhörte er den rauhen Ton. Befehle, die von Frauen kamen, waren immer etwas überstürzt. Und die Erde konnte ruhig noch ein wenig warten, genau wie das Kind. Zeit spielte für ihn keine Rolle.
Um jeder Diskussion aus dem Weg zu gehen, tat er, als höre er sie nicht. Sie würde sich wieder beruhigen und sie würde die Gleichgültigkeit eines erzürnten Mannes spüren. Aber die Frau war hochschwanger und konnte nicht klar denken. Ihre ganze Anstrengung richtete sich auf ihren Leib, auf ihre Figur, die sich ständig veränderte, ganz einfach nicht aufhörte zu wachsen. Seitdem ihr Bauch begonnen hatte anzuschwellen, machte der Mann keine Bemerkungen mehr. Alles teilten sie miteinander. Das Zusammenleben erschien ihnen leichter, wenn sie nicht stritten. Trotzdem war die Frau wegen ihres Gewichts sehr grob und unerträglich geworden.
»Also, Mann, gehst du nun oder gehst du nicht?«
Am liebsten hätte er laut geflucht und sie zur Rede gestellt. Sei still, Frau. Wenn mich die Wut packt. Doch er nahm sich zusammen.
Vielleicht wegen der Erde, vielleicht wegen des Kindes.
»Weder für das eine, noch für das andere ist es an der Zeit.«
Die Frau ging in die Küche. Ihr Gang war schleppend, der Körper leicht nach vorne gebeugt, und ihre Gedanken waren weit weg. Sie war noch unerfahren im Kinderkriegen, ihre ganze Aufmerksamkeit galt ihrem Leib.
Sie stellte die Suppe auf das Feuer, leise begann die Suppe zu kochen. Sie fühlte, wie sie sich an ihre neue Lage zu gewöhnen begann. Dann ging sie zum Brunnen. Wenn sie sich aufregte, bekam sie immer Durst. Das Wasser tropfte von ihren Lippen. Sie ließ es über ihr Gesicht fließen, als tauche

sie ganz unter. Manchmal legte sie sich hin, ein Kopfkissen unter den Beinen, so daß die Füße in der Luft schwebten und sie alles aus dieser waagerechten Lage sah. Nur dann dachte sie an den Mann. An etwas Kleines, das sie erstickte, das immer brutaler wurde. Das war ihre Art, ihre Treue unter Beweis zu stellen. Und der Wunsch ergriff von ihr Besitz, mit ihm zusammenzusein, den Mann anzuschreien, ihn zu reizen. Er erkannte, daß dies ein Zeichen ihrer Liebe war; aber auch sein Verständnis machte sie zornig. Sie wußte, daß der Mann sie nahm, wann immer es im gefiel, und daß sie ihm gehörte. Danach stritten sie wieder, ihre Körper waren mit Angst bedeckt. Das Zusammenleben erschöpfte und langweilte sie zugleich.

Sie verließ die Küche und ging wieder nach draußen. So als könnte sie es nicht lange ohne ihn aushalten. Der Mann bestellte den Boden in der Nähe des Hauses, und es gefiel ihr, seinen nackten Oberkörper zu betrachten; seine Muskeln, die sich spannten und lockerten, genau wie dann, wenn er sie liebte. Die Frau wollte schreien, sie wollte so tun, als seien die Wehen schon gekommen. Hör mal, es ist soweit! Das wäre ein Schrecken für den Mann, obwohl er Gleichgültigkeit vortäuschen würde, als sei das Kinderkriegen so einfach wie das Pflücken einer reifen Tomate. Im Grunde verstanden sie sich, und doch entfernten sie sich mehr und mehr voneinander. Als liebten sie sich auf eine verbotene Weise, die sowohl den Mann als auch die Frau vernichtete. Sie dachte, daß es keinen Sinn hätte, Wehen vorzutäuschen. Und wenn sie ihr Gesicht verzerrte, sie könnte es nicht lange beibehalten. Ihre Augen würden sich nicht, wie in Augenblicken tiefen Schmerzes, zusammenziehen. Sie suchte also nach einem Vorwand, ihn zu reizen, um ihn so an ihre Seite zurückzubringen.

Als sich der Mann den Schweiß von der Stirn wischte, sah er die Frau in der Tür stehen. Er fühlte sich von diesem riesigen Leib beobachtet. Er wurde wütend und hätte am liebsten seinen Ärger gezeigt. Aber der Zorn ließ nach, und er bekam Mitleid mit ihr. Sie sah wirklich häßlich aus, ihr Leib war derart geschwollen, daß er nicht wußte, wie er sich ihr nähern sollte. Und der spitze Bauch wuchs immer noch und drohte zu zerplatzen. Er verspürte so etwas wie Überdruß, als wollte der volle Magen eine Nahrung ausstoßen, die er noch gar nicht zu sich genommen hatte. Gleichzeitig dachte er: Ich habe meine Pflicht getan. Und er bekam wieder Lust, den Boden zu bestellen. Der Gedanke, daß das Kind bald zur Welt kommen würde, tat ihm gut. Aber die Beharrlichkeit der Frau ärgerte ihn. Schämte sie sich nicht, ihm zuzusehen, ohne daran zu denken, daß er sie beobachtete? Er kehrte ihr den Rücken zu. Seine ganze Kraft widmete er der Arbeit. Er wollte dieses Stückchen Land fertig haben; es sollte schön aussehen, wenn das Kind zur Welt kam. Das war alles, was er ihr geben konnte. Deshalb störte ihn die Frau. Sie begriff das einfach nicht. Und sollte sie es doch begreifen, tat sie alles, um ihn von der Arbeit abzuhalten. Wie sollte er die Erde begießen, wenn er sie noch nicht einmal vorbereitet hatte. Beinahe hätte er zu der Frau gesagt: Gebär das Kind und laß mich in Ruhe!

Sie lebten allein auf diesem Stück Land. Geheiratet hatten sie weit weg von hier. Erst nach der Hochzeitsfeier waren sie hierhergezogen. Das Haus gab es schon. Danach hatten die täglichen Streitereien begonnen, die üblich sind unter Leuten, die sich gern haben. Der Mann und die Frau waren so sehr mit ihrer Arbeit beschäftigt, daß es ihnen nichts ausmachte, miteinander zu streiten. Was auch geschehen mochte, das Kind würde zur Welt kommen, und sie konnten den Augenblick kaum noch erwarten.

»Also, Mann, ist es nicht an der Zeit, die Erde zu begießen?«

Der Mann hielt inne und hatte Lust zu weinen. Es ist traurig, eine schwangere Frau zu sein, die auf ihr Kind wartet, das noch nicht zur Welt gekommen ist. Er war gerührt und ging auf sie zu. Sein Gesicht war ernst, als versuche er die Freude zu verbergen, die ihn erfüllte und die ihn nicht mehr verließ, als wolle sie die beiden für immer miteinander verbinden. Sein Gang war schwerfällig, als hätte er bereits den ganzen Tag gearbeitet.

»Du wirst bald ein Kind haben. Aber glaubst du, daß du mich deshalb von der Tür aus anschreien kannst, bis ich es satt habe? So ist das doch, Frau.«
Die Frau lächelte, fast schon erschöpft. Er hatte recht. Ihr Gesicht verwandelte sich. Die rauhe Art des Mannes rührte sie. Ihr Kind war aus dieser natürlichen Schroffheit heraus gezeugt worden. Sie schüttelte den Kopf. Er mußte doch ihren Zustand kennen und von den Schmerzen wissen, die schon bald die Geburt des Kindes ankündigen würden.
»Aber trotzdem hast du nicht das getan, was du hättest tun müssen.«
Das antwortete die Frau. Auch ihre Stimme und ihre Haltung waren schroff. Er kam auf sie zu. Seine Hände waren schmutzig von der Arbeit mit der Erde, genau wie sein Gesicht, sein Geruch, sein Schweiß. Die Frau nahm jede Einzelheit genau wahr, all das gehörte zu dem Mann, mit dem sie so eng verbunden war, daß sie ein Kind von ihm bekommen würde, und das ließ sie die Welt in einem sanfteren Licht sehen. Anstatt sich die Hände an der alten Hose abzuwischen, blieb der Mann vor der Frau stehen und fuhr damit über ihren hochschwangeren Leib. Die Frau spürte die rauhe Berührung, die Geste, die für ihn notwendig war.
Der Mann sagte: »Das Kind strampelt, nicht wahr?« Die Frau antwortete: »Deine Hände sind müde, stimmt's?« Der Mann hörte auf, über den Leib der Frau zu streichen, und setzte sich wortlos auf die Türschwelle.
Obwohl es der Frau schwerfiel, ließ sie sich, gegen die Schulter des sitzenden Mannes gestützt, zu Boden gleiten, und gemeinsam betrachteten sie das Land, das sich vor ihnen erstreckte. Der Mann rührte keinen Finger, um ihr zu helfen. Er konnte sich da nicht einmischen, und sie verstand das. Sie sprachen nicht miteinander. Der Atem der Frau klang schwer wie der eines saugenden Kalbs; es war, als sättige sie sich. Plötzlich begann der Mann, ohne sich um die Frau zu kümmern, zu reden. Seine Stimme war hart, als spreche er zu

jemandem in der Ferne. Als spreche er zu der weiten, einsamen und verlassenen Erde.

»Es ist schön, ein Kind zu haben. Und all das kommt nun aus diesem Leib.«

Nachdenklich betrachtete er seine Umgebung. Die Frau spürte, daß ihre Anstrengung, ihre Müdigkeit den Mann rührten. Als ob der Mann das Leben nur ertragen könnte, weil sie ihm einen Halt gab, genau wie eine jener Frauen, die für ihre Männer das Essen kochen, das diese als Zeichen ihrer Zuneigung laut schmatzend zerkauen.

Die Männer konnten sich eben nur auf sehr grobe Weise verständlich machen, was auch nicht verwunderlich war bei jemandem, der die Regeln des Zusammenlebens erst erlernte. Die Beleidigungen hielten sie in ihrem Herzen verwahrt, dem einzig richtigen Ort. Der Mann wollte die Frau bei der Hand nehmen, und er dachte an den Geruch des Knoblauchs, den er auf ihrem Körper verspüren würde, falls sie sich ihm näherte, ganz dicht an ihn heranrückte. Es störte ihn nicht, eine Frau zu haben, die nach Knoblauch roch. Er verabscheute das Parfüm der sauberen Frauen, den Geruch eines Menschen, der sich für den Ehebruch vorbereitete. Und jedesmal, wenn er den Knoblauch roch, fühlte er sich beschützt, spürte er, daß seine Ehre, diese Falle, die den Lebenden Trost spendet, unverletzt war. Sollte sie sich eines Tages parfümieren und alle andern Gerüche dadurch verdrängen, er würde sich abgestoßen fühlen und so verängstigt sein wie jemand, der ein Stück Land verloren hat, für das er sein Leben lang gelebt und auf das er einen gewissen Anspruch hatte. Er schlug die Frau nicht; aber es schickte sich auch nicht, eine Frau zu streicheln, die ein Kind erwartete. Trost fand er in der Ruhe des Wartenden.

Die Frau saß zusammengekauert auf ihrem Platz. Sie redeten nicht mehr miteinander. Was sie sich sagen mußten, hatten sie bereits gesagt. Nichts würde mehr ihren Zorn wecken. Die Grenze zwischen den Menschen, die gemeinsam ihren Verpflichtungen nachgehen, und darauf bereiteten der Mann und

die Frau sich vor, ist transparent und verwischt mit der Zeit. Beide würden sich nicht ändern, ganz gleich, was sie einander auch sagten. Der Mann könnte verkünden: Frau, ich verlasse dich. Und die Frau könnte antworten: Mann, ich will dein Kind nicht mehr. Friede würde trotzdem herrschen.
»Früher dachte ich, daß man die Lust am Arbeiten verliert, wenn man ein Kind hat, weil man sich nur noch darum kümmert. Heute weiß ich, das war dumm von mir, es ist etwas Schönes. Doch nun wollen wir nicht mehr darüber reden.«
Die Worte des Mannes erklärten, was die Frau im stillen auch bereits gedacht hatte. Ihre Freude war so groß, daß sie nach etwas Besonderem verlangte. Es war an der Zeit, daß ihr Zusammenleben seine Erfüllung fand. Sie nahm sich zusammen, als gebäre sie schon. Auch er wartete auf ein Zeichen. Die Frau mußte ihm sagen, daß sie ihn liebe.
Aus Scham sahen sie einander nicht an. Aber sie wußten, das Leben würde unerträglich sein, wenn sie sich keine Mühe gaben, es zu verstehen. Die Frau entfernte sich von dem Mann und tat so, als gefiele es ihr, ihn zu verlieren; als wäre sie eine Frau, die sich wäscht, um in ihrem Zimmer den zu empfangen, der der Geburt ihres Kindes beiwohnt, eine Frau, die weiß, daß sie beobachtet wird. Die Zeit verstrich, und mit grober Stimmer sagte sie zu ihm:
»Du begießt also die Erde, und ich bringe das Kind zur Welt.«
Wütend stand der Mann auf, obwohl er über das, was geschehen würde, froh war. Er ging hinaus aufs Land, um sich wieder schmutzig zu machen. Er wollte ihr ein paar passende Worte sagen, aber die Frau war hochschwanger und häßlich. Bald würde das Kind zur Welt kommen.

Augusto Monterroso
Der Wettbewerb

Schon als er hereinkam, wußte sie, was geschehen war. Trotzdem durfte sie ihm nicht zuvorkommen. Er sagte ihr, ein Blatt in der Hand haltend: »Ich habe gewonnen!«
»Was?« fragte sie und tat noch immer völlig ahnungslos. In ihrer Gutmütigkeit wußte sie, daß sie ihm mit ihrer abwartenden Haltung eine besondere Freude bereitete.
Er wiederum wußte, daß seine Frau es wußte. Aber er war sich klar, daß die Ehe an Reiz verliert, wenn man auf dieses Spiel verzichtet. Natürlich kennt der eine den anderen nach einer gewissen Zeit so gut, daß, wenn der eine an irgend etwas denkt, der andere zumeist an genau dasselbe denkt, und manchmal sagen auch beide gleichzeitig dasselbe, um dann erstaunt zu bemerken: Wie seltsam, genau das habe ich auch gerade gedacht, ohne daß einer von ihnen weiß wieso. Aber das geschieht so häufig, daß beide schließlich glauben und manchmal sogar fest überzeugt sind davon, daß dies die Liebe ist. So reden sie über dieses und jenes, sprechen begeistert über dasselbe Thema, und jeder denkt für sich, daß dies wirklich Liebe ist.
»Den Wettbewerb. Den Wagen.«
»Nein«, sagte sie und dachte, daß so etwas gefeiert werden müßte, ich werde Eis für den Rum holen. Und obwohl sie gar keine Zweifel hatte, fügte sie hinzu: »Ich kann es einfach nicht glauben.«
Entgegen seiner sonstigen Schüchternheit und selbst auf die Gefahr hin, daß seine Frau auf den Gedanken kommen könnte, daß er sich wirklich als Schriftsteller fühlte, wagte er zu bemerken: »Das Wichtigste für mich ist, die Erzählung überhaupt geschrieben und sie trotz des Risikos, verlieren zu können, eingeschickt zu haben. Der Wagen interessiert mich nicht.«
Wo wir ihn doch so dringend brauchen, dachte sie.

Und sie sah sich selbst, einen wollenen Schal um den Hals gewickelt, auf der Reforma fahren, sah sich von ihren Bekannten mit einer lässigen Bewegung der linken Hand Abschied nehmen, während sie aus dem rechten Augenwinkel heraus aufpaßte, daß sie auch ja keinen Fehler mit den Gängen machte. Doch um das Gespräch in Gang zu halten, sagte sie, ohne großen Nachdruck: »Wenn du ihn nicht willst, verkaufen wir ihn eben.«
»Du weißt genau, daß es nicht darum geht«, sagte er. »Natürlich will ich ihn. Freust du dich denn gar nicht? Schau, ich schreibe die Erzählung ohne großes Interesse einfach herunter, nur um zu sehen, was dabei herauskommt, geradezu als Spielerei. Und was passiert? Ich gewinne den Preis. Was kümmert mich der Wagen? Jetzt hätte ich wirklich Lust zu schreiben, nun ja, zu lesen und zu schreiben.«
»Dann gib ihn doch mir«, sagte sie. Und sie erwog diese Möglichkeit allen Ernstes, obwohl sie gleichzeitig daran dachte, daß immer, wenn sie am Fenster eines hohen Gebäudes stand, eine fürchterliche Angst in ihr aufstieg bei dem Gedanken, dort unten zwischen so vielen Fahrzeugen fahren zu müssen, die sich von oben gesehen ganz alleine zu bewegen schienen, wie Spielzeuge.
»Also noch mal«, sagte er, während er ihr vorsichtig ein weiteres Glas Rum mit Wasser und Eis abnahm, »der Wagen ist für mich das Unwichtigste. Wichtig ist, daß ich von nun an wirklich schreiben werde.«
»Natürlich«, sagte sie.
»Ich will nicht mein ganzes Leben lang Druckfahnen korrigieren. Weder du noch ich können fahren.« Das fügte er hinzu, als ob ihm diese Erkenntnis erst jetzt gekommen wäre, und er schaute konzentriert auf seine neuen Schuhe.
»Sicher, sicher, weder du noch ich können fahren. Sollen wir vielleicht einen Chauffeur einstellen?«
Auf ihre doppelte Zustimmung ließ sie eine einfache Frage folgen, wohl wissend, daß erstere genauso logisch wie letztere absurd war und daß die Antwort ihres Mannes vielleicht

lauten würde: Hast du dir noch nie überlegt, daß wir das lernen könnten? Er goß unterdessen noch etwas Rum in sein Glas und verlor sich in dem Gedanken, wie gut es sei, daß er sich dazu entschlossen hatte, und daß er jetzt ernsthaft zu schreiben anfangen würde, auch wenn sie beide nichts zu essen hätten und es ihr mißfallen sollte.
Sie aber sagte, und goß dabei noch etwas Rum in ihr Glas: »Seit wann habe ich etwas dagegen? Kümmere du dich nur um deinen Kram. Schließlich ist es das einzige, was dich interessiert. Ich werde mich damit abfinden. Nur, wer weiß, ob du das mit deinen Nerven überhaupt schaffst?«
»Was ist denn mit meinen Nerven?«
»Man braucht dich jetzt ja nur anzusehen.«
»Jetzt ist es ja auch etwas ganz anderes. Gut, ich bin nervös. Aber ich freue mich nun einmal über den Preis, und zwar nicht, weil ich etwas bekommen, sondern weil ich etwas gegeben habe. Ich glaube kaum, daß du das verstehst.« Er fragte, ob sie noch Rum wolle, während er sich selbst nachschenkte.
Um die Diskussion wieder in geordnete Bahnen zu lenken, erwiderte sie, er wisse sehr gut, daß auch sie sich deswegen freue; aber die Frage sei doch, ob er oder ob sie Fahrstunden nehmen solle, oder gar beide.
»Nun schön, fang du damit an. Von jetzt an kümmerst du dich um deinen und ich mich um meinen Kram. Wenn du willst, können wir ja nachher tauschen.«
»Warum mußt du so sarkastisch zu mir sein?« fragte sie, nun richtig beleidigt, er sei ein komplexbeladener Mensch, fügte sie hinzu, wie seine ganze Familie übrigens auch. Er habe nur Angst voranzukommen.
»Ich bin nicht sarkastisch zu dir«, antwortete er. »Im Ernst. Wenn du es wünscht, tauschen wir eben. Von jetzt an schreibst du und ich koche.«
»Siehst du? Du willst nur, daß ich den Wagen nicht fahre. Du weißt sehr gut, daß du nie schreiben wirst, weil du fast umkommst aus Angst oder Eitelkeit. Oder aus Furcht vor

dem Scheitern, vielleicht sogar vor dem Erfolg, oder aus Furcht vor weiß ich was.«

Sie machte ihrem Unmut jetzt richtig Luft und spürte, wie ein ihr sonst unbekannter Zorn, auch der Alkohol, sie zu dieser Grausamkeit anspornten. Sie wollte ihn tatsächlich verletzen.

»Fangen wir schon wieder an?« fragte er, völlig überzeugt, daß sie wirklich wieder anfingen.

»Ja. Und es wird bestimmt nicht das letztemal sein, weil du ein Egoist bist.«

Seitdem er hereingekommen war, hatte er nichts anderes gemacht, als immer wieder von seiner Schriftstellerei zu reden. Es kümmerte ihn einen Dreck, ob sie den Wagen nun fahren würde oder nicht. Eins hatte er völlig vergessen: Wo würde er den Wagen denn überhaupt abstellen? Sie war froh, daß ihr diese neue Schwierigkeit eingefallen war und daß sie es war, die darauf gekommen war.

»Wann bekommst du ihn denn?« fragte sie.

Sie begann, sich müde zu fühlen, so als käme ihr plötzlich der Verdacht, daß sie beide Figuren in einem Stück seien, das, wer weiß wann und warum, irgend jemand geschrieben hatte, den weder die Befriedigung von Bedürfnissen noch die Verlockung von Preisen kümmerten.

»Zwischen dem 15. und dem 20.«

Während er das sagte, begann auch er Müdigkeit zu spüren. Eine Müdigkeit, die womöglich Leser seiner Erzählung empfinden würden, so als hätte er keine eigene Existenz und als sei das, was er dachte, in Wirklichkeit der Gedanke eines anderen. Er schüttelte den Kopf. Dann sagte er: »Du solltest schon jetzt mit den Stunden anfangen. Hören wir auf zu diskutieren. Wenigstens ist alles mit rechten Dingen zugegangen.«

»Und wenn nicht?« fragte sie. Nach fünf Jahren Ehe mit einem Schriftsteller, oder was immer er sein mochte, war sie an jene Gespräche gewöhnt, in denen man das, was man ernst meint, scherzend sagt und umgekehrt. »Ihr kennt euch doch alle.«

Obwohl er genau wußte, daß es ein Witz sein sollte, begannen ihn die Worte seiner Frau zu beunruhigen. Er erinnerte sich an die Späße seiner Freunde, als sie im Büro über die Möglichkeit, am Wettbewerb teilzunehmen, gesprochen hatten. Was, es wird keine Schiebung geben? fragte der eine hinterlistig. Dann nehme ich nicht daran teil, antwortete ein anderer mit durchtriebenem Grinsen. Alle lachten und offenbarten den unterschiedlichen Grad ihrer Schläue, während sie sich daran erinnerten, wie solche Dinge gehandhabt wurden. Manchmal gewann jemand aus Freundschaft, dann wieder verlor ein anderer aus Feindschaft, und umgekehrt. Und überall hatten sie die Namen der früheren Sieger parat, bei denen nicht der mindeste Zweifel bestand und die den besten Beweis für ihre Argumente lieferten. Und dann die Kommentare über die Teilnahmebestimmungen. Wirklich vage und abgesehen davon ausgesprochen lächerlich: Das Thema muß sich auf irgendeine Situation, auf irgendein Geschehen zwischen Menschen oder Institutionen beziehen, das stattfinden könnte, wenn man die Befriedigung der notwendigen Bedürfnisse hinter sich gelassen hätte und zum Überfluß, zu Verschwendung und Liederlichkeit übergegangen wäre; wenn die zur Verfügung stehenden Mittel, besonders wenn sie begrenzt oder bescheiden sind, für etwas Überflüssiges verwendet würden; zusammenfassend, wenn eine oder mehrere Personen oder sogar ein ganzes Land die Geldmittel für völlig unwichtige Dinge ausgeben würde, angestachelt von der Unvorsichtigkeit, der Nachahmungswut, der Eitelkeit, der Geltungssucht, dem Momentanen oder Vergänglichen, anstatt diese Mittel für die Schaffung gemeinnütziger Güter einzusetzen. Das war das Thema des Wettbewerbs. Ein nettes Thema, oder etwa nicht?

Schluß jetzt mit all diesen Dingen. Und auch mit der Diskussion über den Wagen. Das Wichtigste war doch, daß er gewonnen hatte; vor allem, daß er etwas geschrieben, es ohne Angst vor der Niederlage abgeschickt und dann gewonnen hatte. Was sonst wollte man erreichen mit dem Wettbewerb?

Wollte man die Industrie des Landes fördern, die Kraftfahrzeugherstellung insbesondere, oder ganz einfach die Literatur? Er wußte, daß viele die Richtlinien auf ganz plumpe Art und Weise auslegen und die Kraftfahrzeugproduktion, ja die gesamte Industrie des Landes in den Himmel loben würden, nur um zu gewinnen. Ohne an das eigentliche Ziel ihrer Kunst zu denken. Aber versuchte nicht er selbst – so wie man es vom Helden seiner Erzählung erwarten würde –, die Jury, vielleicht seine Freunde, zu beeinflussen, indem er jeden einzelnen zwang, sich zu entscheiden, auf welcher Seite er denn stehen wolle, Industrie oder Literatur? Und immer wieder sagte er sich, daß nicht der Preis für ihn das Wichtigste sei, sondern die Tatsache, teilgenommen und gewonnen zu haben; gewonnen mit einer ganz alten Kamelle, diesem abgedroschenen Trick, in der Erzählung über den zu schreiben, der die Erzählung selbst schreibt. Womit mal wieder bewiesen wäre, daß das Leben die dämliche Geschichte eines dämlichen Schriftstellers ist.
»Kann schon sein. Aber nicht, weil ich es wollte«, sagte er, als wäre er gerade wieder aufgewacht. »Und warum auch nicht? Es ist durchaus möglich, daß sie gemerkt haben, daß es meine war; vielleicht liege ich ihnen besonders.«
»Und was nun?«
»Wieso *was nun*?«
»Was nun?«
»Ach so, der Wagen. Behalt ihn. Er ist mir wirklich völlig egal.«
»Siehst du! Du willst es nicht zugeben, aber im Grunde ist der Wagen das einzig Wichtige für dich, weil du ein Egoist bist. Dann nimm ihn doch und schenke ihn irgendeinem Frauenzimmer«, sagte sie. Sie wollte ihm damit wieder einmal zu verstehen geben, daß er ein Faible für Frauen habe, die ihm Geld aus der Tasche zögen, die ihn betrögen, die nicht so gut zu ihm wären wie sie, und sie hob die Stimme, nicht damit er sie besser verstand, sondern damit er nicht hörte, daß sie sich noch ein Glas einschenkte.

»Mach doch damit, was du willst«, antwortete er genauso gereizt. Und goß sich auch noch etwas Rum nach. Er schaute, wieder in Gedanken versunken, auf seine neuen Schuhe. Er hatte sie ausgezogen, denn er hatte schon lange keine neuen Schuhe mehr getragen, und seine Füße brannten. »Verschrotte ihn, verschenke ihn oder verkauf ihn!«
Während sie trank, dachte sie, er ist sehr aufgewühlt. Er wird dann immer so, weil er mir zeigen muß, daß er der Stärkere ist, daß ihn die materiellen Dinge nicht kümmern, daß er nur schreiben will. Er möchte, daß ich ihn bewundere; daß ich ihn nicht wegen seines Geldes, sondern wegen seiner Schriftstellerei, die er so ganz mit links macht, liebe; daß ich glaube – und ich glaube es ja auch wirklich –, daß er bereit wäre, sich für diesen Literaturkram aufzuopfern oder auch für ein Gemälde oder für all die schönen Dinge, die jedermann schätzt. Wer würde schon daran denken, dasselbe für einen Krieg zu tun oder für all dies blödsinnige Zeug, mit dem sich andere beschäftigen, Geldverdienen und dergleichen. Aber sie sagte nur: »Einverstanden. Genau das werde ich tun. Ich werde mir das kaufen, was ich mir sonst nie erlauben könnte, wenn mir meine Schwester nicht immer mal wieder schenkte, was sie übrig hat, um mich zu demütigen. Oder wenn deine Freunde dir nicht den Gefallen täten, dir einen Preis zu verleihen.«
Etwas Derartiges würde sie niemals tun; und sie fühlte sich keineswegs gedemütigt. Aber so antwortet man nun einmal bei solchen Auseinandersetzungen, obwohl es durchaus möglich ist, daß der andere nur aus Verlangen, Liebe, vielleicht sogar aus Zärtlichkeit so reagiert. Allerdings kann man sich nur schwer erklären, warum dabei immer auch eine Portion Haß mitschwingt.
»Schon gut. Hören wir auf zu streiten«, sagte er. »Du bist eben mit einem guten Schriftsteller oder mit einem ganz großen Dummkopf verheiratet.«
Während er sich allmählich wie eine Niete vorkam, war sie völlig sicher, daß er in Wirklichkeit der Beste von allen sei.

Und da sie Appetit verspürten, das Ganze auch endlich vergessen wollten, gingen sie in die Küche, um sich etwas zu essen zu holen. Dort schwiegen sie beide und während sie langsam kauten und das bißchen Brot mit Schinken mühsam hinunterschluckten – es war nicht der geeignete Moment, ein großartiges Abendessen zu bereiten –, dachten sie an Wagen in Blau oder in Rot oder in irgendeiner anderen Farbe, an neue Schuhe, lange Straßen voller Autos, an entsetzliche Druckfahnen, an Parkhäuser, wo man die Wagen sicher über Nacht abstellen konnte, an Literaturzeitschriften, in denen der eigene Name wegen der Preisverleihung verewigt war, an durch Alkohol angestachelte Auseinandersetzungen und daran, wie man es anstellen könnte, nicht der Unterlegene zu sein. Sie dachten an die Liebe, an den Kampf der Geschlechter, an Worte der Versöhnung und wer den ersten Schritt machen würde; bis er, nachdem er den Schinken gegessen und noch zwei Glas Rum getrunken hatte, »Danke« sagte, und sie »Gern geschehen« antwortete, beide in einem gleichgültigen Ton, als hätten sie sich noch nie zuvor gesehen. Dann erklärte er mit einem Anflug von Würde oder Entschlossenheit, ich werde jetzt schreiben, erhob sich und ging in sein Zimmer. Er setzte sich an den kleinen Schreibtisch, und während sie sich vor ihm auszog und sich in sein Bett legte, zog er ein Blatt Papier hervor, schaute es lange an, als hypnotisierte ihn die weiße Farbe, bis sie ihn – aber erst nach langer, reiflicher Überlegung und, wie man sich denken kann, nicht ohne mit ihrem Gewissen zu Rate gegangen zu sein – vom Bett aus halb befehlend, halb bittend fragte: »Kommst du nicht?«
Sie fühlte sich verlassen und traurig, wie an den meisten Abenden, wenn er sich dem Schreiben widmete.
Im allgemeinen ist man abends um halb zwölf mehr als erschöpft von der Arbeit, den Druckfahnen, dem langen Laufen in neuen Schuhen, vom Büro, den Freunden, von sich selbst, vom Streiten, vom Brot- und Schinkenessen, vom Preisegewinnen, von der eigenen Begeisterung; außerdem

bewirkt der Alkohol zu dieser Stunde, daß man nicht nur dem nächsten Tag mit mehr Zuversicht entgegensieht, sondern auch der vielversprechenden Zukunft. Und so dachte er denn an die frischen weißen Bettlaken und daran, was ihn darin erwartete, und er antwortete, versöhnlich und hoffnungsvoll zugleich, während er schnell noch ein letztes Glas Rum trank: »Ja, sofort.«

Alfredo Bryce Echenique
Leben in Lima

Für Peggy Bell

Ich bin gerne mit Leuten zusammen; ich liebe Gesellschaft, es macht mir Spaß, mich zu unterhalten, zuzuhören, wie jemand eine Geschichte erzählt, während man raucht und eine Flasche auf dem Tisch steht. Deshalb mußte er mir auf Anhieb gefallen. Er gewann einen Zuhörer bei seinen langen nächtlichen Gesprächen, und wenn ich ehrlich bin, muß ich zugeben, er gewann einen Bewunderer. Sein Lebensstil, seine Philosophie kamen mir sehr entgegen. Er verbrachte seine Zeit damit, sich zu unterhalten, umgeben von Leuten, die ihn interessierten, und die Gespräche halfen ihm, die Nächte in Lima bis zum ersten Morgengrauen durchzustehen. Als ich ihn kennenlernte, hatte man gerade das kleine Restaurant geschlossen, in dem er regelmäßig, bevor er schlafen ging, zum Essen einkehrte. Damals tat er etwas, was mich zum erstenmal für ihn begeisterte: Er kaufte das Lokal, das in Konkurs gegangen war, selbst auf die Gefahr hin, monatlich eine größere Summe zu verlieren. Aber er wollte sicher sein, daß er nur zwei Häuserblocks von Ed's Bar entfernt früh am Morgen sein Hähnchen bekommen würde.
Er sammelte Gespräche, wie andere Briefmarken oder seltene Tierarten sammeln. Wen lernte ich nicht alles durch ihn kennen! Da waren die drei Feuerwehrmänner, die von berühmten Bränden erzählten, von den Gefahren ihres Berufes und seinem edlen Sinn. An einem anderen Abend brachte er Mauro Mina mit, als der gerade südamerikanischer Boxmeister geworden war. Cantinflas und William Holden, die Filmschauspieler, lernte ich durch ihn kennen. Einer nach dem anderen lud seine Lebensgeschichte auf der Theke von Ed's Bar ab. Er hatte eine ganz eigene Weise, Leute zum Erzählen zu bringen, ein besonderes Talent, das Interesse

seiner Gesprächspartner zu wecken. Erst nach und nach wurde ich mir dessen bewußt. Einem chilenischen Catcher erzählte er zum Beispiel von dem peruanischen Inka, der für seine Darbietungen im Pariser Ring berühmt wurde. (Er war nämlich auch in Paris gewesen und hatte sich dort in einer Bar mit vielen unterhalten.) Er verstand sehr viel von Stieren, und Antonio Ordoñez erzählte ihm einmal stundenlang, warum einzig Paco Camino sein Nachfolger werden könnte. Immer herrschte eine besondere Stimmung, die von unserem kleinen Kreis ausging, etwas in Ed's Bar, das nur uns gehörte. Wir hatten nichts mit der Musik zu tun, wir gehörten nicht zu den Leuten, die sich beim Tanzen oder Trinken vergnügten. Wir setzten uns einfach in eine Ecke, den Rücken der übrigen Theke zugewandt, und sprachen. Stundenlang. Die Bar schloß, und der Barkeeper ließ uns weiterreden. Auch Pepe war jemand, der sich gerne unterhielt. Von ihm erfuhren wir alles über aphrodisische Cocktails.

Es gehörte zu seinem Lebensstil, daß eine Frau um ihn war. Er erwartete nicht, daß sie wesentlich zu den Unterhaltungen beitrug, sie hatte durch ihre Anwesenheit die Gesellschaft zu schmücken; mehr noch, sie mußte außergewöhnlich schön sein. Und sie mußte sich für jede Person interessieren, die an den Gesprachen teilnahm, durfte vor allem keine Vorurteile haben, denn der Gast des Abends konnte ein Homosexueller, ein Neger, eine kubanische Ballerina sein. Einmal war sogar Tongolele bei uns.

Natürlich konnte ich bei diesem Lebenswandel mein Jurastudium nicht zu Ende führen. Seit ich Ezequiel kannte, kam ich einfach nicht pünktlich in die juristische Fakultät. Wir gingen sehr spät ins Bett, da sich die Gespräche bis in die frühen Morgenstunden ausdehnten, und wir mußten Ezequiel noch begleiten, wenn er sein Hähnchen aß, seine Freundin nach Hause brachte, wahrscheinlich eines der wenigen Mädchen in Lima aus gutem Haus, dessen Eltern es so lange ausgehen ließen. Tatsache ist, daß seine Freundin nicht mehr ganz jung war, und ich bin völlig sicher, daß ihre Eltern ihr nur deshalb soviel Freiheit ließen, weil Ezequiel de la Torre einer der wenigen Nachkommen des Vizekönigs war, deren Familien es verstanden hatten, den Reichtum zu bewahren, für den die Oligarchie Limas so berühmt geworden ist. Wir nannten sie Terry, und ich weiß noch, wie froh ich war, als Ezequiel begann, sie Tag für Tag mit in Ed's Bar zu bringen. Eines Abends bestellten sie Champagner; sie küßten sich, und sie erklärten uns, daß Ezequiel gerade um ihre Hand angehalten habe. Ich wartete, bis ich nach einem argentinischen Meister im Freistilschwimmen und nach Pelé an der Reihe war, den beiden Glück zu wünschen.

Damals begannen herrliche Jahre, in denen ich die halbe Welt kennenlernte, aber kaum Fortschritte im Studium machte. Für Ezequiel gab es keine Probleme. Nachmittags arbeitete er in der Bank seiner Familie; doch hatte er, wie er selbst sagte, seinen Aufgabenbereich immer mehr eingeschränkt und war schließlich zu einer Art Public Relation Manager geworden. Diesen Titel benutzte er dazu, seine eigentliche Tätigkeit zu verbergen, nämlich Cocktail-Parties zu organisieren und Geschäftsleute zu empfangen, die er mehr als einmal mit in Ed's Bar brachte.

Aber eines Abends geschah etwas, das ich nur als böses Omen deuten konnte. Ezequiel holte mich mit seinem Alfa Romeo ab und bat mich, ihn auf eine kleine Feier bei Terry zu begleiten. Zum viertenmal jährte sich der Tag, da er um ihre Hand angehalten hatte. Als wir gerade läuten wollten, hörte ich Terrys Vater ganz deutlich sagen: Es sind schon vier und werden bestimmt noch zehn. Ezequiel schien das nicht zu hören. Mir jedoch wurde zum erstenmal bewußt, daß tatsächlich vier Jahre verstrichen waren, seitdem wir in Ed's Bar mit Champagner angestoßen hatten, und als wir das Haus betraten, sah ich so etwas wie Krähenfüße um Terrys linkes Auge und ein Lächeln, das sich sehr von dem Ezequiels unterschied, der ihr einen Strauß Blumen überreichte. Ich weiß nicht warum, aber unwillkürlich dachte ich, das Schicksal werde es mit der armen Terry, ungeachtet ihrer Schönheit, nicht gut meinen.

Und ich sollte recht behalten. Zwei Monate später gingen wir auf ein Fest. Den ganzen Abend verbrachte ich damit, das Geschehen mit Ezequiels Augen zu betrachten. Ich habe derlei Grausamkeiten schon früher erlebt, aber an diesem Abend war ich aus irgendeinem Grund besonders empfänglich für jedes Detail, für die Art zum Beispiel, wie die beiden einander zum erstenmal wahrnahmen. Die kleine Condesa Francesca, die mit ihrem Verehrer, einem siebzehnjährigen jungen Mann mit einem Hundegesicht, tanzte, war die Attraktion des Festes. Ezequiel sah sie, und sie sah ihn, nur eine Sekunde lang. Sie wandte sofort ihre Augen von ihm ab, denn sie liebte ihren Verehrer mit dem Hundegesicht sehr, doch es wurde in ihr eine gewisse Neugierde wach, als sie den Mann sah, der mit einem schon nicht mehr ganz jungen und sehr hübschen Mädchen tanzte. Ezequiel verließ das Parkett. Er stand nur und beobachtete sie. Gleichzeitig unterhielt er sich angeregt mit Terry. Jedesmal, wenn die kleine Condesa Francesca vorbeitanzte, schaute Ezequiel sie erneut starr an, und sie wandte sofort ihre Augen von ihm ab.
Ich tanzte nie. Ich unterhielt mich mit den Tänzern zwischen zwei Stücken, und ich erinnere mich genau, wie Terry Ezequiel, gerade als ich mich den beiden näherte, auf die Condesa aufmerksam machte, die die Tochter des italienischen Botschafters war. Contessina Francesca, sagte Ezequiel. Und er tat so, als sehe er sie zum erstenmal. In diesem Augenblick entwarf er, dessen bin ich mir heute völlig sicher, einen ganzen Schlachtplan, um seiner vierjährigen Verlobung ein Ende zu setzen.
Auf jeden Fall rief Terry mich am folgenden Morgen fast weinend an, um mir mitzuteilen, daß Ezequiel sehr krank sei. Er habe so etwas wie einen Herzinfarkt gehabt und bedürfe äußerster Schonung. Ich eilte in sein Haus und fand ihn auf dem Diwan liegen. Er kam mir sehr blaß vor. Ich hatte nicht einmal die Kraft, mich zu kämmen, sagte er. Ja, es war das Herz, und in der darauffolgenden Woche kam es zu einer Familienbesprechung im Hause von Terrys Eltern. Bei dieser

Gelegenheit wurde alles bekannt. Es war die Aufgabe von Ezequiels Mutter, die traurige und unangenehme Nachricht zu überbringen: Ihr Sohn sei außerstande zu heiraten; das Eheleben könne ihn wegen seiner Herzschwäche töten. Deshalb sei es, Terrys wegen, besser, die Verlobung zu lösen.
Terry weinte nur und sagte schluchzend, sie werde Ezequiel ein Leben lang begleiten; sie habe ihn immer geliebt und nichts könne sie von ihm trennen. Ezequiels Mutter umarmte Terry, Terry weinte noch heftiger. Sie sah aus wie eine Frau, die zu jedem Opfer bereit ist. Ihre Mutter weinte auch, und ihr Vater wußte nicht genau, wie er sich verhalten sollte. Im Grunde wünschte er Ezequiels Tod, doch dafür hatte er nicht vier Jahre lang gewartet.
Mit meiner Juristenkarriere war es nun endgültig vorbei. Ezequiel gab seine Arbeit auf. Er bat mich, ihn auch am Nachmittag zu begleiten, und das bedeutete, daß ich von nun an selbst nach dem Mittagessen keinen Fuß mehr in die Universität setzte. Ich dachte zwar, daß wir abends nicht mehr in Ed's Bar gehen würden, so daß ich hätte früh aufstehen und die Vorlesungen besuchen können. Aber schon drei Tage nach dem Familientreffen bat mich Ezequiel zu meinem großen Erstaunen, ihn in Ed's Bar zu begleiten. Wir blieben dort bis fünf Uhr früh. Danach ging er noch ins Restaurant, um sein Hähnchen mit solchem Appetit zu verspeisen, daß ich Angst bekam. Wir sprachen über seine Krankheit, und er sagte mir, daß man ihm verboten hätte, stark verräucherte Orte aufzusuchen. Ich wagte nicht, ihm sein Verhalten vor Augen zu führen. Bei einer schwerkranken Person tut man so etwas nicht. Aber Ed's Bar war das verqualmteste Lokal, das man sich vorstellen kann, und es gab bestimmt kaum jemanden, der so viel rauchte wie Ezequiel. Ich wollte Ezequiel von diesen Besuchen abhalten. Darum beschloß ich, ihn abends nicht mehr zu begleiten. Doch wie groß war meine Überraschung, als mich schon am nächsten Tag seine Mutter anrief. Sie bat mich, ihren Sohn zu chauffieren, da Autofahren sehr schädlich für ihn sei.

Er arbeitete nun also auch nachmittags nicht mehr, und ich besuchte weder am Morgen noch am Nachmittag meine Vorlesungen. Stundenlang fuhren wir in seinem Wagen durch Lima. Ezequiel kaufte auch weiterhin Blumen, die er, da gab es für mich keinen Zweifel, Terry schickte. Er sah sie jeden Tag und nahm sie genau wie früher in Ed's Bar mit, und Terry wirkte jedesmal eleganter und verhielt sich wie eine richtige Dame. Sie zeigte nicht den leisesten Anflug von Neid oder Sorge. Eines Tages, Ezequiel sprach gerade mit Didi, nahm sie meine Hand und sagte, es gebe wieder Hoffnung für ihn. Ich küßte sie und drehte mich um, um meinen Freund voller Freude anzusehen, aber seine gelblichen Fingernägel ließen mich fürchten, daß er einen akuten Vergiftungsprozeß durchmachte. Ich küßte Terry ein zweites Mal und bestellte uns noch einen Whisky.
Terry war eine wunderbare Frau. Sie hatte für ihn gebetet, sie hatte sich das Gewand unseres Herrn Christi angelegt. Und sie hatte unzählige Briefe nach Boston geschrieben. Endlich fand sie den geeigneten Arzt, überglücklich zeigte sie uns die Antwort, und wir tranken Champagner in Ed's Bar, obwohl mich die gelbliche Farbe, die ich jetzt auch auf Ezequiels Gesicht sah, mehr und mehr beunruhigte.
Wieder wurde ein Familientreffen arrangiert, und es wurde beschlossen, daß Ezequiel so schnell wie irgend möglich in die Vereinigten Staaten reisen sollte. Alle begleiteten ihn zum Flughafen, sogar Pepe, der Barkeeper, kam, um sich von ihm zu verabschieden. Ich sah Ezequiel forschend an, er sah sehr schlecht aus. Aber Pepe machte nur Witze, und es gelang ihm, vor dem Abschied eine recht heitere Stimmung aufkommen zu lassen. Kurz bevor er das Flugzeug bestieg, fragte ich Ezequiel, ob ich von nun an in seinem Namen Blumen an Terry schicken solle. Ezequiel setzte eine Leidensmiene auf. Nein, nein, sagte er, während er mich umarmte. Ich selbst werde sie aus Amerika schicken . . . So weiß sie wenigstens, daß ich noch am Leben bin.
Als er zurückkam, ging es ihm sehr schlecht. Terry weinte am Flughafen. Man konnte ihm nicht helfen. Die einzige Hoff-

nung, die es gab, war ein Medikament, dessen Wirkung man noch untersuchte und das noch nicht im Handel war. All das erklärte uns Ezequiel mit erstaunlicher Ruhe. Ich fand, er war in einer fürchterlichen Verfassung, Fingerkuppen und Nägel gelber als je zuvor. Er hatte abgenommen und ging gebückt, so als hätte er einen kleinen Buckel. Aber er verhielt sich wie immer. Nachdem er lächelnd seine Mutter umarmt hatte, bat er, daß man ihn in einen Blumenladen begleite. Er müsse einer Dame, die während der Reise sehr nett zu ihm gewesen sei, ein paar Blumen schicken. Ich wollte das für ihn erledigen, er solle sich ausruhen, aber er bestand darauf. Es würde nur einige Minuten dauern, und außerdem habe seine Mutter mich und auch die anderen doch gebeten, ihm nie zu widersprechen.

Terry war mir noch nie so hübsch und fröhlich erschienen wie in diesen Tagen. Sie bemühte sich, natürlich zu erscheinen, und es gab Abende, an denen die Stimmung von einst wieder einkehrte und wir uns lachend unterhielten, den Ellbogen auf die Theke gestützt, und ganz vergaßen, daß Ezequiel jeden Augenblick sterben könnte.

Selbst Terry schien nicht daran zu denken. Sie stimmte das für sie so typische Lachen an, unterhielt sich angeregt und unterbrach Ezequiel sogar, um irgendeine Einzelheit richtigzustellen.

Eines Abends, Ezequiel sprach gerade mit Pepe, küßte mich Terry und sagte mir, daß es neue Hoffnungen gäbe. Aber diesmal stießen wir nicht darauf an, denn als ich ihren Kuß erwiderte, verspürte ich so etwas wie Gram, ich hatte das Gefühl, daß ich sie verlieren würde. Wenn alles vergebens war und die Ärzte Ezequiel aufgaben, dann würde Terry einen anderen heiraten. Ich war zu eng mit ihr und mit ihm verbunden gewesen. Daran mußte ich denken, als ich plötzlich spürte, daß sich mein Mitleid in etwas anderes verwandelte.

Aber all diese Gedanken drängte ich beiseite. Terry verkündete, es gebe einen Weltkongreß für Herzspezialisten in

Mexiko, und sie habe dank ihrer Beziehungen erreicht, daß Ezequiel sich dort vorstellen könne. Weltberühmte Spezialisten würden Ezequiel untersuchen. Wieder zog sich Terry das Gewand unseres Herrn Christi an, und wieder fand ein Familientreffen mit Ezequiels Mutter statt. Sie war mit allem einverstanden, und ich dachte, daß sie zumindest das Glück hatten, sehr reich zu sein. Zwei Tage später war alles vorbereitet, ich fuhr den Wagen zum Flughafen. Dort umarmte Terry Ezequiel, sie lachte ihm zu, bis er ins Flugzeug stieg. Dann warf sie sich weinend in die Arme von Ezequiels Mutter. Ich hatte das Gefühl, zu nichts nutze und völlig überflüssig zu sein. Diese Tränen hätten mir gelten müssen.
Wahrscheinlich beteten alle für ihn. Ich tat es nicht. Ich saß jeden Abend in Ed's Bar, trank und unterhielt mich mit Pepe. Nachmittags besuchte ich Terry und sah Fernsehen zusammen mit ihr und ihrer Familie. Ihre Mutter schien mich zu mögen, ihr Vater nicht. Jedesmal, wenn ich ihn begrüßte, glaubte ich jenen Satz zu hören, den er eines Abends wirklich ausgesprochen hatte: Es sind schon vier und werden bestimmt noch zehn. Ich bin sicher, daß er Ezequiel haßte, und ich spürte, daß er dieses Gefühl auch auf mich übertrug. Was sollte er auch tun? Schließlich konnte er einem Mann keinen Vorwurf daraus machen, daß er, als Schwerkranker, seine Tochter nicht heiratete. Aber man sah ihm an, daß er wütend war; wütend, nicht traurig wie die anderen. Er wollte offensichtlich nicht akzeptieren, was mit Ezequiel geschah. Abermals spürte ich, daß eine Wendung der Dinge bevorstand. Warum kam die ganze Zeit, da Ezequiel in Mexiko war, kein einziger Blumenstrauß bei Terry an, obwohl er ihr so gerne Blumen schickte? Jeden Nachmittag saß ich bei Terry und ihren Eltern, nie wurden Blumen abgegeben.
Als wir von dem Unfall in Acapulco hörten, begriff ich, daß mich das Schicksal dazu auserwählt hatte, nur eine traurige Nebenrolle zu spielen. Man warf mich aus dem Haus, als wäre ich Ezequiel, und ich wehrte mich nicht dagegen. Terry selbst jagte mich schreiend davon, während ihr Vater sogar versuch-

te, mich zu ohrfeigen, als trüge ich irgendwelche Schuld. Heute begreife ich, warum sie so schnell zu der Überzeugung kam, daß ich immer auf Ezequiels Seite stehen würde. An jenem Abend aber hatte ich das Gefühl, daß sie wahnsinnig ungerecht mit mir verfuhr, und ich wartete noch eine Zeitlang im Auto vor ihrer Tür, in der Hoffnung, sie würde herauskommen und sich bei mir entschuldigen, sich weinend in meine Arme stürzen. Ich hätte ihr dann gesagt, daß ich glaubte, in sie verliebt zu sein, und ich hätte ihr bestimmt noch vieles mehr gesagt. Aber sie kam nicht. Ich wartete länger als eine halbe Stunde, ließ noch einmal die ganze Szene nach den Abendnachrichten an mir vorbeiziehen. *Der peruanische Staatsangehörige Ezequiel de la Torre hatte, kurz nachdem er von einem Fest in der Villa von Mario Moreno (Cantinflas) kam, in Acapulco einen Unfall mit einem rosafarbenen Jeep. Er war in Begleitung der Schauspielerin Catita Morelos und des Schauspielers Javier Rotondo.* Nach dieser Meldung sprang Terrys Mutter auf, um den Fernseher abzuschalten, aber ihr Mann hinderte sie daran. Nein, schrie er, jetzt wollen wir endlich die Wahrheit wissen. Ezequiel und seine Freunde waren unverletzt geblieben, aber man hatte sie auf ein Polizeikommissariat überführt, weil sie völlig betrunken waren. Ich hatte also mit meiner Vorahnung recht gehabt.

Zwei Wochen später begleitete ich Ezequiels Mutter zum Flughafen, um ihn abzuholen. Lächelnd kam er die Gangway herunter und winkte uns zu. Dann trat er durch die Tür und umarmte uns herzlich. Als wir ihn zur Gepäckausgabe begleiteten, sah ich wieder, wie gelb seine Fingerkuppen und Nägel waren, sah, daß er sehr schlank war und einen kleinen Buckel hatte. Ziemlich schlank, etwas bucklig: Er war wie immer, vollkommen gesund. Alles andere hatte ich mir nur eingebildet. Wir verloren kein einziges Wort über die Vorfälle in Acapulco. Auch Terry erwähnten wir nicht. Ezequiels Mutter schien zu wollen, daß ich ihr half, die offizielle Version dessen, was sich auf dem Kardiologenkongreß zugetragen hatte, zu verbreiten. Also, fragte sie, was war los, Ezequiel? Was haben die Ärzte gesagt? Ich hörte aufmerksam zu, nicht die kleinste Nebensächlichkeit wollte ich überhören. Noch am selben Abend würde ich alles Pepe berichten und dieser würde es weitererzählen, während Ezequiels Mutter ihre Freundinnen davon in Kenntnis setzte. Es war nichts gewesen. Alles war nur ein Irrtum, Ezequiel hatte überhaupt nichts Ernsthaftes. Schon am zweiten Tag des Kongresses hatte ihm ein schwedischer Arzt gesagt, daß sein Herz völlig normal arbeite und daß er sich mit sieben Frauen verheiraten könne, wenn er wolle. Wir hielten bei Miraflores, damit Ezequiel ein paar Blumen bestellen konnte. Ich stieg aus, um ihn zu begleiten. Ich wollte ihm sagen, was für ein unverschämter Kerl er doch war, und ihm gleichzeitig lachend auf die Schulter klopfen. All die Blumen aus Amerika und wahrscheinlich auch aus Mexiko waren also für die Condesa Francesca bestimmt. Jeden Tag ein Strauß! Sogar heute! Ich hatte es doch geahnt. Aber diesmal ließen mich meine Ahnungen im Stich, denn zu meiner großen Überraschung gab Ezequiel, als er einen wunderschönen Blumenstrauß ausgesucht hatte, nicht etwa den Namen der Condesa, sondern den Terrys an.

Ich sitze am Eingang zu Francescas Haus. Ezequiel und ich nennen sie Condesita Francesca, und ich muß zugeben, daß ich noch nie ein so sanftes und schönes Mädchen kennengelernt habe. Die Klugheit steht ihr im Gesicht geschrieben; sie spricht mit einem herrlichen italienischen Akzent und begeistert sich für alles, vor allem, wenn es etwas mit Ezequiel zu tun hat. Sie muß ihren Anbeter, den Jungen mit dem Hundegesicht, sehr grausam behandelt haben, aber in ihren Gesichtszügen ist auch nicht die leiseste Spur davon zurückgeblieben. Sie scheint von einem Abschnitt ihres Lebens in den anderen eingetreten zu sein: Sie war nicht mehr verliebt in einen gleichaltrigen Jungen, sie bewunderte einen reifen Mann. (Ezequiel ist fünfzehn Jahre älter als sie.) Sie kämpft darum, daß er weniger raucht und etwas früher zu Bett geht, sich nicht immer als Bohemien gibt, wie die Condesa sagt. Am liebsten hätte sie es, wenn Ezequiel arbeitete wie alle Männer und sich nicht jeden Abend mit mir und Pepe bis in die frühen Morgenstunden unterhielte. Aber gleichzeitig kann sie kaum erwarten, daß es Mai wird, denn dann wird sie achtzehn, und dann erlauben ihre Eltern, daß sie abends mit uns ausgeht. Ich freue mich schon darauf. Pepe wird überglücklich sein, und ich bin sicher, daß sie von allen Leuten, die Ezequiel Abend für Abend einlädt, begeistert sein wird. Eine phantastische Zeit erwartet uns.

Ich weiß, wo Ezequiel sich aufhält, während wir hier sitzen. Und die Condesa wird es auch wissen. Er ist nicht weit weg, hier im Stadtviertel, denn die Condesa lebt, wie Terry, in San Isidro, und Ezequiel steht mit dem trio criollo unter Terrys Balkon, und wahrscheinlich wird er bis Mai, wenn er um die Hand der Condesa anhält und wir alle zusammen ausgehen können, so weitermachen. Ja, er wird so weitermachen, während wir zwei hier sitzen und auf ihn warten. Jeden Abend kommt er später, denn jeden Abend liefert er dort, unter Terrys Balkon, einen neuen Beweis seiner Hartnäckigkeit. Ich glaube den valse zu hören, den er singt. Es muß diese Melodie sein, jeden Tag pfeift er sie vor sich hin.

> Weine, Gitarre, denn du bist die Stimme meines Schmerzes,
> schrei ihren Namen hinaus, wenn sie dich nicht hört,
> und sag ihr, daß ich sie liebe, daß immer noch ich auf sie warte,
> sag ihr, daß, kommt sie nicht, meine Liebe keine Heilung kennt.
> Sag ihr, daß, ohne ihre Liebe, einsam ich sterbe.

Warum will er Terry unbedingt glauben machen, daß er ihretwegen leidet? Ich verstehe das nicht. Nicht einmal seine Mutter, die ihm so viel geholfen hat, wird ihn verstehen können. Sie wird froh sein, daß er eine Adlige heiratet, und ich glaube nicht, daß sie einverstanden ist, wenn er sein

Vermögen damit verschwendet, jeden Abend das trio criollo zu engagieren. Und das einzige, was er damit erreicht, ist doch, daß die Condesa Francesca vor Kummer krank wird. Die Ärmste. Endlich hat sie ihren Kopf auf meine Schulter gelegt und sie weint, wie ein kleines Mädchen. Diesmal habe ich nicht das Gefühl, zu nichts nutze und völlig überflüssig zu sein. Diese Tränen gelten mir.

José Luis González
Dunkle Nacht

Für Juan Sáez Burgos.

Ob ich mich daran erinnere? Alle im Barrio erinnern sich daran, wenn du es genau wissen willst, nicht einmal Trompoloco kann so etwas vergessen, und dabei kann er dir heute schon nicht mehr sagen, wo sie vor zwei Wochen seine Mutter begraben haben. Nur kann ich dir das Ganze vielleicht besser als sonst irgend jemand erzählen wegen dieser anderen Geschichte, von der du noch nichts weißt. Aber bestellen wir uns erst einmal ein Bier. Bei dieser Affenhitze ist es nicht ausgeschlossen, daß das Gedächtnis sogar mich im Stich läßt.
Also, Prost denn! Auf das Geld und auf . . . du weißt schon, was noch! Vier Jahre ist das her, und wenn du willst, kann ich dir sogar ganz genau den Monat und den Tag sagen, denn um mich zu erinnern, brauche ich ja nur das Gesicht von meinem kleinen Fettwams anzuschauen, den du heute morgen bei mir zu Hause gesehen hast, als du mich abholen kamst. Ja, er ist unser Größter und heißt genau wie ich. Wenn es ein Mädchen geworden wäre, hätten wir es natürlich Estrella oder Luz María oder so ähnlich nennen müssen. Vielleicht sogar Milagros, denn es war . . . Aber wenn ich so weitermache, erzähle ich die Geschichte falsch, vom Ende her und nicht von Anfang an. Besser ich erzähle alles der Reihe nach.
An jenem Tag also sprach ich mit dem foreman. Er war Jude, ein sehr anständiger Kerl, der sogar etwas Spanisch konnte. Ich sagte ihm, daß ich Überstunden machen wollte, weil ich die Moneten für die Entbindung meiner Frau brauchte. Sie war schon im letzten Monat, und die Rechnungen rissen nicht ab. Zuerst das Körbchen und dann die Hebamme . . . Sie war nämlich fest entschlossen, das Kind zu Hause zu kriegen und nicht in der Klinik, wo Ärzte und nurses kein Spanisch sprechen und alles viel teurer ist.

Um vier war ich mit meiner ersten Schicht fertig und ging zu dem Italiener, der vor der Fabrik einen Schnellimbiß hat. Ich mußte was im Bauch haben, bevor ich nach Hause ging und meine Frau mir das Essen aufwärmen konnte. Ich holte mir also ein paar Hot Dogs, trank einige Biere und warf noch einen Blick in die spanische Zeitung, die ich am Morgen gekauft hatte. Und als ich das von dem Latino las, der aus seiner Mieze Hackfleisch machte, weil sie was mit einem Chinesen hatte, da befiel mich eine komische Vorahnung. Ich weiß nicht, was du davon hältst, aber ich spürte ganz genau, daß an diesem Abend noch etwas Besonderes passieren würde, etwas, von dem ich nicht wußte, was es hätte sein können. An so was glaubt man, oder man glaubt nicht daran. Und wenn du mich fragst, was der Latino und der Chinese und die Mieze mit diesem Gefühl zu tun hatten: Ich kann es dir nicht sagen. Es war nur so ein Gefühl, weißt du, nachgedacht habe ich nicht darüber, das ist etwas ganz anderes. Ich blätterte also die Zeitung durch und ging schnell zur Fabrik zurück, um mit den Überstunden anzufangen. Da sagt der andere foreman zu mir – der erste war inzwischen schon gegangen –: Willst du vielleicht Millionär werden, um in Puerto Rico ein Kasino aufzumachen? Ich antworte in demselben Tonfall: Nein, das Kasino habe ich schon. Jetzt arbeite ich für eine Fabrik. Und er: Was für eine Fabrik denn? Eine Rauchfabrik, meine ich. So, so? Und was machst du mit dem Rauch? Daraufhin sage ich mit todernstem Gesicht, du hättest das sehen sollen: Was werde ich schon damit machen? Natürlich in Dosen abfüllen! Ein Witz, verstehst du, aber dieser foreman war noch zugänglicher als der andere. Klar, weil er so viel mehr erreicht. Er hält uns bei Laune und quetscht uns bei der Arbeit wie eine Zitrone aus. Er glaubt, ich merke das nicht, aber irgendwann werde ich es ihm sagen, damit er sieht, daß wir nicht so dumm sind, wie wir aussehen. Die Leute hier meinen manchmal, man käme aus dem letzten Loch und könnte Sandpapier nicht von Klopapier unterscheiden, vor allem, wenn man etwas dunkelhäutig ist und einen gekräuselten Wuschelkopf hat.

Na ja, das kennst du ja, und ich wollte dir etwas anderes erzählen. Verdammt heiß ist es noch immer, und das Bier ist auch schon zu Ende. Noch mal dasselbe, okay?
Also, wie ich dir schon gesagt habe, der foreman versuchte mich auf die Schippe zu nehmen, aber bei mir war er da an der falschen Adresse, und danach machten wir uns mit ernsten Gesichtern an die Arbeit. Denn so ist das nun mal hier, Spaß ist Spaß, und Arbeit ist Arbeit. Time is money, verstehst du? Die Radiogeräte kamen mir schon auf der assembly line entgegen, und ich mußte die Röhren montieren. Tschang, taschang. Ja, ich montierte damals Röhren. Zwei in jedes Radio, eine in jeder Hand. Tschang, tschang. Am Anfang, als ich noch nicht richtig eingearbeitet war, überschlug ich manchmal glatt ein Gerät, und dann mußte ich wie verrückt hinterherlaufen und gleichzeitig auf das nächste aufpassen. Ich glaubte schon, ich drehe durch. Wenn ich von der Arbeit kam, hatte ich das Gefühl, den Veitstanz zu haben. Ich für meinen Teil bin sicher, daß es deshalb so viele Betrunkene und Verrückte in diesem Land gibt. Ja, mein Lieber, denn wenn du einmal so weit bist, dann hilft deinem Körper nur eins, ein kräftiger Schluck. Egal was, meistens Rum oder so was, und so gewöhnt man sich allmählich an dieses Zeug. Und laß dir eines gesagt sein, die Frauen werden besser mit der Arbeit in der Fabrik fertig, denn sie lassen sich durch den ganzen Klatsch und Tratsch und all das Geschwätz ablenken. Sie brauchen den Alkohol nicht.
Nun ja, ich hatte also schon eine Menge Röhren montiert und dabei an viel dummes Zeug gedacht, als der foreman ankommt und sagt: He du, da ist jemand für dich! Und ich: Für wen? Für mich? Natürlich für dich, meint er, hier gibt's doch nicht noch jemanden mit demselben Namen. Ein Kollege löst mich ab, damit die Arbeit weitergehen kann, und ich gehe raus, um zu sehen, wer mich sprechen möchte. Es war Trompoloco, der mir nicht erklärt, was los ist, sondern nur sagt: Du sollst nach Hause kommen, deine Frau bekommt das Baby. Einfach so. Der arme Kerl ist als kleiner Junge in

Puerto Rico aus dem Bett gefallen und hat sich dabei, wie seine Mutter erzählte, möge sie in Frieden ruhen, den Kopf aufgeschlagen, und seit jenem Unfall scheinen bei ihm ein paar Schrauben locker zu sein. Als ich ihn hier im Barrio kennenlernte, hatte er eine Zeitlang die Angewohnheit, sich plötzlich wie wahnsinnig im Kreis zu drehen und erst aufzuhören, wenn ihm schwindlig war und er zu Boden fiel. Daher sein Spitzname, Trompoloco, verrückter Kreisel. Aber niemand machte sich über ihn lustig, denn seine Mutter war eine gute Frau, ein spiritistisches Medium, weißt du, die vielen Leuten kostenlos geholfen hat. Man gab ihr eben so viel, wie man übrighatte, und wenn man nichts hatte, gab man ihr nichts. Deshalb kümmern sich die Leute darum, daß es Trompoloco an nichts fehlt. Denn er hatte nie einen Vater und auch keine Geschwister; er ist, wie man so schön sagt, allein auf der Welt.

Nun ja, kommt also Trompoloco an und sagt mir all das, und ich antworte: Mein Gott, was mache ich denn jetzt? Der foreman, der immer wissen wollte, was los war, denn diese Typen lassen einen bei der Arbeit nicht aus den Augen, kommt dazu und fragt mich: Gibt's irgendwelchen trouble? Und ich sage: Man schickt nach mir, weil meine Frau das Kind bekommt. Da sagt der foreman nur: Ja, und? Wieso wartest du denn noch? Denn eines muß ich dir noch sagen, dieser foreman war auch Jude, und für die Juden kommt die Familie immer an erster Stelle. In dieser Hinsicht sind sie ganz anders als die übrigen Amerikaner, bei denen sich Geschwister und sogar Kinder und Eltern gegenseitig beleidigen und manchmal sogar wegen nichts und wieder nichts prügeln. Ich weiß nicht, ob das was mit dem Leben zu tun hat, das die Leute hier führen. Immer laufen sie hinter den Dollars her, wie die Hunde auf einer Hunderennbahn, denen man ein Stoffkaninchen vor die Nase hält. Hast du sie schon mal gesehen? Die Zunge hängt ihnen zum Hals heraus, aber den Hasen erwischen sie nie. Man gibt ihnen zu essen und paßt auf sie auf, damit sie am nächsten Tag wieder rennen, und genaugenom-

men macht man dasselbe mit den Menschen. In diesem Land werden doch alle irgendwie zu Rennhunden.
Als mich der foreman also fragte, auf was ich denn noch wartete, sage ich zu ihm: Auf nichts. Ich hole nur noch schnell meinen coat und nehme den subway, sonst kommt mein Sohn an und ich bin nicht einmal zu Hause. Ich war überglücklich, weißt du, denn schließlich war es mein erster Sohn, und du kannst dir ja vorstellen, wie das ist. Und der foreman sagt zu mir: Vergiß nur nicht, die Stechkarte zu lochen, damit du dein Geld bekommst für die halbe Stunde, die du gearbeitest hast, denn von nun an werden die Piepen für dich knapp. Und ich nehme den coat und loche die Karte und sage zu Trompoloco, der wie verblödet die Maschinen anstarrte: Los, Trompoloco, sonst kommen wir noch zu spät!
Wir rannten die Treppe runter, wollten nicht auf den Fahrstuhl warten, und standen auf der Straße, die ganz schön crowded war, denn um diese Zeit kommen die Leute noch von der Arbeit. Und ich sage: Verdammt noch mal, jetzt komme ich auch noch in die rush hour! Und Trompoloco wollte nicht weitergehen: Warte doch, Mensch, warte doch auf mich! Ich möchte mir noch eine Süßigkeit kaufen. Das ist typisch Trompoloco; er ist wie ein Kind. Er kann Besorgungen machen, wenn es um etwas Einfaches geht, oder die Treppe in irgendeinem building aufwischen oder sonst was tun, wenn man nicht nachdenken muß dabei. Aber wenn er seine grauen Zellen etwas anstrengen muß, dann ist er nicht zu gebrauchen. Deshalb gehe ich auf ihn zu und frage ihn: Was für Süßigkeiten denn, verdammt noch mal. Die kannst du dir doch auch im Barrio kaufen, wenn wir zurück sind. Und er: Nein, nein, die, die mir schmecken, gibt es im Barrio nicht. Die bekommt man nur in Brooklyn. Und ich antworte: Ach, du bist ja verrückt. Und sofort tut es mir leid, denn das ist das einzige, was man nicht zu Trompoloco sagen darf. Und er bleibt mit einer Leichenbittermiene auf dem Bürgersteig stehen und sagt nur: Nein, nein, verrückt nicht. Und ich erwidere: Verrückt habe ich doch gar nicht gesagt, sondern

dumm. Du hast nur nicht richtig hingehört. Nun komm schon, die Süßigkeit bringe ich dir morgen mit. Und er: Hast du auch bestimmt nicht verrückt zu mir gesagt? Und ich: Ganz bestimmt nicht. Daraufhin er: Und morgen bringst du mir zwei Süßigkeiten mit? So ist das mit ihm. Er ist verrückt und alles, was du willst, aber er weiß genau, wie er zu seinem Vorteil kommt. Und ich muß fast wider Willen lachen und sage: Natürlich, sogar drei, wenn du willst. Da setzt er wieder ein freundliches Gesicht auf und meint: Einverstanden. Gehen wir. Aber denk daran, drei Süßigkeiten! Und während ich mit Trompoloco hinter mir auf den Eingang des subway zusteuere, antworte ich über die Schulter hinweg: Einverstanden, drei. Später sagst du mir, welche du willst.

Und wir rasten die Treppe hinunter und gelangten mit der Menschenmenge auf den Bahnsteig. Du weißt, wie das ist. Ich paßte auf, daß Trompoloco nicht zu weit zurückblieb, denn in dem ganzen Geschiebe und Geschubse bekam er es vielleicht mit der Angst zu tun, und wer sollte sich dann um ihn kümmern? Als der Schnellzug einläuft, packe ich ihn beim Arm und sage: Paß auf: Du mußt dich einfach nach vorne drängeln, sonst bleiben wir draußen stehen. Und er antwortet mir: Laß mich nur machen. Und als die Tür aufgeht und die, die aussteigen wollen, herauskommen, da werfen wir uns nach vorn und bleiben eingekeilt in der Menge stecken, nicht mal die Arme konnten wir bewegen. Besser so, sonst hätten wir uns an den Stangen festhalten müssen.

Trompoloco hatte irgendwie Schiß, denn er fuhr wahrscheinlich zum erstenmal um diese Uhrzeit mit dem subway. Aber da ich ja neben ihm stand, war das nicht weiter schlimm, und so fuhren wir bis zum Columbus Circle, und da stiegen wir um, denn wir wollten ja zur Ecke 110./5. Straße und von da nach Hause. Ist doch klar. Wir fühlten uns wie die Sardinen in einer Dose.

Da fing ich an, die Minuten zu zählen. Ich stellte mir vor, daß mein Sohn schon geboren war, und fragte mich, wie es meiner Frau ging. Und plötzlich schießt mir so ein Gedanke durchs

Gehirn. Die ganze Zeit über bin ich so sicher, daß es ein Junge wird, aber vielleicht kriegen wir doch ein Mädchen. Jeder will doch zuerst immer einen Jungen. Im Grunde ist das ja purer Egoismus, denn für die Mutter ist es besser, wenn die Älteste ein Mädchen ist, damit sie später im Haus und auch mit den jüngeren Geschwistern eine Hilfe hat. Na ja, an all das dachte ich also und fühlte mich schon als richtiger Familienvater, stell dir das einmal vor, als . . . verdammt und zugenäht, da hatten wir die Bescherung! Das Licht geht aus und der Zug wird immer langsamer, bis er mitten im Tunnel genau zwischen zwei Stationen stehenbleibt. Zuerst kümmerte das natürlich niemand. Du weißt ja, daß das mit dem Strom, wenn der plötzlich ausfällt, im subway die natürlichste Sache von der Welt ist. Das Licht geht wieder an, bevor die Leute einmal tief Luft holen können. Und daß der Zug einen Augenblick stehenbleibt, bevor er in die Station einläuft, ist auch weiter nicht seltsam. Also zuerst kümmerte sich niemand darum. Die Notaggregate wurden eingeschaltet, und alle waren völlig ruhig. Aber die Zeit verstrich, und der Zug bewegte sich nicht. Und ich dachte: Verdammt noch mal, so ein Pech, ausgerechnet jetzt, wo ich schnell nach Hause müßte. Aber irgendwie glaubte ich immer noch, daß es nur kurz dauern würde, verstehst du? Und so vergingen drei Minuten, als plötzlich eine Frau zu husten begann. Eine Amerikanerin, schon nicht mehr ganz jung, die in meiner Nähe stand. Ich sah sie an und merkte, daß sie im Grunde gar nicht husten mußte, und ich sagte mir: Das ist kein Katarrh, das ist pure Angst. Wieder verstrich eine Minute, und der Zug fuhr immer noch nicht, und da sagte die Frau zu einem großen, blonden Typ, der wie ein Ire aussah und direkt neben ihr stand: Was meinen Sie, junger Mann, kommt Ihnen das Ganze nicht komisch vor? Und er: Nein, machen Sie sich nur keine Sorgen! Es ist nichts. Aber irgendwie schien die Frau mit der Antwort nicht zufrieden zu sein, und sie hustete weiter, und schließlich begannen die anderen Fahrgäste, zum Fenster rauszuschauen, aber sie sahen nichts, denn sie konn-

ten sich ja nicht richtig bewegen und da draußen war es stockfinster. Und das ist die volle Wahrheit, auch ich versuchte rauszuschauen, aber verrenkte mir dabei nur den Hals, und er tat eine Weile lang ganz schön weh.
Nun ja, die Zeit verging, und plötzlich hatte ich einen Krampf im Fuß, und da wurde auch ich nervös. Nein, nicht wegen dem Krampf, sondern weil ich dachte, daß ich nicht mehr rechtzeitig nach Hause kommen könnte. Und ich sagte zu mir: Hier muß was passiert sein, wir stehen schon viel zu lange still. Und da ich sonst nichts zu tun hatte, strengte ich meine grauen Gehirnzellen ein wenig an, und da fiel mir das mit dem Selbstmord ein. Schließlich war das am logischsten. Es gibt hier wahnsinnig viele Leute, die nicht mehr weitermachen wollen, und die auf den Empire State klettern und von da oben runterspringen und, wenn sie unten ankommen, bestimmt schon tot sind, so lang dauert der Sturz. Na ja, ich weiß nicht, ob das stimmt, aber das hat man mir erzählt. Andere werfen sich vor den subway, und danach kann man sie nur noch mit Schaufel und Besen aufsammeln. Bei denen, die vom Empire State springen, hilft bestimmt nur noch ein Löschblatt. Doch Spaß beiseite, darüber soll man keine Witze machen. Ich stellte mir vor, daß sich jemand vor den subway geworfen hatte, der vor uns fuhr, und ich dachte sogar: Möge seine Seele in Frieden ruhen, aber seinetwegen sitze ich ganz schön in der Tinte, denn jetzt komme ich wirklich zu spät. Meine Frau denkt bestimmt, daß Trompoloco verlorengegangen ist oder daß ich mich noch irgendwo vollaufen lasse und einen Dreck darum kümmere, was zu Hause passiert. Ich bin zwar kein Trinker, aber ab und zu einen Schluck . . . Na, du weißt schon, was ich meine . . . Und da wir schon gerade beim Thema sind, wie wär's mit einer anderen Marke? Aber schön kühl, vielleicht hilft das endlich bei dieser Affenhitze.
Wo war ich stehengeblieben? Ach ja, ich dachte an die Geschichte mit dem Selbstmord und all das Zeug, als jemand plötzlich die Türen des Zugs aufreißt. Jawohl, mein Lieber, mitten im Tunnel. Und da ich so was wirklich noch nie erlebt

hatte, dachte ich: Jetzt hat sich das Schwein den Schwanz eingeklemmt. Und gleich darauf sehe ich, daß da unten vor der Tür einige Inspektoren oder so was Ähnliches standen, sie trugen Uniform und hatten ein paar von diesen großen Laternen dabei. Und einer von ihnen sagt zu uns: Take it easy, es ist weiter nicht gefährlich. Kommen Sie langsam und ohne zu drängeln raus. Und sofort kletterten die Leute aus dem Zug und fragten diesen Mister da: Was ist denn los, was ist denn los? Und er: Wenn Sie alle draußen sind, werde ich es Ihnen sagen. Und ich packte Trompoloco beim Arm und sagte: Hast du gehört? Es ist nichts Gefährliches, aber lauf nicht von mir weg! Und er nickte nur mit dem Kopf, der Schrecken hatte ihm wahrscheinlich die Sprache verschlagen. Er redete nicht, aber die Augen schienen ihm fast aus dem Gesicht zu fallen. Sie waren groß wie Untertassen und leuchteten in der Dunkelheit, beinahe wie bei Katzen.
Wir stiegen also aus dem Zug aus. Und als wir alle unten schön in Reih und Glied standen, da begannen die Inspektoren die Schlange, die wir gebildet hatten, abzulaufen, und sie erklärten uns, in kleinen Gruppen, verstehst du, daß es einen blackout gab. Das heißt, überall in der ganzen Stadt war der Strom ausgefallen, und man wußte nicht, wann er zurückkäme. Daraufhin fragte die Frau mit dem Husten, die in meiner Nähe geblieben war, den Inspektor: Ja, und wann kommen wir hier raus? Und er sagte: Wir müssen noch ein wenig warten, denn vor uns sind noch andere Züge, und wir können ja nicht alle auf einmal losgehen. Und so warteten wir denn wieder, und ich dachte gerade: So ein Mist! Warum muß das auch ausgerechnet heute passieren, als Trompoloco an dem Ärmel meines coat zieht und ganz leise, so als sei es ein Geheimnis, sagt: He du, ich muß mal. Stell dir das einmal vor! Das hatte gerade noch gefehlt! Und ich antworte ihm: Verdammt noch mal, Trompoloco, warte noch ein bißchen! Siehst du denn nicht, daß das hier unmöglich ist? Und er: Aber ich muß schon lange, und jetzt kann ich einfach nicht mehr. Da setze ich blitzschnell meinen Gehirnkasten in

Gang, denn das war ja schließlich ein Notfall, und das einzige, was mir einfiel, war, den Inspektor zu fragen, was man tun konnte. Ich sage also zu Trompoloco: Na gut, warte einen Augenblick, aber rühr dich ja nicht von der Stelle! Und ich trete aus der Reihe heraus und geh zum Inspektor und sage: Listen, mister, my friend wanna take a leak, was soviel heißt wie mein Freund muß mal aufs Klo. Und der Inspektor antwortet: Goddamit to hell, can't he hold it in a while? Und ich meine nur, daß ich ihm auch schon gesagt hätte, er solle ein bißchen warten, aber das ginge nicht. Daraufhin sagt er: Nun gut, dann soll er eben irgendwohin pinkeln, aber nicht gerade in der Nähe der Leute. Ich kehre also zu Trompoloco zurück und sage ihm: Komm mit, wir gehen da hinten hin! Vielleicht finden wir ein ruhiges Plätzchen. Und wir laufen los, aber die Schlange nimmt einfach kein Ende. Als wir schon ein ganzes Stück zurückgelegt haben, zieht er mich wieder am Ärmel und sagt: Jetzt kann ich wirklich nicht mehr, brother! Daraufhin ich: Na ja, stell dich hinter mich, ganz dicht an die Wand. Aber paß auf, daß du meine Schuhe nicht naßspritzt! Und mach nicht so viel Krach, damit man dich nicht hört. Ich hatte noch nicht ausgesprochen, als ich dieses . . . na, du weißt ja, wie das bei Pferden ist. Und du kannst mir glauben, es schienen zwei Pferde und nicht nur eines zu sein. Ich begreif einfach nicht, wieso seine Blase nicht geplatzt ist. Es war entsetzlich. Ich dachte: Heilige Jungfrau Maria, der wird mir tatsächlich noch den coat vollspritzen. Es war nämlich einer von diesen kurzen Modellen, die nicht einmal bis zum Knie reichen, mir hat es immer gefallen, mit der Mode zu gehen, das stimmt doch, oder? Die Leute, die da herumstanden, haben es natürlich gemerkt, und ich hörte, wie sie zu munkeln anfingen. Und ich dachte: Zum Glück ist es dunkel und man kann unsre Gesichter nicht sehen, denn wenn die merken, daß wir Puertoricaner sind. Du weißt ja, wie das hier ist. Das dachte ich also, aber Trompoloco war immer noch nicht fertig. Mein Gott, was man in diesem Land alles durchmachen muß! Später erzählst du davon, aber niemand glaubt dir. Nun ja, endlich war Trompoloco soweit, das glaubte ich zumindest, denn das Plätschern, das aus seiner Richtung kam, hatte aufgehört. Aber die Zeit verstrich und er bewegte sich nicht. Ich sage zu ihm: He, bist du endlich fertig? Und er antwortet: Ja. Und ich: Also los, gehen wir! Und da meint er doch tatsächlich: Augenblick, ich muß ihn noch abtropfen lassen. Da war meine Geduld endgültig zu Ende. Ich sage: Hör mal zu, Kleiner. Das ist doch kein Gartenschlauch, oder? Verdufte, wenn du nicht willst, daß die Leute dich hier nach dieser Überschwemmung, die du verursacht hast, bis aufs Mark durchprügeln. Da schien er den Ernst der Lage endlich zu begreifen und antwortete: Okay, okay, hauen wir ab!

Wir kehrten an unseren früheren Platz zurück und warteten noch einmal eine halbe Stunde. Ich hörte, wie die Leute um mich herum auf englisch redeten. Sie beklagten sich, eine Unverschämtheit sei das, einfach unglaublich, und wieso der Bürgermeister, und was weiß ich noch alles. Und plötzlich höre ich, wie jemand weiter hinten auf spanisch sagt: Na ja, wenn wir schon ins Gras beißen müssen, dann können wir das genausogut hier drinnen tun. So muß die Regierung wenigstens unsere Beerdigung bezahlen. Natürlich ein Puertoricaner, der den Witzbold spielen wollte. Ich versuchte herauszufinden, wer das war, um ihm zu sagen, daß seine Beerdigung vom Tierschutzverein bezahlt würde, aber in der Dunkelheit konnte ich ihn nicht erkennen. Schlimm war nur, daß dieser Witz bei mir seine Wirkung nicht verfehlte, stell dir das mal vor. Denn weißt du, was mir einfiel, als ich da so tatenlos herumstand und mir Sorgen und alles mögliche machte? Ich stellte mir vor, daß der Inspektor uns angeschwindelt hatte und daß in Wirklichkeit der dritte Weltkrieg ausgebrochen war. Lach nicht. Ich wette mit dir, daß ich nicht der einzige war, der an so was dachte. Schließlich sind die Zeitungen ja voll davon, von den Russen und den Chinesen und sogar von den Marsmenschen auf ihren fliegenden Untertassen. Warum glaubst du denn, gibt es so viele Verrückte in diesem Land? In

Bellevue ist schon alles voll, und wahrscheinlich müssen sie bald eine neue Irrenanstalt bauen.
Na ja, das war es also, woran ich dachte, als die Inspektoren ankamen und uns sagten, daß wir endlich an der Reihe seien, aber einer hinter dem andern und ohne Panik. Wir laufen also los und kommen endlich auf dem Bahnsteig an. Die Station an der 96. Straße, weit weg von zu Hause waren wir nicht mehr. Aber ein Katzensprung bis dahin war es auch nicht, es fehlten noch ein paar Straßen. Stell dir vor, dasselbe wäre uns irgendwo in der 28. Straße passiert. Dann hätten wir uns wirklich in die Hose gemacht! Wir kommen also auf dem Bahnsteig an, und ich sage zu Trompoloco: Los, jetzt nichts wie raus! Und wir liefen die Treppe hinauf zusammen mit all den Leuten. Genau wie bei einem Ameisenhaufen, wenn du heißes Wasser hineinschüttest. Und als wir auf die Straße kommen, heilige Mutter Gottes. Nein, nein, stockfinster war es nicht, weil ja noch die Scheinwerfer der Autos und all das brannte. Aber es war ganz schön dunkel, weder auf der Straße noch in den Gebäuden brannte ein einziges Licht. Plötzlich kam so ein Typ mit einem Transistorradio vorbei, und da er in meine Richtung lief, ging ich dicht hinter ihm her, um zu hören, was man sagte. Es war dasselbe, was wir schon vom Inspektor da unten in dem Tunnel erfahren hatten, so daß ich aufhörte, mir wegen der Geschichte mit dem Weltkrieg Sorgen zu machen. Aber dann fiel mir was anderes ein, nämlich die Entbindung meiner Frau, und ich sage zu Trompoloco: Hör zu, Freundchen, jetzt ist aber höchste Eisenbahn. Mal sehen, wer zuerst da ist. Und er antwortet: Bin schon unterwegs, und lacht dabei, verstehst du, denn den Schrecken hatte er inzwischen schon vergessen.
Wir laufen also ziemlich flott los, denn es ist außerdem ganz schön kalt. Und als wir auf der 103. Straße sind, denke ich: Wie haben sie es bloß mit der Geburt gemacht, wo es doch kein Licht gibt? Vielleicht mußten sie sogar einen Krankenwagen rufen, um meine Frau in irgendeine Klinik zu bringen, und ich weiß jetzt nicht einmal, wo sie ist. Du weißt ja, wie das

ist, wenn man mit dem linken Bein zuerst aufsteht. Auf jeden Fall steuerte ich mit diesem Gedanken im Kopf in die Zielgerade wie ein Champion. Ich glaube, wir brauchten nicht einmal fünf Minuten von der 103. Straße bis nach Hause. Und schon bin ich da, stürze die düstere Treppe hinauf, ohne die Stufen zu sehen, und . . . Aber jetzt kommt das eigentlich Schöne, was du hören wolltest, denn an dem Tag warst du wohl nicht in New York, oder? Okay. Aber bestellen wir erst noch mal ein Bier, denn meine Kehle ist noch trockener als die ausgedörrte Wüste bei Salinas, wo ich groß geworden bin.

Und wie ich dir schon sagte, an jenem Abend brach ich den Weltrekord, als ich die drei Stockwerke in der Dunkelheit hinaufraste. Ich wußte nicht einmal mehr, ob Trompoloco noch hinter mir war. Als ich vor der Wohnungstür stand, hatte ich den Schlüssel schon in der Hand. Gleich beim ersten Anlauf schaffte ich es, ihn in das Schlüsselloch zu stecken, so als hätte ich es sehen können. Und als ich dann die Tür öffnete, sah ich vier brennende Kerzen im Wohnzimmer und ein paar Nachbarinnen, die seelenruhig dasaßen und plapperten, als handelte es sich um eine Olympiade für Klatschbasen. Heilige Jungfrau Maria, das ist wirklich der Lieblingssport aller Frauen. Ich glaube, daß an dem Tag, da man ihnen das Schwätzen verbietet, eine Revolution ausbrechen wird, die die von Fidel Castro noch weit in den Schatten stellt. Aber als sie mich so plötzlich reinkommen sahen, erschraken sie derart, daß sie sofort verstummten. Vor allem, weil ich nicht einmal guten Abend sagte, sondern gleich fragte: Was ist denn mit meiner Frau los? Hat man sie weggebracht? Und da sagt mir eine der Frauen: Nein, nein, sie ist da drinnen und es geht ihr prima. Wir sprachen gerade darüber, daß es für eine Erstgeburt . . . In diesem Augenblick hörte ich das Geheul, das mein Sohn im Nebenzimmer anstimmte. Das heißt, noch wußte ich es ja nicht, ob es nun ein Junge oder ein Mädchen war, aber du kannst mir glauben, er schrie noch lauter als Daniel Santos in seinen besten Jahren. Daraufhin sage ich zu der Frau: Entschuldigen Sie mich bitte, und stürze auf das Zimmer zu, reiße die Tür auf, und als erstes sehe ich die Kerzen, so viele, daß das Ganze dem Altar in einer Kirche glich. Die Hebamme fuhrwerkte mit den Schüsseln und den Tüchern und all dem Zeug, und meine Frau liegt ganz still, aber mit weit geöffneten Augen im Bett. Und als sie mich sieht, sagt sie mit leiser Stimme: Ach wie schön, daß du schon da bist. Ich habe mir solche Sorgen deinetwegen gemacht. Stell dir das einmal vor, sie, die gerade diese Geschichte mit der Geburt hinter sich hatte, sie machte sich Sorgen um mich. Ja, Mann, manchmal sind die Frauen einfach unübertrefflich. Und nur deshalb, glaube ich, lassen wir all ihren Blödsinn über uns ergehen und lieben sie so sehr, oder? Ich wollte ihr also die ganze Geschichte mit dem subway erklären, als mich die Hebamme unterbricht. Sehen sie nur, der Kleine hier hat dasselbe Gesicht wie Sie. Schauen Sie ihn doch an. Kommen Sie. Und da lag er im Bett neben meiner Frau, aber er war so klein, daß man ihn kaum sehen konnte. Ich ging etwas näher heran und blickte in das winzige Gesicht, das einzige übrigens, was von ihm zu erkennen war, denn sie hatten ihn noch besser verpackt als einen Blätterteig. Und als ich ihn mir so ansehe, sagt meine Frau zu mir: Ist er dir nicht wie aus dem Gesicht geschnitten? Und ich antworte: Ja, er sieht mir ziemlich ähnlich. Aber im stillen dachte ich: Nein, der da sieht weder wie ich noch wie sonst jemand aus; er erinnert mich an eine frischgeborene Maus. Aber das ist wohl bei jedem von uns so, wenn wir zur Welt kommen, oder? Und dann sagt meine Frau zu mir: Es ist ein Junge geworden, so wie du es dir gewünscht hast. Und ich, nur um etwas zu sagen: Mal sehen, ob wir das nächste Mal das Mädchen dazu bekommen. Ich versuchte, meinen Stolz zu verbergen und auch die Freude, die ich in mir fühlte, weißt du? Und daraufhin meint die Hebamme: Ja, wie soll er denn nun heißen? Und meine Frau antwortet: Natürlich wie sein Vater, damit er nicht vergißt, daß er von ihm ist. So im Scherz, weißt du, aber mit einem stichelnden Unterton. Und ich sage: Nun ja, Frau, wenn du es so haben willst.

Mein Sohn hatte sich beruhigt, und da höre ich die Musik, die vom oberen Teil des building kommt; das war kein Radio und auch keine Platte, verstehst du, sondern eine richtige Kapelle, außer der Musik hörte man auch das Gelächter und Gerede vieler Leute. Und ich sage zu meiner Frau: Feiern die da oben eine Fete? Und sie antwortet: Ich weiß nicht. Aber es scheint so, denn wir hören das schon eine ganze Weile lang. Vielleicht ist es eine Geburtstagsparty. Und ich: Aber so ganz ohne Licht? Da sagt die Hebamme: Vielleicht sind die ja auf denselben Gedanken wie wir gekommen und haben Kerzen gekauft. Und da höre ich, im Zimmer nebenan, Trompoloco rufen: He du, komm mal her. Ja, es war Trompoloco, der nach mir gekommen und alles inzwischen untersucht hatte. Ich gehe also raus und sage zu ihm: Was ist denn los? Und er antwortet: Mensch du, da oben auf dem roof ist vielleicht was los. Und ich: Komm, gehen wir, das schauen wir uns an! Ich war noch immer völlig ahnungslos, verstehst du?

Wir laufen also die Treppe hoch, und als ich nach draußen komme, sehe ich, daß das ganze building versammelt ist. Doña Lula, die Witwe aus dem ersten Stock, Cheo aus Aguadilla, der sein Café geschlossen hatte, als das Licht ausging, und nach Hause gegangen war, die Mädchen von der zweiten Etage, die weder arbeiten, noch vom welfare leben, wie es die bösen Zungen behaupten, don Leo, der Prediger von den Pfingstlern, der vier Kinder hier und sieben in Puerto Rico hat, Pipo und doña Lulas Söhne und einer von don Leos Jungen. Sie waren es, die für die Musik sorgten mit einer Gitarre, einem güiro, Rumbakugeln und sogar einer Pauke, die was weiß ich woher kam, denn ich hatte sie vorher noch nie gesehen. Aber wie das klang! Als ich kam, spielten sie gerade Preciosa, und Pipo, du weißt doch, der, der für die Unabhängigkeit Puerto Ricos ist, also Pipo sang dazu, und als die Stelle kam, an der es heißt: Preciosa, du Schöne, dich rufen die Kinder der Freiheit, da sang er so laut, daß man ihn bestimmt bis nach Morovis hörte. Und als ich mir die Leute so anschaue und der Musik zuhöre, da kommt eines der Mädchen vom zweiten Stock auf mich zu; es war die etwas dickere, die, glaube ich, Mirta heißt, und sie sagt zu mir: Wie schön, daß Sie raufgekommen sind. Gehen wir da drüben hin, damit ich Ihnen einen Schluck anbieten kann. Denn sie hatten Flaschen und ein paar Pappbecher auf einem Stuhl abgestellt. Ich weiß nicht, ob es nun Bacardi oder don Q. war, von dort aus, wo ich stand, konnte ich das nicht sehen, aber ich antworte ihr sofort: Das Angebot nehme ich gerne an. Und sie schenkt mir etwas Rum ein, und ich frage sie: Und darf man wissen, was hier eigentlich gefeiert wird? In diesem Augenblick kommt doña Lula, die Witwe, dazu und sagt zu mir: Ja, meine Güte, haben Sie das denn noch nicht bemerkt? Und ich blicke mich wie suchend um, aber doña Lula meint nur: Nein, doch nicht da, mein Lieber. Schauen Sie nach oben. Und als ich den Kopf hebe und nach oben blicke, fragt sie: Was sehen Sie? Und ich: Nun ja, den Mond. Daraufhin sie: Und was noch? Die Sterne, sage ich. Und da endlich fiel bei mir der Groschen. Ich glaube, doña Lula konnte das auf meinem Gesicht ablesen, denn sie sagte nichts mehr. Sie legte mir beide Hände auf die Schulter und schaute ganz still, so als schliefe ich und als wollte sie mich nicht aufwecken, ebenfalls nach oben. Ich weiß nicht, ob du es mir glaubst, aber es war wirklich wie in einem Traum. Der Mond war so groß, ja, bestimmt, so groß, und ganz gelb, er schien aus Gold zu sein, und der Himmel war über und über mit Sternen besät, so als wären alle Leuchtkäfer der Welt dahingeflogen und ruhten sich nun in dieser Unermeßlichkeit aus. Genau wie in Puerto Rico das ganze Jahr über, nur hatten wir nach so langer Zeit, in der wir wegen dieser Millionen glänzenden Lichter nicht den Himmel sehen konnten, ganz vergessen, daß es überhaupt noch Sterne gab. Und als wir uns, ich weiß nicht wie lange, dieses Wunder angeschaut hatten, höre ich, wie doña Lula zu mir sagt: Wir sind wohl nicht die einzigen, die heute feiern. Und da hatte sie recht. Ich könnte dir jetzt nicht sagen, auf wieviel Dächern des Barrio an diesem Abend Feste gefeiert wurden, aber es waren nicht wenige, denn als unsere kleine Kapelle eine Pause einlegte, hörten wir ganz deutlich von mehreren Seiten Musik zu uns herüberdringen. Da dachte ich an viele Dinge. Ich dachte an meinen Sohn, der gerade geboren worden war und wie er hier wohl aufwachsen würde; ich dachte an Puerto Rico und an meine Eltern und an all das, was wir aus purer Armut zurückgelassen hatten; ich dachte an so vieles, aber einiges habe ich schon wieder vergessen, denn du weißt ja, das Gedächtnis ist wie eine Schiefertafel, und die Zeit ist der Schwamm, der alles auswischt, sobald sie voll ist. Aber an eines werde ich mich immer erinnern, an meine Worte, die ich zu doña Lula sagte und die ich jetzt für dich wiederholen möchte, um die Geschichte abzuschließen. Daß dies nämlich, wenn du verstehst, was ich meine, die Nacht war, in der wir wieder zu Menschen wurden.

Miguel Alfonseca
Delicatessen

DELICATESSEN. Mir gefiel dieses Schild von Anfang an. Ich erinnere mich, daß ich, noch ein Mädchen mit Zöpfen, die bis zur Taille herunterhingen, stets daran vorbeilief, wenn ich, geschickt auf den Parkbänken balancierend, zur Schule eilte. Ich war glücklich über das Licht der Sonne auf den Bäumen und auf der grauen, kleinen alten Kirche, und ich spürte, wie der Wind mich schamlos streifte, zwischen meine Beine drang, meine Brüste unter der weißen Bluse suchte. Ein unbekanntes Gefühl rief die Frische des Windes in mir wach, wenn er mich berührte! Ich bekam Lust zu laufen, bis zur Erschöpfung herumzuspringen, dann wieder mich von einer sanften Schläfrigkeit einlullen zu lassen, und ich blieb einfach auf einer Bank sitzen, mitten in der prallen Sonne und ließ mich vom Wind streicheln. Deshalb kam ich häufig zu spät zur Schule und mußte bis zum Beginn der zweiten Stunde warten. Ich setzte mich unter die großen, schattigen Ulmen im Hof und beobachtete, wie die Pärchen vorüberliefen und sich mit offenen Heften und Büchern irgendwo niederließen, nur um sich abzuküssen. Es gab nichts Schöneres, als den Jungen zuzuschauen. Ich sah fast gegen meinen Willen auf ihre Hosen und verspürte dasselbe berauschende Gefühl, das der Wind in mir wachrief, wenn er mich im Park einfing.
Mein brauner Rock war frischgebügelt, und glücklich schlenderte ich in den neuen weißen Kniestrümpfen mit dem blauen Rand durch die Gegend, die Beine fest zusammengepreßt. Als ich in den Park kam, sah ich mehrere Männer, einige von ihnen waren auf eine Leiter geklettert, andere schoben eine riesige Kiste vor sich her. Im Nu hatten sie das Schild hochgehoben und es an die Fassade des Hauses mit den großen neuen Schaufensterscheiben genagelt. Ich bemerkte plötzlich, daß schon etwa zwanzig Personen mit lächelnden Gesichtern herumstanden. Ein blonder dicker Mann bewegte

sich von einer Seite zur anderen, verschwand durch die Tür und kehrte mit Tellern und anderen Dingen beladen zurück. Er übergab alles einer farblosen Frau mit hängenden Brüsten, und diese strich sich lächelnd mit zwei oder drei Fingern durch das Haar, während sie auf die Umstehenden zuging und das, was sie in den Händen hielt, verteilte. Die roten Buchstaben leuchteten auf einem grauen Hintergrund, schön und funkelnd glitten sie von einer Seite zur anderen. DELICATESSEN. Der dicke blonde Mann ging auf den Bürgersteig und rief alle mit lauter Stimme herbei. Sofort setzte der Ansturm ein. Die ersten, die schubsend und lachend angerannt kamen, waren die Jungen aus dem Park. Ich ging vorsichtig auf die Schaufenster zu. Hinter den Scheiben lockten verschiedene Sorten Käse, Fleischgerichte, unbekannte Süßigkeiten. Ich ging hinein. DELICATESSEN.

Inzwischen sind die roten Buchstaben etwas verblichen, und der Blonde, der noch dicker geworden ist, bewegt sich mühsam, als schleppe er den ganzen Park hinter sich her. Ich bin eine der ersten Kundinnen. Oder besser noch, ich war eine Kundin. Ich gehe nicht mehr dahin. Die Zeiten haben sich geändert. Es gibt inzwischen viele Geschäfte mit ausländischen Namen (»Delicatessen« heißt »Feinkost« auf deutsch, wie mir die Lehrerin in der High School erklärte). Und ich, ich bin gewachsen, ich habe mich verändert, sehr verändert, so daß ich mich beinahe selbst nicht mehr wiedererkenne. Nach den dummen Sprüchen einiger alter Klatschbasen mit schwarzen Mantillen und bösartigen Gesichtern bin ich heute das, was ich schon immer war. Dieses Mädchen wird noch mal ganz böse enden, sagten sie. Und sie gingen in die Kirche im Park, um zu beichten. Ich weiß nicht, ob sie recht haben, aber ich kann es nicht glauben. Es wäre eine Schande, wenn ich den Sieg dieser Leute so einfach hinnähme. Tatsache ist, daß es mir sehr schwerfiel, die High School zu Ende zu machen. Nicht, weil mir das Lernen schwerfiel, sondern wegen der Lehrerinnen, die mich haßten. Die Jungen liefen mir nach, und ich lachte, wiegte mich in den

Hüften, drehte den Kopf um und musterte über die Schulter hinweg ihre Körper. Die Zeit auf der High School war herrlich! Die schönste Zeit überhaupt. Warum mußte alles anders kommen? Warum mußte ich werden, was ich jetzt bin?

Papa ging nach Korea während des Kriegs, und wir hörten nie mehr etwas von ihm. Wenn ich an Papa denke, dann denke ich an sein allmorgendliches Bad und daran, wie ich ihn heimlich beobachtete, um seinen nackten Körper unter der Dusche zu sehen, und wie mir Mutter fast die Haare ausriß und mich zum Weinen brachte. Nach dem Unfall in der Karwoche 1955 bin ich nie mehr so gewesen wie früher und werde es auch nie mehr sein. Mein Bruder beerdigte unsere Mutter, während ich mich auf dem Bett im Krankenhaus hin- und herwälzte. Als ich entlassen wurde, war alles anders, die Stadt, die Tage, die Leute hatten sich verändert. Damals begann sich mein Körper zu entwickeln. Mein Fleisch in den enganliegenden Hosen erregte Aufmerksamkeit; ich ließ meine Haare über die eine Gesichtshälfte fallen. Ich begriff, daß ich im Nachteil war. Ich konnte mir den Luxus nicht leisten, wählerisch zu sein wie die anderen. In meinem Stadtviertel verstellten sich die Männer. Auf der Straße grußten sie mich mit einer gewissen Gleichgültigkeit. Aber ich weiß, daß mich viele aus den Nachbarhäusern beobachteten, heimlich, wenn ich mich bei offenem Fenster auszog. Nach und nach brach das Eis, und sie kamen des Nachts zu mir und gaben sich zusammen mit mir der Leidenschaft hin. Am nächsten Morgen kannten sie mich nicht mehr. Ich tadle sie nicht. Die Mächen haßten mich, sie ekelten sich vor mir, die jungen Männer wahrten den Schein, denn früher oder später würden sie heiraten. Ich war nur ein Zeitvertreib für sie.

Sogar mein Bruder konnte mich nicht mehr ertragen. Er wollte es mir nicht zeigen, aber ich spürte, welche Anstrengung es ihn kostete, der Wirklichkeit ins Auge zu sehen. Schließlich ging er weg: Ich fahre nach New York. Da ist das

Leben wirklich easy. Mach dir keine Sorgen, Violeta. Ich schicke dir jeden Monat etwas Geld.
Alleine fühlte ich mich viel wohler. Ich ging jetzt in Shorts und Sandalen spazieren, bewegte mich, wie es mir gefiel, lachte und provozierte. Als ich mit der High School fertig war, suchte ich Arbeit, aber ich fand keine. Heute bin ich ganz in meinem Element. Ich stehe auf, wann es mir gefällt, schlendre durch die Straßen und durch den Park, betrete ganz unverfroren die Geschäfte, gehe sehr häufig ins Kino und an bestimmten weekends an den Strand. Die Nächte sind meine Belohnung. Dann bin ich an der Reihe. Mein Körper raubt den Männern, die mich besuchen, den Verstand. Mein Gesicht aber wollen sie nicht sehen, sie wollen sich in ihrer Scham darüber, daß sie sich mit so einer wie mir eingelassen haben, nicht wie meine Gefangenen fühlen. Deshalb schalten sie sofort, wenn sie hereinkommen, das Licht aus und schließen das Fenster. So dunkel wie möglich soll das Zimmer sein. Nach diesen Nächten stand ich auf, badete und puderte mich, zog mir eines meiner wenigen Kleidungsstücke an und ging ins DELICATESSEN. Dort drängten sich die jungen Leute an der Theke und an den Tischen. Ich ging hinein, als handelte es sich um den saloon in einem Western. Aber DELICATESSEN ist nicht mehr das, was ich so sehr an ihm liebte. Die Schuld daran trägt die Frau mit den hängenden Brüsten. Eines Tages sah ich, wie man sie forttrug in einer schwarzen Kiste, beweint von Mister Feldsteins fettigen Tränen. Alles wurde anders. Mister Feldstein wollte ganz groß ins Geschäft einsteigen. Er renovierte das Lokal, hob die Preise an, gab dem Ganzen einen versnobten Anstrich und verwandelte den Ort in eine wirkliche Delikatesse. Für mich gab es dort keinen Platz mehr. Ich blieb draußen im Park.
Eines Nachmittags stieg ein Junge aus einem Bus und fragte nach einer Straße, die in unserem Viertel lag. Er kam auf mich zu, mit seinem glänzenden Haar über den offenen Augen, mit seinen schmalen, wenn er lächelte, halbgeöffneten Lippen, mit seinem jungenhaften Körper in Sonntagsklei-

dung. Ich hörte seine sanfte, besonnene Stimme. Er bezog ein ganz erbärmliches Zimmer. Ihn, der so schön war, in diesem engen, stinkenden Loch eingeschlossen zu sehen, erregte mein Mitleid. Er studierte im ersten Semester an der Universität, und in seinen freien Stunden arbeitete er in einem Kaufhaus. Ich suchte seine Nähe, ich war die erste, die bis zu diesem Einsiedler in seiner neuen, unbekannten Umgebung vordrang, die viel zu groß und gewaltig war verglichen mit dem Leben, das er bis dahin geführt hatte. Die Natürlichkeit, mit der er mich behandelte, entzückte mich. Er schien nicht zu merken, was für ein Mädchen ich war. Vielleicht merkte er es wirklich nicht. Er war der beste von all meinen Männern, der einzige, der mir wirklich etwas gegeben hat. Wir gingen mit unseren Popcorn-Tüten ins Kino und neckten uns; er packte meine Hände, faßte zwischen meine Beine. An manchen Abenden an den Wochenenden erregten wir uns bis zur Erschöpfung im Corney Island vor allen Leuten, vor den Mädchen, die sich über diesen gutaussehenden Jungen wunderten. Daß er sich mit mir öffentlich zeigte, mußte sie treffen wie eine Ohrfeige mitten ins Gesicht. Ich tat, was ich konnte für ihn, wusch seine Kleidung, damit er sich diese Ausgaben sparen konnte, bügelte sie, hielt sein Zimmer in Ordnung und brachte alles, was ich nur finden konnte, mit, um es ein wenig gemütlicher zu machen. Wenn er irgendwelche Bücher haben wollte, kaufte ich sie ihm und überraschte ihn damit genau wie mit den Hemden, die er nur widerwillig annahm. Ich holte ihn von den Vorlesungen ab, und gemeinsam gingen wir irgendwo essen. Abends wartete ich auf ihn, bis er ernst und schön unter dem vom Neonlicht erleuchteten Nachthimmel heimkam. Ich tat nichts mehr, denn er verbot mir, Männer zu empfangen. Er wollte mich für sich allein haben. Obwohl ich keine anderen Einnahmen hatte als die monatliche Überweisung meines Bruders, war ich glücklich. Frank löschte nicht einmal das Licht aus. Er ließ es zu, daß ich im Schein der Glühbirne völlig nackt dalag und mich nicht zudecken konnte, während er zärtlich meinen Körper erforschte, seinen

Kopf in meinen Hals versenkte. Meine Finger tasteten nach der Lampe, und die Dunkelheit verband uns noch stärker. Er küßte mich. Er küßte mich wirklich. Vielleicht würde Frank mit der Zeit sogar . . . Seltsam, daß ich an solche Dinge dachte!

Zu Christmas schenkte ich ihm eine Uhr mit meinem Namen auf dem Armband, und wir liebten uns wie nie zuvor, obwohl er ab und zu nachdenklich und traurig aussah und abwesend zu dem heißen blauen Himmel emporschaute. Wir gingen lange spazieren und sahen uns die Schaufenster an. Wir bestaunten die schneebedeckten Berge und Schlitten und hörten die Klänge eines Kinderliedes. Im Hintergrund und auf den beiden Seiten erregten die in glitzerndes, buntes Papier gehüllten Geschenke die Aufmerksamkeit der Passanten. Ich amüsierte mich köstlich, aber Frank war nicht sehr fröhlich. Er sah müde aus. Er führte ein viel zu anstrengendes Leben. Es war unmöglich für ihn, noch lange beiden Verpflichtungen nachzukommen: dem Studium und der Arbeit. An jenen Sonntagnachmittagen, an denen die ganze Stadt an den Strand und in die Restaurants flüchtete, schaute er abwesend zum Fenster hinaus, durch das der Wind hereindrang, unseren Schweiß trocknete und uns besänftigte, während wir uns, nun ruhig, als Herren unserer Taten fühlten, und ich in seinen großen schwarzen Augen das Bild seiner Familie zu sehen glaubte. Sie schickte ihm gerade genügend Geld für die Immatrikulation und in letzter Zeit nicht einmal das. Sie überließ Frank ganz sich selbst. Dabei wollte er so gerne sein Studium abschließen. An solchen Nachmittagen legte ich meinen Kopf auf seine Brust, und während ich in sein Gesicht schaute und dabei leise seine Flaumhaare streichelte und die erregende Berührung seiner Beine zwischen den meinen spürte, nahm ich sein Handgelenk und hob es hoch: Da war die Uhr und kündigte den Abend an. Auf dem Armband leuchteten glitzernd die Buchstaben: Violeta.

Langsam entfernte sich Frank von mir. Ich begriff, daß ich nicht für ihn bestimmt war. Ich bin für niemanden bestimmt.

Ich will ihn nicht verurteilen, ich möchte nicht einmal daran denken, daß . . . Ach was! Ich verdanke ihm viel. Er behandelte mich wie eine Frau. Er zwang mich, die Uhr zurückzunehmen. Ich spürte, wie in mir etwas zerbrach. Ich verkaufte die Uhr und schwor mir, nie wieder jemandem etwas zu schenken. Manchmal sehe ich ihn von weitem. Das ist besser so, ich möchte sein Bild unversehrt in Erinnerung bewahren, jetzt, da ich wieder mit denen zusammen bin, die mit Scham, mit Widerwillen zu mir kommen, um ihre dreckige Phantasie zwischen meinen Beinen auszutoben.

Ich ändere meine Gewohnheiten nicht. Jeden Nachmittag gehe ich unter den schmutzigen Blicken und Bemerkungen der Taugenichtse im Park vor der Kirche auf und ab. Es macht mir Spaß, das Schild anzuschauen und es für mich zu buchstabieren: DE-LI-CA-TES-SEN. Die Buchstaben sind nicht mehr rot, sondern blau, dunkelblau und neu, ohne den Staub von früher. Wie seltsam! Ich lernte Frank kennen, als ich nicht mehr ins DELICATESSEN ging, als dies kein Ort mehr für Leute wie mich war. Der Park verändert sich nicht. Die Menschen suchen nach wie vor den Platz in seiner Mitte auf, die Bäume spenden Schatten, ohne einen centavo dafür zu verlangen, die Schuhputzer sind dort, die Betrunkenen, die Mädchen, die mit einem braunen Rock und einer weißen Bluse aus der Schule kommen, die Leute, die auf der Nordseite auf die Busse warten, die sie in nahegelegene Dörfer bringen, und der Wind, der sanfte lebendige Wind. Auch ich mache weiter wie immer, mit meinen Shorts, meinen herausfordernden Bewegungen, mit dem Haar über meinem Gesicht und diesem seltsamen Gefühl, daß ich früher nicht kannte, dem Gefühl, unbewußt eine Rolle zu spielen.

Vor einiger Zeit sagte mir jemand, daß Frank ein sehr reiches Mädchen zur Freundin habe. Es gehe ihm sehr gut, er scheine keine Geldsorgen zu haben und trage Anzüge, die wirklich nice seien. Letzten Dienstag sah ich ihn ganz zufällig. Er sieht gesund und ruhig aus. Wie ich mich selbst belüge! Ich weiß alles. Es ist die Tochter des Kaufhausbesitzers, mit der er jetzt

geht. Im Sportwagen fahren sie durch die Gegend. Er denkt, daß sie eine gute Partie ist. Natürlich. Er wird den Vater und das Kaufhaus gleich mitheiraten. Er tut mir leid. Ich bin es gewöhnt, das Schlechteste vom Schlechten zu bekommen. Aber er stellt sich mit dem, was er tut, in ein schlechtes Licht, verkauft seine Männlichkeit. Ein Feigling! Er meidet mich, wendet mir den Rücken zu, wechselt die Straßenseite, wenn er mich irgendwo auftauchen sieht. Als wüßte ich nicht, daß er mit diesem Mädchen ins DELICATESSEN geht. Margot hat es mir erzählt. Aber ich will es selbst sehen. Da steht der silbergraue Sportwagen. Und ich gehe wie eine dumme Kuh inmitten all dieser Taugenichtse vor der Kirche auf und ab! Da ist er. Mit seinem höflichen Gehabe, seinem ständigen Lächeln und seiner Wortgewandtheit führt er die Eltern hinters Licht, während er die Hand der farblosen Jungfrau drückt und sie ihn mit blöden Augen anschaut.
Voller Haß schlage ich gegen die Reifen des Sportwagens und gehe dann auf die Schaufenster zu. Frank ist blaß geworden und versucht, das Gesicht abwendend, den Ahnungslosen zu spielen. Er tut so, als hätte er mich nicht gesehen, aber er weiß, daß ich es bin. Ich streiche mein Haar nach hinten und binde es im Nacken zusammen. Man soll sehen, was mit mir los ist. Als ich die Glastür aufstoße, spiegelt sich mein Körper einen Augenblick lang in der blanken Scheibe: die gebräunten Oberschenkel, die Hüfte, die prallen Brüste unter der dünnen ärmellosen Bluse, mein Gesicht. Die violette Narbe führt von einem Auge zum Mundwinkel, sie durchfurcht eine Gesichtshälfte, entblößt mehrere Zähne. Wie angenehm die Klimaanlage ist! Ich werde mich auf Franks Schoß setzen.

Sergio Ramírez
Der Weihnachtsmann

Als Frau Schleting mit ausgestreckten Armen auf ihn zukam, um ihn zum Tanzen aufzufordern, wußte er, dies war der Anfang jenes unaufhaltsamen Unheils, vor dem er sich gefürchtet hatte. Hätte er die hundert Mark kassieren und sofort nach getaner Arbeit weggehen können, er säße jetzt in der klammen Einsamkeit seines Zimmers, eine letzte *Krone* rauchend, bevor er sich in das zerschlissene Federbett kuschelte. Er hätte einschlafen können ohne Angst vor irgend etwas, außer vor diesem armseligen Leben, an dem sich nichts ändern würde.

Der Geschenkeberg war viel zu groß, damit hatte es begonnen. Fast eine Stunde verbrachte er damit, dem Jungen, so wie es von ihm erwartet wurde, beim Öffnen der Pakete zu helfen. Aber sie schafften nicht einmal die Hälfte. Die Begeisterung des Jungen war in Überdruß umgeschlagen; umgeben von riesigen Mengen an Spielzeug, von Papier, Kartons und Seidenbändern kämpfte er gegen den Schlaf, bis Herr Schleting ihn ins Bett brachte.

Das wäre nicht weiter schlimm gewesen. Noch immer hätte er das Geld kassieren und auf die Straße gehen, in den U-Bahn-Schacht am Viktoria-Louise-Platz hinabsteigen und in sein Zimmer zurückkehren können, bevor es zu schneien anfing. Ja, sagte er zu sich selbst, als er die ruhigen, aber unversöhnlichen Schritte dumpf auf der Treppe widerhallen hörte, Frau Schletings Verhalten hatte das Unheil heraufbeschworen.

Hundert Mark zu verdienen, das konnte er in seiner Lage nicht ausschlagen. Das sagte er sich, als Petrus, der Barkeeper von *Los Nopales*, ihm am Abend zuvor diesen Job anbot. Es wurden noch Weihnachtsmänner gesucht, die gegen Bezahlung am Heiligabend Kinder reicher Eltern unterhalten sollten. Petrus' Freundin arbeitete bei der Stellenvermittlung in der Kantstraße. Sie wollte ihm diese Arbeit beschaffen.

An dem Morgen, als er sich bei der Vermittlung vorstellte, machte sie ihn flüsternd darauf aufmerksam, dies sei kein Job für Ausländer, schon gar nicht für solche, die wie Lateinamerikaner oder Türken aussähen. Pausbäckig rosige Kandidaten würden bevorzugt. Aber sie wolle bei ihm eine Ausnahme machen. Und sie gab ihm, sich mitschuldig machend, Anschrift und Telefonnummer. Barbarossastraße 19, II, in Wilmersdorf, Herr und Frau Schleting. Er solle vorher anrufen, um Einzelheiten zu vereinbaren.
Da er am Mittag noch immer kein Kostüm hatte, sah er keinen anderen Ausweg, als sich fünfzig Mark von Christa zu borgen, für Leihgebühr und Pfand. Er war in das kleine Papiergeschäft im Souterrain des Europa-Center gegangen, wo sie arbeitete, und wie immer antwortete sie ihm mit ihrer sanften, heiseren Raucherstimme, die zornig klingen sollte, daß sie ihm die 50 Mark leihen würde. Es sei aber das letzte Mal, das sie etwas für ihn täte.
Vor fünfzehn Jahren war er direkt aus Maracaibo nach Berlin gekommen. An der Technischen Universität sollte er seinen Elektroingenieur machen. Sein Vater wollte unbedingt einen in Deutschland ausgebildeten Ingenieur in der Familie haben, alles, was aus Deutschland kam, galt als besonders gut. Damals war er Christa begegnet, die an der Kasse des Goethe-Instituts Belege ausstellte. Und damit hatte alles begonnen.
Niemals erwähnte er Christa in den langen Briefen, die er an seinen Vater schickte und in denen er sein wiederholtes Scheitern an der Universität zu rechtfertigen versuchte. Aber wenn er jemandem hätte die Schuld geben müssen, dann wäre sie es gewesen. Nicht etwa, weil dem wirklich so war. Aber sie hatte von Anfang an teil an seinem Leben. Und als er die Vorlesungen schon lange nicht mehr besuchte, und als sein Vater gestorben war und er sich als Kellner oder Gelegenheitsmusiker in Pizzerias und lateinamerikanischen Lokalen durchzuschlagen versuchte, da war Christa dabei. Sie saß allein an einem Tisch und trank langsam ein Bier. Sie

wechselten kaum noch ein Wort miteinander. Sie war zu einem Schatten geworden, der ihn überall verfolgte.

In dem Kostümverleih auf der Karl-Marx-Straße in Neukölln gab es nur noch einen einzigen Weihnachtsmannanzug. Das Kostüm hatte nicht die passende Größe. In den letzten Jahren hatte er zugenommen, sein Bauch glich mehr und mehr dem seines Vaters. Der Anzug war viel zu eng für ihn. Aber Weihnachtsmänner sollten ja dick sein. Seine Waden schauten ein ganzes Stück aus dem roten Flanell der Hose heraus. Viel schlimmer war, daß die Stiefel, die man ihm zu dem Kostüm anbot, nicht paßten. Er mußte also mit seinen abgenutzten Winterschuhen zu der Verabredung gehen.

Derart verkleidet war er schließlich die Treppe hinuntergegangen in dem halbvergessenen, grauen Gebäude, von denen es so viele gab in Kreuzberg, das jetzt von türkischen Gastarbeitern wimmelte, die die Straßen mit ihrer Stummfilmgestik belebten und unter den Brücken kleine improvisierte Geschäfte aufmachten.

Seine Schritte hallten wie Hammerschläge auf der langen Holztreppe wider, und als er in den Hinterhof hinaustrat, fuhr ihm der Wind schneidend durch den falschen Bart aus glänzenden Fasern. Die vereisten Mülltonnen, die in der Dunkelheit des Hofes aufgereiht standen, erschienen ihm wie Grabsteine.

Das rote Kostüm unter dem Mantel verbergend war er am Maybachufer entlanggelaufen, wie jemand, der einen Diebstahl plante, obwohl ihn das Glöckchen, das er in der Hand hielt und wegen der Kälte ungewollt zum Läuten brachte, den wenigen Fußgängern verriet, die noch an ihm vorbeihasteten. Er verließ das dunkle Wasser des Kanals, in dem sich die Straßenlaternen spiegelten (noch schneite es nicht), und stieg endlich in den schon so vertrauten U-Bahn-Schacht am Kottbusser Tor.

Auf dem Bahnsteig der menschenleeren Station wartete nur eine kleine, gut angezogene, alte Frau, die ihn zuerst mit unverhohlener Überraschung angeschaut, dann aber ver-

ständnisvoll gelächelt hatte, als er auf den letzten der gelben, hellerleuchteten und leeren Wagen zuging, die mit einem langanhaltenden sanften Murmeln zum Stehen kamen.
Der Zug fuhr in Richtung Nollendorf-Platz. Dort mußte er umsteigen. Und wie so oft sausten die riesigen Gesichter der Plakatwände an ihm vorbei, bis die Schwärze des Tunnels sie verschluckte. Aber er wußte, sie blieben an ihrem Platz, selbstsicher und lächelnd. Drohend schauten sie von ihrem bunten Olymp auf ihn herab und erinnerten ihn Tag für Tag daran, wie unbedeutend sein Tun doch war auf diesen Stationen, seine Anwesenheit in immer denselben gelben Zügen, während sie heiter jubilierend auf den Wänden prangten. Und wieder blitzte vor seinen Augen die Raucherin auf, die, mit flotter Frisur, das Seil eines weißen Segels umklammernd, im Sommer, wenn sich in Berlin der durchdringende Gestank des Hundekots ausbreitete, alle Welt provozierte. Jetzt trug sie Ski und beobachtete hochnäsig mit ihren grünen, vor Glück arrogant strahlenden Augen, *gut gelaunt genießen,* von ihrer vollkommenen Schneelandschaft aus, wie er abermals in dem düsteren Tunnel verschwand.
Er tastete unter der Weihnachtsmannjacke, die nach Mottenkugeln roch, nach dem Päckchen *Krone* und hörte sich in dem leeren Waggon husten, chronischer Schleim eisiger Wintermonate. Drei Zigaretten hatte er noch. Er griff nach ihnen nur, um sich zu vergewissern, daß es sie noch gab, daß sie nicht bereits der Vergangenheit angehörten. Bis zum gestrigen Abend hatte er in *Los Nopales* täglich ein Päckchen *Krone* bekommen. Es wurde von seinem Honorar als Schlagzeuger in dem karibischen Ensemble abgezogen.
Los Nopales war eine Studentenkneipe in der Carmenstraße. Mexikanisch war dort nur der verstaubte Charro-Hut, der hinter der Bar auf einen ausgebreiteten sarape genagelt war. Gestern hatte die Polizei das Lokal aus Hygienegründen geschlossen, und als er sich von Petrus verabschiedete, hatte dieser ihm zusammen mit ein paar Mark das letzte Päckchen *Krone* zugesteckt. Ihr könnt nicht als Weihnachtsmänner

arbeiten, sagte Petrus scherzend zu den Negern aus den Antillen, die ihre Instrumentenkästen in dem Halbdunkel schlossen, bevor sie durch die Küchentür hinausgingen. Vergnügt hatten sie den Kopf geschüttelt.
Am Viktoria-Louise-Platz war keine der sonst leuchtenden Neonreklamen angeschaltet, und es war finster an diesem Heiligen Abend. Er überquerte den Platz auf der Suche nach der Barbarossastraße, und während er über das harte Kopfsteinpflaster lief, spürte er mit dem großen Zeh das Loch in seinen dicken Socken. Plötzlich packte ihn die Wut, weil der falsche Bart am Hals juckte, weil ihn dieser chronische Husten plagte und weil er absolut sicher war, daß er nie mehr nach Maracaibo zurückkehren würde. Als der Vater starb und seine humorvollen, begeisterten Briefe ausblieben, die in regelmäßigen Abständen einen Scheck enthielten und nach wie vor die Hoffnung zum Ausdruck brachten, daß er es trotz der langen Zeit noch erleben würde, den Sohn als Ingenieur zu sehen, da war auch die Beziehung zu seiner Familie abgebrochen. Zwei Schwestern lebten noch, die mit echten Ingenieuren verheiratet waren, und als sie ihm endlich schrieben, nannten sie ihn halb zärtlich, halb geringschätzig *el alemán*, den Deutschen, doch nur, um etwas von dem früheren Humor seines Vaters wiederaufleben zu lassen.
Er klingelte an der Tür und stand Herrn Schleting gegenüber, der einen eleganten, schwarzen Smoking trug, genau wie einer dieser älteren, achtbaren Riesen, die für Jägermeister warben, *den Deutschen mit dem freundlichen Akzent.* Und hinter ihm lag kein elendes, stinkendes Zimmer wie das seinige, voll alter Bücherkisten in den Ecken, unbrauchbar gewordener Papierrollen unter dem Tisch, mangels anderer Dekoration Touristenwerbung aus Venezuela an den Wänden, sondern es öffnete sich ein riesiger Raum, der von einem Licht erfüllt wurde, das übernatürlich wirkte wie das Leuchten der Plakate mit den Riesen. Zimmer öffneten sich, die sich schier endlos fortzusetzen schienen in Spiegeln, Zimmer mit weißen Wänden und roten Vorhängen, Nippes, Blumen-

vasen, Lampen, Teppichen, alles perfekt und ordentlich, genau wie in der Reklame von Möbel Grünewald, *die altmodische Neumode*.

Ernst und zurückhaltend lächelte Herr Schleting, sich mehrmals verneigend, und bat, doch einzutreten. Der Junge wartete, so wie es am Telefon vereinbart war, auf einem roten Plüschsessel neben dem massiven Kamin, der eher einem Altar glich. In seinem Anzug aus blauem Cord wirkte er ruhig und erwartungsvoll; sicher hatte er den Befehl erhalten, sich nicht von dem riesigen Berg aus blauen, roten und goldenen Kartons zu entfernen, der noch größer war als der in seinem Schmuck glänzende Weihnachtsbaum. Und Herr Schleting hatte mit feierlichem Ernst verkündet: Der Weihnachtsmann, der Weihnachtsmann! und ihm Platz gemacht, während er, verwirrt und betäubt, auf der Türschwelle stehenblieb und nicht wußte, wie er seinen Auftrag ausführen und sich diesem weitentfernten Kind auf dem Sessel mitten in dem riesigen Raum nähern sollte.

Doch hatte er schließlich begonnen, wie die mechanischen Weihnachtsmänner in den Geschäften mit tiefer Stimme lauthals zu lachen und wild herumzufuchteln. Das war schließlich seine Aufgabe. Nach jeder Bewegung schaute er zu Herrn Schleting hinüber, der, noch immer teilnahmslos lächelnd, neben der halbgeöffneten Tür stand. Unter grotesken Verrenkungen ging er auf den Jungen zu und dachte endlich an die Glocke, die er in der Hand hielt. Er begann zu läuten, wobei er sein tiefes Gelächter fremd im Raum widerhallen hörte. Er unterdrückte einen Hustenanfall.

Frau Schleting war erst später ins Zimmer gekommen, als er schon damit beschäftigt war, dem Jungen beim Auspacken der Geschenke zu helfen und hin und wieder eine seiner tiefen Lachsalven auszustoßen. Jetzt erst hörte er die Akkorde von *Stille Nacht, Heilige Nacht* anschwellen. Und dann sah er sie, wie sie ungeachtet der weihnachtlichen Zeremonie durch den Raum tanzte, in der einen Hand eine Flasche *Mumm* schwenkend und in der anderen, hoch in die Luft gestreckt, ein Glas haltend, das sie im Takt der Musik bewegte. Sie trug, genau wie auf den *Mumm*-Reklamen, ein langes, tiefausgeschnittenes schulterfreies Kleid aus weißer Spitze, und ihre Handgelenke waren mit Schmuck bedeckt. *Reicher Genuß entspringt der Natur*.

Herr Schleting hatte ganz unauffällig die Musik heruntergedreht und war an seinen Platz zurückgekehrt, um wieder das Öffnen der Geschenke zu beobachten. Frau Schleting wollte die Musik lauter haben, um mit der Flasche in der Hand tanzen zu können, und schließlich war es Herr Schleting, der nachgab und sie mit ihrem Weihnachtslärm weitermachen ließ.

Als der Junge mit dem Schlaf zu kämpfen begann, gab Herr Schleting höflich zu verstehen, die Aufgabe des Weihnachtsmanns sei beendet. Er bat ihn, einen Augenblick Platz zu nehmen, bis er den Jungen zu Bett gebracht habe. Frau Schleting tanzte unterdes, sich immer noch drehend, durch den Raum, ohne auf ihn zu achten. Sie trank und klatschte in die Hände; das Weihnachtslied war inzwischen von den Klängen eines bayerischen Blasensembles abgelöst worden.

Als Herr Schleting zurückkam, hatte er mit ernster Stimme etwas zu trinken angeboten. Und er, ohne recht zu wissen, was er antworten solle, hatte hinter den lästigen Fasern des falschen Bartes hervorgestottert, er nähme gern ein Bier, das schien ihm das Bescheidenste und Anspruchloseste in dieser strahlenden Pracht zu sein.

Und schon schenkte Herr Schleting Bier aus der grünen *Kronbacher*-Flasche, die er, einem Zauberer gleich, aus seinem Ärmel gezogen zu haben schien, in ein langstieliges Glas, dessen Gewicht er erst bemerkte, als er es in der Hand hielt. Und durch das Glas mit dem golden glänzenden Bier, *aus Felsquellwasser gebraut*, schimmerte undeutlich hinter sanft im Winde sich wiegendem Schilfrohr ein blaugrüner Teich hindurch.

Herr Schleting wartete mit über der Brust verschränkten Armen, daß er austrank, und beobachtete ihn mit forschenden

Augen. Er begann das Bier hinunterzustürzen. Sobald er aufgestanden war, würde Herr Schleting eine lederne Brieftasche mit goldenen Ecken aus seinem Smoking ziehen und ihm einen funkelnagelneuen blauen Hundertmarkschein reichen.
Vielleicht nur, um zum Abschluß noch etwas Verbindliches zu sagen, hatte ihn Herr Schleting, die Worte klar und deutlich aussprechend, so wie man mit Ausländern redet, wenn man höflich sein möchte, gefragt, woher er denn käme. Wie komisch, Herr Schleting lachte gezwungen, am Telefon habe er den Akzent gar nicht bemerkt. Als ob es kein Verdienst sei, gut Deutsch zu sprechen, sondern eher etwas, das ihn noch überspannter und lächerlicher wirken ließ als die rote Mütze, die er nur mit großer Mühe über sein struppiges Kraushaar hatte ziehen können, das schon an einigen Stellen grau wurde.
Und da kam Frau Schleting, die ihn erst jetzt entdeckt zu haben schien, auf ihn zu, und das bedeutete den Anfang des Unheils. Ein Weihnachtsmann aus Spanien! O, es lebe Spanien! klatschte sie fröhlich; sie reichte ihm aus der Höhe, sie war eine ungewöhnlich große Frau, ihre riesige, mit Juwelen geschmückte Hand und hielt ihn kraftvoll in ihrem Griff. Dann ließ sie sich plötzlich neben ihn auf das Sofa fallen, daß er einen Moment gefürchtet hatte, sie könne ihn erdrücken. Mit einer herausfordernden Geste strich sie sich das Haar aus dem Gesicht, und während sie auf das Glas biß, schaute sie ihn unentwegt leidenschaftlich an.
Er wußte nicht, wie er sich verhalten sollte. Er hatte die weiß behandschuhten Hände über seinem Bauch verschränkt, der unter der engen, roten Jacke hervortrat, und besorgt seine Augen auf Herrn Schleting gerichtet. Aber der, offensichtlich bemüht, den Anstand zu wahren, tat, als habe er nichts bemerkt. Das einzige Zeichen seiner Ungeduld war das stete Klopfen seines Lackschuhabsatzes auf dem weichen Teppich.
Frau Schleting ließ mit einer Geste, die unbeabsichtigt wirken sollte, ihren spitzen Fingernagel über sein Hosenbein gleiten,

während ihre Lippen dem Glasrand folgten. Herr Schleting zog den Mund zusammen und bewegte verärgert den Kopf. Er war inzwischen aufgestanden, wollte sein Geld entgegennehmen und gehen. Aber sie hielt ihn zurück. Sie packte ihn beim Arm mit krallender Kraft, zwang ihn, sich hinzusetzen, und hüllte ihn abermals mit ihren leidenschaftlichen Blicken ein. Und als er völlig entmutigt wieder auf das Sofa zurückfiel, brauchte er nicht nochmals flehend zu Herrn Schleting hinüberzuschauen, denn der hatte begonnen, seine Frau mit einer schneidenden, aber ruhigen Stimme zur Rede zu stellen. Sie verhalte sich ungehörig. Unschicklich sei es, Ausländern solch falschen Eindruck zu geben. Und er betonte das Wort Ausländer, um ihr zu zeigen, wie ungebührlich ihr Benehmen sei. Zwar erlaubten festliche Anlässe eine gewisse Nachlässigkeit; doch nun bäte er sie um Kontenance. Und Herr Schleting lächelte ihm zu, die Mundwinkel fast automatisch verziehend, ein weiteres Zeichen seiner Höflichkeit, die er nie vergaß.

Draußen hatte es zu schneien begonnen. Still fielen die Schneeflocken jenseits der Fensterscheiben, und er verspürte wieder dieses Gefühl der Verzauberung und des Erstaunens. Sein Unbehagen zerstreute das nicht. Niemand außer ihm achtete auf den Schnee. Frau Schleting wollte mit beiden Männern auf Weihnachten und auf Spanien anstoßen. Und ohne auf Herrn Schletings Zustimmung zu warten, füllte sie die Gläser. Der Sekt floß auf den Tisch und tropfte auf den Teppich.

Herr Schleting wahrte unbeirrt die Formen der Höflichkeit, stand auf und stieß mit ihnen an. Auch er erhob sich und trank hastig, so wie er das Bier heruntergestürzt hatte. Das hatte zur Folge, daß sie sein Glas umgehend nachfüllte und ihm dabei den Sekt über das Kostüm goß. Und so trank er immer schneller, um endlich gehen zu können, doch sie schenkte ihm und auch sich selbst stets aufs neue ein.

Herr Schleting, der sein Glas schon seit geraumer Weise so weit entfernt wie möglich abgestellt hatte, war im Begriff

aufzustehen und klopfte mit beiden Händen auf seine Oberschenkel. Er danke ihm und bedauere, sich nicht an seinen Namen zu erinnern; aber gewiß hätte der Herr noch andere Verpflichtungen, gewiß gäbe es noch mehr Familien, die er an diesem Abend aufsuchen müsse. Deshalb sei es wohl angebracht, sich jetzt zu verabschieden. Und Herr Schleting erhob sich tatsächlich und forderte ihn mit derselben eleganten, kühlen Geste, mit der er ihn empfangen hatte, auf, sich der Tür zuzuwenden. Wieviel Gläser Sekt hatte Frau Schleting ihm wohl eingeschenkt? Er konnte sich nicht daran erinnern. Seine rote Mütze hatte er zur Seite geschoben, und sein Kraushaar begeisterte Frau Schleting so sehr, daß sie nur noch von Spanien sprach. Lässig im Sofa hängend ließ er es zu, daß sie sein Glas nachfüllte, und unter lautem Lachen versuchte er, ihr zu erklären, daß er nichts mit Spanien zu tun habe. Und dann begann er, von Venezuela und den llanos zu erzählen, von dem Lied Alma llanera, der sierra; von den Leuten dort und von den Bohrtürmen am See, von der Hitze und daß man mittags auf einem Bürgersteig in Maracaibo ein Ei braten könne. Er sprach auch über die Diktatoren und begann, Witze über Pérez Jiménez zu erzählen. Herr Schleting lachte nicht.
Hinter den Fensterscheiben schneite es noch immer; jetzt haßte er den schmutzigen, kalten Schnee, das mit Salz bedeckte rutschige Straßenpflaster, den Geruch nach altem Ruß in dem U-Bahn-Schacht am Viktoria-Louise-Platz, das trübe Licht auf der Treppe, die zum Bahnsteig führte, das gedämpfte Dröhnen der Züge. Und er haßte die ewig gleichen Gesichter der Riesen, die hellwach auf den Wänden prangten. Prost, hatte er gesagt und zwanglos mit ihnen angestoßen, ohne seine Haltung auf dem Sofa zu verändern. Er knöpfte die Weihnachtsmannjacke auf und suchte nach seiner Kronepackung. Sein Winterhemd aus rotgrau kariertem Flanell rutschte dabei aus der Hose heraus. Er bat Herrn Schleting um Feuer.
Herr Schleting verlor auch jetzt seine Haltung nicht. Er rückte seine schwarze Krawatte zurecht und lief, mit über der

Brust verschränkten Armen, im Zimmer auf und ab. Frau Schleting hatte sich inzwischen der Länge nach auf das Sofa gelegt und spielte halb aufgerichtet mit ihrem leeren Glas. Sie hatte ihre Schuhe ausgezogen und kitzelte ihn mit den Zehen. Aber plötzlich legte sie ihre Trägheit ab, erhob sich und fragte ihn, ob er Que Viva España tanzen könnte.
Und er hatte ihr fröhlich geantwortet, daß er von Pasodobles nichts verstünde, das seien Tänze für Schwule. Er würde ihr joropos, cumbias, guarachas und mambos beibringen. Aber sie wollte nur Que Viva España mit dem spanischen Weihnachtsmann tanzen.
Zu diesem Zeitpunkt war Herr Schleting bereits in das Speisezimmer gegangen, das von einem riesigen Lüster erleuchtet wurde. Mit dem Feuerzeug zündete er die Kandelaber auf dem Tisch an und erinnerte seine Frau an das traditionelle Weihnachtsessen. Er sprach mit unveränderter Stimme, als ob die beiden allein wären und sich nichts Seltsames ereignet hätte. Aber anstatt ihrem Mann zu antworten, wiederholte sie noch einmal ihren Wunsch, Que Viva España mit dem spanischen Weihnachtsmann zu tanzen. Sie stolperte zum Schallplattenstapel, um das Stück herauszusuchen. Er bog sich vor Lachen. Nein, er sei kein Spanier, wie sie nur darauf käme. Und als Frau Schleting olé! olé! zu schreien begann, hörte er Herrn Schleting immer noch ruhig und selbstsicher sagen, niemand würde Que Viva España auflegen, niemand würde Que Viva España tanzen.
Ohrenbetäubend ertönte Que Viva España. Und als sie mit über dem Kopf klatschenden Händen auf ihn zukam, wußte er, das würde kein gutes Ende nehmen. Er wußte das, als Herr Schleting plötzlich aus dem Speisezimmer verschwunden war und er den Wahnwitz besaß, tatsächlich mit ihr zu tanzen, als er ihren Atem roch, als er sie Eins zwei! Eins zwei! Olé! in seinen falschen Bart schreien hörte, während ihre knochige und juwelenbesetzte Hand seinen Nacken streichelte. Er wußte, was kommen würde, als sie versuchte, ihm den Bart herunterzureißen, als sie versuchte, ihn zu küssen, ohne

ihr schwerfälliges Klatschen im Rhythmus des Pasodoble zu unterbrechen.
Plötzlich erloschen die Lichter, und nur der große Weihnachtsbaum leuchtete noch in seinem Granat- und Smaragdschmuck. Frau Schleting, die nichts zu bemerken und aus der Dunkelheit neue Kräfte zu schöpfen schien, schrie noch einmal aus vollem Hals Que Viva España, ohne den Arm zu lösen, mit dem sie ihn gefangenhielt. Der Lärm der Schüsse übertönte ihren Schrei und die Musik, und der große Spiegel mit dem goldenen Rahmen, in dem sich die Lichter des Baums widerspiegelten, fiel in großen Scherben auf die Konsole und Sessel. Inmitten des Rauches sah er Herrn Schletings Schatten, die Flinte in der Hand. Und er sah plötzlich einen grünen, mit Anstecknadeln verzierten Jägerhut vor sich. Frau Schleting tanzte ungeachtet der Schüsse wie von Sinnen weiter. Er hingegen kroch auf allen vieren über den Boden, suchte die rote Mütze, den falschen Bart, den ihm Frau Schleting doch noch heruntergerissen hatte. Er mußte das Kostüm vollständig zurückgeben. Und als er auf Händen und Füßen den Weg nach draußen suchte, krachten zwei weitere Schüsse. Und abermals zwei, als er die Treppe hinunterstolperte.
Und nun in der klammen Einsamkeit seines Zimmers in der Manitiusstraße raucht er auf dem Bett sitzend seine letzte *Krone*, und er sieht den Schein des Blaulichts. Es zuckt vom Dach der im Hof aufgefahrenen Polizeiautos über das vereiste Fenster. Er hört die dumpfen Schritte der Polizisten, die die Treppe hochkommen, um ihn, den Ausländer, wegen Hausfriedensbruchs abzuholen. Das rote Kostüm liegt auf jenem Sessel, in dem er viele Jahre zugebracht hat, unverständliche Texte des Ingenieurwesens entziffernd.
Und da weiß er, daß er, der Gescheiterte, nach Maracaibo zurückkehren wird, um dort ein Leben lang, mitleidig von den Leuten verspottet, el alemán, der Deutsche zu sein.

Enrique Jaramillo Levi
Ich hatte keinen Grund, sagen sie

Früher oder später wäre es sowieso geschehen. Manchmal wagte ich es, mir eine langsame, genau geplante Rache auszumalen. Aber es kam ganz anders. Als es geschah, verspürte ich gar nichts, nicht einmal Erleichterung.

Was machst du, wenn du mit der Uni fertig bist? ertönte laut eine Stimme in meinem Rücken. Weißt du eigentlich, daß du schon mehr als fünf Minuten lang auf das Wasser starrst?
Ich drehte mich um und sah dich ganz dicht vor mir. Groß und korpulent, sorgfältig gekämmt, blonder noch als vor zwei Jahren, die Hände in den Hosentaschen. Ich kannte dieses Grinsen, das sich nie in ein richtiges Lächeln verwandelte. Vielleicht war es auch nur ein Schatten, der um deine blassen, verhaßten Lippen spielte.
Das weiß ich noch nicht, sagte ich. Dumm muß ich dir vorgekommen sein, als ich auf das Meer hinausstarrte, in Erinnerungen verloren. Nie wäre es dir in den Sinn gekommen, daß ich, über das Wasser blickend, die nachtlichen Spaziergänge an deiner Seite suchen könnte, die Spaziergänge, als die Zukunft noch schön und sicher schien.
Ich möchte am liebsten promovieren, vielleicht Vorlesungen geben. Ich schaute zur Seite, du wirst gelächelt haben, spöttisch. Die ungeheure Vielfalt der Nacht schluckte meinen Blick und füllte mich allmählich mit Dunkelheit. Was zum Teufel hatte ich ausgerechnet hier mit dir zu suchen?
Glaubst du nicht, daß es sich lohnt, mein Angebot in Erwägung zu ziehen? Du bist jetzt fünfundzwanzig . . . Wie ich schon gesagt habe, mir ist klargeworden, daß ich dich früher nicht gut behandelt habe. Ich bin bereit, alles wiedergutzumachen. Ich stehe nicht mehr unter dem Einfluß meines Vaters. Jetzt treffe ich ganz allein meine Entscheidungen. Ich

brauche dich, Carmen. Gib mir noch eine Chance. Du wirst es nicht bereuen.
Ich konnte nicht verhindern, daß mich noch Stunden später eine tiefe Befriedigung erfüllte. Papa Woodward sei an einem Herzschlag gestorben, sagtest du zu mir. Als Besitzer einer großen überregionalen Supermarktkette hatte er dir den Ehrgeiz mit in die Wiege gegeben. Du sprachst voll Trauer von seinem Tod, konntest aber deine Begeisterung nicht verbergen. Immer wieder kamst du darauf zu sprechen, daß du von nun an selbst das Schicksal schmieden würdest, das dir vorher fertig wie auf einem Teller präsentiert worden war. Jedesmal, wenn du davon redetest, wie frei wir sein würden ohne ihn, schrie etwas in mir: Endlich, aber es ist zu spät. Und außerdem ist da noch unser Sohn.
Sieh mal, die Tatsache allein, daß du die Universität besucht hast, reicht noch nicht aus, um . . . Es war so dunkel, daß ich deine Gesichtszüge nicht mehr erkennen konnte. Du kamst auf mich zu. Wirst du hierbleiben? – Du hast nicht lockergelassen. Du bist keiner von denen, die ihre Meinung schnell ändern oder die sich überzeugen lassen. Und trotzdem, du wirktest seltsamerweise zuweilen fast schüchtern. Den ganzen Nachmittag hatte ich mich über deine ruhige, gelassene Stimme gewundert, über die ungewohnte Zurückhaltung, über deine Fähigkeit, um etwas zu bitten.
Zwei Jahre waren inzwischen verstrichen. Und du wärest ein Dummkopf gewesen, wenn du dich deiner üblichen Methoden bedient hättest, mich zurückzuerobern.
Ich sagte: Ich hätte niemals von hier fortgehen sollen. Wenn ich schon nicht in meiner Heimat leben kann, dann ist mein Platz hier. Das Klima ist fast genauso, das Meer, das Spanisch, das überall gesprochen wird . . . Aber kehren wir jetzt besser um.
Du sagtest: Schon? Ich dachte, es macht dir Spaß. Warum gehen wir nicht noch ein bißchen am Ufer entlang so wie in guten alten Zeiten?

Ich sagte: Diese guten alten Zeiten gab es nie. Es war dumm von mir, mit dir hierherzugehen. Komm, kehren wir um.
Du machtest noch einen Schritt, fast hätten wir uns berührt. Du streicheltest mein Haar und sagtest: Carmen, du weißt genau, daß es für dich allein in dieser Stadt keine Zukunft gibt.
Ich sagte: Ich werde studieren. Und dann gibt es Arbeit. Und Männer. Außerdem ist die Zukunft immer dort, wo man selbst ist.
Du sagtest: Du hast ein Recht, böse zu sein. Weißt du, du hast dich verändert. Du bist nicht mehr so unterwürfig. Und du bist noch hübscher, reifer. Deine Augen glänzten, während du geradezu unverschämt auf meine Brüste schautest. Ich gebe zu, ich habe nicht gewußt, was ich an dir habe. Es war mir wichtiger, meinem Vater zu gefallen, mich um sein Geschäft zu kümmern. Aber jetzt sind andere die Untergebenen. Wir können öfter zusammensein, Sport treiben . . . Ich werde viel besser auf dich aufpassen.
Ich spürte, wie sich deine Finger in meine Taille gruben. Dein warmer Atem strich über mein Gesicht. Irgend etwas an meinem Hals hielt deine Augen gefangen.
Du sagtest: Ich kann es fast nicht glauben, daß ich dich wiedergefunden habe.
Ich entwarf hin und wieder Sportbekleidung für einige Geschäfte. An diesem Abend sah ich völlig unerwartet deinen Kopf auf der einen Seite des Laufsteges auftauchen, auf dem ich unter lautem Beifall einen meiner Bikinis vorführte. Du hobst deine Hand, um mich zu grüßen. Deine Lippen, die um meine Aufmerksamkeit flehten, formten stumme Worte. Ich muß mit dir sprechen, schienst du zu sagen.
Ich weiß nicht, ob mein Gesicht irgendeine Reaktion verriet, aber ich spürte, wie sich meine Brust vor Abscheu, Wut und Angst zusammenzog. Als die Vorführung zu Ende war, verschwand ich durch die Hintertür, denn vielleicht wolltest du mich ja am Haupteingang abfangen. Später hast du mir gestanden, daß du dort, wenn nötig, bis in die frühen Morgenstunden auf mich gewartet hättest.

Damals spürte ich, wie in mir der heimliche, allerdings noch unbestimmte Wunsch wach wurde, dir wegen unseres Sohnes, um den du dich nie gekümmert hast, weh zu tun. Ein erschreckendes, verwirrendes Gefühl, das häufig zu einem Alptraum wurde. Es war, als hielte mich ein unsichtbares Netz gefangen, das sich immer enger zusammenzog und mich zu ersticken drohte.

Einmal träumte ich mit einer solchen Intensität von dir, daß du selbst erschrakst. Du spürtest, daß du Gegenstand meines Traumes warst. Das Bewußtsein, die einzige Person in einer leeren, zur Laune einer anderen Dimension degradierten Welt zu sein, über die du keine Macht hattest, brodelte in deinem Gehirn, bis die Angst die Grenzen deiner Gedanken sprengte und sich die Adern in deinen Schläfen weiteten und bläulich färbten. Ich bebte im Schlaf und fürchtete mich vor dem Erwachen, denn schließlich war ich es, die von dir träumte. Da suchten mich deine Augen verzweifelt in allen Winkeln des Zimmers, in das sich die gewaltige Leere des Traumes verwandelt hatte. Ich hörte, wie du dich wütend um dich selbst drehtest und mich dann zitternd mit Schaum im Mund und mit den wild blitzenden Augen eines Verrückten anflehtest, dich in Ruhe zu lassen, dir nichts anzutun. Und ich fühlte mich schwindlig wie im Traum. Als du dich endlich aufgerichtet hattest, sahst du mich vor dir auf dem Bett sitzen, in eine blutrote durchsichtige Tunika gehüllt. Ich lächelte, ohne mich zu bewegen. Ich sah dich niederknien, die Hände auf den schmutzigen Boden gestützt, du auf allen vieren direkt vor mir.

Du küßtest meine Füße, lecktest meine Hände und gabst seltsame Laute von dir, die ganz tief aus deiner Kehle zu kommen schienen.

Du sagtest: Fangen wir noch einmal neu an. Komm, Carmen, küß mich!

Ich schrie: Nein, nein! Das hat keinen Sinn. Du hast dich nicht verändert. Du wirst dich nie verändern. Ich hasse dich. Bring mich zurück in die Stadt.

Eine Welle tief empfundener Enttäuschungen packte mich, ich kämpfte gegen das leicht sich regende Schamgefühl, das mir in diesem Augenblick den Rücken entlanglief. Eine Sekunde lang fürchtete ich, wieder schwach zu werden, aber ich wußte sofort, daß ich dir diese zwei Jahre der Einsamkeit und auch dein Desinteresse an unserem Sohn nicht verzeihen würde. Keine Postkarte, um zu fragen, ob es ihm gut ginge.
Du versuchtest, mich zu küssen, und während ich mich mit aller Kraft widersetzte, erinnerte ich mich, wie ich dich, damals vor zwei Jahren, gegen mein Gefühl in dem Zimmer im Hotel Ponce de León zurückwies.
Ich glaubte, das Zimmer sei frei, und wollte saubermachen, als ich plötzlich beim Staubwischen im Spiegel einen Mann in Pyjamahosen, ohne Hemd, auftauchen sah. Hochrot, einen Schrei unterdrückend, drehte ich mich um. Lächelnd stand er da, ein Handtuch in der Hand, musterte mich von oben bis unten.
Entschuldigen Sie, senõr . . . Ich wollte nicht . . . Ich wußte nicht, daß jemand im Zimmer war.
Das macht doch nichts. Mich stört das nicht. Mach nur weiter mit deiner Arbeit.
Der Mann kam auf mich zu. Ich versuchte, meiner Verwirrung Herr zu werden, aber ich brachte kein einziges Wort heraus. Noch niemals hatte ich einen Mann in Pyjamahosen vor mir gesehen, der mich so anschaute.
Ich wußte gar nicht, daß die Angestellten hier so hübsch sind, sagte er und strich mir mit dem Zeigefinger über die Backe. Ich zitterte, hochrot im Gesicht, machte mich frei und lief zur Tür.
Nein, nein, das ist nicht gestattet. Ich komme später wieder.
Sofort hattest du dich vor die Tür gestellt und hieltest mich mit einer Hand fest, während du mit der anderen mein Kinn packtest. Dein Fuß versperrte mir den Weg. Ich konnte das Gesicht zur Seite drehen, als du versuchtest, mich zu küssen.
Was ist nicht gestattet? Du lachtest. Daß hübsche Zimmermädchen Zimmer saubermachen, während Gäste ihnen be-

wundernd zuschauen? Mit mir kannst du eine Ausnahme machen, nicht wahr, Schätzchen? Ich werde es niemandem weitersagen.
Du nahmst ungewollt den Fuß weg, und ich riß die Tür auf.
Sie sind . . . im Pyjama, rief ich und lief hinaus.
Du tatest so, als gäbest du auf, und tratst zur Seite.
Ich verfluchte meine Einsamkeit, die mich dazu trieb, mich mit dir einzulassen, ohne dich richtig zu kennen. Nur in einem Augenblick der Schwäche wirst du den Wunsch verspürt haben, mich zu heiraten. Die zahllosen Beweise deiner Untreue, die Demütigungen vor deinen Freunden, die Lügen, Beleidigungen, Schläge schossen schmerzhaft durch meine Erinnerung. Vielleicht war dies der Augenblick, da mein Haß wieder durchbrach. Aber erst nachdem du mich auf dem Strand gewaltsam genommen hattest, beschloß ich, mich zu rächen.
In deinem Sportwagen, während der Fahrt in die Stadt, batst du mich, wieder zu dir zurückzukommen. Aber du erwähntest nichts von einer abermaligen Heirat. Das kam meinen Plänen sehr entgegen. Du versuchtest, in mir den Eindruck zu wecken, daß du mich immer noch als deine Ehefrau betrachtetest. Deshalb müßtest du nicht noch einmal den ganzen Papierkram erledigen. Ich fand, daß es so viel besser, viel einfacher sei. Trotzdem sagte ich weder ja noch nein. Wir fuhren in dein Hotel, wo du unbedingt mit mir zu Abend essen wolltest. Du deutetest mein Schweigen als unausgesprochene Einwilligung. Kurz bevor wir im Hotel ankamen, erwähntest du noch einmal Papa Woodward. Du sprachst mit einer gewissen Bewunderung von ihm, die du hinter deinem neuen Unabhängigkeitsgefühl zu verbergen suchtest. Die Beklemmung, die ich in mir verspürte, seitdem ich ohne ersichtlichen Grund eingewilligt hatte, mit dir auszugehen, war auf dem Strand in verhaltene Wut umgeschlagen. Als ich dich wieder über deinen Vater reden hörte, erinnerte ich mich an seine Gemeinheiten, für die du mitverantwortlich warst. Ich zitterte in Vorfreude auf jene Hölle, die ich aus deinem Leben machen würde.

Papa Woodward war ein grausamer und unbarmherziger Mann. Er versuchte alles, um mir seinen Sohn wegzunehmen. Niemals werde ich jenen Morgen vergessen, an dem er mich in sein Büro in Madison, Wisconsin rufen ließ. Wir lebten dort, seitdem wir ohne das Wissen deines Vaters geheiratet hatten. Irgendwie hattest du mich davon überzeugt, es sei besser, deinen Vater in dem Glauben zu lassen, wir lebten nur zusammen.

»Ich freue mich, daß du dich entschlossen hast, zu kommen. Es gibt etwas Wichtiges, worüber wir sprechen müssen. Setz dich, Carmen!«

Ich nahm seinem Schreibtisch gegenüber Platz und versuchte, so ruhig wie irgend möglich zu erscheinen. Es fiel mir nicht leicht, diesen kalten, anmaßenden Ton nachzuahmen, in dem er zur mir sprach. Ich hatte ihn vorher nur zweimal gesehen. Nachdem er erfahren hatte, daß du und ich wirklich verheiratet waren, weigerte er sich, uns zu besuchen. Ich selbst hatte ihm die Wahrheit gesagt, ich hatte es satt, die Rolle einer der Geliebten seines Sohnes zu spielen.

»Ich muß gestehen, ich bin überrascht. Ich hatte den Eindruck, daß wir nicht miteinander reden.«

»Da hast du ganz recht, meine Liebe.«

»Was kann ich also für Sie tun?«

»Ich weiß, daß du nicht gut über mich denkst, Carmen«, sagte er. In aller Seelenruhe zündete er seine Pfeife an. »Und ich bin sicher, daß dir klar ist, daß dieses Gefühl auf Gegenseitigkeit beruht.«

Er saß hinter dem riesigen, mit Papieren übersäten Schreibtisch, der seinen gewaltigen Bauch verbarg, und sah mich fest an mit einem kalten Ausdruck in seinen wäßrigen Augen. Vermutlich versuchte er herauszufinden, was du an mir so anziehend fandest, warum ich dich so durcheinandergebracht und jeden Sinn für soziale Beziehungen zerstört hatte. Das hatte dir dein Vater einmal vorgeworfen. Sicherlich suchte er jetzt in meinem Körper dieses geheimnisvolle Etwas, das dich veranlaßt hatte, ein dunkelhäutiges Zimmermädchen zu heiraten. Sie ist nicht schwanger – inzwischen war bereits über ein Jahr vergangen –, ist es nie gewesen, das also kann nicht der Grund gewesen sein, wird er gedacht haben. Ich glaube, daß ich die flüchtige Unsicherheit, die sich in seinem harten Gesicht abzeichnete, genoß.

»Was wollen Sie?«

»Bevor du ihn kennenlerntest, besaßst du keinen centavo. Stimmt's?«

Ich spürte, wie mein Herz schneller schlug, meine Hände krampften sich an der Stuhllehne fest.

»So wie ich gehört habe, warst du Zimmermädchen in einem Hotel. Ist das richtig? Korrigier mich bitte, wenn ich mich irre. Es kann schon passieren, daß ich dich mit einer der Freundinnen meines Sohnes verwechsle. In meinem Alter bringt jeder ungewollt die einzelnen Personen durcheinander. Setz dich doch bitte, meine Liebe. Hab ein wenig Geduld! Ich bin noch nicht fertig.«

»Soll ich mir Ihre Beleidigungen anhören? Warum hassen Sie mich, Señor Woodward?«

»Weil du Davids Frau bist«, sagte er schroff. »Ich habe diese Firma aus dem Nichts aufgebaut, mit meinen eigenen Händen, mit meinem eigenen Verstand, mit eisernem Willen. Und ich bete zu Gott, daß mein Sohn sie eines Tages weiterführt.«

»Niemand bestreitet, was Sie geleistet haben. David wird natürlich . . .«

»Mit dir an seiner Seite wird David nichts tun können. Er beging einen schweren Fehler, als er sich so einfach verführen ließ. Einen Fehler, den ich ihm nicht verzeihen kann. Er kann sich nicht gleichzeitig um dich und um die Firma kümmern. Und außerdem«, er schaute mich wütend an, »außerdem bleibt da noch die unbestreitbare Tatsache, daß du keine Weiße bist.«

Ich stand auf und wollte gehen. Mich würde er nicht derart quälen.

»Warte!« befahl er. »Ich habe einen Scheck für dich.«

Er hielt ihn mir hin. Der Scheck war über tausend Dollar ausgestellt.
»Eine erste Anzahlung«, sagte er. »Ich habe schon alles für eine schnelle und einfache Scheidung eingeleitet. Mein Anwalt wird dich wegen der Einzelheiten aufsuchen. Es ist die erste von zehn monatlichen Zahlungen, die du erhalten wirst. Ich finde, das ist eine anständige Lösung, wenn man alles in Betracht zieht.«
»Ich will mich aber nicht von David scheiden lassen.« Nur mühsam konnte ich das sagen. »Mich kauft man nicht, Señor Woodward! Ich bin nicht eine von Ihren Angestellten. Ich werde David erzählen, daß . . .«
»David hat schon eingewilligt, sich scheiden zu lassen.«
»Nein, das kann ich nicht . . . glauben.«
»Er sah schließlich alle Vorteile ein. Ja, er hat mich gebeten, dir das Ganze zu erklären, da ihr euch sowieso kaum noch seht.«
»So was würde David nie tun, ohne vorher mit mir zu sprechen.«
Das log ich, und undeutlich nahm ich die Papierschnitzel wahr, Fetzen des Schecks, die auf den Schreibtisch fielen.
Papa Woodward fragte mich, ob ich nicht anrufen wolle, du selbst würdest mir alles bestätigen. Verzweifelt willigte ich ein; es war ja möglich, daß er alles erfunden und noch nicht mit dir gesprochen hatte. Er legte seine große, sommersprossige Hand auf den Hörer.
»Glaubst du wirklich, daß du mit ihm glücklich bist? Daß du ihn glücklich machst?«
»Ja.«
»Ja, was? Das erste oder das zweite?«
»Beides«, antwortete ich herausfordernd.
»Nichts von beiden«, sagte er. »Seit Monaten schlaft ihr nicht mehr zusammen. Ich glaube, er übernachtet nicht mal mehr zu Hause.«
Ich hatte nicht den Mut, ihn anzusehen. Ich war völlig am Ende. Während Papa Woodward die Nummer deines Büros

wählte, zeichnete sich auf seinem Gesicht unverhohlen das Lächeln des Siegers ab. Mein Kopf tat mir weh. Ich redete mir ein, daß du, hörtest du nur meine Stimme, dich vielleicht eines anderen besinnen würdest, falls du wirklich in die Scheidung eingewilligt hattest. Dein Vater sagte dir, daß ich in seinem Büro sei und dich etwas fragen wolle. Wie von einer schweren Trägheit besessen kam der Hörer auf mich zu, an jener Leitung hängend, die diese Hand nun zwischen zwei Fingern hielt, so als sei sie ein Spielzeug. Kaum begann ich zu sprechen, da unterbrachst du mich bereits.

»Er hat dir die Wahrheit gesagt, Carmen. Ich will die Scheidung. Und zwar so schnell wie möglich.«

Der Ausdruck von Papa Woodwards ovalem Gesicht, das hin und wieder hinter der Tischlampe verschwand, schien sich auf rätselhafte Weise zu verändern.

»Du mußt das verstehen, Carmen. Ich werde jetzt die meiste Zeit im Land herumreisen, und ich glaube, daß es für dich besser wäre, wenn du wieder frei wärest. Du wirst bestimmt andere Männer kennenlernen, die . . . Oder vielleicht willst du auch ein bißchen reisen. Du hast deine Familie schon lange nicht mehr gesehen. Auf jeden Fall habe ich es mir genau überlegt und . . .«

Ich stand im vollen Fahrstuhl, um mich herum lauter Leute mit erstaunten Gesichtern. Die Fahrt nach unten zog sich endlos hin. Ich dachte, ich käme nie mehr aus diesem hermetisch verschlossenen Kasten heraus, in dem mich die warme Haut der anderen berührte und spöttische Augen mein Unglück belächelten. Ich fühlte mich klein, so klein wie Jonas in dem Bauch des Riesenfisches. Als ich zu Hause ankam, weinte ich stundenlang. Aber ich wollte auch nicht länger so weiterleben und eine Ehe führen, aus welcher der eine der beiden Partner auszubrechen versuchte, während sich der andere zugrunde richtete.

Ich bin sicher, daß Papa Woodward an dem Morgen, als er mit mir in seinem Büro sprach, nicht wußte, daß ich schwanger war. Du wirst es bestimmt nicht gesagt haben. Du woll-

test dir keine neuen Probleme schaffen. Aber du hast es gewußt.
Am nächsten Morgen unterschrieb ich alles, was er mir vorlegte. Ich wunderte mich, daß es nicht mehr gesetzliche Klauseln und Papierkram gab, so wie man es normalerweise bei einer Scheidung erwarten durfte. In dem Richter, der dem Gericht vorsaß, erkannte ich den Mann mit dem graumelierten Bart wieder, der eilig Papa Woodwards Büro verließ, als ich eintrat. Ich wußte, daß jedermann, sobald die Geschichte offiziell abgeschlossen war, so tun würde, als hätte es eine Ehe nicht gegeben. Hatte es sie überhaupt gegeben?

Ich verstehe nicht, was geschieht. Es ist, als setze man alles daran, mich um den Verstand zu bringen, als versuche man, mich davon zu überzeugen, daß ich verrückt geworden sei. Man will mich in Verwirrung bringen, damit ich glaube, ich sei zwei verschiedene Personen: diejenige, die alles, was vorher passierte, erlebt hat, und diejenige, die hier eingesperrt ist. Das Mädchen aus den Ereignissen, die ich hier erzähle, ist angeblich nur ein Produkt der Einbildungskraft jenes armen irren Geschöpfes, das sich aus unerfindlichen Gründen zu dieser Tat hinreißen ließ. Aber ich weiß genau, daß ich eine einzige Person bin. Auch wenn mich manchmal Zweifel befallen, ich sage die Wahrheit. Alle Lügen dieser Welt werden es nicht schaffen, mich über das, was ich tat und warum ich es tat, zu verunsichern. Sie sagen, ich hätte keinen Grund. Ich weiß, daß sie nicht recht haben.
Und du weißt es auch, David. Das verrieten deine Augen in jener Nacht in deinem Hotelzimmer. Du weißt es.
Gestern haben sie behauptet, ich sei nie mit David verheiratet gewesen und erst recht nicht von ihm geschieden worden. Ich könne auch kein Kind von David haben. Niemand habe davon gewußt. Auch nicht Papa Woodward. Ich habe ihnen immer wieder erklärt, daß ich meinen Sohn in ein Adoptionsheim gab. Unter einem falschen Namen, an den ich mich leider nicht mehr erinnere. Ich einem solchen Fall, sagten sie,

hätte ich wenig Chancen zu beweisen, daß ich im Recht sei. Ich habe ihnen den Namen und die Anschrift meiner Eltern gegeben, aber sie scheinen sehr wenig daran interessiert zu sein. Ich sehe das Lächeln auf ihren Gesichtern. Sie glauben mir nicht. Noch haben sie mich zu keinem Anwalt gebracht. Auch einem Psychiater bin ich noch nicht vorgeführt worden, obwohl ich ihrer Meinung nach den Verstand verloren habe.

Du weißt genau, Carmen, daß du nach der Scheidung nach Panama zurückgekehrt bist und dort deinen Sohn bekommen hast. Er sah aus wie er. Abend für Abend hast du gebetet in deinem Zimmer in dem Haus deiner Eltern in Las Tablas. Gefleht hast du zur Jungfrau Maria, daß er, wenn es ein Junge würde, ihm nicht ähnlich sehen sollte. Aber er war genau wie er. Deine Eltern verstanden dich. Nur ihnen hattest du die Wahrheit gesagt. Doch niemand in Panama, weder sie noch sonst jemand, wußte etwas von der Existenz Davids. Aber nicht wegen des Geredes der Leute brachtest du ihn weg und gabst ihn zur Adoption frei. Vielleicht war, was du getan hast, egoistisch. Es störte dich, daß jede Geste, jeder Blick dieses kleinen Geschöpfs dich an David erinnerte. Du wolltest nicht deinen ganzen Haß auf dieses Wesen übertragen. So war es auch eine Form der Liebe. Liebe will immer beschützen.
Allein die Tatsache, daß du schwanger ins Dorf zurückkamst, reichte aus, daß man dich kritisierte, sogar verurteilte. Dein Fehler war nicht das, was alle dachten. Du hast verschwiegen, daß du in den Staaten geheiratet und dann in die Scheidung eingewilligt hast. Damit wolltest du die Schmach mildern, die dich bei dem Gedanken verzehrte, David umsonst geliebt zu haben. Lieber sollten dich die Deinigen für leichtfertig halten. Sogar deine Jugendfreundinnen dachten das von dir. Sie sagten, die gringos hätten dich mit ihrem Geld verdorben, und hinter deinem Rücken nannten sie dich eine Hure, während sie dir mit einem falschen verständnisvollen Lächeln begegneten. Was sollten sie auch anderes von dir halten? Vielleicht hättest du von einer anderen genau dasselbe ge-

dacht. Als du merktest, daß du mit den Deinen nicht in Frieden leben konntest, hast du deine Eltern wegen der Unannehmlichkeiten um Entschuldigung gebeten, hast ihnen geraten, in die Hauptstadt zu ziehen, falls sie das Gerede zu sehr verletze. Du selbst bist nach Miami zurückgekehrt. Du gingst wieder, wie damals bevor du David kennenlerntest, auf die Universität und arbeitetest nebenher, um dir das Studium zu verdienen.

All das soll nicht wirklich gewesen sein, Carmen? Sag du es mir, nur du kannst es. Du, die du noch immer in irgendeinem Winkel meines Verstandes herumspukst, du, die du nicht ich bist und es zugleich doch allzusehr bist, obwohl sie mir nicht glauben. Ist die Erinnerung an jenen Morgen zum Beispiel Einbildung, an dem dich David in der Caféteria des Hotels frühstücken sah, nachdem er Tage zuvor versucht hatte, dich in seinem Zimmer zu küssen? Ganz deutlich siehst du ihn vor dir, wie er entschlossen auf dich zukommt und dich fragt, ob er sich an deinen Tisch setzen dürfe. Er verspricht, sich diesmal gut zu benehmen. Du erinnerst dich an seine Worte und daran, daß du nicht geantwortet hast.

Er sagt: Ich möchte mich wegen meines Benehmens vor einigen Tagen entschuldigen, obwohl ich weiß, daß es dafür eigentlich keine Entschuldigung gibt. Ich könnte jetzt sagen, daß ich kurz zuvor ziemlich viel getrunken hatte. Oder auch, daß ich, wenn ich ein hübsches Mädchen sehe, immer so handle, um herauszufinden, was für ein Typ sie ist. Denn einigen macht das nichts aus. Beide Entschuldigungen würden stimmen, aber du darfst keine glauben. Ich werde dir nur sagen, daß es schön ist, hin und wieder einem anständigen Mädchen zu begegnen, jemandem, den man achten kann.

Und du antwortest geistesabwesend: Ich wußte nicht, daß Sie im Zimmer waren, sonst wäre ich niemals hereingekommen.

Er sagt: Nein, nein, ich bitte dich. Deine Hand, die auf dem Tisch liegt, tätschelt er wie zufällig. Ich bin es, der sich hier entschuldigt.

Du sagst: Das haben Sie bereits getan.

Er sagt: Ich bitte dich nicht, daß du mir verzeihst, denn ich sehe in deinen so schönen Augen, daß du das schon getan hast. Jetzt sehe ich es auch in deinem Lächeln. Danke. Doch nun muß ich gehen. Ich habe eine geschäftliche Verabredung im Zentrum.
Du sagst: Woher kommen Sie?
Er sagt: Aus Wisconsin. Ich bleibe noch ein paar Tage hier. Wir werden uns bestimmt noch einmal sehen. Ich heiße David Woodward.
Du sagst: Und ich Carmen Robledo. Ich komme aus Panama.
Er sagt: Panama! Ich dachte, du seist Kubanerin oder Puertoricanerin. Gehört uns der Kanal noch immer?
Du sagst: Ja, aber nicht mehr lange.
Er sagt: Revolutionärin?
Du sagst: Nein, Patriotin.
Er sagt, auf seine Uhr schauend: Was ist das? Vielleicht kannst du mir das ausführlich erklären, bevor ich am Freitag nach Kalifornien reise. Morgen zum Beispiel. Darf ich dich zum Abendessen einladen?
War dieses Gespräch ein Traum, sag doch, Carmen? Und die Stunden, die ihr in Los Violines tanztet, und die folgenden Abende in den besten Nachtklubs, den feinsten Restaurants? Und die Spaziergänge am Strand, und das eine Mal, da ihr nackt im Meer badetet und er dir auf einem alten Boot seine Liebe erklärte? Und deine Angst, dich ihm hinzugeben, denn du wußtest, daß er seinen Aufenthalt in Miami schon so lange wie möglich ausgedehnt hatte. Am nächsten Tag würde er abreisen. Und das, was du empfandst, als er dich nahm, nachdem er dir versprochen hatte zurückzukehren? Und das, was du abermals empfandst, als er nach drei Wochen zurückkam und du dich ihm wieder hingabst? Und dein Glücksgefühl, als er dich holen ließ, um dich zu heiraten? Und was es am Anfang für dich bedeutete zu wissen, daß du seine Frau warst, bereit, dies als Geheimnis für dich zu bewahren, damit er dir noch mehr gehörte? Waren das Träume, Carmen, all das, was jetzt in so weiter Ferne liegt?

Nach der Scheidung erhieltest du zweimal einen Scheck von Papa Woodward. Beide schicktest du ohne Kommentar in Stücke zerrissen zurück. Dein Vater verlor mit dem Regierungswechsel seine Arbeit, und du mußtest als Kellnerin und Zimmermädchen arbeiten, etwas, was für die anderen Studenten in den Staaten keineswegs erniedrigend war. Eine Zeitlang gingst du morgens in die Vorlesungen, nachmittags brachtest du einigen Kommilitoninnen gegen Bezahlung Spanisch bei und abends arbeitetest du als Kellnerin in einer Caféteria. Als David auftauchte, hattest du gerade dein Englischexamen an der Universität von Miami in Coral Gables abgelegt, wo du seit deiner Rückkehr aus Panama lebtest. All das weißt du, Carmen. Du hast es erlebt. Warum glauben sie dir nicht?

Kaum öffnete sie die Augen, da sah sie diesen glasigen Blick, dieses abwesend starre Blau neben der roten Pfütze, die sich langsam ausbreitete. Sie schrie. So würden die Augen ihres Sohnes sie eines Tages anklagen, falls er sie jemals treffen sollte. Plötzlich richtete sie sich auf und stürzte schreiend in eine Ecke. Als jemand sie ohrfeigte, begriff sie das Getöse von vorhin. Die Polizei hatte die Tür aufgebrochen.

Alles, was Carmen geschehen war, erzählte ich ihnen. Aber sie wollten nur wissen, was sich am vorigen Abend ereignet hatte. Deshalb erzählte ich ihnen auch von der Spazierfahrt im Auto bis zu jenem abgelegenen Strand, und worüber sie mit David redete, und wie er sie gewaltsam nahm. Ich versuchte ihnen zu erklären, daß Carmen nicht nur einen, daß sie viele Gründe hatte für das, was sie tat. Ich beschrieb ihnen genau die Gemütsverfassung, in der sie sich während des Abendessens auf Davids Hotelzimmer befand, kurz nachdem . . .

Sie waren schon eine Weile in dem luxuriösen Zimmer, das auf den Strand hinausführte. Sie sprachen nicht miteinander. Ein Kellner deckte sorgfältig den Tisch. David schaute sie an, und sie fühlte, wie diese gierigen Augen über sie hinwegglitten, während sie zum Seitenfenster hinausschaute. Als der Kellner hinausging, kam er auf sie zu. Er nahm sie bei den Händen und forderte sie auf, am Tisch Platz zu nehmen. Das Essen war hervorragend, aber sie hatte keinen Hunger. Sie trank nur widerwillig den süßen, schweren Wein, den er ihr einschenkte. Durch das weit geöffnete Fenster drang der Geruch des Meeres zu ihnen, den die sanfte Brise, die Gardinen leicht bewegend, hereintrug. David hörte nicht auf, Pläne zu schmieden. Carmen schwieg und tat so, als fände sie allmählich Interesse daran. Je mehr Mühe er sich gab, aufrichtig zu erscheinen, desto schmerzlicher empfand sie den Klang seines übertrieben melodramatischen Englisch. Seine Bemerkungen waren tölpelhaft, sie brachten das Blut in ihren Schläfen zum Klopfen. Vielleicht war es nur der Wein, vielleicht war es alles zusammen, was ihr den Verstand verwirrte.

»Übrigens, ich habe vergessen, danach zu fragen«, sagt David. Ein schroffer Ton fließt in seine so versöhnlich klingenden Sätze. »Was hattest du eigentlich, einen Sohn oder eine Tochter? Du hast mir nicht einmal geschrieben. Bestimmt hast du ihn zur Adoption freigegeben. Oder ist er bei deinen Eltern?«
»Ich weiß nicht, was es war. Das Baby war schon tot, als man es herausholen mußte.«
»O, das wußte ich nicht.« Er hebt den Blick nicht von seinem Teller. »Vielleicht war es besser so, glaubst du nicht auch? Ich meine, es wäre für dich eine große Belastung gewesen, allein, mit deinen Vorlesungen und alledem.« Er trinkt Wein. »Von nun an wird alles ganz anders, du wirst schon sehen. Wir werden vorsichtiger sein. Am besten, du nimmst die Pille, diesmal aber, ohne sie zu vergessen.« Er tut, als erinnere er sich nicht daran, was Stunden zuvor geschehen war. »Ich möchte nicht, daß du dir unnötigerweise diesen herrlichen Körper ruinierst, den Gott dir gegeben hat . . .«
Für meinen persönlichen Gebrauch und Mißbrauch: So wird, so muß er fortfahren. Aber auf seinem Gesicht zeichnet sich

nur das Grinsen ab, das ein Lächeln sein soll, und seine Backen sind vom Wein und vom schummrigen Licht gerötet.
»Dein Körper ist wahnsinnig aufreizend, weißt du das, Carmen?«
Über den Tisch hinweg versucht er, eine meiner Brüste zu drücken. »Niemals habe ich dein wunderbares, dunkles, duftendes Geschlecht vergessen können, deinen Geruch. Keine Frau ist da wie du, mein Liebling, das habe ich dir schon einmal gesagt, nicht wahr?«
Angeekelt lehne ich mich nach hinten. Das Blut klopft in meinen Schläfen. Seine Hand macht am Tischrand halt, wie eine Spinne liegt sie da.
»Warum bist du so nervös? Ich bin es, David. Was ist los? Warum schaust du mich denn so an? Bist du verrückt geworden? Carmen . . . Um Gottes willen . . . Leg es hin . . . Nein . . .?«
Ich habe das Brotmesser in der Hand. Ich stehe auf. Dann beuge ich mich vor und stoße es ihm mit aller Kraft in die Brust. Einmal . . . noch mal . . . und noch mal.
»Mein Gott!« lallt er schließlich vor Erstaunen. Ich höre auf, die Klinge in seinen Körper zu stoßen.

Von dem Traum habe ich ihnen nichts erzählt. Das hielt ich für überflüssig. Und doch mußte ich immer wieder daran denken, während sein Körper in sich zusammensackte. Ich träumte, ich hörte das Telefon klingeln, und als ich abhob, vernahm ich Davids flehende Stimme: Gib mir noch eine Chance . . . eine Chance . . . eine Chance . . . Das Echo seiner Stimme drang in Spiralen aus dem Hörer in mein Ohr. Ich packe es und lasse es wie verrückt gegen mein Trommelfell schlagen und stoßen. Bitte, bitte, fleht es und sucht zu entkommen. Es verliert zunehmend an Kraft, dieses Bitte! Bitte! Ich will es nicht hören. Und die Stimme birst. Und das dunkelviolette Gesicht am anderen Ende der Leitung wird aschgrau. Ich mußte mich übergeben, als spürte ich, wie sein Blut aus meinem Ohr stürzte, wie es, einen Ausweg suchend, in meinen Mund floß . . . Für die Polizei wäre dieser Traum völlig bedeutungslos gewesen und deshalb erzählte ich nicht davon.

Dein Tod kam viel zu schnell, David. Du hättest mehr leiden müssen, viel mehr. Gestern nacht hatte ich noch einen anderen Traum, den ich ihnen heute erzählte. Doch tat ich so, als sei das wirklich geschehen. Als ich das Messer zum letzten Mal in deinen Körper stieß, sah ich, wie du dich, das Messer bis zum Heft in deinen Leib gebohrt, schwankend auf den Tisch stütztest, um nicht zu Boden zu fallen. Du wolltest es nicht glauben, was dir geschah, und deine Augen traten vor Schreck aus ihren Höhlen. Da packte mich das Entsetzen. Du öffnetest den Mund und wolltest schreien. Deine Hände versuchten, das Messer aus deinem Leib zu ziehen. Sie klammerten sich um das Heft. Aber dann überfiel dich der Schmerz. Flehend sahst du mich über den Tisch hin an. Ich wich zurück. Schon zeichnete sich ein Blutfleck auf dem weißen Hemd ab. Alles vor meinen Augen verschwamm. Das ist das letzte, woran ich mich erinnere, sagte ich ihnen, daran und an das dumpfe Geräusch zerbrechender Teller.

»Ich liebe sie und will sie heiraten, obwohl Du Dich weigerst, Deine Einwilligung zu geben. Ich kann nicht mein ganzes Leben lang nach Deiner Pfeife tanzen, Papa. Dies ist meine erste wirkliche Entscheidung. Und ich werde nicht zulassen, daß Du mich davon abbringst. Carmen ist ein sehr sympathisches Mädchen, sanft, gutmütig, klug, vielleicht etwas schüchtern; aber das gefällt mir an ihr. Bevor ich mit ihr geschlafen habe, mußte ich ihr versprechen, sie zu heiraten. Nachdem sie sich mir hingegeben hatte, begriff ich, daß es eigentlich keinen Grund mehr für mich gab, sie zu heiraten. Aber die Idee gefiel mir, und jetzt weiß ich, daß ich sie liebe.«

So steht es in einem Brief, den man in Davids Tasche fand. Ein Polizist zeigte mir heute morgen eine Fotokopie. Der Brief trug kein Datum. Das machte alles noch komplizierter.

Die Polizei ist jetzt davon überzeugt, daß die Heirat, von der in dem Brief die Rede ist, für uns die erste gewesen wäre. Mehr als je zuvor zweifeln sie daran, daß wir uns haben scheiden lassen und daß es in Panama einen Sohn von David gibt.
Ich habe ihnen gesagt, der Brief müsse älter sein, er sei vor zwei Jahren geschrieben worden, als David und ich uns gerade kennengelernt hatten. David hatte ihn nie an seinen Vater abgeschickt. Vielleicht wollte er ihn mir an jenem Abend im Hotel zeigen. Sie glauben mir nicht. Und sie können mir auch nicht glauben, aus einem ganz einfachen Grund: Papa Woodward lebt noch. Zumindest sagen sie das. Ich habe ihn noch nicht gesehen.

Der Rechtsanwalt, den man mir zugewiesen hat, gefällt mir nicht. Ich habe das Gefühl, daß er mehr daran interessiert ist, ihre Theorien zu beweisen, als das, was ich ihm erzähle. Er sagt, Papa Woodward bezahle die besten Anwälte, damit ich verurteilt werde. Wenn der alte Mann wirklich noch lebt, warum hat mich David dann angelogen? Er schien so glücklich zu sein, von nun an seine eigenen Entscheidungen treffen zu können. Und ich bekomme meine Periode nicht! Mein Gott, wie durcheinander ich bin! Meine Erinnerungen beginnen, sich mit ihren Versionen zu vermischen. Ob sie vielleicht doch recht haben? Habe ich meine Ehe, die Scheidung nur geträumt? Und du, mein Sohn, der du so allein und weit weg von deiner Mutter lebst, bist du nur eine Ausgeburt meiner Träume? Aber warum habe ich denn dieses merkwürdige Gefühl, das sich zwischen meinen Beinen seinen Weg zu bahnen versucht, meine Brüste verwirrt und mein Herz aussaugt? Warum leidest du, Carmen? Du weißt doch genau, nicht das Blut, das du beim Aufwachen sahst, quält dich so sehr!
Ich bin so müde. Ich will nicht mehr nachdenken. Die Einsamkeit quält mich. Ich habe den Verdacht, daß sie die Briefe an meine Eltern gar nicht abschicken. Die andere ist

endlich weggegangen. Sie hat lange gezögert. Heute aber habe ich den Beweis erhalten, als ich mich nicht mehr erinnern konnte. Vielleicht ist sie in Panama bei ihrem Sohn. Ich weiß nicht, wieviel Zeit schon verstrichen ist, wie lange es dauern wird, bis etwas Neues geschieht. Ich kann nicht schlafen. Derselbe, ständig wiederkehrende Traum ergreift von mir Besitz. An meinen schlaffen Brüsten saugen unzählige weiße Babys, dick wie Schweine. Sie haben Papa Woodwards wäßrige Augen, Davids Grinsen, Dollarscheine an Stelle ihrer kleinen, unruhigen Hände, Dollarscheine, die mich kitzeln.

Carmen Naranjo
Symbiose

Wir liebten uns. Mein Name ist Ana. Er heißt Manuel. Wir lernten uns nicht etwa zufällig kennen. Irgend jemand erzählte Manuel von mir. Von der mir eigenen seltsamen Lebensweise. Daß ich eine Vorliebe für streunende Katzen habe; daß ich von einer anderen Welt träume; das ich erst nachts munter würde und mich in eine Schönheit verwandele; daß ich manchmal wenig rede und ein andermal nichts meinen Wortschwall bremsen könne; daß ich mich an ausdrucksvollen Gesichtern niemals satt sähe und Romane schriebe, die aus unendlichen Monologen bestünden. Irgend jemand erzählte auch mir von Manuel, von seinen gescheiterten Liebesbeziehungen, seiner Einsamkeit, von seiner neurotischen Angewohnheit, sich über die alltäglichsten Dinge tiefschürfende Gedanken zu machen, von seiner Kränklichkeit, der Kränklichkeit eines pathologischen Falls. Später arrangierte dieser Jemand eine zufällige Begegnung.

Ich war zuerst da. Diese verdammte Pünktlichkeit, die mir immer wieder ein Gefühl des Erfülltseins gibt.

Dann bemerkte ich, daß er gekommen war. Ich erkannte seine Stimme und seine Art, die Leute mit einem fröhlichen Hallo zu begrüßen. Er gehörte nicht zu jenen, die dich kraftlos umarmen und dir kalt und ausdruckslos auf die Schulter klopfen oder sich mit einem lautstarken, fernen Kuß deiner Wange nähern.

Als ich fand, daß für mich der Abend zu Ende war, ging ich, ohne ihn gesehen, ohne mit ihm gesprochen zu haben. Ich verabschiedete mich von den Leuten in meiner Nähe, mit denen ich unter anderem über Kochrezepte und darüber gesprochen hatte, wie man am besten die Oberfläche abessinischer Steine nutzt. Jemand rief mir an der Tür zu: Wieso? Du gehst schon? Jetzt fängt der Abend doch erst richtig an! Ich antwortete, ohne hinzuschauen. Ich hab' noch was vor,

viel Vergnügen und Aufwiedersehen. Es machte mir Spaß, meinen Ruf als Spielverderber unter Beweis zu stellen, und aus dem Gerede höre ich, daß ich ihn trotz aller Vorbereitungen nicht einmal kennengelernt hatte. Ich werde ihn dir vorstellen, und ich weiß genau, daß ihr füreinander bestimmt seid, so was spürt man einfach.
Draußen auf der Straße atmete ich tief durch. Wie schön ist es, tief durchzuatmen. Ich fühlte, daß der Monolog besser ist als der Dialog, das Gefühl besser als die Begierde, das Auswählen-Können besser als das Ausgewählt-Sein. Als ich schon fast an der Ecke war, hielt mich sein Arm zurück.
Sie sind mir entwischt. Und dabei bin ich doch extra Ihretwegen gekommen und möchte Sie jetzt nicht laufen lassen. Können wir vielleicht einen Kaffee zusammen trinken?
Seine Stimme klang fordernd und überzeugend. Sie ließ einem keine Wahl. In dem Café saßen wir einander gegenüber. Unsere Beine verschlangen sich ineinander, und ich spürte diese fesselnde Energie; ich war bereit, zu allem bereit. Ich sah seinen Mund und konnte den Abstand zwischen einem Wort und einem Kuß schon nicht mehr messen. Sein Kuß schmeckte nach Kaffee und Zigaretten. Ich küßte ihn, bis der Tisch gegen meine Taille stieß.
Hand in Hand gingen wir, bald laufend, bald uns küssend, in meine Wohnung. Dort blieben wir eine ganze Woche, ohne den Tag von der Nacht zu unterscheiden, bis uns die Krümel auf dem Bettlaken, der Geruch der Thunfischdosen und die Notwendigkeit, das Telefon zu beantworten, zu stören begannen. Am Anfang hörten wir es gar nicht, aber schließlich wurde das erschreckte Zusammenzucken zu einer fixen Idee.
Ich liebte dich, Manuel, und ich liebe dich noch immer, das mußt du verstehen. Selbstverständlich veränderte sich alles allmählich wegen der natürlichen Wirkung der konzertanten Variationen, die auch ein Bestandteil der menschlichen Beziehungen sind. Alle Konzerte gehen einmal zu Ende und leben weiter in der Erinnerung.

Wir sahen uns nur noch an den Wochenenden. Zuerst waren sie herrlich, so als hätten wir eine lange Zeit über gefastet. Danach wurden sie immer alltäglicher und unregelmäßiger, und schließlich nahmen wir sie fast nicht mehr wahr aus Mangel an Spontaneität und wegen dieser ewigen Frage, was sollen wir Samstag und Sonntag unternehmen.
Wir haben alles ausprobiert, Überraschungen, Vergewaltigungen, Verführungen, Komödien, vorgetäuschte Situationen, Eifersuchtsszenen, wir haben angedeutet, daß es da einen anderen gäbe und diesen anderen schließlich sogar mitgebracht.
Du erinnerst dich doch, worüber wir sprachen. Wir sprachen immer über uns, wie ehrlich, wie glücklich wir waren, über unsere Empfindsamkeit, unser Anderssein; darüber, daß wir eine besondere Welt brauchten und daß niemand unsere politischen Ideen verstehe, denn wir glaubten noch immer, daß die Utopie Wirklichkeit werden kann, wenn wir nur bereit sind, die notwendigen Veränderungen vorzunehmen. In der Literatur faszinierte uns das Außergewöhnliche als unerwarteter Effekt.
Eines Tages fragte mich eine Freundin nach Manuels Augenfarbe. Blau, antwortete ich sofort, ein herrliches naives, sinnliches und ausdrucksvolles Blau. Danach kamen mir Zweifel. Manchmal auch leicht grün, ein Blau, worauf das Grün der Berge, die er so oft anschaut, ein wenig abgefärbt hat. Die Wahrheit ist, daß ich nicht wußte, welche Farbe seine Augen hatten. Niemals hatte ich ihm in die Augen gesehen; die Liebkosungen versenkten uns in eine erotische Welt.
Zu der Zeit stritten wir darüber, wer mehr zu unserer Beziehung beisteuere. Ich sagte, daß ich mit der möblierten Wohnung, der Miete, dem Licht und dem Telefon mehr als genug täte, um meine Unabhängigkeit und Freiheit unter Beweis zu stellen. Er behauptete, daß er nur noch einige centavos zur Verfügung habe, die ich in Trinkgeldern ausgebe, weil er für das Essen, den Wodka, die Zigaretten, das Benzin und die Einladungen ins Restaurant aufkommen

müsse. Das ist einfach unmöglich, nie habe ich schlechter gelebt! Und das mit einer Wohnung, einer Frau und Unterhaltung, die dich nichts kosten! Was für ein tolles Mannsbild habe ich da doch aufgegabelt! Gott sei gedankt für seine Begabung, mit der er Geschenke verteilt. In der Lotterie ziehe ich nur Nieten.
Du antwortetest mir, ich hätte keine Ahnung, was Entbehrungen, was Sparsamkeit bedeuteten, von Natur aus sei ich ausgesprochen verschwenderisch. Das stimmt. Ich verstehe nichts vom Sparen, von diesem Instinkt, der die Schließmuskeln kontrolliert und das Abfallprodukt des bereits Verdauten ausstößt. Sparen ist das Ergebnis einer Erziehung, die die Energie dessen, was nicht gesät und nicht geerntet wird, zu verdoppeln sucht. Was für einen Streit haben wir vom Zaun gebrochen! Und da sah ich dich auf einmal ganz deutlich. Deine Augen auf meinen Augen. Deine auf meinen. Ich weiß nicht, wie lange wir uns starr und neugierig anschauten. Auf jeden Fall entdeckte ich die Farbe, deine Augen waren von einem schmutzigen Gelb, in dem sich alles widerspiegelte und veränderte, dem aufgewühlten Gelb eines irren Blicks, voll unergründlicher Kälte, die alles zu Eis erstarren ließ. Ein kleinlicher Mensch, der sich im Detail verliert, sogar, wenn es ums Sparen geht und darum, die Verschwendungssucht zu tadeln.
Wir schauten uns noch immer an, und in unseren Augen spiegelten sich unsere Gefühle wider: Zärtlichkeit, Erstaunen, Vorwurf, Wut. Dies war unser letzter Liebesakt. Als wir aufhörten, einander starr und gespannt anzusehen, zitterten wir schweißbedeckt, der Orgasmus war vorüber.
Ich räusperte mich, um zu sagen, daß wir uns in Kleinlichkeiten verloren hätten. Er entschuldigte sich, das wird nicht mehr vorkommen, heute war mein Unglückstag. Wir beschlossen, uns eine Woche lang nicht zu sehen, danach würde alles anders sein, denn die Trennung und die Sehnsucht gäben der menschlichen Beziehung eine ganz andere Dimension. Nach einer Woche war er wieder da mit seinem Koffer und

der schmutzigen Wäsche, einem verlebten Gesicht und übel riechendem Atem. Er fühle sich schlecht, und ich fehle ihm. Ich konnte weder lügen, noch die Wahrheit sagen, deshalb schwieg ich.
Wir steckten unser Revier ab. Jeder in seiner Ecke, genau wie Tiere, die ihre Kräfte messen.
Nachts hörte ich, wie er sich übergab. Alles bekam ihm schlecht. Es gelüstete ihm nach Pflaumen, und danach schmückten halbverdaute Pflaumenstücke Klodeckel und Waschbecken. Dasselbe passierte mit den Guajabaäpfeln, den gebratenen frijoles, den mit Käse gefüllten tortillas, den Makkaroni alla Bolognese und den mit allem Möglichen belegten Pizzas.
Ich begann, seine Angewohnheiten zu verabscheuen, weil sie entweder zu aufdringlich oder zu diskret, zu affektiert oder zu weibisch waren.
Er war sehr schlank und wunderte sich, wieso seine Brüste wuchsen und sein Leib anschwoll. Nach sechs Monaten hatte der arme Manuel meiner früheren Leidenschaften den entsetzlichsten Körper, den man sich bei einem Mann vorstellen kann: einen fast spitzen Bauch, riesige, hängende Brüste, dazu einen langsamen, müden Gang und einen runden Rükken, so als wolle er sich verstecken. Sein Brechreiz unterbrach auch weiterhin unser Frühstück, unser Mittag- und Abendessen, unsere Gespräche.
Ich schlug ihm vor, einen Arzt aufzusuchen. Aber der Arme wollte das Haus nicht verlassen und auch nicht arbeiten. Nur am Stricken hatte er unermüdliche Freude. Er strickte Schals und Pullover, denn wegen seines niedrigen Blutdrucks zitterte er fortwährend, und nichts vermochte ihn zu wärmen.
Ich ertrug ihn ungeachtet des Widerwillens, den mir sein Anblick, sein Gehabe, seine Manien und auch seine Gespräche einflößten, die sich immer um ein und dasselbe drehten: Ich sterbe und bin zu nichts mehr nütze; hier hast du einen Fall von vorzeitiger Senilität. Er wollte versuchen, mit mir zu schlafen, aber ich konnte es nicht ertragen. Als er mich

berührte, nahm ich seine Hände von meinem Körper, ich sagte ihm, daß er mich anekle, und fing ebenfalls an, mich zu übergeben.

Als wir zum Arzt gingen, fragte dieser, nachdem er ihn völlig nackt untersucht, seinen Leib abgehört, seine Brüste gedrückt und das daraus hervorschießende Wasser gesehen hatte, ob wir Transvestiten seien. Ich verneinte. Diese Erfahrung haben wir uns noch erspart. Darauf antwortete er, mit dem Kind ist alles in Ordnung, es kommt im Dezember zur Welt, man wird einen Kaiserschnitt machen müssen und wenn Sie mir die alleinigen Rechte für eine wissenschaftliche Arbeit übertragen, berechne ich Ihnen kein Honorar.

Ich? Die Mutter von Manuels Sohn? Oder gar sein Vater? Das konnte doch nicht möglich sein. So etwas war nicht nur unerhört, sondern lächerlich, ausgesprochen lächerlich, darin waren wir uns einig. Wir würden zum Gespött all jener werden, die uns kannten, und auch derer, die uns nicht kannten. Gemeinsam beschlossen wir, eine Abtreibung vornehmen zu lassen. Der Arzt sagte, daß dies Selbstmord für Manuel und Mord für das Kind bedeute und daß ich, die Überlebende, für beide Verbrechen verantwortlich sein würde. Schließlich werde ein Kind nicht nur von einer Person gezeugt, ich sei maßgeblich daran beteiligt.

Wir baten uns Bedenkzeit aus und überprüften unsere Liebesbeziehung, unsere Körperteile, unsere Positionen, unsere Stellungen, unsere Spiele. Nichts erklärte das Unerhörte. Zauberei? Vielleicht, irgendwie zweifelt man ja immer, auch wenn man nicht daran glaubt. Aber dann zweifelten wir nicht länger, wir waren uns gewiß: Jener Orgasmus in unseren Blicken, Blicken, mit denen wir uns entblößten, da mußte es geschehen sein. Die Wahrheit öffnete uns die Augen, und irgendein diabolisches Wesen brachte die traditionellen Rollen der einfachen, natürlichen Geschlechtertrennung durcheinander.

Nachdem wir stundenlang gegrübelt und eine ganze Bibliothek über abnorme Fälle und unglaubliche Begebenheiten konsultiert hatten, wodurch wir zwar zu Spezialisten auf diesem Gebiet wurden, von einer Erklärung aber nach wie vor weit entfernt waren, beschlossen wir, in das Nachbarland zu reisen und uns dort in die Attraktion eines fremden Volkes zu verwandeln.

Wie sehr er sich doch während der Fahrt beklagte. Eine wirkliche Plage, mit seinen schon fast neun Monaten paßte er nirgendwo mehr hinein. Wenn ich ihn vorher schon verabscheute, so wollte ich in diesen Augenblicken nur eins, daß er endgültig vom Erdboden verschwand. Ich war versucht, die Tür zu öffnen und ihn an einer einsamen Stelle der Straße aus dem Auto zu stoßen.

Endlich kamen wir an. Ich lieferte ihn am Eingang des Krankenhauses ab, sollte er doch allein versuchen, fertig zu werden. Am nächsten Tag stand ich in der Reihe der Besucher. Unwillig ging ich in die Entbindungsstation. Ich fragte nach Manuel, ja, Manuel, dem medizinischen Wunder. Niemand wußte etwas von ihm. In dem Krankenhaus hatte man noch nie einen schwangeren Mann behandelt. Ich suchte überall nach ihm, im Leichenschauhaus, auf dem Friedhof, in Hotels, Pensionen, Privatkliniken, Kneipen. Ich war verzweifelt, schließlich war es mein Kind. Das mit meinem Kind kam mir ganz rauh über die Lippen. Wenn ich sprach, begann ich das Gewicht eines Schnurrbartes zu fühlen. Ich suchte Hebammen, Quacksalber und Medizinmänner auf. Nichts. Man hatte mir mein Kind gestohlen. Das sagte ich im Ton eines Opernbaßsängers, während mein Bartwuchs immer stärker wurde.

Wie ein betrogener Vater kehrte ich in meine Wohnung zurück. Die Einsamkeit lastete schwer auf mir, denn ich fühlte mich verstümmelt, irgendwo lief jemand mit einem Teil von mir herum. Ich litt unter meiner Einsamkeit genau wie unter meiner vom Rasiermesser gegeißelten Haut, zweimal am Tag mußte ich mich inzwischen rasieren.

Reinaldo Arenas
Ende einer Geschichte

Für Juan Abreu und Carlos Victoria, die Sieger,
das heißt: die Überlebenden.

The Southermost Point in the U.S.A. So steht es auf dem Schild. Wie entsetzlich. Und wie sagt man das am besten auf spanisch? Ja, natürlich, *El punto más al sur en los Estados Unidos*. Aber das ist nicht dasselbe. Der Satz wird zu lang und verliert an Präzision. Auf spanisch hat man nicht das Gefühl, daß dies der allersüdlichste Punkt in Amerika ist, sondern einfach ein Punkt im Süden. Auf englisch dagegen sagt dieses knappe *Southermost Point* mit den hoch aufgerichteten »t«, hier ist die Welt zu Ende, jenseits dieses *point* gibt es nur die Sargassosee, düsteren Ozean. Diese drei »t« sind keine Buchstaben, es sind Kreuze. Schau nur, wie sie sich gen Himmel strecken, wie deutlich sie zeigen, daß hinter ihnen der Tod, schlimmer noch, die Hölle lauert. Und das stimmt ja auch.

Aber wir sind auf jeden Fall schon hier. Endlich habe ich es geschafft, dich hierherzubringen. Ich hätte mich gefreut, wenn du aus eigenem Antrieb gekommen wärest, wenn wir ein Foto von dir lachend vor diesem Schild gemacht und du dieses Foto dann nach drüben über die Sargassosee geschickt hättest, damit alle vor Neid oder Wut platzen, wenn du, so wie ich jetzt, in dieses Wasser, mit dem die Hölle beginnt, gespuckt hättest. Ja, ich hätte mich gefreut, wenn du hier geblieben wärest, an diesem einzigartigen Ort, 157 Meilen von Miami und nur 90 von Kuba entfernt, an den Ufern dieses Meeres, wo die Brise, die Farbe des Wassers, die Landschaft, ja, wo alles fast wie drüben ist. Aber ohne die Probleme von drüben. Hierher hätte ich dich gerne gebracht – nicht, wie jetzt, fast gegen deinen Willen, und natürlich auch nicht, damit du dich in diesem Wasser verlierst. Ich wollte dir klarmachen, welches Glück du gehabt hast, auf dieser Seite des Meeres zu sein. Aber sosehr ich auf dich einredete (oder vielleicht gerade deswegen), du wolltest nie hierherkommen. Du hast gedacht, daß ich nur aus Heimweh diesen Platz so sehr liebte: die Nähe zur Insel, die Einsamkeit, das Gefühl der Niedergeschlagenheit, des Scheiterns. Nie hast du mich verstanden (oder vielleicht auf deine Weise zu gut verstanden). Einsamkeit, Heimweh, Erinnerungen, nenn es, wie du willst, all das empfinde, erleide, all das genieße ich aber auch. Ja, ich genieße es. Und außerdem ist da das Gefühl, die Gewißheit, gesiegt zu haben. Deshalb komme ich hierher ... Ich schaue nach Süden, betrachte diesen Himmel, den ich so sehr hasse und so sehr liebe, und ohrfeige ihn, ich strecke die Arme in die Luft und lache aus vollem Herzen, und mir ist, als hörte ich von drüben, von der anderen Seite des Meeres die verzweifelten, stummen Schreie all jener, die gern dort wären, wo ich jetzt bin, die fluchen, schreien, hassen und wirklich allein sein möchten; nicht wie drüben, wo sogar das Alleinsein verdächtig ist und dich wegen *unsozialen Verhaltens* ins Gefängnis bringt. Hier kannst du dich selbst verlieren oder finden, ohne daß sich jemand einen Dreck darum schert. Das ist für uns ein Glück. Du glaubtest, daß ich diese Vorzüge nicht verstehe, daß ich sie nicht zu nutzen wüßte; daß ich mich nicht würde anpassen können. Ich weiß genau, was du gesagt hast. Daß ich nie ein Wort Englisch lernen und keine einzige Zeile mehr schreiben würde, daß es für mich hier keinen Stoff, keine Themen gäbe, daß sogar die Wut, mein ständiger Begleiter, hier gezügelt würde angesichts des Lockrufs der Supermärkte und der 42. Straße, angesichts der verzweifelten Notwendigkeit, sich niederlassen zu müssen in einem dieser Türme, um die sich die Welt dreht, angesichts der Gewißheit, daß wir keine Gefahr mehr für den Staat und auch nicht mehr Gegenstand geheimer Dossiers sind. Ich weiß, alle dachten, ich sei am Ende. Auch du.

Niemals werde ich vergessen, wie du fast zufrieden, halb scherzend, halb trauernd, lachtest, jedesmal, wenn das Telefon klingelte, und wie du die kleinste Gelegenheit nutztest, um meine Disziplinlosigkeit oder Unstetigkeit zu tadeln. Wenn ich dir antwortete, daß ich mich eingewöhnte, anpaßte oder ganz einfach lebte, daß ich Themen und Geschichten sammelte, schautest du mich nur mitleidig an in der Gewißheit, daß mich die neue Heuchelei, die unvermeidbaren Beziehungen, der schädliche Erfolg oder der unerträgliche Wortschwall schon zugrunde gerichtet hätten. Aber dem war nicht so, hörst du. Zwanzig Jahre Schauspielerei, zwanzig Jahre aufgezwungene Feigheit, zwanzig Jahre Demütigungen verschwinden nicht einfach. Ich werde auch nicht vergessen, wie du mich kritisch, schulmeisterlich, so selbstsicher kontrolliertest und darauf wartetest, daß ich mich endgültig auflösen und in der Anonymität verschwinden würde, in dröhnenden, eiskalten Tunneln und auf den unwirtlichen, von teuflischen Winden gepeitschten Straßen. Aber dem war nicht so, hörst du? Diese zwanzig Jahre voll verschlagener Heuchelei, diese unterdrückte Angst verhinderten meinen Untergang. Auch deshalb habe ich dich hierhergeschleppt, damit du, der Gescheiterte, deinen Frieden (vielleicht sogar dein Glück) finden mögest. Damit du erkennst, ich kann meine Eitelkeit nicht verbergen, daß du der Besiegte bist.

Wie du siehst, ähnelt dieser Ort hier Kuba sehr; oder besser gesagt, einigen Plätzen auf Kuba. Sehr schönen Plätzen, die ich niemals mehr besuchen werde. Niemals! Hast du mich verstanden? Selbst wenn das Regime gestürzt wäre und man mich bitten würde zurückzukehren, wenn man mein Profil auf eine Münze prägen wollte oder etwas Ähnliches, selbst wenn von meiner Rückkehr der Untergang der ganzen Insel abhinge, selbst dann nicht. Und auch nicht, wenn man vom Flugzeug bis zur Hinrichtungsmauer einen roten Teppich ausrollte, über den ich wie bei einer Militärparade schreiten müßte, um den Gnadenschuß im Nacken des Diktators abzufeuern. Niemals! Hast du verstanden? Sie könnten mich auf Knien anflehen. Selbst wenn sie mich in der Avellaneda krönten und zur Schönheitskönigin von Guanabacoa, dem dichtest bevölkerten und an Schwulen reichsten Stadtviertel, machten. Das war natürlich nur ein Scherz. Aber das mit dem Nicht-zurückkehren-Wollen ist mein voller Ernst. Hörst du? Aber du bist ganz anders. Du kannst nicht überleben, kannst nicht hassen, nicht vergessen. Deshalb wollte ich schon seit langem, daß du hierher, genau an diesen Ort gekommen wärest, denn ich sah, daß es für dein Heimweh kein Heilmittel gab. Aber wie immer, du hörtest auch diesmal nicht auf mich. Vielleicht brauchte ich dich jetzt nicht hierherzubringen, wenn du mir damals etwas mehr Beachtung geschenkt hättest. Aber du warst ja immer so eigensinnig, dickköpfig, sentimental, so ausgesprochen menschlich. Und dafür muß man teuer bezahlen.

Auf jeden Fall bist du jetzt hier, ob du es nun willst oder nicht. Siehst du? Die Straßen sind dafür gemacht, daß die Leute auf ihnen laufen, es gibt Gehsteige, Passagen, Toreinfahrten, hohe Holzhäuser mit geschmückten Balkonen, genau wie drüben. Wir sind nicht mehr in New York, wo alle dich anstoßen, ohne dir in die Augen zu sehen, oder sich entschuldigen, ohne dich berührt zu haben; und auch nicht in Miami, wo es nur in Asphaltgehege gepferchte Autos gibt. Hier ist alles viel menschlicher. Wie in dem Gedicht gibt es Frauen und auch Männer, die auf Balkonen sitzen. Sie schauen uns an. An den Ecken bilden sich kleine Gruppen. Spürst du die Brise? Sie kommt vom Meer. Spürst du das Meer? Es ist unser Meer. Die jungen Leute gehen hier in Shorts spazieren. Musik ertönt. Sie ist überall zu hören. Hier schmorst du nicht in der Hitze wie da oben und wirst auch nicht zum Eisblock, wenn die Kälte hereinbricht. Wir sind ganz in der Nähe von Havanna. Oft habe ich dich gebeten hierherzukommen, oft habe ich dir gesagt, daß ich dich einladen würde, daß es sogar eine kleine Uferpromenade gäbe, natürlich nicht zu vergleichen mit der von drüben (sie ist ja auch von hier), und Bäume und duftende Dämmerungen und einen sternenbesäten Himmel. Aber ich konnte dich beim besten Willen nicht überreden zu kommen und auch nicht, was noch schlimmer ist, zu bleiben, und dort oben zu genießen, was genießenswert ist. Wie oft versuchte ich, dir abends, wenn wir am Hudson entlangspazierten, die Insel Manhattan zu zeigen, wie sie wirklich ist, ein riesiges, mittelalterliches Schloß mit elektrischer Beleuchtung, eine gewaltige Lampe, die zu durchqueren sich lohnt. Aber deine Gedanken waren anderswo; sie waren dort unten, in einem abgelegenen, sonnigen Stadtviertel, dort, wo die Leute ihre Gespräche von Balkon zu Balkon führen und du über das Kopfsteinpflaster läufst und verstehst, was sie sagen, denn du bist einer von ihnen. Und was gewann ich schon damit, dir zu sagen, daß auch ich gerne dort wäre, in jenem überfüllten, lärmenden Bus, der gerade die Avenida del Puerto überquerte, daß auch ich gerne über die Uferpromenade oder in den öffentlichen Abort ginge, wo bestimmt binnen kurzem die Polizei auftauchen und nach meinen Papieren fragen würde. Aber niemals, hörst du, niemals werde ich dorthin zurückkehren, und wenn der Fortgang der Welt davon abhinge. Niemals! Schau dir den mal an, der da auf dem Fahrrad vorbeifährt. Er hat mich angesehen. Er hat mich lange angesehen. Hast du das nicht bemerkt? Hier schauen dich die Leute wirklich an. Natürlich nur, wenn sie sich für dich interessieren. Es ist nicht wie da oben, wo Anschauen ein Verbrechen zu sein scheint. Oder wie drüben, wo es wirklich ein Verbrechen ist: *Derjenige, der ein anderes Subjekt vom selben Geschlecht ansieht, wird zu . . .* Na so was! Auch der dort hat mich angeschaut. Jetzt kannst du mir wirklich nichts mehr sagen. Die Autos halten sogar an und hupen; junge, braungebrannte Kerle stecken ihren Kopf zum Fenster heraus. Where? Where? Egal was du sagst, sie bringen dich überall hin. Jetzt sind wir wirklich schon mitten auf der Duval Street, in der heißesten Gegend, wie wir drüben zu sagen pflegen. Auch deshalb wollte ich dich hierherbringen, ich versuche gar nicht, es zu leugnen.

Ich wollte, daß du sahst, wie mir die jungen Kerle noch immer nachschauen. Du sollst nicht glauben, deine Freundschaft sei eine Gnade, eine Gunst, etwas, das ich so erhalten müßte, wie es war. Du solltest wissen, daß ich auch hier mein Publikum habe, genau wie drüben. Das habe ich dir, glaube ich, auch gesagt. Aber nichts von alledem schien dich zu interessieren; nicht einmal die Möglichkeit, verraten zu werden, oder, was stets interessanter ist, selbst zu verraten. Ich redete auf dich ein, aber deine Gedanken, deine Erinnerung oder was auch immer es war, schienen anderswo zu sein. Deine Gedanken. Warum hast du sie nicht drüben gelassen zusammen mit der Lebensmittelkarte, dem Personalausweis und der Zeitung *Gramma*? Schau dich um, lauf über den Times Square, mach einen Abstecher in den Central Park, nimm einen Zug und genieß das eigentliche Coney Island. Ich lade dich ein. Oder besser noch, ich gebe dir das Geld für deine Ausflüge. Du brauchtest nicht mit mir zu gehen. Aber du gingst nicht aus, und wenn du es doch tatest, warst du sofort wieder zurück. Die Kälte, die Hitze, immer wieder fandst du einen Vorwand, das nicht zu sehen, was du vor Augen hattest. Einen Vorwand, anderswo sein zu können. Aber schau dir doch diese Leute an, die sich trotz des schlechten Wetters (da oben ist das Wetter immer schlecht) aus dem Haus wagen, sieh diese Bündel, wie sie gegen den Sturm kämpfen! Viele kommen von woanders her, von ihrem Woanders, und sie können auch nicht mehr dorthin zurück, denn vielleicht gibt es dieses Woanders schon nicht mehr. Hör zu! Das Heimweh kann auch eine Art Trost sein, ein süßer Schmerz, eine Weise, die Dinge zu sehen und sogar zu genießen. Unser Triumph ist, nicht aufzugeben. Unsere Rache, uns selbst zu überleben . . . Weihe ein neues Hemd ein, einen Pullover, Stiefel und einen Ledergürtel; rasier dir die Haare ab, zieh dir Leder- oder Aluminumkleidung an, steck dir einen Metallring durch das Ohr, leg dir einen Reif mit Zacken um den Hals, oder trag ein mit Nieten besetztes Armband am Handgelenk! Geh mit einem phosphorfarbenen Lendenschurz auf die Straße, kauf dir ein Motorrad und mach aus dir einen Punk! Färb dir die Haare in siebzehn verschiedenen Farben und such dir einen schwarzen Amerikaner. Oder probier es mit einer Frau!

Mach, was du willst, aber vergiß das Spanische und all die Dinge, die du in dieser Sprache benanntest, hörtest und an die du dich erinnerst. Vergiß auch mich! Komm nie mehr zurück!

Aber ein paar Tage später bist du schon wieder da. Du trägst Stiefel, Hemd, Pullover, Lederjacke, so wie ich es dir geraten habe, trinkst eine Erfrischung und schaltest das Tonbandgerät ein, das du drüben so gern gehabt hättest. Aber du bist gar nicht so angezogen, du trinkst nicht diese Erfrischung, die du drüben nie bekommen konntest, du hörst nicht das Tonbandgerät, denn es gibt dich gar nicht. Jene, die dich umgeben, sind kein Beweis für deine Existenz; sie kennen dich nicht, sie wissen nicht, wer du bist und interessieren sich nicht dafür. Du gehörst nicht dazu, und im Grunde ist es egal, ob du dich auftakelst oder in einen Jutesack gehüllt auf die Straße gehst. Man brauchte dir nur in die Augen zu schauen, um zu sehen, daß du so dachtest. Und ich konnte dir nicht sagen, daß ich genauso dachte, daß ich genauso fühlte; genauso oder noch viel schlimmer; du hattest wenigstens jemand, mich, der dich zu trösten versuchte . . .

Aber welche Argumente kann man schon anführen, um jemand, der noch nicht mit diesem unermeßlichen Haß erfüllt ist, aufzumuntern? Wie kann ein Mensch überleben, wenn es den Ort, an dem er am meisten litt, lange nicht mehr gibt, obwohl er das einzige ist, was ihn noch am Leben hält? Schau, begann ich immer wieder, denn ich bin hartnäckig, das weißt du, schau, zum erstenmal sind wir Menschen. Das heißt, wir können hassen, ganz offen beleidigen, ohne gleich Zuckerrohr schneiden zu müssen. Aber ich glaube, du hörtest mir nicht einmal zu. In deiner sportlich eleganten Kleidung betrachtest du dich im Spiegel und siehst nur deine Augen. Deine Augen, die eine Straße suchen, über die die Menschenwogen fließen, deine Augen, die jetzt einen Park durchforschen, in dem es dir bekannte Statuen gibt, Figuren, Stimmen, ja, sogar Büsche, die dich wiederzuerkennen scheinen. Am liebsten würdest du dich auf eine Bank setzen. Du riechst, du spürst diese irgendwie transparente Luft, diesen Geruch nach einem gerade niedergegangenen Regenguß, nach gewaschenen Blättern und Dächern. Du betrachtest die Balkone, auf denen Wäsche hängt. Die alten Kolonialbauten sind jetzt prächtige Segelboote auf hoher See. Du steigst herab. Du möchtest dich an einen dieser Balkone anlehnen, möchtest die Leute beobachten, die dich anschauen, dich grüßen und dich wiedererkennen. *Eine Stadt voll offener Balkone, auf denen die Wäsche hängt, eine Stadt, in der eine Brise geht und die Sonne scheint, eine Stadt, in der die Gebäude anschwellen und zu segeln scheinen.* Ja! Ja! unterbrach ich dich, eine Stadt voll eingefallener Balkone, in der dich Millionen Augen beobachten; eine Stadt der abgeholzten Bäume und exportierten Palmen; eine Stadt mit Wasserleitungen ohne Wasser, Eiscafés ohne Eis, Märkten ohne Waren; eine Stadt, in der die Bäder geschlossen, die Strände gesperrt sind und die Abwässer überlaufen, in der alle naslang der Strom ausfällt und sich die Gefängnisse vermehren; eine Stadt voller Busse, die nicht kommen, und voller Gesetze, die das Leben zum Verbrechen machen; eine Stadt, hörst du, der Polizisten und der Vorschriften. Und, was noch schlimmer ist, eine Stadt, die beherrscht wird von all den Widerwärtigkeiten, die eine solche Situation mit sich bringt. Aber du schwebtest nach wie vor über allem und versuchtest hinabzusteigen, dich an jenen eingestürzten Balkon anzulehnen und in den Park zu sehen, wo sie an diesem Abend bestimmt eine Razzia durchführen. Geh in den Süden! In den Süden! sagte ich dir und wiederholte meine Worte sogar. Bestimmt würdest du an einem Ort, der jenem von drüben glich, nicht das Gefühl haben, in den Wolken oder nirgendwo zu leben. In den Süden! sage ich und mache das Licht in der Wohnung aus, damit du dich nicht mehr im Spiegel betrachtest, in dem Spiegel einer anderen Welt. Geh ganz in den Süden des Landes, nach Key West, wohin ich dich so oft eingeladen habe, und du wolltest nie fahren, nur um mich zu ärgern. Dort wirst du ähnliche oder noch schönere Plätze als die deinen

finden; Strände, an denen man den Grund des Meeres sehen kann; von Bäumen überwucherte Häuser; Leute, die es nicht eilig zu haben scheinen. Ich zahl dir die Reise, den Aufenthalt. Du brauchst auch nicht mit mir zusammen zu fahren. Doch, das Geld mißachtend, gehst du, gehen wir wie immer wortlos auf die Straße. Du läufst voraus über die Eighth Avenue. Dann biegst du in die 51. Straße ein. Immer weiter bist du entfernt, bis du in den Strudel des Broadway eintauchst. Die Vögel, Wolken am violetten Himmel, lassen sich schon auf den Dächern und Balkonen des Nationaltheaters, des Hotels Inglaterra und Isla de Cuba, des Kinos Camponamor und des Centro Asturiano nieder.
Ganze Schwärme suchen Schutz in dem einzigen ceiba-Baum des Parque de la Fraternidad und in den wenigen, beschnittenen Bäumen des Parque Central von Havanna. Die Laternen vor dem Capitoleo und dem Palacio Aldama gehen an. Die jungen Leute flanieren über die Bürgersteige beim Payret, sie schlendern an den Löwen im Prado vorbei bis hin zur Uferpromenade, zum Malecón. Der Schein des Leuchtturmes beim Castillo del Morro fällt auf das Wasser, fällt auf die Leute, die zur Mole hinübergehen, auf die Gebäude in der Avenida del Puerto, auf dein Gesicht. Wegen der abendlichen Hitze sind fast alle draußen auf der Straße. Du siehst sie, du bist dort, ganz nahe bei ihnen. Unsichtbar über den wenigen Bäumen schwebend beobachtest, hörst du sie. Die Vögel verscheuchend belauerst du sie jetzt von den Türmen der Manzana de Gómez aus. Du richtest dich auf und siehst die erleuchtete Stadt. Während du über die Küste gleitest, hörst du die Musik aus den Transistorgeräten, die gemurmelten Gespräche jener, die gerne das Meer überqueren würden. Du siehst, wie die jungen Leute dahinschlendern und dich, als sie eine Hand erheben, fast streifen. Ein Schiff läuft mit laut heulenden Sirenen in den Hafen ein. Du hörst, wie sich die Wellen an der Kaimauer brechen. Du riechst das Meer. Du betrachtest das träge und glänzende Wasser in der Bucht. Von dem Platz vor der Kathedrale aus verteilen sich die Leute

auf die engen, schlecht erleuchteten Straßen. Du kommst noch weiter herunter, möchtest dich unter die Menge mischen, nahe bei ihr sein und zu ihr gehören. Wie gerne würdest du diese Ecke berühren, dich gerade auf diese Bank setzen, jenes Blatt da abreißen und daran riechen. Aber du bist nicht da. Du siehst, spürst, hörst. Doch dich aufzulösen, teilzuhaben und endgültig zurückzukehren ist dir versagt. Du stößt dich von dem Leuchtturm ab, versuchst, den Grund zu berühren und auf dem Kopfsteinpflaster wieder an die Oberfläche zu kommen. Du stürzt los. Die Autos – es sind vor allem Taxis – hindern dich am Weiterlaufen. Zusammen mit den anderen wartest du auf das hellerleuchtete WALK. Du überquerst die 50. Straße und scheinst einzutauchen in die Lichter der Paramount Plaza, des Circus Cinema, des Circus Theater und der gewaltigen Leuchtfische von Arthurs Treachers. Schon stehst du unter dem riesigen Plakat, das heute OH CALCUTTA! ankündigt auf arabisch und spanisch. Du läufst neben den Leuten her, die sich mal zusammenrotten, mal auseinanderlaufen, während laute Stimmen verschiedene Waren anbieten, Hot dogs, Sofortfotos für nur einen Dollar, Rosen, die dank einer im Stiel diskret angebrachten Batterie erleuchtet werden, Pullover aus Emailleplättchen, klirrende Medaillen, Fleisch am Spieß, frozen food, Plastikfrösche, die quaken und dir die Zunge herausstrecken. Die Flut der Taxis hat den Broadway in einen gelben, tosenden Fluß verwandelt. Burger King, Chock Full O'Nuts, Popeye's Fried Chicken, Castro Convertibles, Howard Johnson, Melon Liqueur, du läufst immer weiter. Ein als Cowboy verkleideter Mann mischt hinter einem improvisierten Tisch einen Stoß Karten und lädt zu einem Spiel ein. Eine Inderin bietet in ihrer typischen Kleidung aphrodisische Essenzen und Kräuter an, wobei das kleine Feuer und der Rauch die Qualität des Produktes bescheinigen sollen. Ein Zauberer mit einem großen Hut versucht, vor einem breiten Publikum ein Ei in eine Flasche zu schieben. Ein anderer, angestachelt durch die Konkurrenz, verspricht, einen Hasen zu hypnotisieren, den er allen Anwesenden vorzeigt. Girls! Girls! Girls! schreit ein Mulatte in Shorts neben einer erleuchteten Tür, während ein schon nicht mehr ganz junger, fröhlicher Transvestit, in einem Sarg liegend, sich zum Meister in der Kunst des Handlesens ausruft. Eine üppige Blondine im Bikini flüstert dir einige Worte zu, will dich beim Arm zu packen. Mitten in der Menge verkündet ein Polizist, der mit zwei Lautsprechern ausgestattet ist, die nächste Vorstellung von E.T. beginne um nine-forty-five. Ein als Neger verkleideter Neger mit einem hohen, runden schwarzen Kragen und einer Bibel in der Hand liest schreiend seine Verse vor, während ein gemischter Chor unter der Leitung von niemand anderem als Friedrich Dürrenmatt singt: *So nimm denn meine Hände und führe mich* . . . Irgend jemand bietet Eintrittskarten zum halben Preis für »Evita« an. Eine Frau mit einem engen Rock über den großen Hinterbacken kommt auf dich zu und will dir ein kleines Buch mit den *21 Amazing Predictions* verkaufen. Sinnliche junge Männer unterschiedlichster Rasse in Plastikhosen fahren auf Rollschuhen rückwärts an uns vorbei und berühren herausfordernd ihr Geschlecht. Eine Traube bunter Luftballons löst sich aus einer Menschenmenge und verschwindet in der Nacht. Gleich darauf taucht eine Gruppe dilettantischer Marimba-Musiker auf und gibt ein meisterhaftes, polyphones Konzert. Jemand, als Wespe verkleidet, kommt auf dich zu und drückt dir ein Papier in die Hand, mit dem du zwei Hamburger für einen essen könntest. Free love! Free love! leiert ein uniformierter Mann laut und monoton vor sich hin, während er seine Karten verteilt. Der Bürgersteig ist jetzt voll violetter Sonnenschirme, die eine winzige Frau, ein heftiges Gewitter für die nächsten Minuten ankündigend, für nur einen Dollar anbietet. Ein Blinder mit seinem Hund läßt einige Münzen auf dem Boden eines Krugs klingeln. Ein Grieche verkauft Porzellanpuppen, denen eine Träne über die Backe läuft. TONIGHT FESTA ITALIANA kündigt ein riesiges Leuchtplakat von dem ersten Turm des Times Square herab an. Du gehst an Bond und Disc-O-mat vorbei und schaust dir die Schaufenster an, in denen alle möglichen Waren liegen, angefangen bei einer Zwergorange und einem Plastikphallus bis hin zu einem afghanischen Windhund und einem peruanischen Lama. *Yerba?* fragt dich jemand offenkundig auf spanisch. Alle bieten im Vorbeigehen ihre Waren an und zeigen unverhohlen ihre Begierden. Die Leute laufen über O'Reilly, Obispo, Obrapia, Teniente Rey, Muralla, Empedrado, kurzum über alle Straßen, die zur Bucht führen, der Frische des Meeres entgegen nach einem weiteren öden und erstickenden Tag voll unumgänglicher Verpflichtungen und gescheiterter, unbedeutender Pläne, voll kleiner Freuden (eine Erfrischung, ein Paar passende Schuhe, eine Tube Zahnpasta), die man sich nicht erfüllen konnte, und großer Träume (eine Reise, ein geräumiges Haus), die anzudeuten schon gefährlich wäre. Dort laufen sie, schlecht ernährt und in Einheitsstoffe gekleidet, auf der Suche nach einem Stück offenen Himmel und denken: *Ob die Schlange vor dem Geschäft, in dem man Tiefgefrorenes bekommt, wohl sehr lang ist? Hoffentlich ist der Pío-Pío auf* . . . Gesichter, die dein eigenes sein könnten, geflüsterte Klagen, Flüche, die nur gedacht werden; dir verständliche Zeichen und Gesten, denn auch du bedienst dich ihrer. Du teilst diese Einsamkeit, dieses Elend, teilst Schutzlosigkeit, Demütigung und Gleichgültigkeit. Gemeinsam ertragene Schwierigkeiten, die dir vielleicht das Gefühl geben, nicht allein zu sein. Von den Balkonen des Palacio del Segundo Cabo aus versuchst du abermals, dich unter sie zu mischen, aber du schaffst es nicht, auf die Straße herunterzukommen. Du siehst sie. Du teilst ihre Probleme, aber du kannst nicht bei ihnen sein und ihre Gesellschaft genießen. Die Sirene eines Krankenwagens, der über die 42. Straße kommt, lähmt den Verkehr auf dem Broadway. Mühelos findest du langsam deinen Weg durch die Flut der Autos auf dem Times Square. Ich bin fast auf gleicher Höhe mit dir. Du läufst über die Avenue of the Americans, die Fifth Avenue in Richtung Greenwich Village, mitten durch die Menschenmenge hindurch, die du mürrisch mit einem Gesicht der Wut, der Ohnmacht, der Abwesenheit anschaust. Aber hör doch, möchte ich dir, deine Schulter berührend, sagen. Welche andere Stadt außer New York könnte uns schon ertragen? Welche andere Stadt könnten wir ertragen? . . . Die Öffentliche Bücherei, die prunkvollen Schaufenster von Lord and Taylor, wir gehen weiter. In der 34. Straße bleibst du vor dem Empire State Building stehen. Das habe ich doch wirklich perfekt ausgesprochen, oder? Bis jetzt sind alle Worte, die ich auf englisch gesagt habe, einwandfrei über meine Lippen gekommen. Du solltest dich wirklich nicht über meinen Akzent lustig machen, nicht dieses halb mitleidige, halb müde Gesicht aufsetzen. Ach ja, natürlich, du setzt gar kein Gesicht auf. Schon möglich, daß dich nichts mehr interessiert; daß du nicht einmal mehr Lust hast, mich zu belächeln oder zu belehren. Aber trotzdem wollte ich dich hierherbringen, bevor ich mich von dir verabschiede. Ich wollte, daß du mich auf diesem Spaziergang begleitest. Ich möchte, daß du das ganze Volk kennenlernst. Du mußt doch sehen, daß ich recht habe, daß es noch einen Ort gibt, an dem man atmen kann und an dem uns die Leute voll Begierde oder zumindest Neugierde nachschauen. Sieh mal! Sogar einen Sloppy Joe's gibt es hier, genau wie drüben, nein, noch besser als der in Havanna. Alle berühmten Künstler waren hier. Tag und Nacht spielen die Musiker und man kann sich an ihnen erfreuen (wenn schon nicht mit den Ohren, dann zumindest doch mit den Augen). Hier bräuchte sich Hemingway nicht wegen des Alters zu sorgen: junge Leute, überall junge Leute, alle in Shorts, barfuß, ohne Hemd und braungebrannt, die mehr oder weniger deutlich zeigen, daß sie genau wissen, welches ihr größter Schatz ist. Nicht umsonst errichtete Tennessee Williams hier sein Winterlager. An Soldaten hat es ihm bestimmt nicht gefehlt. Hast du die Glasfenster in dem Haus dort gesehen? *Old Havanna* steht darauf. Und diese Veranda mit den Holzsäulen? *Chez Emilio* heißt sie. Wenigstens etwas, das an Lateinamerika erinnert. Schau nur! Ein Hotel *San Carlos* genau wie in der Straße Zulueta . . . Am

Aquarium sind wir nur noch einen Schritt von der Mole und dem Hafen entfernt. Dies da ist der *Malecón*, die Uferpromenade von hier. Nicht ganz so groß und ganz so hoch, aber es geht dieselbe oder fast dieselbe Brise wie drüben. Ja, ich weiß schon, das ist nicht dasselbe. Alles ist flach und klein; die Holzhäuser mit ihren winzigen Balkons sehen aus wie Taubenschläge oder Puppenhäuser; die Straßen sind nicht wie die dort drüben. Dieser Scheißhafen läßt sich nicht mit unserem vergleichen. Das weiß ich auch. Du kannst auf deine Litanei verzichten. Ich weiß, daß die Strände hier Mist sind und die Luft viel heißer ist. Ich weiß, es gibt keine Promenade wie die dort drüben und auch nichts Ähnliches, sogar Sloppy Joe's ist viel kleiner als in Havanna. Aber sieh mich an, sieh mich doch endlich einmal an, hör mir zu, paß genau auf! Das andere Sloppy Joe's gibt es nicht mehr, und dieses hier ist wirklich, mit Musik und Getränken und jungen Männern in Shorts. Warum mußt du die Leute so anschauen, als ob sie irgendwie schuld hätten? Misch dich unter sie, versuch, wie sie zu sprechen und zu gehen, versuch zu vergessen, und sei wie sie. Und wenn du das nicht kannst, dann genieß deine Einsamkeit. Auch das Heimweh kann ein Trost sein, ein süßer Schmerz, eine Weise, die Dinge zu sehen und sich ihrer sogar zu erfreuen. Aber ich hätte wissen müssen, daß es sinnlos war, dir immer wieder dasselbe vorzukauen, daß du mir nicht zuhören würdest, und außerdem war ich nicht von meinem eigenen Gerede überzeugt. Deshalb folgte ich dir schweigend durch die große Eingangshalle des Empire State Building. Wir nahmen den Fahrstuhl und fuhren, immer noch schweigend, in den letzten Stock. Ein Gespräch war sicher das letzte, was du jetzt suchtest. Du hättest mich sowieso nicht verstanden wegen des Lärms, den einige Japaner (oder waren es Chinesen?) machten, die zusammen mit uns hochfuhren. Wir kamen auf der Plattform an. Die Leute liefen auseinander. Niemals war ich nachts auf den Empire State gefahren. Das Panorama ist wirklich eindrucksvoll: ein Lichtermeer, das sich in der Unendlichkeit verliert. Und sieh einmal nach oben! Man kann sogar die Sterne erkennen. Oder sagte ich: berühren? Aber das ist egal. Welche kitschige Bemerkung auch immer aus meinem Mund drang, du hörtest sie nicht, obwohl du, genau wie jetzt, unmittelbar neben mir standst. Auf jeden Fall lehntest du dich über die Brüstung der Leere entgegen, in der die Stadt aufblitzte. Ich weiß nicht, wie lange du so dastandst. Vielleicht waren es Stunden. Der Fahrstuhl kam schon leer oben an und brachte all die glücklichen, so sahen sie wenigstens aus, Japaner (oder waren es vielleicht Koreaner?) nach unten. Jemand in meiner Nähe sprach französisch. Ich verspürte einen kindischen Stolz, daß ich die nichtssagenden Worte verstand. Hinter den Gläsern des großen Fernrohres schaute mich ein hübscher, blonder Junge an. Ganz unerwartet machte er eine großzügige, wunderschön obszöne Gebärde. So war das. Glaub nur ja nicht, meine Eitelkeit oder Senilität hätten mich das sehen lassen. Obwohl der Kerl mir später, ich weiß nicht warum, die Zunge herausstreckte. Ich schenkte ihm nicht viel Aufmerksamkeit. Es war plötzlich kalt geworden, und es ging ein unerträglicher Wind. Wir waren jetzt allein auf dem Turm, und ich wollte nur hinunterfahren und essen gehen. Ich rief dich. Als Antwort hast du mir bedeutet, neben dich ans Geländer zu treten. Ich weiß nicht mehr, ob du etwas sagtest. Nein? Du riefst mich nur ganz schnell zu dir, so als gäbe es etwas Besonderes zu sehen, das sofort wieder verschwinden würde. Ich schaute in die Tiefe. Ich sah den Flußlauf des Hudson, der immer breiter wurde, bis er sich in der Ferne verlor. Der Hudson, sagte ich, wie groß er doch ist! Dummkopf, sagtest du und starrtest weiter in die Tiefe. Das blaue Meer brach sich an den Mauern des Malecón. Trotz der Höhe spürtest du das Donnern der Wellen und die unvergleichbare Frische jener Brise. Die Wellen schlugen gegen die Gemäuer des Castillo del Morro, ihr Geruch erfrischte die Avenida del Puerto und die engen Gassen von Althavanna. Überall auf der hell erleuchteten Mauer saßen Leute oder gingen spazieren. Die Fischer werfen die Leine, nachdem sie den Angelhaken wie einem bestimmten Ritual folgend in der Luft haben kreisen lassen, in die Wellen und ziehen in der Regel einen Fisch heraus. Gut gebaute, dunkelhäutige junge Männer ziehen ihre offenen Hemden aus und stürzen sich von der Mauer in das schäumende, spritzende Wasser nahe der Küste. Überall auf der breiten Avenida am Meer gehen die Leute spazieren und plaudern. Der Jupiter auf der Spitze der Handelsbörse verneigt sich und erweist der leuchtenden Wetterfahne vom Castillo de la Fuerza seine Reverenz. Jenseits des Meeres war schon der Mond aufgegangen. Oder war es nur die Laterne vor dem Castillo del Morro, die so funkelte? Auf jeden Fall ergoß sich eine Lichtflut über das Wasser und erleuchtete sogar die vollen Motorboote, die die Bucht Richtung Regla oder Casablanca überquerten. Im Kino Payret scheint man heute einen nordamerikanischen Film uraufzuführen. Die Schlange ist gewaltig. Die Leute stehen vom Paseo del Prado bis hin nach San Rafael und fangen schon an, unruhig zu werden. Du hast das alles voller Verzückung betrachtet. Dann sehe ich dich über das hohe Geländer klettern und auf die zweite Plattform hinuntergleiten, auf der ein Schild mit der Aufschrift NO TRESPASSING oder etwas Ähnlichem steht. Ich habe nicht versucht, dich zurückzuhalten. Du hättest mir das nicht erlaubt, da bin ich ganz sicher. Das stimmt doch? Sag etwas! Immerhin rief ich dich zurück. Aber du hast mich nicht gehört, sondern wieder in die Leere geschaut. Dort, wo der dunkle und stinkende Hudson floß, hatte sich ein leuchtendes Meer ausgedehnt und berührte sogar den Himmel, an dem nicht noch mehr Sterne hätten stehen können. Auf den Wellen kamen jetzt die Palmen mit schlagenden Blättern angeschwommen; sie brachen, gewaltig und lärmend, überall in West Side ein, das sofort vom Erdboden verschwand, und bedeckten den Paseo del Prado. Kokospalmen, Lorbeer-, Almasigo- und Yagruma-Bäume, Platanen und Malanga-Pflanzen kamen angesegelt und löschten fast ganz Manhattan mit seinen imposanten Türmen und unendlichen Tunneln aus. Eine Reihe Butterpalmen verband Riverside Drive mit den Ständen von Marianao. Der Paseo de la Reina wurde bis nach Carlos III hin von den Yagruma-Bäumen eingenommen. Salvadera- und Curujey-Pflanzen, Ocuye-, Lorbeer- und Jiquí-Bäume überfluteten Lexington Avenue bis hin zur Calzada del Jesús del Monte. Die Balkone der Gebäude wurden von Kokospalmen überschattet. Niemand konnte sich vorstellen, daß diese grüne und tropische Straße einmal den seltsamen Namen Madison Avenue tragen würde. Ganz Obispo war ein einziger Garten. Die Wellen erfrischten die Guasima-, Jubaban- und Tamarindenbäume, sie benetzten auch all die anderen Sträucher und Pflanzen, die müde waren, vielleicht von der langen Reise. Ein Ceibabaum brach in das noch heile Lincoln Center ein und verwandelte es plötzlich in den Parque de la Fraternidad. Ein Júcarobaum senkte seine Äste, und darunter erschien der Parque Cristo. Die 23. Straße füllte sich mit Nacagüitabäumen. Wer hätte je gedacht, daß man sie irgendwann einmal die Fifth Avenue von New York nennen würde. Am Rande des Downtown schoß eine Jagüey-Pflanze aus dem Boden. Ihre Blätter verdeckten das Hotel Nacional. Von Althavanna bis hin zur East Side, das schon zu verschwinden begann, von Arroyo Apolo bis zum World Trade Center, sah alles wie in Loma de Chaple aus. Ganz Havanna war von Luyanó bis zu den Stränden von Marianao ein einziger gewaltiger Kräutergarten, in dem sich Lichter wie riesige Glühwürmer hin- und herbewegten. Zwischen den erleuchteten Pfaden gehen die Leute sorglos spazieren. Sie finden sich zu kleinen Gruppen zusammen, die sich dann wieder auflösen. Einige von ihnen kann man unter dem Blattwerk irgendeines Laubenganges wiedersehen. Andere gehen bis zur Küste und baden ihre Füße in den unruhigen Wellen. Der Lärm der mit Bäumen und Gesprächen angefüllten Stadt gibt dir ein Gefühl der Fülle und der Frische. Du bist gesprungen. Diesmal, das sah ich genau in deinem Gesicht, diesmal warst du sicher, du würdest ankommen, du könntest dich unter die Menschenmenge mischen und wieder du selbst sein. Etwas anderes zu denken, war mir in diesem Augenblick unmöglich. Es konnte, durfte nicht anders sein. Aber das Sirenengeheul des Krankenwagens hatte nichts mehr zu tun mit dem Geräusch der Wellen. Die Leute, die sich da unten, einem farbigen Ameisenhaufen gleich, zusammendrängen, kennen dich nicht. Ich lief nach unten. Zum erstenmal hattest du es erreicht, daß New York auf dich schaute. Auf der ganzen Fifth Avenue kam der Verkehr zum Stillstand. Sirenen, Pfeifen, Dutzende von Patrouillenwagen. Ein Schauspiel; es gibt nichts Aufreizenderes als ein Unglück. Ein fliegender Leichnam ist ein Magnet, dem niemand widerstehen kann, den man betrachten und untersuchen muß. Glaub ja nicht, daß es einfach war, dich freizubekommen. Aber alles Materielle ist schließlich doch leicht zu bekommen in einer Welt, die von kastrierten, verblödeten Schweinen kontrolliert wird. Du mußt nur den Schlitz finden und einen Quarter hineinstecken. Quarter, habe ich gesagt! Hast du das gehört? Und zwar in einwandfreiem Englisch! So wie es Margaret Thatcher aussprechen würde, obwohl ich nicht weiß, ob Margaret Thatcher dieses Wort überhaupt jemals benutzt hat. Zum Glück hatte ich ein wenig Geld, ich bin schon immer sparsam gewesen, das weißt du. Auch die Worte *incineration, last will*, und was sonst noch damit zusammenhängt, kamen wirklich akzentfrei über meine Lippen. Ich mußte dich nur noch in die verdammte enge Nische stellen. – Hast du es gemerkt? Die ganze Sache war sogar schon reif für eine Zungenbrecherübung.

Aber warum sollte ich dich an diesem kleinen, kalten und dunklen Ort zurücklassen neben so vielen zaghaften, zimperlichen und schrecklichen Leuten, neben so vielen Greisen? Wen kümmerte es schon, ob das bißchen Asche tatsächlich in das Loch gelegt wurde oder nicht? Wer würde sich schon die Mühe machen, so einen Blödsinn zu überprüfen? Und für wen warst du von Bedeutung? Für mich. Für mich immer. Nur für mich. Ich würde es nicht zulassen, daß man dich neben Leuten mit unleserlichen und gewiß entsetzlichen

Nachnamen in diese Mauer steckte. Wieder mußte ich den Schlitz des Schweines finden und seinen Bauch füllen.
Ich weiß nicht, ob es in New York Mode ist, mit einem Koffer vom Friedhof zu kommen. Ich tat es jedenfalls und fiel niemandem auf. Zuerst ein Taxi, dann das Flugzeug und schließlich der Bus. Und nun sind wir hier: *southermost point in the U.S.A.* Zuvor habe ich dich überall in Key West herumgetragen. Hör nur, wie perfekt ich es ausspreche. Ich wollte mich nicht von dir verabschieden, ohne mit dir diesen Spaziergang gemacht zu haben. Wie oft habe ich dir gesagt, daß dies der richtige Ort sei, daß es da einen Platz gäbe, der dem von drüben ähnelte, ja, der genauso sei. Warum hast du nicht auf mich gehört? Warum wolltest du mich nie hierherbegleiten? Vielleicht nur, um mich zu ärgern oder um dich nicht überreden zu lassen. Vielleicht wolltest du auch kein Feigling sein, halbherzige Lösungen hast du verabscheut. Es muß dir vorgekommen sein wie eine mitleidige oder unvermeidbare Selbstverstümmelung, die es dir erlaubt hätte, zumindest einige deiner Sinne zurückzuerlangen, vielleicht deinen Geruchssinn und Teile deines Sehvermögens. Aber deine Seele, deine Seele wäre drüben geblieben, wo sie immer war und immer bleiben wird, und sie hätte von dort aus deinen Schatten beobachtet, der hier über lärmende Straßen streift, vorbei an Leuten, die es auf den Tod nicht leiden können, wenn man ihre Autos berührt. Don't touch the car! Aber ich werde sie trotzdem berühren. Hörst du? Ich werde ihnen einen Fußtritt versetzen, einen Stock holen und die Scheiben zertrümmern; und dann mache ich eine Geschichte daraus, sie ist schon fast fertig, damit du siehst, daß ich noch schreiben kann. Ich werde Aramäisch, Japanisch und mittelalterliches Jiddisch sprechen, falls das notwendig ist, damit ich nie mehr in eine Stadt mit einer Uferpromenade, zu einem Schloß mit einer Laterne oder einer Allee mit Marmorlöwen zurückkehren muß. Paß genau auf! Ich bin der Sieger, denn ich habe überlebt und werde auch weiter überleben; und nur, weil mein Haß größer ist als mein Heimweh. Viel größer. Und

jeden Tag wächst er mehr. Ich weiß nicht, ob es hier in Key West überhaupt jemanden kümmert, daß ich mich mit einem Koffer dem offenen Meer nähere. Wenn ich jetzt drüben wäre, hätte man mich schon verhaftet. Hörst du? Was konnte ich mit einem Koffer in der Hand nahe am Meer schon anderes tun, als mich zu einer Barkasse, zu irgendeinem Kahn, zu einem Schlauchboot oder einem schwimmenden Brett zu schleichen, das mich aus der Hölle trug. Aus jener Hölle, in die du jetzt zurückkehren wirst. Hast du gehört? Wo du – dessen bin ich mir ganz sicher – sein möchtest. Verstehst du? Ich öffne jetzt den Koffer, hebe den Deckel von der Büchse ab, in der du bist, ein bißchen fade, fast bläuliche Asche. Zum letzten Mal berühre ich dich. Zum letzten Mal möchte ich, daß du meine Hände spürst, und ich bin sicher, du spürst sie. Zum letzten Mal wird sich das, was wir sind, miteinander verbinden, wird einer in dem anderen aufgehen. Doch jetzt, Lebewohl! Flieg, segle von dannen! Ja so. Mag das Wasser dich zu sich nehmen, mag es dich vorwärtstreiben und zurückbringen. Sargassosee, düstere, göttliche See, nimm meinen Schatz an, stoß die Asche meines Freundes nicht zurück, so wie wir zwei, verzweifelt und wütend, dich drüben immer wieder baten, uns hierherzubringen, was du ja dann auch wirklich tatst, bitte ich dich jetzt, trag ihn zurück an das andere Ufer, setz ihn sanft ab an jenem Ort, den er so sehr haßte, wo man ihn so sehr quälte, aus dem er entfloh und ohne den er nicht weiterleben konnte.

Zu den Autoren

MIGUEL ALFONSECA
wurde im Jahre 1942 in Santo Domingo, Dominikanische Republik, geboren. Er gilt als einer der interessantesten jungen Autoren seines Landes, seine Erzählungen wurden mehrfach mit nationalen Preisen ausgezeichnet. Die in diesem Band abgedruckte Erzählung »Delicatessen« schrieb er im Jahre 1967. Miguel Alfonseca veröffentlichte zwei Gedichtsammlungen, »Arriba de la luz« (1965) und »La guerra y los cantos« (1967).

GUSTAVO ALVAREZ GARDEAZÁBAL
wurde 1945 in Tuluá, Kolumbien, geboren. In seinem umfangreichen Werk, es umfaßt zahlreiche Romane und Erzählungen, zeigt er die Dekadenz der bürgerlichen Familien Lateinamerikas, die Verflechtung von Politik, Geschäften, Korruption und Rauschgift. Zwei seiner Werke, »Condores no entierran todos los días« und »El Bazar de los idiotas« wurden in Kolumbien verfilmt. Die Erzählung »Auch den Brüdern gaben sie kein Wasser«, Originaltitel: »Templanza Lasprilla«, wurde seinem Erzählband »Cuentos del Parque Boyaca« (1980) entnommen. Gustavo Alvarez Gardeazábal ist, wie er selbst betont, nicht nur Schriftsteller und Journalist, sondern auch Orchideenzüchter.

REINALDO ARENAS
wurde 1943 in Holguín, im Inland Kubas geboren. Er lebt heute in New York, nachdem er seine Heimat 1980 wegen seiner Kritik an dem Castro-Regime und wegen seiner homosexuellen Neigungen verlassen mußte. Reinaldo Arenas zählt zu den begabtesten und produktivsten kubanischen Schriftstellern der Gegenwart. Seine Romane und Erzählungen wurden in viele Sprachen übersetzt. Auf deutsch liegen zwei seiner Romane vor: »Wahnwitzige Welt« (1982) und »Der Palast der blütenweißen Stinktiere« (1977; als Taschenbuch 1985, beide bei Luchterhand). Die Erzählung »Ende einer Geschichte« wurde 1982 im New Yorker Exil geschrieben und von dem Autor für diese Anthologie freundlicherweise zur Verfügung gestellt.

JUAN JOSÉ ARREOLA
wurde 1918 in Mexiko geboren. Er ist Autor von Erzählungen, Theaterstükken und Romanen. Humor, Ironie und sprachliche Ausgefeiltheit sind die hervorstechenden Merkmale seines schmalen Werkes, das im wesentlichen aus drei Erzählbänden, »Varia invención« (1949), »Confabulario« (1952), »Palindroma« (1971) und einem Roman »La feria« (1963) besteht. Juan José Arreola ist ein ausgesprochener Autodidakt, der in seinem Leben die verschiedensten Berufe ausübte, wie Bäcker, Straßenhändler, Drucker, Komödiant, Lektor etc. Viele jüngere Schriftsteller in Mexiko sehen ihn heute als ihren Meister an. Die Erzählung »Drei Tage und ein Aschenbecher« wurde dem Erzählband »Palindroma« entnommen.

RUBEN BAREIRO SAGUIER
wurde 1930 im Inland Paraguays geboren. Er ist nach Augusto Roa Bastos der bedeutendste Erzähler seines Landes. Seit 1964 lebt er in Paris, wo er als Dozent für Linguistik und lateinamerikanische Literatur tätig ist. Neben zahlreichen literaturkritischen Studien veröffentlichte er unter anderen die Erzählbände »Ojo por Diente« (1971) und »El Séptimo pétalo del viento« (1984), dem die Erzählung »Wie Onkel Emilio das ewige Leben erlangte« entnommen wurde. Bareiro Saguier gab auch einige Gedichtsammlungen heraus, so »Biografía de Ausente« (1964), »Víbora de la mar« (1977) und »Estancias, barrancas y querencias« (1983).

EDUARDO BÄHR
wurde 1940 an der Nordküste von Honduras, in der Stadt Tela, geboren. Sein Großvater väterlicherseits kam aus Deutschland und ließ sich in dieser Gegend nieder, in der später die United Fruit Company eine große Rolle spielen sollte. Eduardo Bähr ist ein politisch engagierter Schriftsteller. Er schrieb u. a. zwei Erzählbände, »Fotografía del peñasco« (1969) und »El cuento de la guerra« (1971), dem wir die Erzählung »Pichardos Sohn« (Originaltitel: »El cuento de la guerra«) entnommen haben. Bähr lebt heute in Tegucigalpa und unterrichtet dort an der Universität lateinamerikanische Literatur und Linguistik. Neben seinen Erzählungen schreibt er auch Kinderbücher; und er ist als Schauspieler tätig.

MARIO BENEDETTI
wurde 1920 in Uruguay geboren, lebte seit seiner frühesten Kindheit in Montevideo. Benedetti ist einer der meistgelesenen Autoren in Lateinamerika. Im Laufe seines literarischen Werdegangs schrieb er zahlreiche Erzählungen, Romane, Gedichte, Theaterstücke, Essays, Filmdrehbücher und auch Liedertexte. Er ist ein politisch engagierter Autor, der 1973 sein Land verlassen mußte und während der Militärdiktatur in mehreren Ländern Lateinamerikas, vorwiegend in Kuba, und in Spanien lebte. 1985 kehrte er nach 12 Jahren Exil nach Uruguay zurück. Heute verbringt er einen Teil des Jahres in Madrid, den anderen in Montevideo. Zu Mario Benedettis umfangreichem Werk gehören u. a. die Romane »La Tregua« (»Die Gnadenfrist« 1960) und »Gracias por el fuego« (1965) sowie die Erzählbände »Montevideanos« (1959), »La muerte y otras sorpresas« (1968) und »Con y sin nostalgia« (1977). Die Erzählung »Beweisführung« wurde dem letztgenannten Erzählband entnommen.

ADOLFO BIOY CASARES
wurde 1914 in Buenos Aires geboren. Er gehört zu den großen Vertretern der phantastischen Literatur und hat Erzählungen, Romane und Drehbücher geschrieben. Zusammen mit seinem langjährigen Freund Jorge Luis Borges veröffentlichte er unter dem Pseudonym H. Bustos Domecq mehrere Kriminalparodien, u. a. »Sechs Aufgaben für Don Isidoro Parodi« (1942). Zu seinen bekanntesten Werken zählen die Romane »Morels Erfindung«

(1940), »Fluchtplan« (1945), »Der Traum der Helden« (1954), »Tagebuch des Schweinekriegs« (1969), »Schlaf in der Sonne« (1973) sowie die Erzählungssammlungen »Die fremde Dienerin« (1972) und »El héroe de las mujeres« (1978). Die Erzählung »Eine Flucht nach Carmelo« wurde 1986 geschrieben und soll demnächst in dem Erzählungsband »Historias Desaforadas« erscheinen. Der Autor war so freundlich, die Erzählung für die vorliegende Anthologie zur Verfügung zu stellen. Adolfo Bioy Casares ist seit Jahren mit Silvina Ocampo verheiratet, einer bedeutenden argentinischen Dichterin und Erzählerin.

LUIS BRITTO GARCÍA
wurde 1940 in Caracas, Venezuela, geboren. Bereits mit vierundzwanzig veröffentlichte er seinen Erzählband »Los fugitivos y otros cuentos«, danach im Jahre 1970 seine zweite Sammlung von Erzählungen »Rajatabla«. 1979 erschien der umfangreiche Roman »Abrapalabra«. Britto García gilt als einer der bedeutendsten politisch engagierten Schriftsteller seines Landes. Die Erzählung »Mitia« wurde seinem letzten Erzählband »La orgía imaginaria« (1983) entnommen.

ALFREDO BRYCE ECHENIQUE
wurde 1939 in Lima, Peru, geboren und lehrte mehrere Jahre an französischen Universitäten. Seit 1984 lebt er in Barcelona. Seine wichtigsten Erzählbände sind »Huerto cerrado« (1968) und »La felicidad, ja, ja, ja« (1974), dem die Erzählung »Leben in Lima« entnommen ist. Neben Erzählungen schrieb er vier Romane, u. a. »Un mundo para Julius« (1970) und »Tantas veces Pedro« (1977).

ANTONIO DI BENEDETTO
wurde im Jahre 1922 in der Provinz Mendoza, Argentinien, geboren und starb Ende 1986 verarmt, einsam und gebrochen in einem Krankenhaus in Buenos Aires. Nach seinem Tod schrieb Ernesto Sábato: »Ein großer stiller Mann, dessen Leben eine einzige Kette von Unglücksfällen und Schicksalsschlägen war, ist heute gestorben.« Bekannt wurde Di Benedetto durch seinen Roman »Und Zama wartet« (1956). 1976 wurde er von der argentinischen Militärjunta verhaftet und verbrachte achtzehn Monate im Gefängnis. Nach seiner Freilassung lebte Di Benedetto vorwiegend im spanischen Exil und kehrte erst 1984 nach Argentinien zurück. Während seines spanischen Exils schrieb er seinen Erzählband »Cuentos del exilio« (1983), dem wir die Erzählung »Orthopteren« entnommen haben. Weitere Erzählsammlungen sind »Absurdos« (1978) und »Sombras nada más« (1985). Seine gesammelten Erzählungen sollen demnächst in einem spanischen Verlag erscheinen.

JESÚS DÍAZ
wurde 1941 in Havanna, Kuba, geboren. Er ist einer der wenigen bedeutenden Schriftsteller Kubas, die noch auf der Insel leben und aktiv an dem kulturellen Geschehen teilnehmen. 1966 veröffentlichte er seinen Erzählband »Los años duros«, in dem er sich mit der Batista-Zeit unmittelbar vor

der kubanischen Revolution auseinandersetzt; diesem Band wurde die Erzählung »Der Lahme« entnommen. Neben Erzählungen hat Jesús Díaz auch mehrere Theaterstücke geschrieben und war als Filmemacher tätig.

JOSÉ DONOSO
wurde 1924 in Santiago de Chile geboren. Von 1967 bis 1981 lebte er in Spanien, danach wieder in Chile. Zweimal erhielt er ein Guggenheim-Stipendium und lehrte an verschiedenen Universitäten der Vereinigten Staaten als Gastprofessor. Sein Werk umfaßt neun Romane, u. a. »Ort ohne Grenzen« (1967), »Der obszöne Vogel der Nacht« (1970) und »Casa de campo« (1978), zahlreiche Erzählbände, so »Veraneo y otros cuentos« (1955), »El Charlestón« (1960) und »Cuentos« (1981). Die Erzählung »Santelices« wurde seinem jüngsten Erzählwerk entnommen.

DAVID ESCOBAR GALINDO
wurde 1943 in Santa Ana, El Salvador, geboren. Er spielt eine wichtige Rolle im kulturellen Leben seines kleinen Landes, das von Krieg und Zerstörung heimgesucht wird. Seit mehreren Jahren leitet er die Kulturzeitschrift »Cultura« und ist Vizerektor der privaten Universität Matías Delgado. Er ist nicht nur ein sehr produktiver Erzähler, sondern auch Lyriker. Bis jetzt hat er drei Erzählbände herausgegeben, »La rebelión de las imágenes« (1976), »Matusalén el abandónico« (1980) und »Los Sobrevivientes« (1980), dem die Erzählung »Die Überlebenden« entnommen wurde.

JOSÉ LUIS GONZÁLEZ
wurde 1926 in Puerto Rico geboren und lebt seit 1953 in Mexico City. Dort lehrt er an der Nationaluniversität lateinamerikanische Literatur und Linguistik. José Luis González hat eine große Zahl Erzählbände veröffentlicht: »En la sombra« (1943), »Cinco cuentos de sangre« (1945), »El hombre en la calle« (1948), »En este lado« (1953), »Mabrú se fué a la guerra« (1972), »La galería« (1972) und »Las caricias del tigre« (1984). Die Erzählung »Dunkle Nacht« (Originaltitel: »La noche en que volvimos a ser gente«) stammt aus der Sammlung »Mambrú se fué a la guerra«.

ENRIQUE JARAMILLO LEVI
wurde 1944 in Colón, Panama, geboren. Er lebte von 1975 bis 1983 in Mexico-City, wo er an der Nationaluniversität als Dozent tätig war. Heute lehrt er panamesische und lateinamerikanische Literatur an der Universität von Panama. Er ist Herausgeber von »Maga«, einer wichtigen Kulturzeitschrift des Landes. Jaramillo Levi gehört zu den bedeutendsten Vertretern der jungen Erzählergeneration Panamas. Sein umfangreiches Werk umfaßt neben Erzählbänden mehrere Gedichtsammlungen, Essays und Studien zur lateinamerikanischen Literatur. Seine wichtigsten Erzählbände sind: »Duplicaciones« (1973), »El búho que dejó de latir« (1974), »Renuncia al tiempo« (1975) und »Ahora que soy él« (1985). Die Erzählung »Ich hatte keinen Grund, sagen sie« wurde dem Band »Duplicaciones« entnommen.

AUGUSTO MONTERROSO
wurde 1921 in Guatemala geboren und lebt seit über zwanzig Jahren in Mexico-City, wo er u. a. als Dozent für lateinamerikanische Literatur an der Nationaluniversität tätig ist. Sein Werk zeichnet sich durch beißende Ironie und durch sprachliche Perfektion aus. Es umfaßt Erzählungen, Fabeln und Essays, die, oft in bunter Mischung, in folgenden Bänden erschienen sind: »Das gesamte Werk und andere Fabeln« (1959), »La oveja negra y demás fábulas« (1969), »Movimiento perpetuo« (1972), »La palabra mágica« (1983) und »Las ilusiones perdidas – antología personal« (1985). Die Erzählung »Der Wettbewerb« wurde dem Buch »La Palabra mágica« entnommen. Augusto Monterroso ist seit mehreren Jahren mit der mexikanischen Schriftstellerin Barbara Jacobs verheiratet.

DANIEL MOYANO
wurde 1930 in Buenos Aires geboren, wuchs aber im Norden Argentiniens auf, wo er nicht nur als Schriftsteller, sondern auch als Professor für Violine am Konservatorium und als Bratschist tätig war. Heute lebt er in Madrid. Daniel Moyano ist ein ausgesprochenes Erzähltalent, der sehr häufig seine Erfahrungen als Musiker in sein Werk einfließen läßt. Neben zwei Romanen »Una luz muy lejana« (1966) und »El oscuro« (1966) veröffentlichte er eine ganze Reihe von Erzählbänden, u. a. »Artistas de variedades« (1960), »El fuego interrumpido« (1967), »Mi música no es para esta gente« (1970) und »El estuche del cocodrilo« (1974). Die Erzählung »Die Geschichte vom grünen Falken und der wundertätigen Flöte«, die im Jahre 1986 mit dem Premio Rulfo in Paris ausgezeichnet wurde, schrieb der Autor im Laufe des Jahres 1985. Sie wurde für diese Anthologie von Daniel Moyano freundlicherweise zur Verfügung gestellt.

CARMEN NARANJO
in San José, Costa Rica, geboren, ist Erzählerin, Dichterin und Essayistin, lebt in San José und leitet zur Zeit den wichtigen mittelamerikanischen Universitätsverlag EDUCA. Ihr Werk umfaßt u. a. die Romane »Los Perros no ladraron« (1966) und »Diario de una multitud« (1984, vierte Auflage) sowie die Erzählbände »Hoy es un largo día« (1974), »Nunca hubo alguna vez« (1984) und »Ondina« (1985). Der letztgenannten Sammlung haben wir die Erzählung »Symbiose« entnommen.

JOSÉ EMILIO PACHECO
wurde 1939 in Mexico-City geboren. Er ist nicht nur ein bedeutender Erzähler, sondern auch ein bekannter Lyriker und Essayist. Er schreibt regelmäßig für Kulturbeilagen wichtiger Zeitungen Mexikos und hat mehrere wichtige nationale Literaturpreise erhalten. José Emilio Pacheco hat folgende Erzählbände veröffentlicht: »La sangre de Medusa« (1958), »El viento distante« (1963) und »El principio del placer« (1972), dem die Erzählung »Fiesta Brava« entnommen wurde. Von seinen Gedichtbänden seien hier vor allem »Los elementos de la noche« (1963), »Irás y no volve-

rás« (1973) und »Islas a la deriva« (1976) genannt. Pacheco ist seit Jahren mit Christina Pacheco verheiratet, einer mexikanischen Journalistin und Schriftstellerin.

NÉLIDA PIÑON
wurde 1936 in Rio de Janeiro geboren. Sie schrieb mehrere Romane, darunter »Gui-mapa de Gabriel Arcanjo« (1961), »Madeira Feita Cruz« (1963), »A casa da Paixao« (1972) und »A força do destino« (1977), sowie folgende Erzählbände: »Tempo das frutas« (1966), »Sala de Armas« (1973) und »O calor das coisas« (1980). Die Erzählung »Schöne Zeit« wurde dem Band »Tempo das frutas« entnommen. Nélida Piñon ist eine sehr eigenwillige Schriftstellerin, deren Werk nicht nur inhaltlich, sondern auch sprachlich zu einer Erneuerung der brasilianischen Erzählkunst geführt hat.

RENATO PRADA OROPEZA
wurde 1937 in Bolivien geboren und lebt seit mehreren Jahren in Jalapa, Mexiko, wo er an der dortigen Universität Linguistik und lateinamerikanische Literatur unterrichtet. Er ist einer der interessantesten jüngeren politisch engagierten Schriftsteller Boliviens und wurde 1969 mit seinem Roman »Los fundadores del alba« bekannt. Im selben Jahr veröffentlichte er auch den Erzählband »Y nadie espera al hombre«, es folgten die Bände »Al borde del silencio« (1970) und »La ofrenda y otros relatos« (1981), dem die Erzählung »Faruke« entnommen wurde.

SERGIO RAMÍREZ
wurde 1942 in Masatepe in Nicaragua geboren. Er lebte seit 1964 im Exil in Costa Rica, war dann von 1973 bis 1975 als DAAD-Stipendiat in Berlin und kehrte nach dem Sturz des Diktators Somoza in seine Heimat zurück. Sergio Ramírez ist heute Vizepräsident der sandinistischen Regierung, aber weiterhin auch als Schriftsteller tätig. Er veröffentlichte zwei Romane und mehrere Erzählbände, darunter: »Cuentos« (1963), »Nuevos cuentos« (1969), »De tropeles y tropelías« (1971) und »Charles Atlas también muere« (1976). Die Erzählung »Der Weihnachtsmann« wurde Ende 1984 in Managua geschrieben und vom Autor für diese Anthologie freundlicherweise zur Verfügung gestellt.

MOACYR SCLIAR
wurde 1937 in Porto Alegre, Brasilien, geboren. Dort, im Süden des Landes, arbeitet er als Arzt in einem öffentlichen Krankenhaus. Über sich selbst sagt der Autor: »Ich bin Schriftsteller, Arzt und Jude, woraus ersichtlich ist, welche Last ein menschliches Wesen mit sich herumschleppen kann.« Scliar gilt als Meister der phantastischen und absurden Erzählkunst. Er veröffentlichte u. a. die Romane »Die Ein-Mann-Armee« (1973) und »Der Centaur im Garten« (1980) sowie die Erzählbände »Historias da terra tremula« (1976) und »O anão no televisor« (1979). Die Erzählung »Gedächtnisschwund«

wurde von dem Autor für die vorliegende Anthologie freundlicherweise zur Verfügung gestellt.

ARTURO USLAR PIETRI
wurde 1906 in Caracas, Venezuela, geboren. Er ist ohne Zweifel eine der bedeutendsten Persönlichkeiten seines Landes, nicht nur was die Literatur, sondern auch was die Politik Venezuelas anbetrifft. Im Laufe seines Lebens hat er mehrere hohe politische Ämter bekleidet, er war mehrmals Minister, Präsidentschaftskandidat sowie Botschafter seines Landes bei der Unesco in Paris. Er lehrte an mehreren venezolanischen Hochschulen und an der nordamerikanischen Columbia University. Uslar Pietri, den sozialengagierten Autoren zuzurechnen, ist in Venezuela heute so etwas wie ein Literaturpapst. Sein umfangreiches Werk umfaßt Erzählungen, Romane, Essays und einige Theaterstücke. Das erste Buch, das er veröffentlichte, war ein Erzählband »Barrabás y otros relatos« (1928). Seitdem hat er sich dieser Literaturgattung immer besonders verpflichtet gefühlt. Zu seinen neueren Erzählungen gehören »Pasos y pasajeros« (1966) und »Los ganadores« (1980). Dem letztgenannten Band wurde die Erzählung »Ein neuer Name, ein fremdes Gesicht« entnommen.

PEDRO JORGE VERA
wurde 1914 in Guayaquil, Ecuador, geboren. In seinem Werk setzt er sich mit den großen historischen Ereignissen und den wichtigsten soziopolitischen Problemen seines Landes auseinander. Er schrieb mehrere Romane, von denen hier sein gelungenster erwähnt werden soll: »El pueblo soy yo« (1976). Als Erzähler trat er zum erstenmal mit der Sammlung »Luto eterno« (1953) an die Öffentlichkeit; es folgten »Un ataúd abandonado« (1968), »Los mandamientos de la ley de Dios« (1972) und »Cuentos escogidos« (1976), dem die Erzählung »Der Applaus« entnommen wurde.

DAS WERK VON PABLO NERUDA BEI LUCHTERHAND

Das lyrische Werk.
3 Bände. Gebunden, 2900 Seiten.

Die Gedichtzyklen sind vollständig erschienen in der Sammlung Luchterhand

»Viele sind wir«, Gedichte (SL 73);
»Letzte Gedichte«, spanisch-deutsch (SL 201);
»Elementare Oden«, Gedichte (SL 421);
»Der Große Gesang«, Gedichte (SL 422);
»Aufenthalt auf Erden«, Gedichte (SL 423);
»Extravaganzenbrevier«, Gedichte (SL 532);
»Memorial von Isla Negra«, Gedichte (SL 533);
»Die Trauben und der Wind«, Gedichte (SL 534);
»Seefahrt und Rückkehr«, Gedichte (SL 535);
»Die Hände des Tages. Weltende. Noch« (SL 536).
Das Postume Werk (Herbst 1988)

WEITERE BÜCHER VON UND ÜBER PABLO NERUDA

»Ich bekenne, ich habe gelebt«, Memoiren (SL 220);
»Der gemordete Albatros«, Essays und Reden (SL 416);
»Der Dichter ist kein verlorener Stein. Über Pablo Neruda« (SL 450);
»Chile mein Land« (hrsg. v. Federico Schopf), Bildbuch (SL 515).